onale de France - Paris

1/8

KODAK Color Control Patches

ier de reproduction-MLV

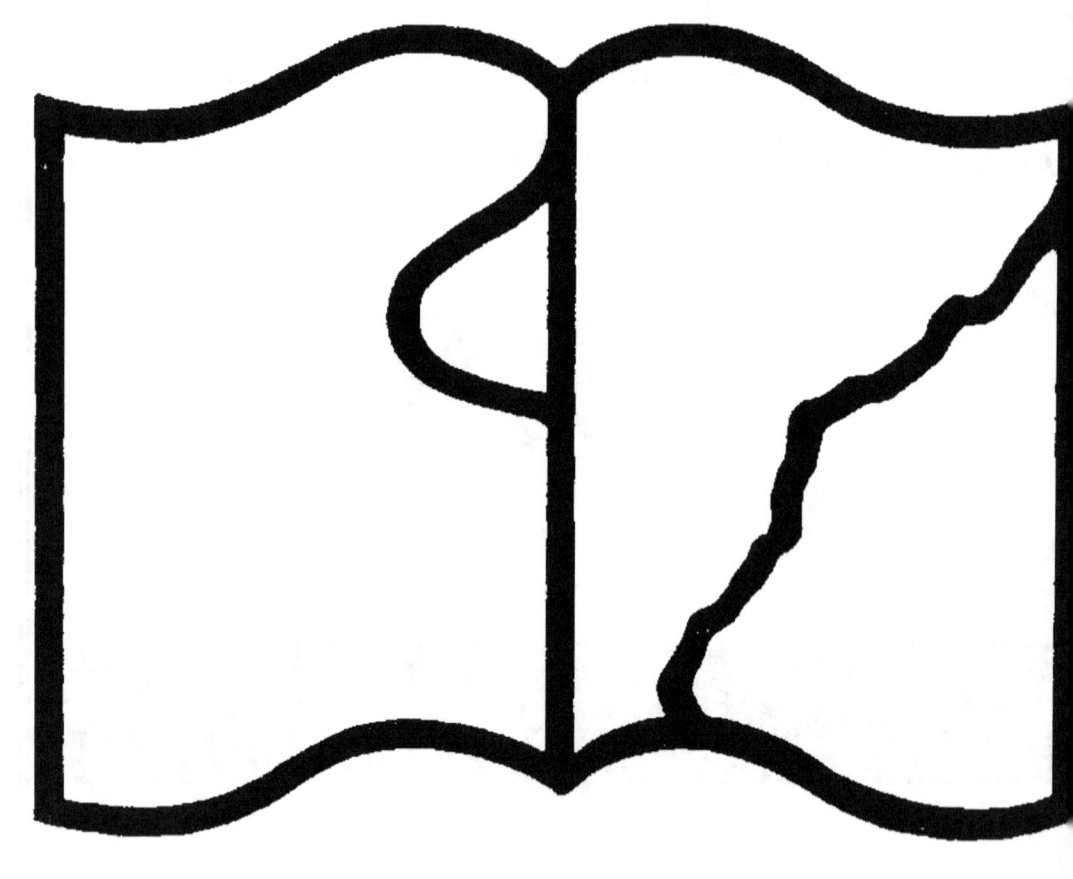

Texte détérioré — reliure défectueuse

NF Z 43-120-11

Contraste insuffisant

NF Z 43-120-14

Y 20-
1'

YT6 1106

Y. 207.

Y 207
1.

ΜΝΗΣΤΗΡΟΦΟΝΙΑ

Y. 207

L'ODYSSÉE D'HOMERE,

TRADUITE EN FRANÇOIS,

AVEC

DES REMARQUES.

Par MADAME DACIER.

TOME PREMIER.

A PARIS,
Aux Dépens de RIGAUD, Directeur
de l'Imprimerie Royale.

M. DCCXVI.
AVEC PRIVILEGE DU ROY.

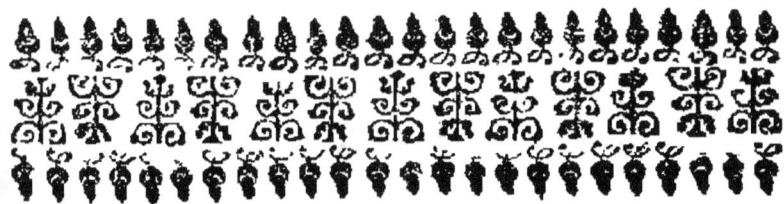

PRÉFACE.

DANS ma Préface sur l'Iliade je me suis particulierement attachée à rendre raison des Fables, des Fictions, des Allegories d'Homere, des Mœurs, des Usages & des Caracteres qu'il a imitez ; de ses Dogmes, de ses Idées & de son Style, & à montrer la conformité qu'il a dans la pluspart de toutes ces choses avec nos Livres saints. Je n'y ay point parlé de l'art du Poëme Epique, parce que me contentant de développer dans les Remarques les grandes instructions qu'il donne, je me reservois à traiter cette matiere dans un ouvrage particulier, où aprés avoir rassemblé les principales regles de ce Poëme, & en avoir découvert les raisons, je me proposois de les appliquer à quelqu'un de nos Romans, qu'on a voulu faire passer pour des Poëmes Epiques, & de faire voir que toutes ses regles les plus fondamentales y ont esté violées, & que nos Romanciers ni nos Poëtes n'ont connu ni la pratique d'Homere ni l'art qu'Aristote nous a si-bien développé.

Quand je fis ce projet, j'esperois d'avoir du temps devant moy pour l'executer aprés l'impression de l'Odyssée, & je me preparois à ne faire dans cette Préface qu'expliquer le but du Poëte, qu'à parler des beautez de ce Poëme,

PRÉFACE.

& qu'à rendre compte de mon travail; mai[s] des raisons, dont je n'informeray point le Public, de peur qu'il ne m'accusast de vanité, quel[que] exempte que je sois naturellement de ce vice, m'ont obligée à changer mon plan. On m'[a] fait voir que le lieu le plus naturel & le plus propre pour cette Dissertation estoit la Préface me[s]me de l'Odyssée, afin que ceux qui liront Homere dans ma Traduction, ayent sous la mai[n] tous les secours necessaires pour le lire avec plu[s] d'intelligence & par consequent avec plus d'uti[li]té & plus de plaisir, & que sans recourir ailleur[s] ils puissent voir la difference qu'il y a entre de[s] Poëmes sages & utiles, & des Poëmes informe[s] & dangereux. J'ay obéï.

Les bornes trop estroites d'une Préface n[e] permettent pas de traiter cette matiere dans tou[te] son estenduë, mais je me restreindray d[e] maniere que je n'oublieray rien de tout ce qu'i[l] y a de principal. Je partageray cette Préface e[n] quatre Parties.

Dans la premiere, aprés avoir expliqué la nature du Poëme Epique & son origine, j'expli[]queray ses Regles selon les principes d'Aristot[e] & d'Horace; j'en feray voir la sagesse & l'utilit[é] qui en est le but; je les appliqueray ensuite à u[n] de nos Romans & à un de nos Poëmes Epique[s] & je démontreray que ni nos Romanciers ni no[s] Poëtes ne les ont connuës, qu'ils se sont entie[]rement éloignez de cette constitution, en u[n] mot qu'ils ont entierement ignoré l'art du Poëme Epique.

Dans la seconde Partie, je ramasseray les ob[]

PRÉFACE.

jections les plus fortes que Platon a formées contre cette imitation ; je tascheray d'y répondre, comme dans ma Préface de l'Iliade j'ay répondu aux objections qu'il a faites en particulier contre certains endroits de ce premier Poëme ; je justifieray cette imitation contre tous ses reproches ; je feray voir que bien-loin d'estre vicieuse & nuisible, elle est au contraire trés sage & trés utile ; je l'appuyeray sur l'exemple de Platon luy-mesme qui l'a suivie ; & pour achever de la mettre hors de toute insulte, je la fonderay sur des exemples tirez du sein de la verité mesme, & dont aucune Critique ne pourra esbransler les fondements. Enfin je montreray que toutes les censures de Platon, au lieu de tomber sur les Poëmes d'Homere, tombent directement & avec toute leur force sur nos Romans & sur nos Poëmes Epiques, qui ne sont que des alterations grossieres de la verité. Le Lecteur sera en estat de juger par luy-mesme lequel avoit mieux pénetré la nature & le but du Poëme Epique, d'Aristote ou de Platon.

Dans la troisiéme Partie, j'examineray le sentiment de Longin, qui sur ce que l'Odyssée a esté faite aprés l'Iliade, a crû qu'elle portoit des marques certaines de l'affoiblissement de l'esprit du Poëte, & que dans ses narrations incroyables & fabuleuses la vieillesse d'Homere estoit reconnoissable.

Ce reproche de Longin a prévenu jusqu'icy tous les esprits, au moins je n'ay vû personne qui l'ait combattu, ni ses Commentateurs ni ses Traducteurs n'ont cherché à deffendre sur cela ce grand Poëte. J'ay l'audace d'estre d'un sentiment tout opposé à celuy de cet habile & sage Rheteur, & j'espere de faire voir au contraire que l'Odyssée est un Poëme aussi soutenu que l'Iliade, & qui marque autant de force & de vigueur d'esprit.

Enfin dans la quatriéme & derniere Partie, je rapporteray les jugements que les plus grands maistres ont portez de l'Odyssée, & je feray voir qu'ils l'ont mesme preferée à l'Iliade. Je tascheray de prouver la verité de ce sentiment d'Aristote, que la Poësie d'Homere est plus grave & plus morale que l'Histoire, & de celuy d'Horace, qui asseure qu'elle est plus Philosophe que la Philosophie mesme; je confirmeray ce que j'auray dit dans la seconde Partie sur la beauté de cette imitation, & pour prouver que c'est la maniere la plus parfaite d'enseigner la Morale; je parleray des grandes connoissances dont l'esprit d'Homere estoit orné; j'éclairciray ses vûës; je découvriray les veritables fondements de ses Fables par les anciennes Traditions, & je rendray compte de mon travail.

I. PARTIE. *de la preface.* QUand on pense à l'origine de ce Poëme, au temps où il est né & à la corruption generale d'où il a esté tiré, on ne peut assez admirer le genie qui luy a donné la naissance, & l'on est forcé d'avoüer que c'est l'ouvrage d'un esprit tres sublime & tres sage, & d'un Philosophe né pour la réformation des mœurs.

les exemples Les hommes sont naturellement portez à l'Imitation & à la Musique. De ce penchant na-

PREFACE. vij

quit la Poësie dans les festes solemnelles que les premiers hommes celebroient en certains temps de l'année, pour rendre graces à Dieu des biens qu'ils avoient receus de sa bonté. Elle eut ensuite chez les Payens la mesme origine qu'elle avoit eüe chez les Hebreux. Car c'est un sentiment naturel à l'homme de remercier la Divinité des graces qu'il en a receües.

Si les hommes eussent perseveré dans cette sagesse, on n'auroit eu pour toute Poësie que des Hymnes & des Cantiques, comme parmi les anciens Hebreux ; mais il estoit impossible que dans des assemblées Payennes la sagesse & la pieté resistassent long temps à la licence de ces festes, où le vin & la joye excessive échauffant les esprits, poussoient à toutes sortes de dissolutions & de débauches. Au lieu d'Hymnes & de Cantiques à l'honneur des Dieux, on n'eut bien-tost plus que des chants où la loüange des hommes estoit meslée avec celle de la Divinité, & bien-tost aprés, cela dégenera encore en Poëmes trés licencieux, de sorte que la Poësie fut entierement corrompuë, & l'on n'y remarqua plus aucune trace de Religion.

Que pouvoit faire le plus grand Philosophe pour corriger un si grand desordre ! donner des préceptes de sagesse dans des sentences courtes & vives comme celles qui estoient en usage dans les premiers temps ? Cela auroit esté inutile ; ni les passions ni les habitudes vicieuses ne cedent aux paroles ni aux sentences; elles resistent pour l'ordinaire aux raisonnements les plus forts. Il n'y avoit d'autre moyen que d'estudier le pen-

PREFACE

chant des hommes pour les ramener à la sagesse par les mesmes choses qui avoient causé leur égarement.

C'est ce que firent les premiers Poëtes qui vinrent ensuite, car voyant d'un costé que l'homme est naturellement enclin à l'imitation, & de l'autre qu'il aime éperduëment le plaisir, ils profiterent de ce penchant & travaillerent à les amuser & à les corriger insensiblement par des instructions cachées sous un apast agréable. C'est ce qui fit inventer les Fables, qui sont presque toujours plus propres à corriger les mœurs que des traitez de Morale les plus suivis. Il est aisé de voir par-là que la Poësie a esté la premiere espece de Philosophie ; Strabon l'a démontré dans son premier livre, où en reprenant Eratosthene, qui soutenoit que les Poëtes n'avoient point eu en vûë d'instruire, mais seulement de plaire & de divertir, il fait voir que les Anciens ont esté d'un sentiment contraire, & qu'ils ont escrit que la premiere Philosophie a esté la Poësie, qui sous l'appast du plaisir invitoit à la vertu dés l'enfance, & enseignoit les mœurs, les actions, les passions. *Nos Philosophes mesme*, adjoute-t'-il, c'est à dire les Stoïciens, *avancent que le sage seul est bon Poëte. Voilà pourquoy dans toutes les villes Grecques on commence l'éducation des enfants par la Poësie, non pour leur donner simplement du plaisir, mais pour leur enseigner la sagesse.*

Cette Poësie, dont parle Strabon, consistoit principalement dans les Fables, car les Fables sont les plus propres pour l'instruction des en-

PREFACE.

fants, & quelles qu'elles soient, en prose ou en vers, elles sont également de la Poësie.

L'utilité des Fables a esté reconnuë dans toute l'Antiquité. Les Poëtes ne sont pas les seuls qui s'en sont servis ; long-temps avant qu'il y eust des Poëtes, les villes & les Legislateurs, comme le mesme Strabon l'asseure, les avoient appellées à leur secours à cause de l'utilité qu'ils y reconnoissoient, & en faisant réflexion au penchant naturel de l'animal raisonnable : *Car*, dit-il, *tout homme est avide d'apprendre quelque chose, & l'amour des Fables est la premiere qui marque cette inclination, & c'est par-là que les enfants commencent à entendre & à s'accoutumer à apprendre. Et la raison de cela est que la Fable est une sorte de narration toute nouvelle qui ne dit pas simplement ce qui est, mais une chose toute differente qui sert d'enveloppe & de fiction pour faire entendre avec plus de plaisir ce qui est. Or tout ce qui est nouveau & inconnu plaist, & c'est cela mesme qui rend curieux & avide, & lorsqu'on mesle à ces Fables le merveilleux & l'extraordinaire, cela augmente infiniment le plaisir, qui est le philtre & l'appast de la science.*

Je me suis attachée à rapporter le passage de Strabon, parce qu'il marque parfaitement la nature, l'antiquité & l'utilité des Fables. Il est impossible de ne pas convenir de tout ce qu'il dit. La nature des Fables est telle qu'il nous l'enseigne ; leur antiquité ne peut-estre révoquée en doute, puisque nous voyons dés les premiers temps que Dieu luy-mesme s'en est servi, & leur

PREFACE.

utilité ne peut non plus estre contestée, puisque l'Escriture sainte nous rapporte des effets merveilleux de ces Fables employées à propos par les plus saints personnages.

Homere trouva cet usage des Fables generalement establi, & il s'en servit admirablement pour former sur ce modelle le plan de ses deux Poëmes qui ne sont que des Fables plus estenduës, & ausquelles il a joint ce merveilleux & cet extraordinaire dont Strabon parle, & qui augmentent infiniment le plaisir.

Quand Aristote n'auroit pas démontré que le Poëme Epique n'a esté inventé que pour l'utilité des hommes, les deux Poëmes d'Homere suffiroient pour nous convaincre de cette verité, car il est aisé de voir qu'il les rapporte l'un & l'autre aux besoins de son pays. De son temps les Grecs estoient divisez en plusieurs Estats indépendants les uns des autres, & ces Estats estoient souvent obligez de se réünir contre un ennemi commun. Ce fut sans doute dans quelqu'une de ces occasions qu'Homere, pour leur prouver la necessité de demeurer unis & de ne pas donner lieu à un interest particulier de les diviser, leur remit devant les yeux la perte infaillible des peuples & des Princes mesmes par l'ambition & la discorde de ces derniers. Voila le but du Poëme de l'Iliade.

Il ne se contente pas de donner des instructions à tous ces Estats differents réunis en un seul corps, il leur en donne aussi à chacun en particulier aprés leur confederation finie. Il voyoit de son temps que les Princes quittoient facile-

PREFACE.

ment leurs villes pour aller faire des courses sur les terres de leurs ennemis, ou pour d'autres sujets. Il veut les corriger en leur faisant entendre qu'un Prince ne doit quitter ses Estats que par des raisons indispensables, & que quand il les quitte par quelque raison legitime, il ne doit pas s'en tenir éloigné volontairement, mais faire tous ses efforts pour y retourner. Dans ce dessein il leur represente que l'éloignement d'un Prince absent par necessité, cause chez luy de grands desordres, & que ces desordres ne finissent que par son retour. Et voilà le but de l'Odyssée.

On voit la Fable regner également dans ces deux Poëmes. Car qu'est ce que la Fable ? C'est un discours inventé pour former les mœurs par des instructions déguisées sous l'allegorie d'une action.

Il y a trois sortes de Fables. Les *raisonnables*, où l'on fait parler les Dieux & les hommes. Les *morales*, où l'on fait parler les bestes & les plantes mesmes. Et les *mixtes*, qui tiennent des deux.

Le fond du Poëme Epique est une Fable comme toutes les autres, c'est une Fable de la premiere espece, une Fable raisonnable, mais qui ne laisse pas de pouvoir descendre dans la seconde, car dans l'Iliade Homere a fait parler un cheval d'Achille, non seulement pour orner son Poëme d'un incident miraculeux, mais encore pour mieux marquer par cet incident la nature de la Fable, & pour faire entendre que par le droit qu'elle donne, un Poëte a la liberté de faire parler les brutes mesmes.

a vj

Le Poëme Epique est donc *un discours en vers, inventé pour former les mœurs par des instructions déguisées sous l'allegorie d'une action generale & des plus grands personnages.* Cette définition embrasse ce qu'il a de commun avec la Fable proprement dite, & ce qu'il a de particulier.

C'est un discours comme la Fable, mais un discours en vers. Les Fables estoient ordinairement en prose comme nous voyons encore celles d'Esope. Elles auroient pû aussi estre en vers de mesme que celles de Phedre, comme le Poëme Epique auroit pû estre en prose, car Homere en prose ne laisse pas d'estre un Poëme Epique. Aristote ne dit-il pas que *le Poëme Epique se sert du discours en prose ou en vers.* Mais l'experience a fait voir que les vers luy conviennent davantage, parce qu'ils donnent plus de majesté & de grandeur, & qu'ils fournissent plus de ressources que la prose.

C'est un discours inventé pour former les mœurs par des instructions déguisées sous l'allegorie d'une action generale tout comme la Fable; la seule difference essencielle est que la Fable du Poëme Epique est l'imitation d'une action, non de gens du commun, mais des plus grands personnages. Il n'est pas necessaire en effet que l'action du Poëme Epique soit illustre & importante par elle-mesme, puisqu'au contraire elle peut estre simple & commune; mais il faut qu'elle le soit par la qualité des personnages qu'on fait agir. Aussi Horace a t-il dit aprés Aristote, *Res gestæ Regumque Ducumque.* Cela

PREFACE.

est si vray, que l'action la plus esclatante d'un simple bourgeois ne pourra jamais faire le sujet d'un Poëme Epique, & que l'action la plus simple d'un Roy, d'un General d'armée le fera toujours avec succés.

Pour faire voir que la Fable du Poëme Epique est la mesme que toutes les autres Fables, Comparons par exemple la Fable de l'Iliade avec une Fable d'Esope. Homere veut enseigner dans l'Iliade cette grande verité que la mesintelligence ruine les affaires d'un parti, & que la bonne intelligence les restablit. Pour cet effet voicy ce qu'il feint : *Deux chefs d'une mesme armée se querellent, l'ennemi profite de leur dissention & remporte sur leur parti de grands avantages ; les deux chefs se raccommodent, & estant réünis, ils chassent leur ennemi commun & remportent enfin la victoire.* Voilà la Fable de l'Iliade. C'est une action generale. Le Poëte, aprés en avoir dressé le plan, la met ensuite sous les noms qu'il luy plaist, non de gens du commun, mais des plus grands personnages, d'Achille, d'Agamemnon, &c. c'est la mesme chose que la Fable d'Esope : *Deux chiens qui veilloient à la garde d'un troupeau se querellent, le loup vient, profite de leur querelle & enleve beaucoup de moutons ; les deux chiens se reconcilient & se réünissent contre le loup, ils se deffont de cet ennemi.*

Il en est de mesme de la Fable de l'Odyssée : *Un homme est absent de son pays. Son absence cause de grands desordres dans sa famille. Enfin aprés plusieurs années de travaux & de pei-*

nes, il arrive chez luy, tuë ses ennemis & restablit ses affaires.

Esope feindra de mesme: *Un berger s'estant éloigné de son troupeau, les loups y firent de grands ravages. Enfin le berger revient, fait cesser ces ravages, & avec le secours de ses chiens il tuë les loups.*

C'est la mesme Fable. Voilà pourquoy Aristote a dit avec grande raison que la Fable est ce qu'il y a de principal dans le Poëme, & qu'elle en est l'ame, parce qu'elle en fait le sujet, & que *la Fable est la composition des choses*, c'est à dire, comme M. Dacier l'a expliqué dans ses Commentaires sur la Poëtique d'Aristote, que c'est la liaison que les causes & les incidents, qui concourent à former une action, doivent avoir les unes avec les autres pour faire un seul & mesme tout.

Voilà donc le Poëme Epique certainement une Fable comme les Fables d'Esope. Elle est generale & universelle, & elle ne presente qu'une seule action qui est entiere, qui a un commencement, un milieu & une fin, & une grandeur juste & raisonnable.

Elle est generale & universelle, c'est à dire, qu'elle convient à tout le monde, qu'elle instruit tout le monde, petits & grands, car les petits ne sont pas moins sujets que les grands à voir ruiner leurs maisons & leurs affaires, soit par la colere & par la division, soit par leur absence; ils n'ont pas moins besoin de ces leçons d'Homere, & ils sont aussi capables d'en profiter, utilité qu'on ne sçauroit tirer des actions particulieres.

PREFACE.

Par exemple, qu'on faſſe un Poëme ſur une action de Ceſar, de Pompée, ou d'Alcibiade, quel bien cela pourra-t'-il faire à un particulier? De cent mille à peine y en aura-t'il un ſeul à qui cette action convienne, & qui puiſſe en profiter. Mais quoyque cette Fable ſoit generale & univerſelle, il faut la rendre particuliere par l'impoſition des noms & l'attacher à une hiſtoire connuë, de maniere qu'elle en faſſe un incident. C'eſt un des plus grands ſecrets du Poëme Epique, car de ces noms & de cette hiſtoire, on tire des Epiſodes dont on fait les parties de l'action que l'on rend encore par-là plus vrayſemblable, & tout cela eſt au choix du Poëte; par exemple, Homere pouvoit mettre la Fable de l'Iliade ſous les noms de deux des ſept chefs qui marcherent contre Thebes, & l'attacher à cette guerre des deux freres ennemis. Il pouvoit donner de meſme ſa Fable de l'Odyſſée à d'autres perſonnages, & en faire une ſuite d'une autre hiſtoire connuë, & en ce cas-là il eſt aiſé de voir que ſelon les noms & l'expedition il auroit fallu changer les Epiſodes, & eſtendre chacune de ces Fables par ſes Epiſodes differents.

Dans le Poëme Epique il faut que la verité marche toujours avec la fiction. La Fable du Poëme n'eſt qu'un pur menſonge, mais c'eſt un menſonge toujours uni avec des veritez. Outre la verité morale que la Fable renferme, il y a des veritez hiſtoriques que l'on tire des actions connuës de ceux dont on a emprunté les noms, & que l'on accommode au fonds de la Fable par le moyen des Epiſodes. Perſonne n'a jamais mieux connu ce secret qu'Homere, il fait un mélange admirable de la verité & du mensonge dans tout le plan de son Poëme, comme Horace l'a fort bien expliqué :

Atque ita mentitur, sic veris falsa remiscet,
Primo ne medium, medio ne discrepet imum.
Enfin il dresse de maniere le plan de son sujet, qui n'est qu'un ingenieux mensonge, & il y mesle partout ensuite avec tant d'adresse la verité, que le milieu répond au commencement & la fin au milieu. Car par le moyen de ces Episodes tirez des actions veritables de ses heros on fait rentrer tout le reste dans la verité de l'Histoire, & on ajuste le tout si-bien ensemble, que la verité paroist regner également par-tout. Bien plus, Homere mesle toujours des veritez dans ses mensonges mesmes les plus estranges. Ce qu'il dit des Cyclopes, des Lestrygons, des Cimmeriens, de Charybde & de Scylla ne sont que des embellissements & des exagerations de la verité, qui est toujours le fondement de ses fictions. Aussi Aristote luy donne-t'il cette loüange, *Qu'il est celuy qui a le mieux enseigné aux autres à faire comme il faut ces agréables mensonges.* Les faire *comme il faut*, c'est les rendre vraysemblables par le meslange de la verité, & c'est ce que Strabon avoit bien compris. *Le Poëte Homere*, dit-il, *rapportant toujours ses Fables à l'instruction, a eu égard à la verité dans la pluspart des choses, mais il y a aussi meslé le mensonge. Il a embrassé la verité pour instruire, & il a associé le mensonge pour attirer par le plaisir & manier à son gré la multitude. Comme un habile ouvrier*

PREFACE. xvij

mesle avec adresse dans ses chef-d'œuvres l'or avec l'argent, de mesme Homere adjoute la Fable à des aventures vrayes pour orner son discours & le rendre plus agréable. Il a donc pris pour fondement la guerre de Troye, qui est un évenement vray, & il l'a orné par le mensonge des Fables. Il a fait de mesme des aventures d'Ulysse, car ce n'est pas la maniere d'Homere de n'attacher ses Fables les plus prodigieuses à aucune verité, & c'est le meslange de la verité qui rend les mensonges plus vraysemblables.

Veilà pourquoy Aristote a tant recommandé aux Poëtes, soit qu'ils travaillent sur un sujet desja connu, ou qu'ils en inventent un nouveau, de dresser la Fable en general avant qu'ils pensent à l'épisodier & à l'estendre par ses circonstances, & qu'il leur dit que la Fable estant faite, on donne les noms aux personnages & l'on épisodie l'action, c'est à dire, qu'on fait les parties de cette action, des circonstances & des avantures tirées de l'histoire des Heros: *Mais il faut bien prendre garde*, adjoute-t'-il, *que les Episodes soyent propres, comme dans Oreste la fureur qui le fait prendre.* C'est à dire, que les Episodes ne doivent faire avec la Fable qu'un seul & mesme tout. *Dans la Tragedie d'Euripide, intitulée Iphigenie dans la Tauride.*

L'action du Poëme Epique doit estre une, & non pas comme plusieurs pensent tirée d'une seule personne. C'est le précepte d'Aristote, qui en donne mesme une raison bien sensible, *Car*, adjoute-t'-il, *comme on voit tous les jours une infinité d'accidens de la pluspart desquels on ne peut rien faire qui soit un, il arrive de mesme que les actions d'un homme sont en si grand* *Poëtiq. chap. 8.*

nombre & si differentes, qu'on ne sçauroit jamais les réduire à cette unité & en faire une seule & mesme action. De sorte qu'à son compte il ne seroit pas plus ridicule de vouloir faire une seule action de tous les accidents qui arrivent dans le monde, que de vouloir réduire à cette unité toutes les avantures d'un homme seul. C'est pourquoy il blasme les Auteurs de l'Heracleïde & de la Theseïde & de plusieurs autres Poëmes semblables, & il leur reproche d'avoir crû mal à propos que parce que Thesée est un & qu'Hercule est un, toute leur vie ne devoit faire qu'un seul sujet, une seule Fable, & que l'unité du heros faisoit l'unité d'action. Et il adjoute, *Homere, qui a excellé en tout sur les autres Poëtes, me paroist avoir parfaitement connu ce deffaut, soit par les lumieres naturelles d'un heureux genie, soit par les regles de son art, car en composant son Odyssée il n'y a pas fait entrer toutes les avantures d'Ulysse, mais il a employé tout ce qui pouvoit avoir rapport à une seule & mesme action, comme est celle de l'Odyssée. Il en a usé de mesme dans l'Iliade.* Quoyque la Fable Epique soit attachée à une histoire connuë dont elle fait un incident, cela n'empesche pas que cet incident ne soit un tout par luy-mesme, & qu'il ne presente une action entiere qui a un commencement, un milieu & une fin. Le commencement de la Fable de l'Iliade & de celle de l'Odyssée, comme des Fables d'Esope, sont la querelle des deux chefs, & celle des deux chiens. L'absence d'Ulysse & celle du berger ; le milieu, c'est tous les maux que ces querelles & ces absences causent, & la fin, c'est la

PREFACE.

cessation de tous ces maux par la reconciliation des deux chefs & des deux chiens, & par le retour d'Ulysse & du berger qui se vengent de leurs ennemis. Chacune de ces Fables est une action seule qui fait un tout entier & parfait. Elle a de plus une juste grandeur, car il faut que sa grandeur soit raisonnable & proportionnée à l'action qu'elle imite. Aristote dit que tout ce qu'il y a de beau parmi les hommes & parmi les autres estres, doit avoir non seulement un ordre, mais encore une grandeur juste & raisonnable. Car le beau consiste dans l'ordre & dans la grandeur, c'est pourquoy rien de trop petit ne peut estre beau, parce que la vûë se confond dans un objet qu'on voit en un moment presque insensible; rien de trop grand ne peut estre beau non plus, parce qu'on ne le voit pas d'un coup d'œil, & qu'en voyant ses parties successivement l'une après l'autre, le spectateur perd l'idée du tout, comme s'il voyoit un animal qui auroit dix mille stades de long. Il faut régler la grandeur de cette imitation, non par l'haleine du Poëte, mais par la nature mesme du Poëme, & il est certain que plus un Poëme aura d'estenduë, plus il sera beau dans sa grandeur, pourvû qu'il ne croisse que jusqu'à ce que le sujet puisse estre vû tout ensemble sans que la vûë s'égare ni se confonde.

Il marque ailleurs plus précisément les justes bornes que l'on doit donner au Poëme Epique. *Il suffit*, dit il, *qu'on puisse voir d'un coup d'œil son commencement & sa fin, & on le fera sans doute si l'on dresse des plans plus courts que ceux des Anciens*, (il parle des Poëtes des Cypria- Poëtiq. chap. 25.

PREFACE.

ques & de la petite Iliade, qui estoient des Poëmes tres longs) & si l'on fait ensorte que le recit d'un Poëme Epique ne dure pas plus de temps que les representations des differentes Tragedies que l'on joüoit dans un seul jour.

Aristote enseigne par-là qu'il faut qu'on puisse parcourir ce Poëme d'un coup d'œil, & que la memoire puisse l'embrasser & le retenir sans peine, car si on a perdu l'idée du commencement quand on arrive à la fin, c'est une marque seûre que son estenduë est trop grande, & cette grandeur excessive ruine toute sa beauté, & en donnant la régle, il donne le moyen de la pratiquer; il ne se contente pas de dire qu'il faut faire les plans plus courts que ceux des Poëmes des Cypriaques & de la petite Iliade, mais il marque tres précisément les bornes qu'on doit donner à ce Poëme, en disant qu'il faut qu'un Poëme Epique puisse estre lû tout entier en un seul jour. Et il ne faut pas douter que ce précepte n'ait esté fait sur l'Iliade & sur l'Odyssée qui ne passent pas ces bornes. Ce précepte est mesme si essenciel, que Virgile n'a pas crû qu'il luy fust permis de s'en escarter.

Ce Philosophe ne parle icy que de la durée du Poëme, & il n'a garde de vouloir régler celle de l'action, parce qu'il n'y a point sur cela de regles certaines, & que le Poëme Epique embrasse plus ou moins de temps selon la nature de l'action qu'il represente. Si c'est une action violente & pleine d'emportement, sa durée est moins grande, car tout ce qui est violent ne peut durer long-temps; mais si c'est une action douce, elle peut durer autant que le Poëte le juge à propos, pourvû que son Poëme ne croisse que jusqu'à la mesure qui vient d'estre marquée. L'action de l'Iliade est renfermée en peu de jours, & celle de l'Odyssée est poussée jusqu'à huit ans & quelques mois.

De ce qu'Aristote a dit que le Poëte dresse premierement le plan de sa Fable, & qu'ensuite il impose le nom à ses personnages, il est aisé d'inferer que cette Fable doit estre une action feinte, & que le Poëte doit estre l'auteur de son sujet. Et sur cela on a demandé si la Poësie exclut les actions veritables. Aristote répond fort bien que quand il arrive au Poëte d'estaller des actions veritables, il n'en merite pas moins le nom de Poëte, car rien n'empesche que les incidents, qui sont arrivez veritablement, n'ayent toute la vraysemblance & toute la possibilité que l'art demande, & qui font qu'il en peut estre regardé comme l'auteur. En effet, que demande l'art du Poëte ? il demande qu'il donne à son sujet toute la vraysemblance qu'il est possible, or cette vraysemblance n'est point du tout incompatible avec la verité, & ce qui est arrivé veritablement peut estre aussi vraysemblable & aussi possible que ce qu'on pourroit feindre, & estre tel qu'il seroit si on l'avoit feint. La verité du fait ne peut détruire la nature de la Fable, l'auteur du Poëme est l'auteur de la Fable, il est donc Poëte. Il se peut faire mesme que l'Histoire presente des faits tournez de maniere qu'ils sont proprement des Fables dans le sens d'Aristote, c'est à dire, des paraboles qui renferment un point de Morale

Poëtiq. chap. 9.

dont tout le monde peut profiter. Un Poëte pourroit les eftaler fans ceffer d'eftre Poëte. Ce Philofophe s'eft contenté de cette raifon, qui eft convainquante & qu'il a tirée du fond de la nature du fujet. Il auroit pû en adjouter une autre que M. Dacier a fournie dans fes Commentaires & qui paroift tres folide, c'eft que la verité du point d'Hiftoire, que le Poëte entreprend de traiter, n'exclud pas l'art du Poëte qui a toujours à difpofer fon fujet & à en dreffer le plan de maniere que la Fable foit toujours l'ame du Poëme. C'eft cette œconomie & cette jufte liaifon des chofes qui conftituë proprement le Poëme Dramatique comme le Poëme Epique, & c'eft ce qui ne coufte pas moins à faire dans les fujets veritables que dans ceux qui font feints. M. Racine n'eft pas moins Poete dans Efther & dans Athalie que dans Iphigenie & dans Andromaque.

Soit que le Poëte traite des fujets feints, mais desja receus, ou des fujets veritables, il eft obligé de ne pas changer les Fables receües. Il faut que Clytemneftre foit tuée par Orefte, & Eriphyle par Alcmeon. Mais quand il y a des chofes trop atroces dans la maniere, alors il a la liberté d'inventer luy-mefme en tirant de fon efprit quelque nouveau moyen qui foit convenable pour les faire réuffir, & en imaginant une conduite vrayfemblable qui foit proportionnée à la nature de l'action, que l'on ne doit pas changer. C'eft ce qu'Ariftote appelle *fe fervir comme il faut des Fables receües.*

Poëtiq. chap. 15.

De cette qualité de la Fable d'eftre generale & univerfelle, & de ce que le propre du Poëte

PRÉFACE.

est de dire les choses, non comme elles sont arrivées, mais comme elles ont pû ou dû arriver necessairement ou vraysemblablement, Aristote tire cette consequence tres seure, *Que la Poësie est plus grave & plus morale que l'Histoire*, parce que l'Histoire ne rapporte que les choses particulieres qui conviennent à peu de gens, & que la Poësie rapporte les choses generales qui conviennent à tout le monde. Et il ne faut pas s'imaginer qu'Aristote ait seulement en vûë de relever par-là l'excellence de cet art, il veut en mesme temps en faire connoistre la nature. Mais ce point sera traité plus au long dans la quatriéme Partie de cette Préface.

Comme la partie essentielle de la Fable, ce qui luy sert de fonds & qui la rend proprement Fable, c'est la verité morale qu'elle veut enseigner, & que le fondement de la Morale c'est la pieté, il est aisé de comprendre que le Poëte ne peut bien s'acquiter de son devoir, s'il n'introduit la Divinité dans son Poëme, non seulement pour authoriser & rendre vraysemblables les évenemens miraculeux qu'il est obligé d'estaller, mais encore pour enseigner à ses Lecteurs que c'est Dieu qui préside à tout, qui conduit tout par sa Providence, & qui est l'auteur de tout ce que nous pouvons faire de bien; que c'est luy qui inspire les bons desseins, qui donne le courage d'entreprendre & la force d'executer, & enfin que c'est luy qui punit les méchants & qui récompense les bons. *Ainsi le Poëme Epique*, dit excellemment le R. P. le Bossu, *n'est une escole ni d'impieté ni d'atheïsme, ni d'oysiveté & de ne-*

= *gligence, mais on y apprend à honorer Dieu & à*
= *le reconnoître mesme comme le principe unique & necessaire de tout ce que l'on peut faire de bien, & sans lequel les plus puissants Princes & les heros les plus parfaits ne peuvent achever heureusement aucun dessein, &c.* Et voilà pourquoy les premiers Poëtes ont esté honnorez du nom de Theologiens.

La Fable estant l'imitation d'une action, & toutes les actions venant des mœurs & des sentiments, car ce sont les deux sources d'où viennent toutes les actions de la vie, il s'ensuit de-là necessairement que les mœurs & les sentiments sont des parties essencielles du Poëme Epique: *Les mœurs sont ce qui découvre l'inclination de celuy qui parle, & le parti qu'il prendra dans les accidents où il ne seroit pas aisé de le reconnoître. C'est pourquoy tous les discours qui ne font pas d'abord sentir à quoy se resoudra celuy qui parle, sont sans mœurs.* Selon cette définition d'Aristote qui est tres vraye, il faut donc que les mœurs des personnages d'un Poëme soyent si bien marquées, que le Lecteur puisse prévoir ce qu'ils feront dans les occasions les plus extraordinaires & les plus surprenantes avant mesme qu'on les voye agir.

Cette partie qui concerne les mœurs est tres essencielle. Il y a quatre choses à observer dans les mœurs.

La premiere & la plus importante, *qu'elles soient bonnes*, c'est à dire, qu'elles soient bien marquées, & qu'elles fassent connoistre l'inclination ou la resolution des personnages telle qu'elle est,

PREFACE.

est, bonne, si elle est bonne ; & mauvaise, si elle est mauvaise. Car cette bonté des mœurs se trouve dans toute sorte de conditions. Et comme le Poëme Epique ne reçoit pas moins les heros vicieux, comme Achille, Mezence, Turnus, que les vertueux comme Ulysse & Enée, il faut que leurs mœurs soient si bien marquées, que le Lecteur connoisse leurs bonnes ou leurs mauvaises inclinations, & le parti qu'elles leur feront prendre.

La seconde condition des mœurs, c'est qu'elles soient convenables. C'est à dire, qu'il faut donner à chaque personnage ce qui luy convient, le faire agir & parler selon son âge, son estat, sa condition, son pays, & le relever, soit en augmentant les qualitez brillantes qu'il peut avoir, soit en diminuant les mauvaises qui s'y trouvent & qui pourroient le deshonnorer ; mais il faut que cela ne se fasse qu'autant qu'on le peut, en s'assujetissant toujours à la qualité principale qu'on luy a donnée & qui fait son caractere.

La troisieme condition des mœurs est qu'elles soient semblables, & il est aysé de voir que cette condition n'est que pour les caracteres connus, car c'est dans l'Histoire ou dans la Fable qu'on va puiser cette ressemblance, & il faut les representer tels que nous les y trouvons.

Enfin, la quatrieme condition des mœurs est qu'elles soient égales, c'est à dire, qu'il faut que les personnages soient jusqu'à la fin tels qu'ils ont paru d'abord.

Dans les mœurs, comme dans la disposition du sujet, il faut toujours chercher ou le neces-

Tome I. b

PRÉFACE.

faire ou le vraysemblable, de sorte que les choses arrivent les unes après les autres ou necessairement ou vraysemblablement. Il est évident par-là que le dénoüement du sujet doit naistre du sujet mesme. En effet, puisque les mœurs doivent produire les actions, & que les actions doivent naistre les unes des autres, il s'ensuit de-là par une consequence incontestable que le dénoüement, qui est aussi une action, doit naistre ou necessairement ou vraysemblablement de ce qui précede & que les mœurs ont desja produit.

Homere est sur cela, comme sur tout le reste, le plus excellent modelle. Les mœurs, qu'il donne à ses personnages, ont ces quatre qualitez au souverain degré. Elles sont *bien marquées, convenables, semblables & égales*. Toutes les actions qu'elles produisent naissent les unes des autres ou necessairement ou vraysemblablement, & par là le dénoûment de chacun de ses deux Poëmes naist du sujet mesme.

C'est cette juste observation des mœurs qui fait la bonté des caracteres que le Poëte forme. Et Aristote finit ses préceptes sur les mœurs par un avis tres important, c'est que comme le Poëme Dramatique & le Poëme Epique imitent les actions de ce qu'il y a de plus excellent parmi les hommes, les Poëtes doivent imiter les Peintres, qui en donnant à chacun sa veritable forme & en les faisant semblables à l'original, les font toujours plus beaux.

En effet, un grand Peintre, en peignant une personne, n'oublie rien de tout ce qui peut augmenter sa beauté en conservant la ressemblance.

PREFACE. xxvij

Les Poëtes doivent faire la mesme chose avec [*épique*]
d'autant plus de raison, qu'ils imitent les personnes les plus illustres, les Princes & les Roys. Ils peuvent les faire d'autant plus beaux, qu'ils sont élevez au dessus des autres hommes, car ces caracteres sont susceptibles de toute la beauté qu'on veut leur donner, pourvû qu'elle convienne avec les veritables traits, & qu'elle ne détruise pas la ressemblance, & Aristote en donnant le précepte, enseigne le moyen d'y réussir, car il dit qu'il faut que le Poëte, qui veut imiter par exemple un homme colere & emporté, se re- [*magnanime*]
mette bien plus devant les yeux ce que la colere doit faire vraysemblablement, que ce qu'elle [*mal. M. Dacier*]
fait; c'est à dire, qu'il doit plustost consulter la [*qui s'est trompé*]
nature, qui est le veritable original, que de s'amuser à copier une personne qui n'en est qu'une copie imparfaite & confuse, ou mesme vicieuse, ce que le Poëte doit éviter. La nature luy fournira des couleurs qui rendront son portrait plus beau sans corrompre ses veritables traits qu'il est obligé de conserver tres fidellement. Elle luy fera voir que la vaillance répond admirablement à ce caractere, & par consequent il donnera a son heros une valeur d'un tres grand esclat; c'est ainsi qu'Homere a fait Achille. Il a gardé dans ce caractere tout ce que la Fable y mettoit indispensablement, mais en ce qu'elle luy a laissé de libre, en a usé tellement à l'avantage de son heros & a si fort embelli, qu'il a fait presque disparoistre les grands vices par l'esclat d'une valeur miracu- [*Il n'avoit point de vices*]
leuse, qui a trompé une infinité de gens. On [*la colere contre les injustes*]
veut voir cette matiere plus profondement trai- [*n'est pas un vice*]

b ij

tée dans les Commentaires de M. Dacier sur la Poëtique.

Aprés les mœurs viennent les sentiments. Aristote n'appelle point icy *sentiments* les conceptions interieures de l'esprit, mais les discours par lesquels on explique ces conceptions, soit qu'elles ayent produit quelque action, ou qu'elles la préparent. *Les sentiments*, dit-il, *c'est ce qui explique ce qui est, ou ce qui n'est pas, en un mot ce qui fait connoistre la pensée de celuy qui parle*. Il ne suffit pas de donner des mœurs à ses personnages, il faut leur donner des sentiments conformes à ces mœurs, & les faire parler si convenablement à leur caractere, que le Lecteur ou le Spectateur connoisse leurs mœurs avant que d'avoir vû leurs actions.

Tout ce qui regarde le discours, continuë Aristote, *dépend de la Politique ou de la Rhetorique*. Ce précepte est important. Aristote appelle *Politique* l'usage commun & le langage ordinaire des Peuples qui parlent simplement & sans art, au lieu que la *Rhetorique* enseigne à parler avec art & à orner ses pensées de toutes les graces du discours recherché & soutenu. Quand une chose est par elle mesme telle qu'on veut la faire paroistre, l'usage commun suffit pour l'exposer telle qu'elle est naturellement. L'histoire d'Oedippe, celle d'Ajax, celle d'Hecube, ne demandent aucun art pour nous paroistre pitoyables ou terribles, il ne faut que les exposer simplement; mais quand elles ne sont pas telles qu'on veut, qu'il faut changer leur forme & faire passer pour terrible ce qui ne l'est point, ou déguiser ce

PREFACE.

qui l'est, cela dépend de l'art de celuy qui parle, & qui par ses paroles donne aux choses la forme qu'elles nous paroissent avoir; alors il faut avoir recours à la Rhetorique, car c'est par son moyen qu'on leur donne les couleurs qu'elles n'ont pas. Il n'y a point aujourd'huy de précepte plus violé que celuy-là, & il n'y a jamais eu de Poëte qui l'ait mieux pratiqué qu'Homere; jamais il ne cherche à orner une belle nature, il la rend telle qu'elle est; mais quand elle est foible ou defectueuse, alors il rassemble tout ce que l'art peut fournir pour la corriger & pour en cacher les défauts.

Puisque la diction est necessaire pour expliquer les sentiments, il est évident qu'elle fait partie du Poëme.

La diction 4.e partie du po[ëme]

La vertu de la diction consiste dans la netteté & la noblesse. Elle est nette & claire par les mots propres, mais par-là aussi elle est souvent fort basse. Pour la rendre noble, il faut donc avoir recours aux figures & aux mots empruntez, sur-tout aux métaphores. Mais il ne faut les employer qu'à propos, car les expressions figurées ne donnent de la beauté à la diction que lorsqu'elles sont convenables, bien placées & mises avec mesure. Et s'il est beau de s'en servir convenablement & à propos, il est aussi tres difficile; mais il est encore plus beau & plus difficile d'employer heureusement la métaphore, car on ne peut la tirer que de son esprit, & il faut avoir beaucoup d'esprit & d'imagination pour trouver tout d'un coup une ressemblance entre des sujets tres differents, & pour faire heureusement ce transport de l'un à l'autre, car c'est ce

PREFACE.

qui fait la métaphore. Si Homere est un parfait modelle pour la Fable & pour les mœurs, il ne l'est pas moins pour les sentiments & pour la diction, & Aristote luy a donné cette loüange, *Qu'il y a surpassé tous les autres Poëtes.*

Aprés avoir expliqué en general les quatre parties du Poëme Epique, qui sont les mesmes que celles du Poëme Dramatique, il est necessaire de dire un mot des especes differentes qui en font le sujet. Elles sont simples ou implexes, morales ou pathetiques. Les simples sont celles qui estant continuës & unies, finissent sans reconnoissance & sans peripetie, c'est à dire, sans changement d'estat extraordinaire. Les implexes sont celles qui ont la peripetie, ou la reconnoissance, ou toutes les deux. Les pathetiques, celles où regnent les combats, les blessures, la mort. Et les morales, celles où la morale regne particulierement, & dont les heros sont des modelles de vertu & de sagesse.

La conduite d'Homere est admirable dans la constitution de ses deux Poëmes. L'Iliade, où regnent la colere & la fureur, est simple & pathetique. Et l'Odyssée, qui est un Poëme plus rassis & plus lent, comme estant fait pour estre un modelle de sagesse, de moderation & de constance, est implexe & moral; par tout il y a des reconnoissances, & la morale y regne depuis le commencement jusqu'à la fin, ce qu'elle ne fait pas dans l'Iliade, où elle est moins frequente & plus cachée.

Je n'adjouteray plus qu'un seul précepte dont Aristote n'a point parlé, & dont il ne seroit pas mesme necessaire d'avertir après la pratique d'Homere où il est tres sensible, si nous n'avions une infinité d'ouvrages dans lesquels il est absolument negligé, c'est que le Poëte doit d'abord faire connoistre les personnages de son Poëme, ou du moins les principaux, & leurs differents interests. Homere dans son premier Livre de l'Iliade introduit ses personnages, & fait connoistre l'humeur, les interests & les desseins d'Agamemnon, d'Achille, de Nestor, d'Ulysse & de plusieurs autres, & mesme des Dieux; & dans le Livre second il fait le dénombrement des troupes des Grecs & de celles des Troyens, afin que le Lecteur soit pleinement instruit des interests de ceux qui entrent dans le Poëme.

Il a observé la mesme chose dans l'Odyssée. Dés le commencement il fait connoistre Telemaque, Penelope & les amants de cette Princesse, & il nous montre Ulysse tout entier.

Il y a une infinité d'autres choses que le Poëte doit observer dans la composition du Poëme Epique & de la Tragedie, & l'on peut s'en instruire dans la Poëtique d'Aristote, dans celle d'Horace & dans le Traité du R. P. le Bossu. Mais voilà les principales & les regles fondamentales sans lesquelles le Poëme ne peut subsister.

Appliquons presentement ces regles à un de nos Romans, & voyons si on a raison de les appeller *des Poëmes Epiques en prose*. Je choisiray un de ceux qui ont eu le plus de succés, c'est la Cassandre de M. de la Calprenede. On ne peut pas nier que l'Auteur n'ait beaucoup d'esprit, une imagination heureuse & fertile, & une grande facilité d'expression, & je loüerois ses talents avec un grand plaisir, s'il en avoit fait un meilleur usage.

La premiere regle du Poëme Epique, c'est que le sujet soit une Fable generale qui convienne à tout le monde, & dont tout le monde puisse profiter. Examinons donc quel est le sujet de Cassandre, pour voir si nous y trouverons cette Fable, qui est l'ame du Poëme. Orondate fils de Mathée, Roy des Scythes, dans une bataille que son pere donne contre Darius Roy des Perses, l'ennemi mortel de sa maison, pousse si loin ses avantages, qu'il arrive aux tentes où sont la mere, la femme & les filles de Darius. Il a ces Princesses en sa puissance, il peut les faire ses prisonnieres & les emmener, mais il est si frappé de la beauté de Statira, que par une generosité sans exemple, tres deplacée, & contraire mesme aux interests de sa passion, il les laisse libres. Un moment aprés il sauve la vie au Prince Artaxerce fils unique de Darius, & au lieu de le faire son prisonnier, comme il le pouvoit, il le renvoye de mesme. L'hyver suivant, son amour devenu tres violent le porte à quitter la Cour de son pere pour aller à celle de son ennemi. Il va à Persepolis sous un faux nom ; il est reconnu pour ce guerrier, qui a donné la liberté aux Reynes & la vie au Prince, & il devient le favory de Darius. Il voit Statira tout à son ayse, luy fait la cour & luy déclare sa passion. Statira en est un peu offensée, comme la bienséance le veut, mais Orondate s'estant découvert à Artaxerce pour le Prince des Scythes, Artaxerce le sert auprés

PREFACE. xxxiij

de sa sœur, qui répond enfin à la passion du Prince. Son bonheur est traversé par divers obstacles, que les faiseurs de Romans imaginent sans peine; les Princesses deviennent prisonnieres d'Alexandre, qui moins genereux qu'Orondate les retient, devient éperdüement amoureux de Satira, & l'espouse. Alexandre meurt quelque temps aprés, & de nouveaux obstacles traversent encore la passion d'Orondate, mais aprés une infinité d'avantures, toutes incroyables & sans la moindre vraysemblance, à la fin du dixiéme volume, *la veuve d'Alexandre se donne à son premier amant.*

Quelqu'un pourra-t'-il trouver dans ce sujet la moindre idée de Fable? Osera t'-on dire que c'est un discours en prose, inventé pour former les mœurs par des instructions déguisées sous l'allegorie d'une action? Quel est donc le point de morale que cette action de Cassandre veut nous enseigner? Où est cette instruction qui est l'ame de la Fable? Peut-on regarder cela autrement que comme une histoire tres fausse, ou plustost comme une indigne corruption de l'histoire par des recits sans Fable, & où la morale mesme est tres indignement violée?

Ce que je dis de Cassandre doit s'estendre sur tous les autres Romans. Le sujet de Cleopatre, celuy de Cyrus, celuy de Clelie, ne sont pas plus des Fables morales que celuy de Cassandre; ils se ressemblent tous par ce fondement comme par beaucoup d'autres endroits. La seule chose qu'ils retiennent du Poëme Epique, c'est que leur action n'est pas l'action d'hommes du com-

b v

mun. mais des plus grands personnages, de Princes & de Roys.

Il est aisé de voir que les auteurs de ces ouvrages ont suivi une voye toute opposée à celle des Poëtes. Aristote enseigne que les Poëtes doivent dresser d'abord le plan de leur Fable qui est generale, imposer ensuite les noms aux personnages, & l'attacher à une Histoire connuë, afin de tirer de ces noms & de cette Histoire les circonstances qui doivent servir à amplifier cette action & à luy donner sa juste estenduë, & qu'on explique sous le nom d'Episodes. Ces Auteurs ont fait tout le contraire, ils ont cherché dans l'Histoire des noms connus, ils en ont adjouté de feints, ils ont donné à ces noms des actions extravagantes & inouies, & ont fait, non un Poëme Epique, mais un tissu d'avantures que le caprice seul produit, & qui ne naissent les unes des autres ni necessairement ni vraysemblablement; aussi cette action, bien-loin d'estre generale, est aussi particuliere que toutes les actions de Cesar, d'Alcibiade, de Pompée, &c. Pour ce qui est de la juste grandeur, l'Auteur est bien éloigné d'avoir observé les justes bornes qu'Aristote a prescrites sur la pratique d'Homere. On peut dire de ce Roman de Cassandre, comme de la plûpart des autres, que c'est veritablement l'animal de dix mille stades de longueur dont parle Aristote. S'il est vray que rien de trop grand ne puisse estre beau, appellera-t'on beaux ces ouvrages monstrueux, qui sans rien enseigner de bon, poussent leurs fictions frivoles jusqu'au dixiéme volume, & demandent au moins dix jours pour estre lûs.

La troisiéme & la quatriéme regle du Poëme Epique sont que l'action, qu'il imite, soit *une*, & qu'elle fasse un tout regulier & parfait. C'est ce que ne fait point l'action de Cassandre ; toutes ses parties ne concourent point à faire une seule & mesme action, & il est impossible d'en rien faire qui soit un & simple, car cette action est meslée d'une infinité d'incidents qui en rompent l'unité, & elle tombe dans le défaut des Poëmes de l'Heracleïde & de la Theseïde, car si elle ne renferme pas toute la vie de ces heros, elle en contient la plus grande partie, à moins qu'on ne veuille dire qu'elle est *une*, parce que c'est toujours l'amour d'Orondate qu'elle traite ; & qu'elle fait un tout regulier & parfait, parce qu'elle embrasse cette passion depuis le commencement jusqu'à la fin. Ce qui seroit tres ridicule.

Non seulement ces Romans pechent contre ces regles du Poëme Epique, en rassemblant plusieurs incidents de la vie de leur heros, qui ne sçauroient faire une seule & mesme action, mais ils pechent encore en y meslant les avantures d'autres heros entierement estrangeres, indépendantes & aussi esclatantes. L'amour & les avantures d'Artaxerce & de Berenice n'ont aucun rapport avec l'amour & les avantures d'Orondate & de Statira, & ne sont pas moins brillantes. Il y en a plusieurs autres de mesme, & cette multiplication d'avantures independantes est tres vicieuse, & ruine entierement cette unité d'action qui fait l'essence du Poëme Epique, où

b vj

l'on peut bien faire entrer plusieurs Fables, plusieurs avantures differentes, mais il faut qu'elles soient toutes des parties, non entieres & non achevées, d'une seule & mesme action, qui est l'action principale.

On a vû que la verité doit estre meslée avec le mensonge dans tout le Poëme. C'est ce que ceux qui ont fait des Romans ont si peu compris qu'on ne trouve jamais dans leurs ouvrages la verité meslée avec la fiction. Non seulement il n'y a aucune verité morale dans l'action du Roman, comment y en auroit il, puisque ce n'est pas mesme une Fable! Mais il n'y en a pas mesme dans toutes les autres parties dont le Roman est composé. Ce n'est pas qu'on n'y trouve quelquefois des veritez historiques: l'Auteur de Cassandre a pris beaucoup de choses des Historiens d'Alexandre, mais outre que ce sont presque toujours des veritez qu'il a alterées & corrompuës, ce ne sont jamais des veritez meslées avec la fiction pour la rendre plus vraysemblable & plus croyable, ce sont des veritez adjoutées à la fiction, & qui ne servent qu'à rendre son mensonge plus évident, plus plat & plus méprisable.

Je serois bien estonnée si quelqu'un osoit donner au Roman la loüange qu'Aristote donne au Poëme Epique d'estre plus grave & plus moral que l'Histoire, ou celle qu'Horace luy donne, en encherissant sur celle d'Aristote, qu'il est plus Philosophe que la Philosophie mesme, & qu'il enseigne mieux que les Philosophes à fuir le vice & à pratiquer la vertu.

PREFACE. xxxvij

Homere seme dans ses Poëmes des maximes de pieté, & il introduit par tout les Dieux pour instruire ses Lecteurs, & pour rendre croyable & vraysemblable ce qu'il avance de prodigieux. Les faiseurs de Romans ne s'amusent pas à ces bagatelles ; non seulement les maximes de pieté sont bannies de leurs escrits, mais on y trouve souvent les plus grands blasphemes que proferent ces amants insensez. Et pour la Divinité, elle n'entre pour rien dans tout ce qui s'execute. Ils croiroient deshonnorer leur heros s'ils le faisoient assister par un Dieu. Ces heros font des choses les plus prodigieuses & les plus incroyables par leurs propres forces. Les Historiens d'Alexandre remarquent qu'on estoit persuadé que ce Prince n'executoit de si grandes choses que par l'assistance particuliere des Dieux. Cela est bon pour des Payens, mais nos Romanciers n'ont garde de faire jamais entendre cela de leurs heros. Et peut-estre est-ce une des plus grandes marques qu'ils ayent données de leur jugement & de leur prudence. Il auroit esté fort ridicule de faire intervenir la Divinité pour fortifier des hommes uniquement possedez de l'amour, & qui ne pensent, ne parlent & n'agissent que pour leur amour ; c'est un interest peu propre à toucher la Divinité & à attirer son secours. En un mot les Romans ne pechent pas moins du costé de la Theologie, que de la Morale.

Si ces Auteurs ont violé si ouvertement toutes les conditions de la Fable, qui est pourtant le fondement du Poeme Epique, ils n'ont pas mieux observé les conditions des mœurs qui

PREFACE.

sont la source des actions. Tout ce qu'ils touchent devient méconnoissable ; il semble qu'ils ayent la baguette de Circé, ou une baguette plus puissante encore, car ils changent non seulement les hommes, mais les peuples entiers, & alterent toute la face de la nature. C'est un précepte de l'Art poëtique, d'estudier les mœurs des siecles & des pays ; les Romanciers les ont fort mal estudiées ; ils n'ont eu pour but que de les alterer ou de les changer absolument. Par exemple, dans Cassandre l'Auteur nous represente les Scythes comme des peuples aussi polis & aussi magnifiques que les Perses, & des uns & des autres il en fait, non des Barbares, mais des François. Cette faute est d'autant plus estrange, sur-tout au sujet des Scythes, que tout le monde peut voir que cet Auteur renverse par-là tout ce que les anciens Historiens, comme Herodote, Strabon, & les autres rapportent de la simplicité de vie de ces peuples & de leur frugalité, & qu'il contredit manifestement ce que l'Historien de la vie d'Alexandre en escrit, & ce que leurs Ambassadeurs disent à Alexandre luy-mesme, *Que pour toutes richesses ils n'ont receu du ciel qu'un joug de bœuf, une fleche, un javelot & une coupe, mais que leur pauvreté leur est utile contre leurs ennemis.* L'Auteur n'a pas crû que des peuples si sauvages & si pauvres pussent orner son Roman, c'est pourquoy par la vertu de sa magie, particuliere aux faiseurs de Romans, il en fait des peuples civilisez, polis, magnifiques. Quand je pense au plaisir que fait dans Quinte Curse la simplicité & la pauvreté des Scythes,

PREFACE. xxxix

opposées au luxe & à la pompe des Perses, je ne comprends pas comment cet Escrivain n'a pas senti la beauté de ce contraste, & comment il a osé le changer.

Les mœurs des particuliers n'y sont pas mieux conservées. L'Auteur a rassemblé dans ce Roman tous les plus grands hommes & les plus connus qui se trouvent meslez dans l'Histoire d'Alexandre, il n'y en a presque pas un qui ne soit changé & qui ressemble au portrait qu'en a fait l'Histoire. Alexandre mesme avec toute sa valeur & toutes ses grandes qualitez, que l'Auteur n'a pû luy oster, y devient un amoureux transi, fort ridicule. Pour le heros du Poëme, le brave Orondate, c'est un heros feint, qui n'a jamais existé, c'est pourquoy l'Auteur avoit la liberté de le faire tel qu'il vouloit. Mais après l'avoir fait, il estoit obligé de garder les conditions des mœurs que j'ay expliquées. D'abord il a assez bien marqué les mœurs, mais il change bientost, & elles ne sont ni convenables, ni semblables, ni égales.

Il n'y a que trois moyens de former les mœurs & les caracteres, c'est de faire les hommes tels qu'ils sont, ou tels que la Renommée les public, ou tels qu'ils doivent estre. Ce n'est pas l'usage de ceux qui font des Romans; ils ne representent leurs personnages ni tels qu'ils ont esté, ni tels que la Renommée les a publiez, au contraire ils les font tres dissemblables, & on ne peut pas dire qu'ils les ont fait *meilleurs*, c'est à dire, plus beaux, en les faisant tels qu'ils auroient dû estre, car ils leur ont attribué tant de foiblesses, dont

PREFACE.

ils estoient incapables, & toutes opposées à leur veritable caractere, qu'on peut asseurer qu'ils les ont fait beaucoup plus méchants, c'est à dire, plus laids & plus vicieux. Par exemple, le caractere d'Orondate & celuy du Prince Artaxerce son ami, tous deux feints, car l'Histoire ne parle point d'un fils du Roy des Scythes, & Darius avoit bien un fils, mais il estoit encore petit enfant quand son pere fut vaincu par Alexandre; ces deux caracteres, dis-je, sont tres vicieux. Orondate est à la Cour de Darius lorsque son pere entre en Perse avec une armée de deux cens mille hommes. Darius envoye contre luy une aussi puissante armée sous la conduite d'Artabase & de son propre fils Artaxerce. Que fait sur cela Orondate ? Retenu par son amour, il va avec son ami Artaxerce & combat contre son pere & son pays, & Artaxerce imite cette generosité tres insensée & tres dénaturée. Il commande un corps de reserve de quatre mille chevaux, mais au lieu de combattre, il ne branse point, & retient l'ardeur & l'impatience de ses troupes; il est attaqué avec furie, & il ne peut encore se resoudre à se défendre, de peur de tremper son espée dans le sang des troupes de son ami; enfin blessé de deux coups, il combat pour sauver sa vie & pour ne pas abandonner son cher Orondate qui fait des prodiges de valeur, ainsi ces deux Princes trahissent chacun leur pere & leur patrie, l'un par amitié & l'autre par amour. Peut-on imaginer deux choses plus insensées ? Et n'est-ce pas pecher manifestement contre le précepte renfermé dans ces vers d'Horace :

PREFACE.

Qui didicit patriæ quid debeat, & quid amicis,   Dans l'Art Poëtique.
Quo sit amore parens, quo frater amandus & hospes.

En effet n'est-ce pas ignorer ce qu'on doit à sa patrie & à ses amis ? Quels sont les differents degrés d'amour que l'on doit avoir pour un pere & pour un frere, & jusqu'où s'estendent les droits de l'hospitalité. Il est vray qu'Horace n'a pas marqué ce qu'on doit à sa maistresse ; il a eu grand tort de ne pas enseigner qu'il faut estouffer pour elle tous les autres sentiments les plus naturels & les plus legitimes.

D'ailleurs Orondate est un fou, qui se passe son espée au travers du corps à la fausse nouvelle de la mort de sa maistresse, & il tente la mesme chose une seconde fois lorsque cette Princesse, devenuë femme d'Alexandre, veut par bienséance & par devoir l'éloigner de sa presence. Or il n'y a rien de plus ridicule que de faire de son heros un fou, & de luy donner un caractere d'impieté & de foiblesse, selon le sentiment mesme des Payens. D'impieté, parce que comme Socrate le prouve tres fortement, *De se tuer soy-*   Dans le Phedon. *mesme, c'est usurper sur sa vie un droit qui n'appartient qu'à Dieu.* Et de foiblesse, parce que, comme Aristote le décide formellement, *De se*   Dans le liv. 3. de ses Morales. *tuer soy-mesme, vaincu par la pauvreté, par l'amour, ou par quelqu'autre passion, c'est l'action, non d'un homme vaillant, mais d'un lasche.* Car il n'y a que la lascheté qui porte à ceder à ce qui paroist dur & difficile. Les Poëtes payens ont esté bien plus sages. Dans l'Iliade quand Achille

PREFACE.

apprend la mort de Patrocle, une mortelle douleur s'empare de son esprit, il se jette à terre, répend sur sa teste de la cendre bruslante. Mais dans cette extresme affliction, tout violent, tout emporté qu'il est, il ne fait aucune action qui marque qu'il pense à se tuer, Homere s'est contenté de dire que le jeune Antiloque luy tient les mains, de peur que la violence de sa douleur ne le porte à attenter sur luy-mesme. Quand Sophocle a representé sur le Theatre d'Athenes un Ajax qui se tuë luy mesme, il a fait entendre auparavant qu'il estoit fou. Didon se tuë dans l'Eneïde, mais, outre que ce n'est pas l'heroïne du Poëme, c'est une femme, & une femme que sa passion a rendu folle. c'est un exemple que Virgile donne pour le faire détester, & pour enseigner à quelle fin malheureuse conduisent ordinairement ces passions criminelles. Les Romains ont eu un homme qui passoit pour sage, qui s'est pourtant tué luy-mesme ; c'est Caton. Mais un Poëte ne pourroit le prendre pour le heros d'un Poëme, à moins que de vouloir donner de l'horreur pour son action, autrement le Poëme Epique seroit vicieux selon les regles d'Aristote, qui sont icy les mesmes que celles des mœurs. On voit donc par-là que l'Auteur de Cassandre est bien éloigné d'avoir fait son heros *meilleur* selon le précepte d'Aristote, & qu'il l'a fait plus mauvais sans necessité. On dira peut-estre qu'Orondate estoit Scythe, & qu'un Scythe peut se tuer, mais c'est une mauvaise défaite ; les Scythes de ces temps-là estoient encore si justes & d'une simplicité de vie

Dans le 11. liv. de l'Iliade.

PREFACE.

si grande, que cet attentat estoit inconnu parmi eux.

C'est encore une regle du Poëme Epique que le heros doit avoir un caractere superieur qui regne sur tous les autres, c'est comme la principale figure d'un Tableau. Cette regle n'est nullement observée dans Cassandre, non plus que dans les autres Romans; les caracteres y sont tous égaux. Il y a là vingt hommes, tous les plus vaillants du monde; Orondate, Artaxerce, Lysymachus, Demetrius, Memnon, &c. font tous les mesmes prodiges de valeur, & rien ne les distingue que leurs armes & que leur nom. Il n'en est pas de mesme dans Homere : Achille dans l'Iliade, & Ulysse dans l'Odyssée sont les maistresses figures ausquelles toutes les autres sont subordonnées, sans qu'aucune autre leur ressemble, & cela vient de ce que ces caracteres ont chacun une qualité principale qui les distingue, qui est toujours la mesme & qui trouve sa place par tout. Ce que le caractere d'Orondate n'a pas. Il est amoureux seulement & il est brave, mais les autres le sont comme luy; il n'a rien de particulier qui le distingue, & tous les autres caracteres sont aussi principaux & aussi dominants que le sien.

Cette valeur prodigieuse, que les Romanciers donnent gratuitement à leurs heros, est encore un défaut considerable & qui rend tous les caracteres faux, car le faux est ce qui n'est point dans la nature. Le Poëme Epique est l'imitation d'une action ; une action, pour estre imitée, doit estre possible, l'impossible ne s'imite donc point ;

ainsi par ces excés, qui viennent de peu de jugement & d'ignorance, le Roman cesse d'estre une imitation, & par consequent il n'est plus du tout un Poëme Epique. Tout ce qu'Achille execute de prodigieux dans l'Iliade devient possible & croyable par le secours des Dieux que le Poëte fait intervenir.

Les sentiments sont l'expression des mœurs, ainsi c'est presque une necessité que les sentiments des personnages Romanesques répondent aux mœurs que l'Auteur leur a données. On ne peut pas dire que l'Auteur de Cassandre ne marque pas beaucoup d'esprit & d'imagination dans cette partie ; il est ce que Longin appelle *inventif*, il trouve tout ce que le sujet, qu'il traite, peut fournir, mais ses sentiments sont plus recherchez que naturels, & il a moins recours à l'usage ordinaire & commun, qu'à la Rhetorique ; voilà d'où vient qu'il tombe si souvent, ou dans une affectation tres vicieuse, ou dans une enflure outrée, & que dans ses personnages on trouve toujours le Gascon & jamais le Perse, le Macedonien, ni le Scythe. Ces differents peuples devroient pourtant penser & s'exprimer differemment, & c'est le precepte d'Horace :

Ἐπιχειρητικός.

> *Intererit multum Divus ne loquatur, an heros ;*
> *Colchus an Assyrius, Thebis nutritus an Argis.*

Comme les sentiments sont l'expression des mœurs, la diction est l'expression des sentiments, car c'est ce qui les explique. Le Poëme Epique reçoit la diction la plus noble & la plus figurée, parce que faisant intervenir tout ce qu'il

PREFACE.

y a de plus grand dans le monde, les Roys & les Dieux, il ne sçauroit employer un langage trop élevé. Le Roman estant escrit en prose, & ne faisant paroistre que des Princes & des Roys, devroit se tenir dans les bornes d'un langage noble, mais simple, ou moderement orné, & c'est ce qu'il ne fait pas ; pour l'ordinaire son style est comme les sentiments, c'est à dire, ou plein d'affectation, ou ridiculement enflé. C'est une chose estonnante qu'Homere & Virgile, qui ont escrit tant de siecles avant nous, soient encore des modelles à suivre pour les sentiments & pour l'expression, & que tant d'ouvrages escrits de nostre temps ne soient, s'il est permis de parler ainsi, que des modelles à éviter. Il n'y a point d'homme sage qui ne fust ravi de penser & d'escrire comme Homere & comme Virgile, & qui ne fust honteux de penser & d'escrire comme les Auteurs de nos Romans. Si Achille, Ulysse & Enée revenoient au monde, ils avoüeroient volontiers tout ce qu'Homere & Virgile leur font dire & penser. Et si les heros de l'Antiquité, que nos Romanciers introduisent, revenoient, je doute qu'ils pardonnassent à ceux qui les ont si fort desigurez. Alexandre, qui avoit deffendu qu'aucun autre Peintre qu'Apelle fist son portrait, & qu'aucun autre Sculpteur que Lysippe osast le faire en bronze, ne se feroit pas vû si barbouillé bien patiemment. Il déchireroit les lettres qu'on luy fait escrire dans Cassandre, & il seroit le premier à se mocquer des discours qu'on luy fait tenir. Le Roy des Scythes mesme redemanderoit le caractere dur & sauvage qu'on luy a osté, & se plaindroit hautement de ce caractere doucereux & galant qu'on luy donne, il regarderoit cela comme un déguisement trop honteux pour luy. Franchement je ne conseillerois pas à l'Auteur, quoyque Gascon, de se trouver devant ces grands personnages, qu'il a si estrangement déguisez.

Homere a fait deux Poëmes Epiques, & ils sont tous deux tres differents ; mais nous avons grand nombre de Romans, & ils sont tous semblables, ils sont tous sur un mesme ton, toujours sur l'amour, & ils ont tous les mesmes peripeties, car aprés bien des traverses tous ces amants sont heureux.

Un défaut encore tres considerable, c'est que ces peripeties sont ordinairement communes à plusieurs. Cassandre finit par le mariage de six Princes avec leurs maistresses. Ce qui fait voir que le Roman n'est pas, comme le Poëme Epique, l'imitation de l'action d'un heros, mais le recit des avantures de plusieurs, ce qui ruïne absolument l'idée qu'on en a voulu donner. En effet si l'on ne peut faire un seul & mesme tout de la vie d'un seul homme, comme Aristote l'a fait voir, comment seroit il possible de reduire à cette unité parfaite tant d'avantures differentes de plusieurs heros que l'on conduit au mesme but ?

Si la fin de Cassandre, & de presque tous les autres Romans, est si contraire aux regles du Poëme Epique, le commencement ne leur est pas moins opposé. Homere & Virgile nous font d'abord connoistre, non seulement leur heros,

PREFACE.

mais encore presque tous les personnages qui ont part à la mesme action, & c'est ce que les Romans ne font point. Il faut lire trois ou quatre volumes de Cassandre, & des volumes aussi gros que l'Iliade & l'Odyssée avant que de connoistre cette Cassandre & que de sçavoir que c'est la Princesse Statira. Puis donc que les Romans violent en tout & par tout les regles du Poëme Epique, qu'ils ne presentent ni Fable, & par consequent point de verité morale, ni mœurs ni sentiments convenables, j'ay eu raison de dire dans ma Préface sur l'Iliade, qu'ils sont tres differents du Poëme Epique, & par leur but & par leur maniere d'imiter, en un mot par toute leur constitution, & que ce sont des ouvrages frivoles que l'Ignorance & l'Amour ont enfantez, qui ne sont faits que pour ériger en vertus des foiblesses, où le bon sens & la raison sont ordinairement negligez & les bienséances méprisées ; où au lieu d'une fiction ingenieuse & utile, on ne presente qu'un mensonge plat qui heurte de front la verité, & la verité connuë ; où l'on métamorphose en fades amoureux les plus grands personnages de l'Antiquité & les plus éloignez de ces sortes d'extravagances. En verité il faut estre dans l'imbecillité de l'enfance pour se plaire à la lecture d'ouvrages si frivoles & si peu sensez, qui ne sont bons qu'à remplir l'esprit des jeunes persones de choses vaines, & à les éloigner de toute bonne & solide occupation. Le Roman est si peu un Poëme Epique, que pour bien marquer sa nature, il faut en faire une définition toute contraire : *Le Roman est un discours en prose inventé pour gaster les mœurs, ou du moins pour amuser inutilement la jeunesse, par le recit de plusieurs avantures fausses sans aucune fiction ni allegorie, où l'on impute à des heros des foiblesses & des extravagances opposées à toute verité historique des temps, des lieux, des mœurs & des caracteres.*

Je pourrois me dispenser d'appliquer icy ces mesmes regles à un de nos Poëmes Epiques, car ce que j'ay dit suffit pour convaincre ceux qui voudront prendre la peine de le faire eux-mesmes, que tous ces Poëmes pechent presque par tous les mesmes endroits que les Romans, & surtout par l'endroit principal qui en est le fondement, je veux dire, par la Fable, *Crimine ab uno disce omnes.* Aucun de nos Poëtes François n'a connu l'art d'Homere. Ils ont tous choisi dans l'Histoire un point veritable dont ils on basti un recit sans Fable. Ils ont mesme si peu compris ce que c'est que la Fable, qui rend l'action generale & universelle, que l'Auteur de la Pucelle a escrit qu'*Afin de réduire l'action à l'universel suivant les préceptes, & de ne la pas priver du sens allegorique par lequel la Poësie est faite un des principaux instruments de l'Architectonique, il a disposé toute sa matiere de telle sorte, que la France represente l'ame de l'homme en guerre avec elle-mesme, & travaillée par les plus violentes de toutes les émotions. Le Roy Charles, la violence maistresse absoluë, & portée au bien par sa nature, mais facile à porter au mal. L'Anglois & le Bourguignon, sujets & ennemis de Charles, les divers transports de l'appetit irascible*

PREFACE. xlix

rible qui alterent l'empire legitime de la volonté; *Amaury & Agnes*, les differents mouvements de l'appetit concupiscible; *le Comte de Dunois*, la vertu qui a ses racines dans la volonté; *Tanegui*, chef du conseil de Charles, l'entendement qui eclaire la volonté aveugle; *& la Pucelle qui vient assister Charles*, c'est la grace Divine, &c. Voilà de quelle maniere M. Chappelain a entendu la définition d'Aristote, que le Poëme Epique est un discours en vers, inventé pour former les mœurs par des instructions déguisées sous l'allegorie d'une action generale. Je ne croy pas qu'en fait de Poësie on ait jamais rien avancé de si monstrueux, de si opposé à sa nature, & qui marque une ignorance plus profonde de l'art. Si aprés cela je prends le Clovis qu'un Poëte moderne trouve plus parfait qu'Homere, quoyque pourtant tres ennuyeux à son gré, je n'y vois que des extravagances, des enchantements pueriles entassez les uns sur les autres sans raison, & plus dignes des contes de Fées que du Poëme Epique, des fadeurs insuportables, des fautes grossieres contre le bon sens, des vers plus durs encore que ceux de la Pucelle, point de Fable, point de mœurs, nuls caracteres, nuls sentiments raisonnables, nulle Poësie, & qu'une diction ridiculement enflée ou plate. Il n'y a personne qui ne fust honteux de parler un langage si bizarre & si inoüi. Et pour ce qui est de l'intervention de la Divinité, si necessaire au Poëme Epique, elle y est tres malheureusement dispensée. Peut-on souffrir un Poëte, qui pour arracher Clotilde aux charmes d'un Echanteur, fait que

Tome I. . c

PRÉFACE.

la sainte Vierge, aprés en avoir obtenu la permission de son Fils, descend du ciel accompagnée de chœurs d'Anges qui portent les pans de sa robe,

L'enleve à l'art magique, & quittant les deserts,

Dans un nuage blanc l'emporte par les airs.
Voilà Homere bien mal imité. Je n'en diray pas davantage ; nos Poëmes Epiques sont encore plus tombez que nos Romans, & rien ne fait tant d'honneur à la pratique d'Homere & aux regles qu'Aristote en a tirées, que tous ces ouvrages qui, quoyque faits de nos jours, ont esté aussitost oubliez que connus, parce que ces regles y sont violées, & qu'au contraire les Poëmes d'Homere, faits il y a deux mille cinq ou six cens ans, parce que ces regles y sont admirablement pratiquées, ont vaincu l'effort des siecles & paroissent toujours jeunes & toujours nouveaux, comme s'ils avoient en eux mesmes un esprit vivifiant qui les rajeunist & qui leur inspirast une nouvelle vie. Nos Romans & nos Poëmes Epiques sont tombez dans un si grand décri, qu'un homme raisonnable rougiroit de les lire ; au lieu que les Poëmes d'Homere sont & ont toujours fait une des occupations serieuses des personnes les plus graves & des âges les plus avancez, parce qu'ils donnent des préceptes pour tous les âges, & ils ont cette gloire que par leur moyen l'éducation que l'on donne aux enfants par les Fables s'est continuée jusqu'à l'âge le plus parfait ; c'est Strabon qui nous le dit : * *Les Anciens ont continué jusqu'a l'âge le plus parfait*

PREFACE.

l'éducation qu'ils donnoient aux enfants, car ils estoient persuadez que tout âge pouvoit estre suffisamment instruit par la Poësie. On vantera aprés cela tant qu'on voudra la politesse de nostre siecle & les merveilles de nos Poëmes Epiques, il ne faut débiter ces contes qu'aux enfants ou aux ignorants.

On dira sans doute que les Poëmes d'Homere n'ont pas vaincu l'effort des siecles sans essuyer de grandes contradictions ; il n'y avoit pas plus de cent cinquante ans qu'ils estoient connus à Athenes par les soins de Pisistrate, lorsque Platon s'éleva hautement contre cette imitation, & qu'il chassa Homere de sa Republique, aprés l'avoir pourtant couronné à cause de l'excellente beauté de sa Poësie ; car il dit en propres termes : *S'il vient dans nostre ville un Poëte assez habile pour se multiplier ainsi & pour tout imiter, & qui veüille nous estaller ses Poëmes, nous luy temoignerons nostre veneration comme à un homme sacré, admirable & délicieux, mais nous luy dirons que nous n'avons point parmi nous d'homme qui luy ressemble, & qu'il n'est pas permis d'y en avoir, & nous le renvoyerons dans une autre ville aprés l'avoir parfumé & couronné.* Il est évident qu'Homere est compris dans cette proscription si glorieuse ; elle est faite pour luy.

La critique qu'un grand Philosophe, comme

contre Platon

Dans le liv. 3 de la Republ. tom 2. pp. 397. 398.

* Οἱ μὲν ἀρχαῖοι τὴν παιδικὴν ἀγωγὴν ἐφύλαξαν μέχρι τῶν τελείων ἡλικιῶν, καὶ διὰ ποιητικῆς ἱκανῶς σωφρονίζεσθαι πᾶσαν ἡλικίαν ὑπέλαβον.

PRÉFACE.

Platon, fait des Poëmes d'Homere est bien d'un autre poids que celle qu'une personne comme moy fait des Romans & de nos Poëmes Epiques. On aura raison si on ne juge que les personnes, mais si l'on juge la chose mesme, j'espere que l'on trouvera que les reproches que j'ay faits aux Romans & a nos Poëmes Epiques, sont sans réplique, & que ceux que Platon fait aux Poëmes d'Homere sont vains, qu'ils peuvent estre solidement combattus, & qu'au lieu de tomber sur les Poëmes d'Homere, toute leur force tombe sur nos Romans & sur nos Poëmes Epiques, qui bien-loin d'imiter la verité, l'alterent & la corrompent, & c'est ce qu'on va voir dans cette seconde Partie.

II. PARTIE

Dans le 10. liv. de la Republ. tom 2. p 595.

Platon, avant que de combattre Homere & de vouloir montrer que sa Poësie ne peut que corrompre les esprits, & qu'il ne faut pas le recevoir dans un estat bien policé, luy fait une sorte d'excuse ; *Il faut, dit-il, avoir le courage de le dire, quoyque l'inclination & le respect que j'ay pour Homere depuis mon enfance, me lient la langue, car il est le premier maistre & le chef de tous nos Poëtes tragiques, mais il ne faut pas que cette inclination & ce respect nous le fassent preferer à la verité.* Je dis la mesme chose à Platon, pour luy demander pardon de mon audace : *J'ay pour vous une inclination tres forte & un grand respect ; je vous honnore, je vous admire, & je vous regarde comme le pere de la Philosophie, & comme celuy qui enseigne le mieux la vertu, & qui peut le mieux instruire les Roys*

& les rendre grands, c'est à dire justes. Mais j'honnore, j'admire & je respecte davantage la verité. C'est la verité seule qui me délie la langue & qui m'inspire le courage de dire & d'escrire que vos vûës politiques vous ont trompé, que vous n'avez pas assez approfondi la nature de cette Poësie que vous avez condamnée, & que vostre disciple Aristote en a beaucoup mieux démeslé l'art que vous.

Le plus fort argument, que ce Philosophe employe contre Homere, il le tire de la nature mesme de sa Poësie, c'est une imitation, or toute imitation n'est que la copie de la copie de la verité, car il n'y a que trois choses dans la nature. L'idée, qui est le veritable original, l'ouvrier, qui travaille d'aprés cette idée, & le Peintre qui imite le travail de l'ouvrier, & qui par-là n'est que le troisiéme de la verité, car il ne fait que la copie de la copie. Pourquoy avoir donc recours à cette imitation, qui n'est qu'une copie tres imparfaite? Et pourquoy ne pas remonter tout d'un coup au veritable original? Pourquoy s'arrester à des imitations qui representant le plus souvent des choses tres vicieuses en elles mesmes, affoiblissent nostre raison, & fortifiant nostre imagination séduite, excitent en nous des mouvements dont nous rougirions dans des occasions veritables?

Tout le fort de ce raisonnement de Platon roule sur cette distinction, Dieu, l'ouvrier, le Peintre. Le Peintre ne represente pas la verité, mais une image de la verité, comme un miroir ne represente pas un veritable objet, mais une image vaine de l'objet, & tel est le Poëte.

Quand on accordera à Platon tout ce qu'il dit, on n'accordera rien qui destruise l'utilité de la Poësie. On peut mesme luy accorder que s'il estoit possible d'enseigner la Morale aux hommes par des veritez pures, qui les élevassent tout d'un coup à l'intelligence de ce qui est, il n'y auroit rien de si excellent. Mais malheureusement les hommes sont trop foibles pour pouvoir envisager les veritez pures, sans aucun milieu, il faut les leur representer dans des images qui, quoyque copies imparfaites, ne laissent pas d'en donner une idée qu'on peut appeller veritable.

Je ne puis contempler le Soleil dans son globe de feu, car il m'éblouït par le grand esclat de sa lumiere, mais je puis le contempler dans l'eau qui me rend son image. Cette eau, non plus que le miroir, ne forme rien de réel, mais elle represente l'image de ce qui est réel.

Quand le Poëte ne feroit que ce que font cette eau & ce miroir, il feroit une chose fort utile & qu'on ne sçauroit blasmer, mais il fait davantage ; le miroir ne represente que les objets qui sont dans la nature, c'est le Peintre de ce qui est sorti des mains de l'ouvrier. Le Poëte n'en demeure pas là, il remonte jusqu'au veritable original, car il forme ses caracteres, non sur les caracteres qu'il voit devant ses yeux, mais sur ceux que la nature elle-mesme peut produire, ainsi il consulte la nature bien moins sur ce qu'elle fait que sur ce qu'elle est capable de faire, & par là il devient copiste, non de la copie, mais du veritable original ; c'est de-là qu'il tire ses traits qui sont tous tres veritables.

PRÉFACE.

Les caracteres qu'Homere imite sont des caracteres tres vrays, quoyqu'on n'en voye pas l'original dans les ouvrages de la nature. Je ne verray pas dans la nature un homme si vaillant qu'Achille, si prudent qu'Ulysse; mais en consultant la nature elle mesme, je verray qu'elle peut produire des hommes tels que ceux qu'Homere a peints, & cela suffit pour rendre ces caracteres veritables & cette imitation juste. Je dis plus encore: s'il falloit bannir les Poëmes d'Homere, parce qu'ils ne sont que des imitations, il faudroit aussi par la mesme raison bannir toutes sortes d'Histoires, ou du moins les regarder comme inutiles pour les mœurs & pour l'instruction de la vie. Car l'Histoire n'est que l'imitation des actions particulieres d'un homme, d'une ville, d'un Estat, comme la Poësie n'est que l'imitation d'une action generale & universelle, & de ce costé-là mesme tout l'avantage est du costé de la Poësie, que cette difference rend sans comparaison plus utile pour les mœurs que l'Histoire, comme je l'expliqueray dans la quatriéme Partie de cette Préface.

Mais, dit Platon, *un Poëte doit sçavoir tous les arts; il doit estre instruit de tout ce qui regarde la vertu & le vice, en un mot il doit sçavoir toutes les choses divines & humaines. Et si on trouvoit un homme qui se piquast d'estre tel, n'auroit-on pas raison de croire qu'il seroit tombé entre les mains de quelque enchanteur qui luy auroit renversé l'esprit & qui luy auroit inspiré toutes ces folies!* En effet, adjoute-t'-il, *si un Poëte estoit si habile, s'amuseroit-il à estre copiste, &*

Liv. 10. de la Republ. tom. 2. pp. 595. 599.

n'aimeroit-il pas mieux devenir tout d'un coup original, en faisant luy-mesme la verité qu'il imite!

C'est-là le raisonnement d'un Philosophe qui ne s'est pas donné la peine d'approfondir l'art de cette imitation. Il y a trois choses qui rendent l'homme sage & prudent ; la nature, l'habitude ou l'instruction. L'instruction n'a pas beaucoup de force sur ceux qui sont dans une habitude vicieuse, ou accoutumez à suivre leurs passions, il faut travailler sur l'habitude. Comment y travailler ! C'est en taschant de nous faire passer d'une mauvaise habitude à une bonne, & c'est par des instructions déguisées sous l'allegorie d'une action qu'on peut y mieux réüssir, & c'est-là le but d'Homere. Voilà pourquoy mesme le Poëme Epique est plus long que le Poëme Dramatique, parce qu'on a besoin d'un temps considerable, pour donner le loisir aux habitudes de s'imprimer dans l'esprit & dans l'ame des Lecteurs, au lieu que le Poëme Dramatique, n'estant destiné qu'à purger les passions, ne demande qu'un temps fort court.

Pag. 601.

Pressons davantage le raisonnement de Platon, *Un Peintre*, dit-il, *peindra une bride & un mords, mais un ouvrier fera un veritable mords & une veritable bride. Ni l'ouvrier ni le Peintre ne sçavent pourtant pas comment il faut qu'une bride & un mords soient pour estre bien, il faut qu'ils l'apprennent de l'Escuyer mesme.* Ainsi pour chaque chose il y a trois arts differents, celuy de la faire, celuy de l'imiter & celuy de s'en servir. Le dernier est le plus noble des trois, & doit commander aux deux autres, & celuy de l'imitateur est le dernier, car il ne connoist ce qu'il imite ni par l'usage qu'il ignore, ni par les avis des maistres, qu'il n'a pas toujours sous la main pour les consulter. Il n'a donc ni la science ni la saine opinion, & par consequent il ne produit rien de veritable, & ne parle qu'à nostre imagination qu'il séduit.

Qu'est-ce que cela fait au fond pour l'art du Peintre, & pour celuy du Poëte qui est le mesme ? L'Epronnier fait un mords, mais le Poëte & le Peintre l'imitent & le peignent fort bien & m'en donnent une veritable idée. C'est une chose fort singuliere de vouloir combattre la Poësie par cela mesme qui fait son essence & son merite. La Poësie est une peinture, & c'est par-là qu'elle est estimable & qu'elle se soutiendra toujours. La Peinture muette peut elle estre condamnée ! Et la Peinture parlante, si superieure à l'autre, & d'une utilité bien plus grande, comment la condamneroit-on !

Mais, continuë Platon, *la Poësie peint toujours des hommes, qui par des actions volontaires ou forcées se plongent dans des excés de joye ou de tristesse, & comme ces estats violents sont plus aisez à peindre qu'un estat rassis & tranquille, la Poësie est pleine de ces imitations violentes qui nous précipitent dans les mesmes passions.* A cela il est aisé de répondre que le Poëte ne presente jamais de ces caracteres vicieux qu'il n'en fasse sentir le defaut pour porter à l'éviter. Ainsi quand Homere peint la colere implacable d'Achille, il la rend odieuse par les traits dont il la marque & par les maux qu'elle produit. Quand

Pages 603. 604.

il imite les excés des Amants de Penelope, il nous fait toujours entendre combien ils sont vicieux, & toujours il nous met en estat de profiter de ces caracteres, soit pour fuir le vice, soit pour embrasser la vertu.

Pourquoy Platon condamne-t'-il ce qu'il pratique luy mesme avec tant de succés ? Quand il nous peint l'ambition d'Alcibiade, si mal soutenuë par son éducation, ou qu'il nous presente les égaremens des Sophistes, ou la sagesse & la constance de Socrate, ne sont-ce pas de veritables imitations tout comme celles d'Homere ? Et ces imitations ne sont-elles pas destinées à produire un effet, qui est de corriger nos habitudes vicieuses, & de nous porter à embrasser la verité, à haïr ce qui est honteux & à aimer ce qui est honneste ? N'est-ce pas mesme par-là qu'il a merité la préference qu'on luy a donnée sur tous les Philosophes, en disant que les autres reprennent les mœurs, & que luy il les imite, & que par cette imitation il enseigne beaucoup mieux, & qu'en enseignant il plaist davantage ? N'est-ce pas encore parce qu'il a connu qu'un discours didactique ne pouvoit qu'estre sans mœurs, & par consequent moins agréable, & qu'au contraire l'imitation des mœurs & du naturel des hommes faisoit toujours un plaisir infini, qu'il a renoncé à cette maniere séche d'enseigner, & qu'il a si bien animé ses dialogues par cette imitation poëtique, qu'Aristote mesme n'a pas fait difficulté de les comprendre sous le nom tres honorable d'*Epopée* ? Que Platon ne vienne donc pas condamner une imitation qu'il pratique luy-

PREFACE.

mesme & qui l'a si fort distingué.

Les reproches que ce Philosophe fait à cette imitation, qui constituë le Poëme Epique, sont donc tres mal fondez. Il faut les attribuer au changement qui estoit arrivé de son temps. Comme la Philosophie estoit alors dans sa plus grande force, Platon croyoit qu'il falloit enseigner la Morale autrement que par des Fables & par des fictions ; mais sa censure des Poëmes d'Homere n'en est pas moins injuste. Nous sommes pourtant heureux qu'il l'ait faite, puisqu'elle a donné lieu à Aristote de faire l'excellent Traité de la Poëtique, car il ne faut pas douter que ce ne soit uniquement pour combattre le sentiment de Platon qu'il a composé cet ouvrage admirable, où il développe si sensiblement toutes les regles de cet art & le but que le Poëte s'y propose, & où il fait valoir la Poësie par les mesmes endroits dont Platon s'est servi pour la rabaiser & la condamner, car il fait voir le plaisir & l'utilité qu'on tire de l'imitation & de la Peinture ; il montre l'avantage que la Poësie a sur l'Histoire ; il fait voir qu'il ne faut pas juger de la Poësie comme de la Politique, c'est à dire, qu'il ne faut pas condamner la Poësie sous prétexte qu'elle s'éloigne des regles que les bons Politiques donnent pour la conservation des Estats & pour le bonheur des peuples, car ce sont deux arts tres differents, & qui par differentes voyes ne laissent pas de concourir à la mesme fin, puisque la Morale est necessaire à la Politique. Enfin il démontre que les fautes des Poëtes sont ou propres ou estrangeres, qu'il n'y a que les propres qu'on puisse leur reprocher avec raison, ce sont celles qu'ils commettent contre la Poësie, & les estrangeres ce sont celles qu'ils commettent contre les autres arts, & ces dernieres, pourvû qu'elles ne soient ni trop grossieres ni trop visibles, sont tres pardonnables. Quand Homere, en parlant des pieces qui composent un char, ou en nous representant Ulysse bastissant luy-mesme sa nacelle, auroit peché contre l'art du charron ou du charpentier, il n'en seroit pas moins excellent Poëte. Tous ces different passages que je viens de ramasser icy d'Aristote, sont autant de réponses expresses qu'il a faites aux objections de Platon sans le nommer.

On ne peut pas douter qu'Aristote n'ait mieux connu & démeslé l'art du Poëme Epique, que Platon, & un grand préjugé contre ce dernier, c'est qu'Horace, qui avoit tant d'estime & de veneration pour Platon, qu'il regardoit comme le plus grand maistre & le maistre le plus sûr de la morale & de la verité, l'a abandonné sur le Poëme Epique, & est entierement entré dans les vûës d'Aristote sur la nature de cette imitation & sur l'utilité des Poëmes d'Homere.

Cette imitation est donc tres sage, tres bien imaginée & tres utile. Mais quand nous n'aurions pas l'ouvrage d'Aristote, qui le prouve si fortement, & le consentement d'Horace, nous avons des autoritez bien plus fortes & plus respectables pour la justifier, c'est l'exemple de Dieu mesme. La plufpart des Histoires du vieux Testament, quoy-que des faits tres veritables, sont pourtant de la nature de ces imitations d'Home-

PREFACE.

re, c'est à dire, comme l'a fort bien remarqué le R. P. le Bossu, qu'on en pourroit faire des sujets de Poëmes, où l'on trouveroit cette Fable generale & universelle qui en fait l'ame. L'Histoire de Joseph, celle de Job, celle de Judith, celle de Tobie, quoy-que la verité mesme, sont du mesme caractere que l'Histoire d'Achille & d'Agamemnon, d'Ulysse & de Penelope, on en peut faire des Fables generales & universelles, & elles fournissent les mesmes instructions à tout le monde, aux grands & aux petits. Je dis plus encore, toutes les Paraboles de l'Evangile ne sont que des instructions déguisées sous l'allegorie d'une action, ou feinte, ou veritable. Ainsi les Fables ne sont que de veritables Paraboles. La Fable du Poëme Epique n'est nullement differente des autres Fables & n'est pas moins utile. Et quand bien l'éstenduë du Poëme auroit jetté dans la Fable quelque obscurité, & l'auroit rendu moins sensible que les Fables ordinaires, qui sont fort courtes, cette obscurité ne devoit pas estre pour Platon. Ce genie si sublime devoit découvrir aussi bien qu'Aristote le secret de cette imitation & luy rendre plus de justice.

On voit par-là combien la critique de Platon est sans fondement; mais cette censure, qui est sans force contre l'art d'Homere, peut facilement tomber toute entiere sur l'art de nos Romanciers. En effet si ce Philosophe a condamné l'imitation Epique, parce qu'il a crû qu'elle n'estoit que la copie de la copie, & qu'ainsi elle n'estoit que la troisiéme d'aprés la verité, c'est à dire, d'aprés le veritable exemplaire, avec combien plus de raison auroit-il condamné ces imitations vicieuses qui n'ont jamais la verité pour objet, qui imitent ce qui n'a jamais esté, ou pluftoft qui alterent & corrompent ce qui eft, & qui attribuent aux plus grands perfonnages des extravagances plus dignes des petites maifons que propres à eftre propofées pour des exemples utiles.

Voilà donc les regles du Poëme Epique expliquées, voilà nos Romans & nos Poëmes Epiques convaincus de ne rien tenir de cette conftitution fi raifonnable & fi fage, & voilà l'art d'Homere juftifié contre la critique de Platon. C'eft Platon luy-mefme qui m'a infpiré l'audace de m'oppofer à fon fentiment, car il fait voir qu'il n'y eft pas fi ferme qu'il ne foit tout preft de l'abandonner, fi on luy montre quelque forte d'utilité dans cette imitation. Aprés avoir parlé d'une ancienne diffention qu'il prétend eftre entre la Philofophie & la Poëfie, il adjoute, *Difons cependant que fi on nous fait voir que cette Poëfie, cette imitation qui s'attache au plaifir, a quelque forte de raifon & d'utilité, & qu'elle doit eftre receüe dans une ville bien policée, nous la recevrons de bon cœur, connoiffant nous-mefmes par noftre propre experience combien elle a de force pour calmer & adoucir l'efprit, car il y a de l'impieté à trahir & à déguifer la verité; & vous-mefme, mon cher Glaucon, n'eftes-vous pas charmé par cette Poëfie, fur-tout quand vous la voyez dans Homere. Il eft donc jufte de luy permettre de fe deffendre & de fe juftifier, foit en vers foit en profe. Permettons donc auffi à fes*

Pag. 607.

PREFACE.

partifans qui ne font pas Poëtes, mais qui font grands amateurs des Poëtes d'entreprendre fa deffenfe en profe, & de faire voir qu'elle eft non feulement agréable, mais utile pour bien regler les Eftats & la vie humaine, & nous les entendrons avec grand plaifir, car nous gagnerons beaucoup s'il fe trouve qu'avec l'agrément elle a encore l'utile. Quel plus grand gain pourrions-nous faire! Mais s'ils ne peuvent la foutenir, imitons la conduite des amants, qui venant à s'appercevoir que leur amour leur eft tres préjudiciable, rompent enfin, quoy-qu'avec beaucoup de peine leurs liens ; nous de mefme entraifnez par cet amour de la Poëfie qui eft naturel, & que l'éducation que l'on donne dans les plus excellentes Republiques a encore fortifié, efcoutons favorablement ceux qui veulent la faire paffer pour tres excellente & tres vraye. Que fi elle ne peut fe deffendre & fe foutenir, ne laiffons pas de l'entendre, mais en rappellant toujours, comme un excellent préfervatif ce que nous venons de dire, & en nous muniffant par ces paroles toutes puiffantes, pour nous empefcher de tomber dans cette amour, qui eft la paffion des enfants & du peuple. J'ay profité de la permiffion que Platon donne ; j'ay deffendu en profe la Poëfie, & je croy avoir démontré qu'elle eft utile, & qu'elle n'a appellé l'agrément à fon fecours que pour rendre l'utilité plus feure.

Voyons prefentement fi je pourray deffendre l'Odyffée contre les attaques de Longin, qui, bien que rempli d'admiration pour elle, a pourtant crû non feulement qu'elle a efté faite dans la vieilleſſe d'Homere, mais encore qu'elle porte des marques de l'affoibliſſement ou de la diminution de l'eſprit de ſon Auteur. C'eſt ce que j'ay promis de traiter dans cette troiſiéme Partie.

III. PARTIE. IL eſt conſtant que l'Odyſſée a eſté faite aprés l'Iliade. Quand toute l'Antiquité ne l'auroit pas dit, la lecture ſeule de ces deux Poëmes le prouve ſuffiſamment. En effet, comme Longin l'a fort bien remarqué, il y a quantité de choſes dans l'Odyſſée qui ne ſont que la ſuite des malheurs qu'on lit dans l'Iliade, & qu'Homere a tranſportées dans ce dernier ouvrage comme autant d'épiſodes de la guerre de Troye; & ce Poëte rapporte dans ce Poëme des plaintes & des lamentations comme connuës depuis long-temps à ſes heros. On n'a qu'à lire le VIII. Liv.

Il eſt conſtant encore que le jugement de l'Antiquité ſur ces deux Poëmes eſt que celuy de l'Iliade eſt d'autant plus beau que celuy de l'Odyſſée, que la valeur d'Achille eſt ſuperieure à celle d'Ulyſſe; c'eſt ce que Platon nous apprend dans le ſecond Hippias, où Socrate dit à Eudicus qu'il avoit ſouvent ouy porter ce jugement à ſon pere Apemantus.

Je ſuis perſuadée que Longin a voulu chercher la preuve de cette derniere verité, que l'Odyſſée eſt moins belle que l'Iliade, dans la premiere, & qu'il a voulu faire voir que le Poëme de l'Odyſſée n'eſt moins beau que parce qu'Homere l'a compoſé dans ſa vieilleſſe.

Chap. 7. *De-là vient à mon avis, dit-il, que comme Ho-*

PREFACE.

mere a composé son Iliade durant que son esprit estoit dans sa plus grande vigueur, tout le corps de son ouvrage est Dramatique & plein d'action, au lieu que la meilleure partie de l'Odyssée se passe en narrations, qui est le genie de la vieillesse, tellement qu'on peut le comparer dans ce dernier ouvrage au Soleil quand il se couche, qui a toujours sa mesme grandeur, mais qui n'a plus tant d'ardeur & de force. En effet, il ne parle plus du mesme ton, on n'y voit plus ce sublime de l'Iliade, qui marche par tout d'un pas égal, sans que jamais il s'arreste ni se repose ; on n'y remarque point cette foule de mouvements & de passions entassées les unes sur les autres ; il n'a plus cette mesme force, &, s'il faut ainsi parler, cette volubilité de discours si propre pour l'action, & meslée de tant d'images naïves des choses, &c.

En un mot, il veut prouver que comme les genies naturellement les plus élevez, tombent quelquefois dans la badinerie quand la force de leur esprit vient à s'esteindre, & que les grands Poëtes & les Escrivains celebres, quand leur esprit manque de vigueur pour le pathetique, s'amusent à peindre les mœurs, Homere a fait l'Odyssée dans sa vieillesse, & que c'est par cette raison que ce Poëme porte les marques de l'affoiblissement de son esprit. Mais aprés tout que cette vieillesse est la vieillesse d'Homere, c'est à dire, bien autrement vigoureuse que la jeunesse des autres Poëtes, *Est cruda Deo viridisque senectus.*

Je suis honteuse d'oser opposer mes foibles

lumieres à celles de si grands hommes, qui ont produit de si excellentes choses, mais je ne puis m'empescher de dire ce que je sens. Ce sentiment de Longin me paroist insoutenable. Ni l'Iliade n'est un Poëme pathetique & plein d'action, parce qu'Homere l'a fait dans le feu & dans toute la vigueur de son âge, ni l'Odyssée n'est un Poëme plein de mœurs, de Fables & de narrations, parce qu'il l'a fait dans sa vieillesse ; mais ils sont l'un & l'autre ce qu'ils sont, parce que chacun d'eux demande ce caractere, qui est le seul qui luy soit propre. L'Iliade represente les funestes effets de la colere d'Achille au milieu d'une sanglante guerre. Il faut donc de toute necessité que le Poëme soit plein d'action, & que le Poëte y montre toute sa force & toute sa vigueur de son esprit. L'Odyssée represente les maux que l'absence d'Ulysse cause dans sa maison, & les remedes que ce heros de retour y apporte par sa prudence, il faut donc que ce Poëme soit plus paisible & plus moral. Cela est si vray, que si Homere avoit fait l'Odyssée dans sa jeunesse & l'Iliade dans sa vieillesse, il auroit deu les faire l'un & l'autre tels qu'il les a faits, & j'applique à ce sujet ce précepte d'Horace,

Art Poëtiq.

Descriptas servare vices, operumque colores
Cur ego si nequeo ignoroque, Poëta salutor ?
Si je ne sçay pas conserver les differents caracteres & employer à propos les diverses couleurs que demandent les ouvrages, pourquoy m'honnore-t'-on du nom de Poëte ?

L'Iliade, comme Poëme pathetique, doit avoir un caractere different & d'autres couleurs

PREFACE.

que l'Odyssée, qui est un Poëme moral, & il n'y a pas moins de force & de vigueur à avoir conservé à l'Odyssée son veritable caractere, que d'avoir donné à l'Iliade le sien. La veritable marque de l'affoiblissement de l'esprit d'un Poëte, c'est quand il traite mal son sujet ; or c'est ce qu'on ne sçauroit reprocher à Homere, le sujet de l'Odyssée n'est pas moins bien traité que celuy de l'Iliade.

Je dis plus encore, c'est que dans la conduite du Poëme de l'Odyssée, il y paroist d'autant plus de force & de vigueur d'esprit, que ce Poëme embrasse plus de matiere & un temps bien plus long que celuy de l'Iliade. L'Iliade ne contient que peu de jours, & l'Odyssée renferme huit années & quelques mois. L'Iliade est un Poëme continu sans reconnoissance, sans peripeties ; il commence historiquement par la colere d'Achille & finit par sa reconciliation, & l'Odyssée a des reconnoissances & des peripeties ; elle commence par la fin des huit années, c'est à dire, qu'elle ouvre le plus prés qu'il se peut de la catastrophe, & le Poëte tire ensuite de son art le moyen de nous remettre devant les yeux tout ce qui a précédé, de sorte que l'on peut dire que c'est de l'Odyssée, beaucoup plus que de l'Iliade, qu'on doit tirer les regles veritables & fondamentales du Poëme Epique. Or il me semble que plus la matiere d'un ouvrage est vaste & estenduë, plus il faut d'art & de conduite pour la renfermer dans les justes bornes d'un Poëme, & que plus il faut d'art & de conduite, plus il faut aussi de force & de vigueur d'esprit. Cela me paroift inconteftable.

Si l'on oftoit de l'Odyffée tous les endroits qui paroiffent manifeftement des fuites de ce que l'on a vû dans l'Iliade, que l'on en fubftituaft d'autres, & que l'on mift ce Poëme fous un autre nom que celuy d'Ulyffe, il n'y a point d'homme qui ofaft affeurer qu'elle euft efté faite aprés l'Iliade, tant il eft vray qu'elle ne porte aucune marque que l'efprit du Poëte commençaft à vieillir & à décliner.

On peut rendre cela fenfible par un exemple tiré de la Peinture: Qu'un grand Peintre ait fait deux grands Tableaux; que dans l'un il ait reprefenté tout ce que la colere accompagnée de valeur, peut faire executer à un homme inexorable & injufte, & que dans l'autre il ait imité tout ce que la prudence & la diffimulation peuvent faire attendre d'un homme jufte & vaillant, on trouvera dans le premier une vivacité d'action & un efclat qui luy donneront un tres grand relief & qui furprendront l'admiration ; & dans ce dernier on trouvera des mœurs, une regularité & une conduite qui fe feront admirer des fages. Mais il n'y aura perfonne qui puiffe tirer de l'execution de ces deux fujets des arguments que ce dernier n'a efté executé que dans la vieilleffe du Peintre, & lorfque fon efprit commençoit desja à baiffer, car rien n'empefche que le dernier n'ait efté fait avant l'autre.

Si les mœurs, les Fables & les narrations de l'Odyffée font une preuve qu'Homere commençoit à s'affoiblir quand il la compofa, il faudra dire par la mefme raifon que Virgile ne fit la

PREFACE. lxix

premiere partie de son Eneïde que dans sa vieillesse, & que la derniere il l'a fit dans la vigueur de son esprit, car l'Eneïde a deux parties. La premiere, comme le R. P. le Bossu l'a fort bien remarqué, est semblable à l'action de l'Odyssée, qui a pour caractere la froideur, la dissimulation & la prudence, & elle a comme l'Odyssée des mœurs, des Fables & des narrations ; & la seconde est comme l'Iliade, dans les horreurs de la guerre, qui entraisnent naturellement avec elles la colere & la cruauté. Il n'est donc pas vray que les mœurs, les Fables, les narrations & la tranquillité d'un ouvrage soient des marques certaines qu'il a esté composé lorsque son Auteur manquant de force pour le pathetique, s'est laissé aller par la foiblesse de l'âge à faire des contes & à peindre les mœurs.

Longin s'attache à prouver ce pretendu affoiblissement de l'esprit d'Homere par la nature mesme de ces Fables, qu'il traite de badineries. *On peut mettre*, dit il, *dans ce rang ce qu'il dit du sac où Eole enferma les vents ; des Compagnons d'Ulysse changez en pourceaux ; des colombes qui nourirent Jupiter comme un pigeon, & de la disette d'Ulysse, qui porté sur le mast de son vaisseau brisé par la tempeste, fut dix jours sans manger, & toutes les absurditez qu'il conte du meurtre des Amants de Penelope.*

Ce grand Critique me paroist avoir mal choisi ses preuves ; ces Fables, qu'il donne comme des marques seures que l'esprit d'Homere baissoit, temoignent au contraire qu'il estoit fort éloigné de son déclin, car rien ne marque mieux la force

& la vigueur de cet esprit que le grand sens qu'elles renferment. Ces vents, qu'Éole enferma dans une peau de cuir, & dont les misérables Compagnons d'Ulysse voulurent sottement avoir leur part, croyant que ce fust quelque tresor, sont, comme l'a remarqué le R. P. le Bossu, pour donner cet excellent avis aux sujets, de ne point vouloir pénétrer dans les mysteres du gouvernement que le Prince veut tenir secrets. Les Compagnons d'Ulysse changez en pourceaux par Circé, sont pour avertir de ne se laisser pas abrutir par les voluptez comme ces malheureux qui furent changez en bestes. Voilà les points de morale nécessaires à toutes sortes de personnes, qui sont renfermez dans ces fictions. Les colombes, qui nourrirent Jupiter, ne renferment pas un sens moins utile & moins instructif. Comme on le peut voir dans mes Remarques sur le commencement du XIII. Liv.

Ce qu'Homere dit d'Ulysse, qui porté sur le mast de son vaisseau brisé par la tempeste, fut dix jours sans manger, ne marque pas non plus le déclin de l'esprit de ce Poëte, car il est certain qu'on a vû des hommes qui ont esté plus longtemps sans prendre aucune nourriture, cela est arrivé souvent dans des naufrages. En voicy une preuve tirée de la verité mesme: nous lisons dans les Actes des Apostres que le vaisseau sur lequel S. Paul s'estoit embarqué pour aller à Rome, estant parti de Crete, fut battu d'une rude tempeste pendant quatorze jours, & que le quatorziéme S. Paul dit à tous ceux qui estoient dans le

Chap. 27
v. 31

vaiſſeau, *Il y a aujourd'huy quatorze jours que vous eſtes à jeun & que vous n'avez rien pris en attendant la fin de la tempeſte;* Ce n'eſt donc point une marque de radoterie à Homere d'avoir feint qu'Ulyſſe fut dix jours ſans manger.

Il n'y a non plus aucune abſurdité dans le meurtre des Amants de Penelope, car ce qu'il y a d'incroyable devient croyable & poſſible par l'aſſiſtance que Minerve preſte à Ulyſſe, & le Poëte veut montrer par-là qu'il n'y a rien d'impoſſible à l'homme quand il plaiſt à Dieu de l'aſſiſter. Ce qu'Achille execute dans l'Iliade eſt-il moins incroyable que cet exploit d'Ulyſſe, ſi on l'examine ſans aucun rapport à la Divinité?

Je pourrois faire voir encore que les contes les plus incroyables de l'Odyſſée portent des marques de la force de l'eſprit d'Homere, tant par leur beauté que par la verité qui leur ſert de fondement, & par les beaux préceptes qu'ils renferment. Horace les appelle *des miracles eſclatants, ſpecioſa miracula.* Et Longin luy-meſme qui les traite de ſonges, eſt forcé d'avoüer *que ce ſont des ſonges de Jupiter.* Or il faut qu'un homme ait bien de la force & de la vigueur d'eſprit pour enfanter des miracles, & pour reſver comme reſveroit Jupiter. Je pourrois encore rapporter pluſieurs endroits de l'Odyſſée où l'imagination du Poëte eſt auſſi vigoureuſe que dans les endroits les plus forts de l'Iliade, & où il y a autant de feu de Poëſie. Mais on pourra les voir dans les Remarques, & cela ſuffit.

Comment donc expliquer ce jugement de l'Antiquité, que j'ai rapporté, que le Poëme de l'Iliade est d'autant plus beau que celuy de l'Odyssée, que la valeur d'Achille est au-dessus de celle d'Ulysse? C'est à quoy il ne me paroist pas beaucoup de difficulté. Toute l'Iliade n'est que violence & emportement, & toute l'Odyssée n'est que prudence, dissimulation, adresse. La colere d'Achille est la colere implacable d'un Prince injuste & vindicatif; & le caractere d'Ulysse est la sage & prudente dissimulation d'un Roy dont la constance ne peut estre ébranslée par quoy que ce puisse estre. Ces deux caracteres sont embellis & soutenus par les qualitez guerrieres. Mais comme la colere & l'emportement demandent plus de valeur que la dissimulation & la prudence, Homere a rehaussé le caractere d'Achille par une vaillance miraculeuse qui cache presque ses défauts essentiels, & qui a donné lieu à des actions vives & piquantes, & par consequent à une foule de beautez dont l'Odyssée n'estoit pas susceptible, parce que c'est la prudence & la dissimulation qui y regnent particulierement & qui constituent sa Fable. Voilà pourquoy les Anciens ont dit que le Poëme de l'Iliade est d'autant plus beau que celuy de l'Odyssée, que la valeur d'Achille est au dessus de celle d'Ulysse. Car Homere, pour faire esclater la valeur d'Achille, a jetté dans son Iliade tous les ornements de la Poësie, & toutes les plus brillantes couleurs, qu'il n'a pû employer pour la valeur d'Ulysse qui ne le demandoit pas.

Le P. le Bossu, Traité du Poëme Epique, liv. 7. ch. 14.

D'ailleurs il est constant que les caracteres violents & emportez, donnent plus d'esclat aux actions qu'ils animent, & aux personnes qui les ont,

ont, & au contraire que les caracteres les plus doux & les plus moderez sont souvent sans esclat & sans gloire, quoy-qu'ils soient beaucoup plus propres à la vertu. Ainsi tout contribuë à faire paroistre l'Iliade plus belle que l'Odyssée. Mais en accordant à l'Iliade cette superiorité de beauté, l'Antiquité n'a jamais voulu, à mon avis, faire entendre que l'Odyssée avoit esté faite dans la vieillesse d'Homere & lorsque son esprit commençoit à décliner.

Les beautez de l'Odyssée sont certainement moins esclatantes que celles de l'Iliade, mais elles n'en sont ni moins grandes ni moins solides pour ceux qui sçavent les estimer & leur donner leur veritable prix ; voyons donc ce que les grands maistres y ont découvert & le jugement qu'ils en ont porté, & c'est ce qui fera la quatriéme & derniere Partie de cette Préface.

IV. PARTIE

ON ne voit point qu'Aristote dans sa Poëtique ait donné aucune préference marquée à l'un ou à l'autre de ces deux Poëmes. Il a parlé en general de la Poësie : *La Poësie, dit il, est plus grave & plus morale que l'Histoire, parce que la Poësie a les choses generales, & l'Histoire les choses particulieres. Une chose generale, c'est ce que tout homme d'un tel ou d'un tel caractere a dû dire ou faire vrayssemblablement ou necessairement, &c. Et une chose particuliere, c'est ce qu'Alcibiade, par exemple, a fait ou souffert.* Ce jugement est tres certain, & il n'est pas possible de mieux faire connoistre la nature de la Poësie & l'avantage qu'elle a sur l'Histoire. En effet,

Tome I. d

comme cela a esté fort bien expliqué dans les Commentaires sur cette Poëtique, l'Histoire ne peut instruire qu'autant que les faits, qu'elle rapporte, luy en donnent l'occasion, & comme ces faits sont particuliers, il arrive rarement qu'ils soient proportionnez à ceux qui les lisent; il n'y en a pas un entre mille à qui ils puissent convenir, & ceux mesme à qui ils conviendront, ne trouveront pas en toute leur vie deux occasions où ils puissent tirer quelque avantage de ce qu'ils ont lû. Il n'en est pas de mesme de la Poësie; comme elle s'attache aux choses generales, & qu'elle fait des Fables generales & universelles, elle est d'autant plus morale & plus instructive, que les choses generales surpassent les particulieres. Celles-cy ne conviennent qu'à un seul, & l'Historien est obligé de les rapporter telles qu'elles sont; & les autres conviennent à tout le monde, parce que le Poëte les créant luy-mesme, en est le maistre, & qu'il les rend generales & universelles, en faisant agir ses personnages, non pas veritablement comme s'il escrivoit une Histoire, mais necessairement ou vraysemblablement, c'est à dire, en leur faisant faire tout ce que des gens d'un tel caractere doivent faire & dire en cet estat, ou par necessité, ou du moins selon les regles de la vraysemblance. D'ailleurs ce ne sont pas proprement les faits qui instruisent, ce sont les causes de ces faits. L'Historien explique rarement les causes des faits qu'il raconte, car c'est ce qui est presque toujours caché, & s'il les explique, c'est plustost comme des conjectures qu'il donne, que comme des certitudes

PREFACE.

& des veritez, au lieu que le Poëte estant le maistre de sa matiere, n'avance rien dont il ne rende raison exactement, il n'y a pas le moindre petit incident dont il n'explique les causes & les effets, & c'est par-là qu'il est instructif.

Voilà donc un avantage considerable & incontestable que la Poësie a sur l'Histoire. Horace va encore plus loin qu'Aristote, car il luy donne l'avantage sur la Philosophie mesme ; il asseure que la Poësie d'Homere est plus philosophe que la Philosophie du Portique & que celle de l'Academie : *Homere, dit-il, enseigne beaucoup mieux & avec plus de suite que Chrysippe & que Crantor ce qui est honneste & deshonneste, utile ou pernicieux.* <small>Dans la 2. epist. du liv. 1.</small>

Mais comment la Poësie peut-elle estre plus philosophe que la Philosophie mesme ? Cela n'est pas mal-aisé à concevoir. La Poësie a sur la Philosophie les mesmes avantages qu'elle a sur l'Histoire, & elle a de plus le secours de l'action, puisqu'elle est une imitation, & le secours des passions. Or ce que l'on ne fait qu'entendre touche bien moins que ce que l'on voit de ses propres yeux ; il n'y a point de préceptes qui fassent tant d'impression sur l'esprit que les exemples vivants & animez que la Poësie estale. Un grand personnage qui enseigne parfaitement la pratique de la perfection chrestienne, a fort bien dit : *On sçait assez combien l'exemple a de force.* <small>Rodriguez.</small> *Celuy d'un bon Religieux fait plus de fruit dans une maison que tous les sermons & toutes les exhortations du monde, parce qu'on est toujours beaucoup plus touché de ce qu'on voit que de ce* qu'on entend, & que se persuadant aisément qu'une chose est faisable; quand on la voit faire à quelqu'un, on est par-là beaucoup plus excité à la pratiquer. Cela est également vray dans la morale & dans l'imitation poëtique. Il ne faut qu'entendre Horace qui prouve ce qu'il vient d'avancer. En effet, qu'est ce que l'Iliade ? c'est un fidelle tableau des mouvements insensez des Roys & des peuples :

Stultorum Regum & populorum continet æstus.
Pâris aveuglé par sa passion, refuse de rendre Helene ; Nestor travaille inutilement à appaiser la querelle qui s'émeut entre Achille & Agamemnon ; ces deux generaux sont maistrisez par la colere, & Agamemnon est encore aveuglé par son amour. Ainsi & dans la ville & dans le camp on ne voit que sedition, que fraudes, que crimes, que brutalité, que fureur,

Seditione, dolis, scelere, atque libidine & ira
Iliacos intra muros peccatur & extra.
La Philosophie aura beau dire qu'il faut éviter ces excés, prouver mesme méthodiquement les malheurs qu'ils causent, cela ne touchera jamais si vivement que ces exemples vivants qu'on a devant les yeux. Voilà pour l'Iliade, qui nous instruit à fuir les vices.

D'un autre costé dans l'Odyssée, pour nous apprendre ce que peuvent la vertu & la sagesse, Homere nous propose fort utilement l'exemple d'Ulysse, qui aprés avoir saccagé Troye, fut porté dans plusieurs pays & s'instruisit des mœurs de plusieurs peuples, qui pendant qu'il travailloit à retourner chez luy & à y remener ses Compagnons souffrit sur la mer des maux sans nombre, & ne put jamais estre submergé par les flots de l'adversité.

La Philosophie nous enseignera bien ce qu'il faut faire pour estre sage & vertueux, mais elle n'enseignera pas comment il faut le faire, & c'est ce que l'exemple enseigne parfaitement. En un mot tous les préceptes ne feront jamais tant d'impression que cette imitation merveilleuse d'Homere, qui nous rend les spectateurs & les temoins de tout ce qu'Ulysse fait pour surmonter les obstacles que les Dieux luy opposent, & des ressources que sa prudence luy fournit; qui nous represente les Sirenes; qui nous fait entendre leurs chants, & qui nous fait passer à la vûë de la prairie qu'elles habitent, où l'on ne voit que monceaux d'ossements & que cadavres que le soleil acheve de sécher; qui nous montre Circé & ses breuvages empoisonnez, & qui nous mene au milieu des Amants de Penelope qui ne pensent qu'à la débauche, & de cette folle jeunesse de la Cour d'Alcinoüs, toujours occupée de la bonne chere & des plaisirs, & qui ne trouve rien de plus beau que de dormir jusqu'à midy, & d'aller ensuite calmer ses ennuis par la danse & par la musique.

Voilà un leger crayon de l'Odyssée qui nous apprend à pratiquer les vertus. Certainement il n'y a point de Philosophie qui nous enseigne tant de grandes choses, & qui les enseigne si efficacement, que les Poëmes d'Homere ou les exemples soutiennent & animent toujours les instructions.

PREFACE.

La Poësie est donc certainement plus morale & plus philosophe que la Philosophie mesme, comme Aristote & Horace l'ont décidé ; mais ne nous en rapportons pas absolument au sentiment de ces deux grands hommes, au Philosophe peripateticien & au Poëte. Le premier pourroit avoir esté séduit par l'amour qu'on a naturellement pour ses découvertes, & l'autre par cette autorité & par sa profession de Poëte. Cherchons quelqu'autre temoignage qui ne puisse estre suspect, celuy d'un homme sans interest & plein de gravité & de sagesse. Le voicy, c'est celuy d'un Philosophe & d'un Philosophe Stoïcien. Strabon, aprés avoir parlé de la Poësie, adjoute : * *Dans les derniers temps parurent l'Histoire & la Philosophie, telle que nous l'avons aujourd'huy. Mais la Philosophie mesme n'est utile qu'à peu de gens, au lieu que la Poësie est generalement utile à tout le monde. C'est elle qui remplit les theatres, & la Poësie d'Homere l'est infiniment davantage & au dessus de tout.*

Cette maniere d'enseigner la Morale est sans contredit la plus naturelle & la plus seure, & une grande marque des avantages qu'elle a sur l'Histoire & sur la Philosophie, c'est que Dieu mesme a pris cette voye pour nous instruire. La pluspart des faits de l'Escriture sainte sont mes-

---

* Χρόνοις δ' ὕστερον ἡ τῆς ἱστορίας γραφὴ, καὶ ἡ νῦν φιλοσοφία παρελήλυθεν εἰς μέσον. αὕτη μὲν οὖν πρὸς ὀλίγους, ἡ δὲ ποιητικὴ δημωφελεστέρα καὶ θέατρα πληροῦν δυναμένη. ἡ δὲ δὴ τοῦ Ὁμήρου ὑπερβαλλόντως. Liv. I.

PREFACE.

lez de narration & d'imitation, comme le Poëme Epique, c'est à dire, que les Escrivains sacrez, aprés avoir peu parlé eux-mesmes, introduisent, comme Homere, les personnages qui parlent, qui agissent. C'est ainsi que nous sont presentées l'Histoire de Noë, celle d'Abraham, celle d'Isac, celle de Jacob, celle de Joseph. On n'a qu'à ouvrir le Livre de la Genese, on y verra par-tout cette imitation dont je parle, elle fait mesme le caractere de plusieurs livres entiers du vieux Testament.

Par exemple, pour nous faire voir les benedictions qu'attirent la pieté, la charité, le soin des pauvres, l'Escriture sainte ne se contente pas de nous dire historiquement qu'il y avoit un Tobie, qui ayant obéï à la loy, fut beni de Dieu, & qu'un Ange conduisit son fils à un grand voyage, & le ramena heureusement; mais elle nous represente Tobie luy-mesme parlant, agissant; nous suivons le jeune Tobie à ce grand voyage, & nous en revenons avec luy.

Pour nous enseigner que l'innocence triomphe toujours de la calomnie par le secours de Dieu, elle ne se contente pas de dire historiquement qu'il y avoit une personne nommée Suzanne, qui fut calomniée par des vieillards, & que Dieu confondit ces calomniateurs par la sagesse de Daniel; elle introduit devant nous tous ces personnages, elle les fait parler & agir, nous les voyons, nous les entendons avec un plaisir inexprimable & une merveilleuse instruction. Ce sont de veritables Poëmes.

La délivrance du peuple d'Israël par Judith.

lxxx *PRÉFACE.*

Lorsque le Roy Nabuchodonosor envoya Holopherne pour assujetir les Royaumes & les Nations, celle des Juifs, répandus dans les Provinces du Roy Assuerus, par Esther; les malheurs de Job & son restablissement dans une fortune plus esclatante que la premiere, sont de pures imitations comme celles de la Poësie, mais plus admirables & plus merveilleuses, comme l'ouvrage de l'esprit de Dieu. Les Escrivains sacrez ne nous rapportent pas historiquement ces miracles, mais ils font agir les personnages eux-mesmes. Bien plus, Salomon dans ses Proverbes & dans son Eclesiaste, qui sont proprement des recüeils de préceptes, quitte souvent le précepte pour recourir à l'imitation, en faisant tout d'un coup parler & agir ses personnages. Sur cela je diray hardiment sans craindre d'estre démentie par les sages, qu'Homere est peut-estre beaucoup mieux entendu aujourd'huy qu'il ne l'a esté par les Anciens, quoy-que grands Critiques, & que nous pouvons mieux juger de la beauté & de l'art de ses Poëmes. Pourquoy cela? parce que nous avons en main le veritable original & le parfait modelle de tout bon ouvrage, je veux dire l'Escriture sainte, que ces anciens Critiques ne connoissoient pas, ou qu'ils ne connoissoient que tres peu. C'est le premier original & le souverain modelle de toute beauté, comme de toute sagesse, & rien ne peut estre beau qu'à mesure qu'il en approche, & qu'il emprunte de-là ses traits.

De tous les Poëtes & de tous les Escrivains Homere est asseurement celuy qui approche le

PREFACE.

plus de cet original tout parfait, non seulement par les mœurs & par les caracteres qu'il peint, par les idées & par les images qu'il donne, mais encore par le fonds de ses ouvrages qui sont des imitations, & c'est ce que je me flatte d'avoir démontré. Et en cela j'ay eû en vûë, non d'égaler les beautez d'Homere à celles de nos Livres saints, à Dieu ne plaise, j'en sens trop la difference, mais de faire voir seulement que comme dans les ouvrages de la nature tout ce qui est beau vient de Dieu, de mesme dans les ouvrages les plus parfaits de l'esprit humain, tout ce qui nous paroist le plus beau, le plus sublime & le plus digne de nostre admiration, n'est tel que parce qu'il est tiré ou imité de cet original tout divin, ou des traditions qui s'en estoient répanduës De sorte que cette imitation sert merveilleusement à confirmer l'Antiquité de cet original & la verité des faits qu'il rapporte, puisque ce que nous admirons le plus dans Homere en est visiblement emprunté. Je n'ay rien fait en cela dont les plus grands Critiques modernes ne m'ayent donné l'exemple. On n'a qu'à voir l'usage que Grotius a fait d'Homere dans ses Commentaires sur le vieux Testament; le R. P. le Bossu, ce bon Religieux qui a fait l'excellent Traité du Poëme Epique, n'a pas crû blesser la pieté, au contraire il a cru la servir, en faisant voir la conformité d'Homere avec la sainte Ecriture, & en justifiant ce Poëte en beaucoup de choses par cette grande autorité. Et c'est par cette mesme autorité que l'on peut refuter aujourd'huy d'une maniere tres forte & tres solide tous les reproches que Platon a faits contre cette imitation.

Du passage d'Horace, que j'ay rapporté, il me semble qu'on peut inferer que ce grand Critique décide ce qu'Aristote a laissé indécis, & que bien loin de croire que l'Odyssée ait esté faite dans le déclin de l'esprit d'Homere, il luy donne au contraire la préference sur l'Iliade. Cela paroist par le Tableau magnifique qu'il en fait, car il a pris bien plus de plaisir à détailler l'Odyssée que l'Iliade, & d'ailleurs il est tres seur que ce qui enseigne à imiter la vertu, est toujours plus parfait que ce qui enseigne à fuir le vice; car les originaux vicieux sont plus aisez à peindre que ceux qui sont des modelles de vertu & de sagesse. Je veux donc croire que c'est le sentiment d'Horace, pour autoriser le mien, car j'avoüe que j'admire l'Iliade, mais que j'aime l'Odyssée, & que la solidité, la douceur & la sagesse de celle-cy me paroissent l'emporter sur l'esclat, sur le fracas & sur les excés de l'autre.

Le Poëme de l'Iliade est plus pour les Princes & pour les Roys que pour le peuple, car on voit que le peuple y perit, non par sa faute, mais par celle des Roys:

Quidquid delirant Reges, plectuntur Achivi.

Ainsi il n'y a presque point d'instruction à donner au peuple. Mais celuy de l'Odyssée est pour le peuple comme pour le chef, car Homere nous avertit d'abord luy-mesme que le peuple y perit par sa propre faute; ainsi comme il faut des instructions pour le chef, afin qu'il conduise bien le peuple, il en faut aussi pour le peuple, afin que se laissant conduire, il évite les malheurs où la desobéissance précipite ordinairement ; voilà pourquoy les instructions sont plus marquées & plus frequentes dans l'Odyssée que dans l'Iliade, & ce Poëme est plus moral. Tout est instruit dans l'Odyssée ; les peres, les enfants, les maris, les femmes, les Roys, les sujets y trouvent les leçons qui leur sont necessaires pour remplir les principaux devoirs de leur estat.

C'est ce qui m'a obligée de m'attacher particulierement dans mes Remarques à bien développer & à bien faire sentir les instructions si necessaires à tout le monde, & de tascher de découvrir les sens cachez sous ces ingenieuses fictions & de l'Iliade & de l'Odyssée. C'est là-dessus que doit rouler principalement le travail qu'on fait sur Homere. Car comme nostre siecle neglige fort les allegories, les paraboles & toutes les connoissances, qui ne sont pas de nostre usage, cette negligence nous cache les plus grandes beautez de ce Poëte, comme le R. P. le Bossu l'a tres judicieusement remarqué, & au lieu de son adresse, elle ne nous laisse voir qu'une ecorce trop simple & trop grossiere pour nous faire juger avantageusement de son esprit & de sa conduite, ce qui l'expose à des censures, où il y a souvent plus de nostre ignorance que de sa faute.

C'est donc cette écorce qu'il faut percer & entrouvrir, car pour bien juger d'Homere, & pour bien entendre les préceptes d'Aristote & d'Horace qui le louent d'une perfection, que souvent nous n'avons pas l'esprit d'entrevoir, il faut avoir bien pénetré les allegories & les veritez morales & Physiques des Fables dont ses Poëmes sont remplis.

naissance d'Homere. Si dans l'Iliade Homere a fait voir qu'il avoit une parfaite connoissance de tous les lieux de la Grece & de ceux de l'Asie qui avoient fourni des troupes aux deux partis; dans l'Odyssée il fait voir qu'il connoissoit aussi parfaitement depuis le bout du Pont Euxin jusqu'aux Colomnes d'Hercule, tout le circuit de la mer mediterrannée & les isles, & qu'il estoit instruit des navigations des Pheniciens C'est ce que j'ay tasché d'esclaircir, en suivant les vûës du sçavant Bochart, qui a fait sur cela des découvertes tres heureuses & tres vrayes. Le temoignage qu'Homere rend à ces anciennes navigations, est tres considerable, & sert merveilleusement à illustrer ce qu'il y a de plus caché dans l'Antiquité, & à découvrir le ridicule & le faux des Fables, que les Grecs ont imaginées pour expliquer l'origine des peuples. On ne peut s'empescher d'admirer la vaste érudition d'Homere sur la Geographie. Il a non seulement connu tout ce que je viens de dire, & l'Océan Occidental, mais il a encore connu l'Océan Oriental, c'est à dire la mer pacifique, comme on le verra dans les Remarques sur le xix. Livre.

Si ces connoissances paroissent admirables pour des temps si reculez, elles paroissent encore plus admirables quand on considere la profonde ignorance où l'on tomba aprés luy; plus de quatre cents ans aprés le siecle d'Homere, Herodote nie qu'il y ait aucun Océan, & il reprend les

PREFACE.

Geographes de son temps, qui, conformément à la tradition d'Homere, soutenoient que la terre estoit environnée de l'Océan: *Je ne connois point d'Ocean, dit il, mais je pense qu'Homere, ou quelqu'autre Poëte plus ancien, ayant trouvé ce nom, l'a employé dans sa Poësie.* Et ailleurs il dit: *Ces Anciens disent que l'Ocean commençant par le costé Oriental couloit tout autour de la terre, mais ils n'en rapportent aucune preuve.* J'espere que l'on verra avec quelque plaisir les vûës d'Homere esclaircies, & ses Fables ramenées à la verité par les anciennes Traditions.

Herodot. liv. 2 sect. 23.

Liv. 4. sect. 8.

Dans mes Remarques j'ay suivi la mesme methode que dans celles de l'Iliade, & que j'ay assez expliquée dans ma Préface, qui peut servir pour ce dernier travail.

Je m'estois flattée que la Traduction de l'Odyssée me donneroit moins de peine que celle de l'Iliade, mais j'ay esté bien détrompée à l'essay. Dans l'Iliade j'estois soutenuë par la grandeur des choses & des images; & quoy-que je n'aye pû attraper le merveilleux & le sublime des expressions, j'ay conservé la grandeur qui est dans les faits & dans les idées, & cela remplit l'esprit du Lecteur; mais dans l'Odyssée tout est simple, & cependant le Poëte a trouvé dans sa langue des richesses qui l'ont mis en estat de s'expliquer noblement jusques dans les plus petits sujets. C'est ce que nostre langue n'a pû me fournir, ou du moins ce que je n'y ay pû trouver. Il me paroist qu'il n'y a rien de si difficile pour elle que de relever la simplicité des choses par la noblesse des expressions; j'ay fait tout ce

PREFACE.

qui dépendoit de moy pour donner aux jeunes gens le moyen de lire & de gouter Homere un peu mieux qu'on ne le lit & qu'on ne le goute ordinairement, & de refifter à la corruption du gouft moderne qui cherche depuis quelque temps à fe gliffer à la faveur de l'ignorance, & qui menace d'infecter tous les efprits. Je voudrois avoir pû mieux faire pour ranimer le gouft des Lettres, qui s'en va prefque efteint, & pour exciter ceux qui fe fentent quelque talent pour la Poëfie à faire de plus heureux efforts, en leur développant les regles, en leur découvrant les veritables fondements de cet art, & en leur faifant voir à quoy elle les oblige & ce qu'elle demande d'eux. Elle a pour but d'inftruire les hommes, en les corrigeant de leurs mauvaifes habitudes, & en purgeant leurs paffions, & c'eft la dégrader horriblement, ou pluftoft la detruire, que de la faire fervir a les corrompre, comme on fait aujourd'huy, en flattant leurs paffions & en les confirmant dans leurs habitudes vicieufes.

Homere a rapporté fes deux Poëmes à l'utilité de fon pays ; il a cherché à rendre le vice odieux & la vertu aimable ; quelle honte pour des Chreftiens de faire tout le contraire & de ne travailler qu'à empoifonner les efprits par une morale tres pernicieufe !

Ce grand Poete a effuyé bien des contradictions dans ces derniers temps ; mais j'ofe dire que comme le foleil fort plus brillant des nuages qui le cachent, ce Poëte de mefme eft forti avec un nouvel efclat de toutes ces querelles, & de ces guerres qu'on luy a faites. Je ne releveray

PREFACE. lxxxvij

donc point icy les critiques fades & infipides, & les impertinences que de méchants petits auteurs ont répanduës. Elles ne meritent nulle attention. Je ne faliray pas mes mains à remüer ces balayures du bas Parnaffe; la Poëfie d'Homere, comme l'onde pure d'une claire fontaine, lavera & diffippera feule toutes ces ordures fans que je prenne davantage la peine de m'en mefler. Mais pour faire voir l'horrible travers où précipite l'envie aveugle de critiquer les Anciens, j'ay crû devoir profiter de l'exemple que fournit M. Perault. C'eftoit un homme d'efprit & d'une converfation agreable, & qui a fait quelques jolis petits ouvrages qui ont plû avec raifon; il avoit d'ailleurs toutes les qualitez qui forment l'honnefte homme & l'homme de bien; il eftoit plein de pieté, de probité & de vertu; poli, modefte, officieux, fidelle à tous les devoirs qu'exigent les liaifons naturelles & acquifes, & dans un pofte confiderable auprés d'un des plus grands Miniftres que la France ait eus & qui l'honnoroit de fa confiance, il ne s'eft jamais fervi de fa faveur pour fa fortune particuliere, & il l'a toujours employée pour fes amis. Combien de bonnes qualitez effacées ou offufquées par un feul défaut! Cet homme d'efprit, cet homme fi eftimable, n'eftoit plus le mefme dés qu'il s'agiffoit des Anciens; on ne trouvoit plus en luy qu'un tres méchant & tres ignorant Critique qui condamnoit ce qu'il n'entendoit point & ce que tout le monde a le plus eftimé. Difciple de Defmaretz, il avoit entrepris de defcrier Homere; dans cette vûë il fit un volume de Critiques contre ce grand Poëte. Je me suis fait un devoir de le suivre pied à pied; j'ay rapporté non seulement les critiques que M. Despreaux & M. Dacier ont refutées, mais aussi celles dont ils n'ont point parlé, & j'ay fait voir un miracle, que nostre siecle seul a pû enfanter, un gros volume de Critiques où il n'y en a pas une seule, je ne diray pas qui soit raisonnable, mais qui ne soit tres fausse, & qui ne découvre une parfaite ignorance & un tres mauvais goust. Il est à craindre qu'on ne se souviendra plus de toutes les bonnes qualitez de M. Perrault, & qu'on n'oubliera jamais ce défaut d'esprit qui l'a poussé contre ces heros de l'Antiquité, que tous les siecles ont admirez & consacrez. Grande leçon pour ceux qu'une pareille demangeaison excite encore, & qui sera toujours suivie du mesme succés.

A la fin du Traité des Causes de la Corruption du Goust.

Je ne répondray point aux deux gros volumes que M. l'Abbé Terrasson a faits contre Homere & contre moy. Avant que d'avoir vû son ouvrage, allarmée d'un tel adversaire, je m'estois escriée, *Quel fleau pour la Poësie qu'un Geometre!* Mais après l'avoir parcouru, j'ay vû que je m'estois trompée, & que je dois dire au contraire, *Quel fleau pour un Geometre que la Poësie!* Car effectivement la Poësie d'Homere a bien dérangé la Geometrie de M. l'Abbé Terrasson. C'est là tout ce que j'en diray. Comme il a de l'esprit, il faut esperer qu'il renoncera à une estude qui luy est estrangere, & qu'il s'appliquera à celle pour laquelle il a du talent. Je l'avertiray seulement d'estre à l'avenir plus circonspect, & de ne pas adjouter foy si facilement à ce qu'on luy rapporte.

PREFACE. lxxxix

Dans la derniere partie de son ouvrage, aprés avoir dit que *ma Traduction de l'Iliade est tres exacte pour le fond des pensées, mais qu'à l'égard de la composition & du style, elle est la plus differente de l'original & la plus trompeuse qui ait jamais esté*, (c'est ainsi qu'il se connoist en originaux & en copies) il adjoute, *Je sçay de plus que Madame Dacier, qui a travaillé à son Homere bien des années, en avoit fait d'abord une Traduction simple & nuë comme l'original, mais le Poëme de Telemaque ayant paru vers ce temps-là, la grande réputation qu'il s'acquit dés sa naissance, mit Madame Dacier en crainte pour son Homere, & l'engagea à refondre sa traduction pour mettre l'Iliade dans le style de Telemaque. Quoy-que je tienne cette anecdote d'un ami de Madame Dacier, je ne me croirois pas autorisé à la reveler, si elle n'estoit à son avantage, car ce fait prouve qu'ayant senti son Auteur incorrigible pour le bon sens & pour les bonnes mœurs, elle a crû devoir luy donner quelque ressemblance, du moins par le style, avec le chef d'œuvre de la raison & de la morale poëtique.* Voilà un bel assemblage de faussetez & de faux jugements qui donneroient lieu à beaucoup de reflexions, si on vouloit les approfondir.

Qu'y a t'il de plus risible que de voir M. l'Abbé Terrasson trouver Homere incorrigible pour le bon sens & pour les bonnes mœurs? Ce n'est pas la peine de répondre à ces reproches, le Lecteur y répondra pour moy; je me contenteray de luy dire que ce qu'il dit sçavoir de si bonne part, il ne le sçait point du tout, & qu'au

PREFACE.

tre ce grand Poëte. Je me suis fait un devoir de le suivre pied à pied; j'ay rapporté non seulement les critiques que M. Despreaux & M. Dacier ont refutées, mais aussi celles dont ils n'ont point parlé, & j'ay fait voir un miracle, que nostre siecle seul a pû enfanter, un gros volume de Critiques où il n'y en a pas une seule, je ne diray pas qui soit raisonnable, mais qui ne soit tres fausse, & qui ne découvre une parfaite ignorance & un tres mauvais goust. Il est à craindre qu'on ne se souviendra plus de toutes les bonnes qualitez de M. Perrault, & qu'on n'oubliera jamais ce défaut d'esprit qui l'a poussé contre ces heros de l'Antiquité, que tous les siecles ont admirez & consacrez. Grande leçon pour ceux qu'une pareille demangeaison excite encore, & qui sera toujours suivie du mesme succés.

Je ne répondray point aux deux gros volumes que M. l'Abbé Terrasson a faits contre Homere & contre moy. Avant que d'avoir vû son ouvrage, allarmée d'un tel adversaire, je m'estois escriée, *Quel fleau pour la Poësie qu'un Geometre!* Mais aprés l'avoir parcouru, j'ay vû que je m'estois trompée, & que je dois dire au contraire, *Quel fleau pour un Geometre que la Poësie!* Car effectivement la Poësie d'Homere a bien dérangé la Geometrie de M. l'Abbé Terrasson. C'est là tout ce que j'en diray. Comme il a de l'esprit, il faut esperer qu'il renoncera à une estude qui luy est estrangere, & qu'il s'appliquera à celle pour laquelle il a du talent. Je l'avertiray seulement d'estre à l'avenir plus circonspect, & de ne pas adjouter foy si facilement à ce qu'on luy rapporte.

A la fin du Traité des Causes de la Corruption du Goust.

PRÉFACE.

Dans la derniere partie de son ouvrage, après avoir dit que ma *Traduction de l'Iliade est tres exacte pour le fond des pensées, mais qu'à l'égard de la composition & du style, elle est la plus differente de l'original & la plus trompeuse qui ait jamais esté*, (c'est ainsi qu'il se connoist en originaux & en copies) il adjoute, *Je sçay de plus que Madame Dacier, qui a travaillé à son Homere bien des années, en avoit fait d'abord une Traduction simple & nuë comme l'original, mais le Poëme de Telemaque ayant paru vers ce temps-là, la grande réputation qu'il s'acquit dés sa naissance, mit Madame Dacier en crainte pour son Homere, & l'engagea à refondre sa traduction pour mettre l'Iliade dans le style de Telemaque.* Quoy-que je tienne cette anecdote d'un ami de Madame Dacier, je ne me croirois pas autorisé à la reveler, si elle n'estoit à son avantage, car ce fait prouve qu'ayant senti son Auteur incorrigible pour le bon sens & pour les bonnes mœurs, elle a crû devoir luy donner quelque ressemblance, du moins par le style, avec le chef d'œuvre de la raison & de la morale poëtique. Voilà un bel assemblage de faussetez & de faux jugements qui donneroient lieu à beaucoup de reflexions, si on vouloit les approfondir.

Qu'y a t'il de plus risible que de voir M. l'Abbé Terrasson trouver Homere incorrigible pour le bon sens & pour les bonnes mœurs? Ce n'est pas la peine de répondre à ces reproches, le Lecteur y répondra pour moy; je me contenteray de luy dire que ce qu'il dit sçavoir de si bonne part, il ne le sçait point du tout, & qu'au cun de mes amis ne peut luy avoir dit une pareille extravagance; Dieu mercy je n'ay point de fou pour ami, & il n'y a qu'un fou qui puisse imaginer une chose si éloignée du bon sens & de la vraysemblance. Je n'ay jamais fait de Traduction simple & litterale de l'Iliade, & j'ay esté si éloignée de concevoir un si monstrueux dessein, que j'ay esté long-temps à balancer sur mon entreprise, parce que je ne me sentois pas assez de force pour égaler par mes expressions la majesté des idées & des expressions d'Homere, qu'il estoit impossible de rendre en s'assujetissant aux mots. Je m'estois assez expliquée sur cela dans ma Préface de l'Iliade, & il ne falloit que cette Préface seule pour detromper M. l'Abbé Terrasson, & pour le convaincre de la fausseté du rapport qu'on luy avoit fait, car il me semble que j'ay assez bien marqué dans cet ouvrage la difference infinie qu'il y a entre une Traduction servile & une Traduction genereuse & noble.

Comment M. l'Ab. T. a-t'-il donc pû s'imaginer que j'avois fait une Traduction nuë & simple de l'Iliade? Quand cent personnes l'en auroient asseuré, il auroit dû n'en rien croire & opposer à ces mensonges ma Préface qui les destruit; ou mes autres ouvrages encore où j'ay eu les mesmes vûës & où je ne me suis jamais assujetie aux mots, que quand le genie de nostre langue l'a permis.

Ce qu'il dit de l'effet que produisit sur moy la lecture du Telemaque de M. de Cambray, n'est pas plus vray que tout le reste.. J'ay regar-

PREFACE. lxxxxj

de cet ouvrage comme une suite tres ingenieuse d'inſtructions données dans des themes à un grand Prince, qui avoit un gouſt merveilleux pour Homere, & qui ſe plaiſoit infiniment aux avantures d'Ulyſſe & de Telemaque, mais je ne l'ay jamais regardé comme *le chef-d'œuvre de la raiſon & de la morale poëtique.* Telemaque eſt un excellent ouvrage en ſon genre, & c'eſt un nouvel éloge pour Homere & un grand éloge, d'avoir M. de Cambray pour imitateur, mais M. de Cambray luy-meſme eſtoit bien éloigné d'avoir une idée ſi grande de ſon imitation, & il reconnoiſſoit la ſuperiorité infinie de ſon original; & puis, je n'aurois eu garde de vouloir m'élever ſi haut; je n'aurois fait que renouveller la Fable de la Grenouille, en prétendant m'égaler à ce genie vaſte & noble & plein d'imagination & de feu. Je n'ay donc jamais eu la moindre penſée de donner à ma Traduction aucune reſſemblance avec cet ouvrage. Ceux qui ont le gouſt du ſtyle & qui ſçavent diſcerner ſes differents caracteres, remarqueront, à mon deſavantage ſans doute, la difference qui ſe trouve entre celuy de Telemaque & celuy de ma Traduction. Du reſte que M. l'Ab. T. trouve Homere ſot, ridicule, extravagant, ennuyeux, c'eſt ſon affaire, le public jugera ſi c'eſt un défaut à Homere de déplaire à M. l'Ab. T. ou à M. l'Ab. T. de ne pas gouſter Homere.

Voilà toute la réponſe que ce grand Critique aura de moy. Un autre combat m'appelle, il faut refuter l'Apologie que le R. P. Hardouin, un des plus ſçavants hommes du ſiecle, vient lxxxxij *PREFACE.*

de faire de ce Poëte. Qui l'auroit crû qu'aprés avoir combattu les Cenfeurs d'Homere, je duffe prendre les armes contre un de fes Apologiftes? C'eft à quoy je vais travailler. Ma Réponfe ne fe fera pas long temps attendre, & j'ofe efperer que les amateurs d'Homere, ou pluftoft les amateurs de la raifon, la verront avec quelque plaifir. Je finis-là ma carriere.

HIC CÆSTUS ARTEMQUE REPONO.

Argument du Livre I.

LEs Dieux tiennent conseil pour faire partir Ulysse de chez Calypso, & pour le faire retourner à Ithaque. Aprés ce conseil Minerve se rend auprés de Telemaque sous la figure de Mentor Roy des Taphiens; & dans une conversation qu'elle a avec luy, elle luy conseille d'aller chercher des nouvelles de son pere à Pylos chez Nestor, & à Sparte chez Menelas, aprés quoy elle disparoit, & en disparoissant, elle donne des marques visibles de sa Divinité. Les Poursuivants de Penelope font un grand festin. Le chantre Phemius chante devant eux le retour des Grecs. Telemaque parle à ces Princes & indique une assemblée pour le lendemain.

L'ODYSSÉE D'HOMERE.

LIVRE I.

MUSE contez-moy les avantures de cet homme prudent, qui aprés avoir ruiné la sacrée ville de Troye, fut errant plusieurs années en divers pays, visita les villes de differents peuples, & s'instruisit de leurs coutumes & de leurs mœurs. Il souffrit des peines infinies sur la mer pendant qu'il travailloit à sauver sa vie & à procurer à ses Compagnons un heureux retour. Mais tous ses soins furent inutiles.

Ces malheureux perirent tous par leur folie, les infenfez! ils eurent l'impieté de fe nourrir des troupeaux de bœufs qui eftoient confacrez au Soleil, & ce Dieu irrité les punit de ce facrilege. Déeffe, fille de Jupiter, daignez nous apprendre auffi à nous une partie des avantures de ce heros.

Tous ceux qui avoient évité la mort devant les remparts de Troye, eftoient arrivez dans leurs maifons, délivrez des perils de la mer & de la guerre; Ulyffe eftoit feul privé de ce plaifir; malgré l'impatience qu'il avoit de revoir fa femme & fes Eftats, il eftoit retenu dans les grottes profondes de la Déeffe Calypfo, qui defiroit paffionnément de l'avoir pour mary. Mais aprés plufieurs années revoluës, quand celle, que les Dieux avoient marquée pour fon retour à Ithaque, fut arrivée, ce Prince fe trouva encore expofé à de nouveaux travaux quoy-qu'il fuſt au milieu de ſes amis. Enfin les Dieux eurent pitié de ſes peines. Neptune ſeul perſeverant dans ſa colere, le pourſuivit touſjours en implacable ennemi juſqu'à ce qu'il fuſt de retour dans ſa patrie.

Un jour que ce Dieu eſtoit allé chez les Ethiopiens qui habitent aux extremitez de la terre & qui ſont ſeparez en deux peuples, dont les uns ſont à l'Orient & les autres à l'Occident, pendant qu'il aſſiſtoit avec plaiſir au feſtin d'une hecatombe de taureaux & d'agneaux que ces peuples religieux luy avoient offerte, tous les autres Dieux s'aſſemblerent & tinrent conſeil dans le Palais de Jupiter. Là le pere des Dieux & des hommes s'eſtant ſouvenu du fameux Egiſthe, qu'Oreſte avoit tué pour venger la mort de ſon pere, leur parla ainſi : Quelle inſolence ! les mortels « oſent accuſer les Dieux ! ils nous «

» reprochent que nous sommes les
» auteurs des maux qui leur arrivent,
» & ce sont eux-mesmes qui par leur
» folie se précipitent dans des mal-
» heurs qui ne leur estoient pas desti-
» nez. Comme Egisthe, car cet
» exemple est recent; contre l'ordre
» des destinées il a épousé la femme
» d'Agamemnon aprés avoir assassiné
» ce Prince : il n'ignoroit pourtant
» pas la terrible punition qui sui-
» vroit son crime; nous avions eu
» soin nous-mesmes de l'en avertir,
» en luy envoyant Mercure, qui luy
» deffendit de nostre part d'attenter
» à la vie du fils d'Atrée & de s'em-
» parer de son lit, qui luy declara
» qu'Oreste vengeroit cette mort &
» le puniroit de ses forfaits dés qu'il
» seroit en âge, & que commençant
» à se sentir, il desireroit de rentrer
» dans ses Estats. Mercure l'avertit
» en vain; ce scelerat aveuglé par sa
» passion, n'écouta point des avis si
» salutaires, aussi vient-il de payer

à la justice Divine tout ce qu'il luy «
devoit. «

La Déesse Minerve prenant la parole, répondit : Fils du grand « Saturne, qui estes nostre pere & qui « regnez sur tous les Roys, ce mal-« heureux ne meritoit que trop la « mort qu'il a soufferte; perisse com-« me luy quiconque imitera ses ac-« tions. Mais mon cœur est enflam-« mé d'indignation & de colere « quand je pense aux malheurs du « sage Ulysse, qui depuis long-temps « est accablé d'une infinité de maux, « loin de ses amis dans une isle éloi-« gnée toute couverte de bois, au « milieu de la vaste mer, & habitée « par une Déesse fille du sage Atlas, « qui connoit tous les abysmes de « la mer, & qui sur des colomnes « d'une hauteur prodigieuse soutient « la masse de la terre & la vaste ma-« chine des cieux. Cette Nymphe re-« tient ce malheureux Prince qui « passe les jours & les nuits dans l'a-«

A iij

» mertume & dans la douleur. Elle
» n'est touchée ni de ses soupirs ni
» de ses larmes ; mais par des paroles
» pleines de douceur & par les ex-
» pressions de la plus vive tendresse,
» elle tâche de calmer ses chagrins
» & de luy faire oublier Ithaque.
» Ulysse resiste à tous ses charmes, il
» ne demande qu'à voir seulement la
» fumée de son Palais, & pour achet-
» ter ce plaisir, il est prest de donner
» sa vie. Dieu tout puissant, vostre
» cœur n'est-il point touché ! ne
» vous laisserez-vous point flechir !
» n'est-ce pas le mesme Ulysse qui
» vous a offert tant de sacrifices
» sous les murs de Troye ! pourquoy
» estes-vous donc si irrité contre
» luy !

» Ma fille, luy répondit le maistre
» du tonnerre, quelle parole venez-
» vous de laisser échapper ! comment
» seroit-il possible que j'oubliasse le
» divin Ulysse, qui surpasse tous les
» hommes en prudence, & qui a of-

fert le plus de sacrifices aux Dieux «
immortels qui habitent l'Olympe! «
mais Neptune est tousjouts irrité «
contre luy à cause de son fils Po- «
lypheme le plus grand & le plus «
fort des Cyclopes, qu'il a privé «
de la vûë. Ce Dieu estant devenu «
amoureux de la Nymphe Thoossa, «
fille de Phorcys l'un des Dieux «
marins, & l'ayant trouvé seule dans «
les grottes profondes & délicieuses «
du Palais de son pere, eut d'elle «
ce fils qui est la cause de la haine «
qu'il conserve contre ce heros : & «
comme il ne peut luy faire perdre «
la vie, il le fait errer sur la vaste «
mer & le tient éloigné de ses Es- «
tats. Mais voyons icy tous ensem- «
ble, & prenons les mesures ne- «
cessaires pour luy procurer un «
heureux retour. Neptune sera en- «
fin obligé de calmer son ressenti- «
ment & de renoncer à sa colere, car «
il ne pourra pas tenir seul contre «
tous les Dieux. «

A iiij

La Déesse Minerve prenant sa parole, dit : Fils de Saturne, pere des Dieux & des hommes, si telle est la volonté des Immortels qu'Ulysse retourne dans sa patrie, envoyons promptement Mercure à l'isle d'Ogygie porter à cette belle Nymphe vos ordres supresmes, afin qu'elle laisse partir Ulysse ; cependant j'iray à Ithaque pour exciter son fils & pour luy inspirer la force dont il a besoin, afin qu'appellant les Grecs à une assemblée, il ait le courage de s'opposer à l'insolence des Princes qui poursuivent sa mere, & qui égorgent continuellement ses bœufs & ses moutons pour faire des sacrifices & des festins. Je l'envoyeray à Sparte & à Pylos s'informer de son pere, afin qu'il tâche d'apprendre des nouvelles de son retour, & que par cette recherche il acquiere un renom immortel parmi les hommes.

En finissant ces mots, elle attache à ses beaux pieds ses talonnieres immortelles & toutes d'or, avec lesquelles plus legere que les vents elle traverse les mers & la vaste estenduë de la terre. Elle prend sa pique armée d'un airain étincelant, cette pique forte & pesante dont elle renverse les escadrons des plus fiers heros quand ils ont attiré sa colere. Elle s'élance du haut des sommets de l'Olympe & arrive à Ithaque à la porte du Palais d'Ulysse & s'arreste à l'entrée de la cour tenant sa pique à la main, & ayant pris la figure de Mentes Roy des Taphiens. Elle trouve là les fiers Poursuivants de Penelope, qui assis sur des peaux de bœufs qu'ils avoient tuez eux-mesmes, se divertissoient à joüer. Des herauts & de jeunes hommes estoient autour d'eux & s'empressoient à les servir. Les uns mesloient l'eau & le vin dans les urnes, & les autres lavoient & essuyoient les tables avec des éponges, & les couvroient ensuite de toutes sortes de mets.

Telemaque semblable à un Dieu apperçeût le premier la Déesse, car il estoit assis avec ces Princes, le cœur triste & uniquement occupé de l'idée de son pere, & se le figurant desja de retour qui chassoit ces insolents, qui se faisoit reconnoistre pour Roy & pour maistre, & qui se mettoit en possession de tous ses biens. L'esprit rempli de ces pensées, il apperçoit Minerve & s'avance vers elle, car il ne pouvoit souffrir qu'un estranger fust si long-temps à sa porte. S'estant donc approché, il luy presente la main, prend sa pique pour la soulager, & luy parle en ces termes :

» Estranger, soyez le bien venu.
» Vous serez receu icy avec toute
» sorte d'amitié & de courtoisie &
» avec tous les honneurs qui vous
» sont dûs. Quand vous aurez pris

quelque nourriture, vous nous «
direz le sujet qui vous amene, & «
ce que vous desirez de moy. En «
mesme temps il marche le premier
pour le conduire, & la Déesse le
suit.

Dés qu'ils furent entrez Telemaque alla poser la pique de Minerve à une grande colomne où
il y avoit quantité de piques d'U-
lysse, & il mena la Déesse & la fit
asseoir sur un siege qu'il couvrit
d'un beau tapis de differentes couleurs & qui avoit un marchepied
bien travaillé. Il met prés d'elle un
autre siege pour luy, les deux sieges
un peu éloignez des Poursuivants,
afin que son hoste fust moins incommodé du bruit, & que son repas fust plus tranquille que s'il le
faisoit manger avec eux, & pour
pouvoir aussi luy demander plus
librement des nouvelles de son
pere. En mesme temps une femme
apporte de l'eau dans une aiguiere

d'or sur un bassin d'argent pour donner à laver. Elle met ensuite une table tres propre ; la somelière donna de pain & les autres mets, qu'elle avoit sous sa garde, & le maistre d'hostel servit de grands bassins de viandes & met devant eux des coupes d'or. Un heraut leur versoit à boire.

Cependant les fiers Poursuivants entrent dans la sale & se placent sur differents sieges. Des herauts leur donnent à laver. Des femmes portent le pain dans de belles corbeilles, & de jeunes hommes remplissent de vin les urnes. On se met à table dés qu'on eut servi; & quand la bonne chere eut chassé la faim & la soif, ils ne penserent qu'à la musique & à la danse, qui sont les agreables accompagnements des festins. Un heraut presenta une lyre au chantre Phemius, qui la prit, quoy-qu'avec repugnance, & se mit à chanter & à s'accompagner avec sa lyre devant les Poursuivants. Mais Telemaque ne pensa qu'à entretenir Minerve, & penchant la teste de son costé pour n'estre pas entendu des autres, il luy dit : « Mon cher « hoste, me pardonnerez-vous si je « commence par vous dire que voilà « la vie que menent ces insolents ; « ils ne pensent qu'à la bonne chere, « à la musique & à la danse, parce « qu'ils ne vivent pas à leurs dépens, « & qu'ils consument le bien d'un « Prince dont les os sont peut-estre « exposez aux vents & à la pluye « sur quelque rivage, ou bien ils sont « dans le sein de la vaste mer agitez « par les flots & par les tempestes. « Ah ! s'ils le voyoient un jour de « retour dans Ithaque, qu'ils aime- « roient bien mieux avoir de bonnes « jambes que d'estre chargez d'or & « de riches habits comme vous les « voyez. Mais il n'en faut plus dou- « ter, ce cher Prince a peri malheu- «

» reusement, il ne nous reste aucune
» esperance dont nous puissions nous
» flatter, quoy-qu'il y ait des gens
» qui veulent nous asseûrer qu'il re-
» viendra. Jamais nous ne verrons
» luire le jour de cet heureux retour.
» Mais dites-moy, je vous prie, qui
» vous estes, & d'où vous venez,
» quelle est la ville que vous habi-
» tez, qui sont ceux qui vous ont
» donné la naissance, sur quel vais-
» seau vous estes venu, comment
» vos matelots vous ont amené, &
» quelle sorte de gens ce sont, car
» pour arriver à une isle il n'y a
» d'autre chemin que la mer : appre-
» nez-moy aussi, je vous en conjure,
» si c'est la premiere fois que vous
» estes venu à Ithaque, ou si quel-
» qu'un de vos ancestres y est venu,
» qui ait contracté avec nous le droit
» d'hospitalité, car nostre maison a
» tousjours esté ouverte à tous les
» estrangers, parce qu'Ulysse estoit
» l'ami des hommes.

La Déesse luy répondit : Je «
vous diray dans la pure verité tout «
ce que vous me demandez. Je «
suis Mentes, fils du prudent An- «
chialus, & je regne sur les Ta- «
phiens qui ne s'appliquent qu'à la «
marine. Je suis venu ainsi seul sur «
un de mes vaisseaux pour aller «
trafiquer sur mer avec les estran- «
gers, & je vais à Temese chercher «
de l'airain, & l'échanger contre «
du fer que j'y mene. Mon vaisseau «
est au bout de l'isle dans le port «
de Rethre sous la montagne de Née «
qui est couronnée d'une épaisse «
forest. Nous sommes liez par les «
liens de l'hospitalité de pere en fils, «
& vous n'avez qu'à le demander «
au sage & belliqueux Laërte. Mais «
on dit que ce bon vieillard ne re- «
vient plus à la ville, & qu'accablé «
de chagrins, il se tient à la cam- «
pagne avec une esclave fort âgée «
qui luy sert à manger aprés qu'il «
s'est bien fatigué & bien lassé à se «

» traisner dans un enclos de vigne
» qu'il a prés de sa maison. Je suis
» venu icy sur ce que j'avois oüi dire
» que vostre pere estoit de retour,
» mais j'apprends avec douleur que
» les Dieux l'éloignent encore de sa
» chere Ithaque, car pour mort,
» asseûrement il ne l'est point ; le
» divin Ulysse vit, & il est retenu
» dans quelque isle fort éloignée, par
» des hommes inhumains & sauva-
» ges qui ne veulent pas le laisser
» partir. Mais je vous prédis, selon
» que les Dieux me l'inspirent pre-
» sentement, & cela ne manquera
» pas d'arriver quoy-que je ne sois
» point prophete & que je ne sçache
» pas bien juger du vol des oyseaux,
» Ulysse ne sera pas encore long-
» temps éloigné de sa chere patrie;
» quand mesme il seroit chargé de
» chaisnes de fer, il trouvera le
» moyen de revenir, car il est fecond
» en expedients & en ressources.
» Mais dites-moy aussi à vostre tour

si vous estes veritablement son fils ; «
vous luy ressemblez parfaitement, «
vous avez sa teste & ses yeux, car «
nous avons esté souvent ensemble «
avant qu'il s'embarquast avec l'élite «
des heros de la Grece pour aller «
à Troye ; nous ne nous sommes «
pas vûs depuis ce temps-là. «

Je vous diray la verité telle que «
je la sçay, répondit le prudent Te- «
lemaque, ma mere m'asseûre que «
je suis son fils, je n'en sçay pas «
davantage ; quelqu'un peut-il se «
vanter de connoistre par luy-mes- «
me son pere ! Eh ! plust aux Dieux «
que je fusse fils de quelque heu- «
reux particulier que la vieillesse «
eust trouvé vivant paisiblement «
dans son bien au milieu de sa fa- «
mille ! au lieu que j'ay un pere, qui «
est le plus malheureux de tous les «
mortels. «

Puisque Penelope vous a mis «
au monde, reprit Minerve, les «
Dieux ne vous ont pas donné une «

» naissance obscure & qui ne doive
» pas estre un jour fort celebre. Mais
» dites-moy, je vous prie, quel
» festin est-ce que je vois ! quelle est
» cette nombreuse assemblée ! qu'est-
» ce qui se passe icy ? est-ce une feste !
» est-ce une nopce ! car ce n'est pas
» un repas par escot. Assurement
» c'est une débauche ! voilà trop
» d'insolence & d'emportement ; il
» n'y a point d'homme sage qui en
» entrant dans cette sale, ne fust
» estonné de voir tant de choses con-
» tre l'honnesteté & la bienséance.

» Genereux estranger, répondit
» Telemaque, puisque vous voulez
» sçavoir tout ce qui se passe icy, je
» vous diray qu'il n'y auroit point
» eû de maison plus florissante que la
» nostre en richesses & en vertu, si
» Ulysse y avoit tousjours esté ;
» mais les Dieux, pour nous punir,
» en ont ordonné autrement ; ils ont
» fait disparoistre ce Prince sans
» que nul homme vivant sçache ce

qu'il eſt devenu. La douleur que «
nous aurions de ſa mort, quelque «
grande qu'elle fuſt, feroit moins «
grande, s'il eſtoit peri avec tous «
ſes Compagnons ſous les murs de «
Troye; ou ſi aprés avoir terminé «
une ſi cruelle guerre, il avoit rendu «
le dernier ſoupir entre les bras de «
ſes amis, car tous les Grecs luy au- «
roient élevé un magnifique tom- «
beau, dont la gloire auroit rejailli «
ſur ſon fils; au lieu que preſente- «
ment les harpyes nous l'ont enle- «
vé; il a diſparu avec toute ſa gloi- «
re, nous n'en ſçavons aucunes «
nouvelles, & il ne m'a laiſſé en par- «
tage que les regrets, les larmes & «
la douleur. Et en le pleurant, ce «
n'eſt pas ſa mort ſeulement que je «
pleure, je pleure encore d'autres «
malheurs dont les Dieux m'ont «
accablé. Car tous les plus grands «
Princes des iſles voiſines, de Du- «
lichium, de Samos, de Zacynthe, «
ceux meſmes qui habitent dans «

» Ithaque sont tous venus s'establir
» icy pour rechercher ma mere en
» mariage, & ruinent ma maison.
» Ma mere les amuse, n'osant ni re-
» fuser un mariage qu'elle abhorre,
» ni se resoudre à l'accepter. Cepen-
» dant ils dissipent & perdent tout
» mon bien, & dans peu ils me per-
» dront moy-mesme.

La Déesse, touchée de compas-
» sion, luy dit en soupirant : Helas,
» vous avez bien besoin qu'Ulysse
» aprés une si longue absence, vien-
» ne bientost reprimer l'insolence de
» ces Princes & leur faire sentir la
» force de son bras. Ah! vous ver-
» riez un beau changement, si tout à
» coup il venoit à paroistre aujour-
» d'huy à la porte de vostre Palais
» avec son casque, son bouclier &
» deux javelots, tel que je le vis dans
» le Palais de mon pere, lorsqu'il re-
» vint d'Ephyre, de la cour d'Ilus
» fils de Mermerus, car Ulysse estoit
» allé sur un de ses vaisseaux deman-

der à ce Prince un poison mortel «
pour en frotter ses dards dont il fai- «
soit la guerre aux bestes. Ilus re- «
fusa de luy en donner, parce qu'il «
avoit la crainte des Dieux. Mais «
lorsqu'Ulysse repassa à Taphos, «
mon pere qui l'aimoit, qui sçavoit «
l'usage qu'il en vouloit faire, & «
qui le connoissoit incapable d'en «
abuser, luy en donna. Si donc «
Ulysse venoit à se mesler tout «
d'un coup avec ces Poursuivants, «
vous les verriez tous bientost livrez «
à leur mauvaise destinée, & la joye «
de leur nopces convertie en un «
deüil tres amer. Mais tout cela est «
entre les mains des Dieux. Ils sça- «
vent seuls s'il reviendra vous ven- «
ger de leurs insolences. Pour vous «
je vous exhorte de penser aux «
moyens de les chasser de vostre «
Palais : écoutez-moy donc, & fai- «
tes attention à ce que je vais vous «
dire. Dés demain appellez tous ces «
Princes à une assemblée, là vous «

» leur parlerez, & prenant les Dieux
» à temoin, vous leur ordonnerez
» de s'en retourner chacun dans sa
» maison ; & la Reyne vostre mere,
» si elle pense à se remarier, qu'elle
» se retire dans le Palais de son pere,
» qui est si puissant. Là Icarius & Pe-
» ribée auront soin de luy faire des
» nopces magnifiques, & de luy pré-
» parer des presens qui répondent à
» la tendresse qu'ils ont pour elle.
» Aprés avoir congedié l'assemblée,
» si vous voulez suivre mes conseils,
» vous prendrez un de vos meilleurs
» vaisseaux, vous l'équiperez de
» vingt bons rameurs, & vous irez
» vous informer de tout ce qui
» concerne vostre pere, & voir si
» quelqu'un pourra vous dire ce
» qu'il est devenu, ou si la divine
» fille de Jupiter, la Renommée, qui
» plus que toute autre Déesse seme
» la gloire des hommes dans ce vaste
» univers, ne pourra point par quel-
» que mot échappé au hazard vous

en apprendre quelque nouvelle. « Allez d'abord à Pylos chez le divin « Nestor à qui vous ferez des ques- « tions ; de-là vous irez à Sparte « chez Menelas, qui est revenu de « Troye aprés tous les Grecs. Si par « hazard vous entendez dire des « choses qui vous donnent quelque « esperance que vostre pere est en « vie & qu'il revient, vous attendrez « la confirmation de cette bonne « nouvelle encore une année entiere, « quelque douleur qui vous presse « & quelque impatience que vous « ayez de revenir. Mais si l'on vous « assure qu'il est mort & qu'il ne « joüit plus de la lumiere, alors « vous reviendrez dans vostre pa- « trie, vous luy éleverez un tom- « beau, vous luy ferez des funerail- « les magnifiques & dignes de luy, « comme cela est juste, & vous don- « nerez à vostre mere un mary que « vous choisirez vous-mesme. Quand « tout cela sera fait, appliquez-vous «

» entierement à chercher les moyens
» de vous défaire de tous les Pour-
» fuivants ou par la force ou par la
» rufe; car à l'âge où vous eftes il
» n'eft plus temps de vous amufer à
» des badinages d'enfant. N'enten-
» dez-vous pas quelle gloire s'eft ac-
» quife le jeune Orefte pour avoir
» tué ce parricide, ce meurtrier de
» fon illuftre pere, le traiftre Egifthe!
» Qu'une noble émulation aiguife
» donc voftre courage; vous eftes
» beau & bien fait & vous avez l'air
» noble. Armez-vous donc de force
» pour meriter comme luy les éloges
» de la pofterité. Pour moy je m'en
» retourne à mon vaiffeau; il eft
» temps que j'aille retrouver mes
» compagnons qui font fans doute
» bien fâchez que je les faffe fi long-
» temps attendre. Allez fans perdre
» temps travailler à ce que je vous
» ay dit, & que mes confeils ne vous
» fortent pas de la memoire.

» Mon hofte, luy répond le fage
Telemaque,

Telemaque, vous venez de me par- «
ler avec toute l'amitié qu'un bon «
pere peut temoigner à son fils ; ja- «
mais je n'oublieray la moindre de «
vos paroles : mais quelque pressé «
que vous soyez de partir, je vous «
prie d'attendre que vous ayez pris «
quelques rafraischements, & qu'en- «
suite vous ayez le plaisir d'empor- «
ter dans vostre vaisseau un present «
honorable, le plus beau que je «
pourray choisir, & tel qu'on en «
donne à ses hostes, quand on a pour «
eux les sentiments que j'ay pour «
vous. Il sera dans vostre maison un «
monument éternel de mon amitié «
& de ma reconnoissance. «

La Déesse, prenant la parole, luy dit : Ne me retenez pas, je vous «
prie, & ne retardez pas l'impatience «
que j'ay de partir ; le present que «
vostre cœur genereux vous porte «
à m'offrir, vous me le ferez à mon «
retour, & je tascheray de le recon- «
noistre.

Tome I.   . B

En finiſſant ces mots, la Déeſſe le quitte & s'envole comme un oyſeau. Dans le moment elle remplit le cœur de Telemaque de force & de courage, & le porte à ſe ſouvenir de ſon pere beaucoup plus encore qu'il n'avoit fait. Le jeune Prince remarquant ces effets ſenſibles, eſt ſaiſi d'eſtonnement & d'admiration, & ne doute point que ce ne ſoit un Dieu qui luy a parlé.

En meſme temps il rejoint les Princes; le celebre muſicien chantoit devant eux, & ils l'écoutoient dans un profond ſilence. Il chantoit le retour des Grecs que la Déeſſe Minerve avoit rendu ſi funeſte. La fille d'Icarius entendit de ſon appartement ces chants divins & en fut frappée. Auſſitoſt elle deſcendit ſuivie de deux de ſes femmes. Quand elle fut arrivée à l'entrée de la ſale où eſtoient les Princes, elle s'arreſta ſur le ſeüil de la porte, le visage couvert d'un voile d'un grand éclat, & appuyée sur ses deux femmes; là les yeux baignez de larmes, elle adressa la parole au chantre, & luy dit : Phemius, vous avez « assez d'autres chants propres à tou- « cher & à divertir; vous estes ins- « truit de toutes les actions les plus « celebres des grands hommes, vous « n'ignorez pas mesme celles des « Dieux. Et c'est de-là que les plus « grands musiciens tirent d'ordinaire « les sujets de leurs chants merveil- « leux ; choisissez-en donc quel- « qu'un, celuy qui vous plairra davan- « tage, & que les Princes continüent « leur festin, en vous écoutant dans un « profond silence; mais quittez celuy « que vous avez commencé, dont « le sujet est trop triste & qui me « remplit de douleur. Car je suis dans « une affliction que je ne puis expri- « mer. De quel mary me vois-je pri- « vée ! J'ay tousjours l'idée pleine « de ce cher mary, dont la gloire est «

B ij

» répanduë dans tout le pays d'Argos
» & dans toute la Grece.

Le sage Telemaque prenant la
» parole, répondit : Ma mere, pour-
» quoy deffendez-vous à Phemius
» de chanter le sujet qu'il a choisi &
» qui luy plaist davantage ? Ce ne
» sont pas les chantres qui sont
» cause de nos malheurs, c'est Ju-
» piter seul ; c'est luy qui envoye aux
» miserables mortels les biens ou les
» maux qu'il luy plaist de leur dé-
» partir. Il ne faut pas trouver mau-
» vais que celuy-cy chante le mal-
» heûreux sort des Grecs, car le goust
» de tous les hommes est d'aimer
» tousjours mieux les chansons les
» plus nouvelles. Ayez donc la force
» & le courage d'entendre celle-cy.
» Ulysse n'est pas le seul qui ait peri
» à son retour de Troye ; plusieurs
» autres grands personnages sont pe-
» ris comme luy. Retournez donc
» dans vostre appartement, & ne
» pensez qu'à vos occupations ordi-

naires ; reprenez vos toiles, vos fu- «
seaux, vos laines ; ayez l'œil sur «
vos femmes, & leur ordonnez de «
presser les ouvrages que vous leur «
avez distribuez. Le silence est le «
partage des femmes, & il n'appar- «
tient qu'aux hommes de parler «
dans les assemblées. Ce soin-là me «
regarde icy. «

Penelope estonnée de la sagesse de son fils, dont elle recüeilloit avec soin toutes les paroles, remonte dans son appartement avec ses femmes, & continuë de pleurer son cher Ulysse jusqu'à ce que la Déesse Minerve luy eust envoyé un doux sommeil qui suspendit sa douleur.

Dés que la Reyne fut sortie, les Poursuivants firent beaucoup de bruit dans cette sale spacieuse, tous également enflammez d'amour, & tous poussez d'un desir égal d'estre preferez par Penelope. Telemaque prend la parole, & leur dit:

» Princes, qui pouſſez l'emportement
» juſqu'au dernier excés, ne penſons
» preſentement qu'à faire bonne che-
» re; que le tumulte ceſſe, & qu'on
» n'entende plus tous ces cris; il eſt
» juſte d'écouter tranquillement un
» chantre comme celuy-cy, qui eſt
» égal aux Dieux par la beauté de ſa
» voix & par les merveilles de ſes
» chants. Demain à la pointe du jour
» nous nous rendrons tous à une
» aſſemblée que j'indique dés aujour-
» d'huy. J'ay à vous parler pour
» vous déclarer que ſans aucune re-
» miſe, vous n'avez qu'à vous reti-
» rer. Sortez de mon Palais. Allez
» ailleurs faire des feſtins, en vous
» traitant tour à tour à vos dépens
» chacun dans vos maiſons. Que ſi
» vous trouvez qu'il ſoit plus à pro-
» pos & plus utile pour vous de
» manger impunément le bien d'un
» ſeul homme, continuez, conſumez
» tout, & moy je m'adreſſeray aux
» Dieux immortels, & je les prieray

que si jamais Jupiter fait changer «
la fortune des méchants, vous pe- «
rissiez tous dans ce Palais sans que «
vostre mort soit jamais vengée. «

Il parla ainsi, & tous ces Princes se mordent les levres & ne peuvent assez s'étonner du courage de ce jeune Prince & de la vigueur dont il vient de leur parler. Enfin Antinoüs, fils d'Eupeïthes, rompt le silence, & dit: Telemaque, sans «
doute ce sont les Dieux eux-mes- «
mes qui vous enseignent à parler «
avec tant de hauteur & de con- «
fiance. Je souhaite de tout mon «
cœur que Jupiter ne vous donne «
pas si tost le sceptre de cette isle qui «
vous appartient par vostre naissance. «

Antinoüs, reprit le sage Tele- «
maque, ne soyez pas fâché si je «
vous dis que je recevrois de bon «
cœur le sceptre des mains de Jupi- «
ter. Mais vous paroist-il que la «
Royauté soit un si mauvais pre- «
sent ! ce n'est nullement un mal- «

» heur de regner pourvû qu'on re-
» gne avec justice. Un Roy voit
» bientost sa maison pleine de richef-
» ses, & il est comblé de toutes sor-
» tes d'honneurs. Mais quand je ne
» seray pas Roy d'Ithaque, il y a dans
» cette isle plusieurs Princes jeunes &
» vieux, qui meritent de l'estre, si le
» divin Ulysse ne joüit plus de la
» lumiere du jour. Pour moy je me
» contente de regner sur toute ma
» maison & sur tout ce grand nom-
» bre d'esclaves que mon pere m'a
» laissez, & qu'il a faits dans toutes
» ses courses.

Eurymaque, fils de Polybe, pre-
» nant la parole, dit : Telemaque,
» tout ce que vous venez de dire est
» entre les mains des Dieux qui fe-
» ront asseoir sur le throne d'Itha-
» que celuy des Grecs qu'il leur plai-
» ra de choisir ; possedez vostre bien
» en toute seureté, regnez dans vos-
» tre maison, & que jamais vous ne
» voyez arriver icy un homme qui

vous dépoüille par la force pen- «
dant qu'Ithaque sera habitée. Mais «
permettez-moy de vous demander «
qui est cet étranger qui vient de «
partir ? d'où est-il ? quelle est sa «
famille & quel est son pays ? vous «
apporte-t-il quelque bonne nou- «
velle du retour de vostre pere ? ou «
n'est-il venu que pour retirer le «
payement de quelque dette qu'il ait «
icy ? Il est parti bien promptement «
& n'a pas voulu estre connu ; à son «
air on voit bien que ce n'est pas un «
homme d'une naissance obscure. «

Fils de Polybe, répond sagement «
Telemaque, je n'espere plus de voir «
mon pere de retour, c'est pourquoy «
je n'adjoute plus foy ni aux nou- «
velles qu'on vient m'en apporter, «
ni aux prédictions que ma mere me «
debite, aprés les avoir recüeillies «
avec soin des Devins qu'elle ap- «
pelle dans son Palais. L'étranger «
qui excite vostre curiosité, c'est un «
hoste de nostre maison de pere en «

» fils. Il s'appelle Mentes, fils d'An-
» chialus, & il regne sur les Taphiens,
» peuple fort appliqué à la marine.
Ainsi parla Telemaque, quoyqu'il eust bien reconnu la Déesse sous la figure de Mentes. Les Princes continüerent de se livrer au plaisir de la danse & de la musique jusqu'à la nuit : & lorsque l'étoile du soir eut chassé le jour, ils allerent se coucher chacun dans leur maison.

Le jeune Telemaque l'esprit agité de differentes pensées, monta dans son appartement, qui estoit au haut d'un pavillon qu'on avoit basti au bout de la cour dans un lieu separé & enfermé. La sage Euryclée, fille d'Ops & petite fille de Peisenor, portoit devant luy deux flambeaux allumez. Le vieillard Laërte l'avoit autrefois achettée fort jeune le prix de vingt bœufs, & la consideroit comme sa propre femme ; mais pour ne pas causer de jalousie, il n'avoit jamais pensé à l'aimer. Euryclée donc éclairoit à ce jeune Prince, car de toutes les femmes du Palais, c'estoit celle qui avoit le plus d'affection pour luy, & elle l'avoit élevé depuis son enfance. Dés qu'elle eut ouvert la porte de l'appartement, Telemaque s'assit sur son lit, quitta sa robe, la donna à Euryclée, qui aprés l'avoir netoyée & pliée bien proprement, la mit prés de luy. Elle sortit ensuite de sa chambre, tira la porte par son anneau d'argent, & laschant la courroye qui suspendoit le levier, qui tenoit lieu de clef, elle la ferma. Telemaque passa la nuit à chercher en luy-mesme les moyens de faire le voyage que Minerve luy avoit conseillé.

REMARQUES
SUR
L'ODYSSE'E D'HOMERE.

LIVRE PREMIER.

L*'Odyssée*] Ce mot signifie l'histoire, la fable d'Ulysse, le recit des avantures de ce heros. Avant que de commencer mes Remarques, il est necessaire de faire quelque reflexion sur la nature de ce Poëme. J'en ay dit un mot dans ma Preface, mais il en faut un peu davantage pour instruire un jeune Lecteur, & pour le mettre en estat de juger du but & & de la conduite du Poëte. L'Odyssée n'a pas esté faite, comme l'Iliade, pour instruire tous les Estats de la Grece confederez & réünis en un seul corps, mais pour donner des instructions à chaque Estat en particulier. Un Estat est composé du Prince & de ses sujets. Il faut donc des instructions pour la teste qui commande ; & il en faut pour les membres qui obéïssent. Deux vertus sont necessaires au Prince, la prudence pour ordonner, & le soin de faire luy-mesme executer ses ordres.

La prudence d'un politique ne s'acquiert que par un long usage de toutes sortes d'affaires, & par la connoissance de diverses sortes de gouvernements & d'Estats ; il faut donc que le Prince soit long-temps absent pour s'instruire, & son absence causera chez luy de grands desordres, qui ne peuvent finir que par son retour. Et voilà les deux points qu'Homere a réunis dans son Poëme & dans le mesme heros. Un Roy hors de ses Estats, par des raisons necessaires, se trouve dans les Cours de plusieurs Princes où il apprend les mœurs de plusieurs nations ; de-là naissent naturellement une infinité d'incidens, de perils & de rencontres tres utiles pour une instruction politique ; & d'autre part, cette absence donne lieu à tous les desordres qu'elle doit naturellement causer, & qui ne peuvent finir que par sa presence. Voilà pour ce qui regarde le Prince.

Les sujets n'ont besoin que d'une maxime generale, qui est d'estre fidelles à leur Prince, de se laisser gouverner, & d'obéir exactement, quelque raison qui leur semble contraire aux ordres qu'ils ont receûs. C'est ce qu'Homere a joint à sa fable avec beaucoup d'adresse, car il a donné à ce Roy prudent & laborieux des sujets dont les uns l'accompagnent dans ses courses, & les autres sont demeurez dans ses Estats. A l'égard de ces derniers, les uns manquent à la fidelité qu'ils luy doivent, & les autres demeurent dans leur devoir. Et pour les premiers, je veux dire pour ceux qui l'accompagnent, il arrive quelquefois que quand ils l'ont perdu de vûë, ils veulent suivre, non les ordres qu'ils ont receûs, mais ce qui leur paroist plus raisonnable, & ils perissent malheureusement par leur folie, comme les derniers sont enfin punis de leur rebellion; montrant tous également par les malheurs, que leur revolte & leur desobéïssance leur attirent, les mauvaises suites qu'ont presque tousjours l'infidelité & ces conduites particulieres détachées de l'idée generale de celuy qui doit gouverner.

L'absence du Prince est donc necessaire par les deux raisons que j'ay alleguées qui sont essentielles à sa fable & qui en font tout le fondement. Mais il ne peut s'absenter de luy-mesme sans pécher contre cette autre maxime également importante, *qu'un Roy ne doit point sortir de ses Estats.*

C'est à quoy Homere a pourvû avec beaucoup de jugement, en donnant à l'absence de son heros une cause legitime & necessaire, qu'il a mise mesme hors du Poëme. Mais si le heros ne doit pas s'absenter volontairement, il ne doit pas non plus s'arrester volontairement hors de ses

Eſtats, pour profiter de cette occaſion de s'inſtruire; car de cette façon ſon abſence ſeroit tousjours volontaire, & on auroit raiſon de luy imputer les deſordres qui en arriveroient.

Voilà pourquoy le Poëte dans la conſtitution de ſa fable, n'a pas deû prendre pour ſon action & pour le fondement de ſon Poëme la ſortie d'un Prince hors de ſon pays, ni ſa demeure volontaire en quelqu'autre lieu; mais ſon retour, & ce retour retardé contre ſa volonté.

Et comme ce retardement forcé a quelque choſe de plus naturel & de plus ordinaire dans les voyages qui ſe font par mer, Homere a judicieuſement fait choix d'un Prince dont les Eſtats fuſſent dans une iſle.

Aprés avoir donc compoſé ſa fable & joint la fiction à la verité, il a choiſi Ulyſſe Roy de l'iſle d'Ithaque, pour en ſoutenir le premier perſonnage, & il a diſtribué les autres à Telemaque, à Penelope, à Antinous & à d'autres, qu'il a nommez comme il luy a plû. On peut voir le chap. 10. du liv. 1. du Poëme Epique du R. P. le Boſſu, qui a mis dans un tres grand jour le but du Poëte, le ſecret de ſon art & les admirables inſtructions qu'il y donne.

Page. 1. *Muſe contez-moy les avantures de cet homme prudent & habile, qui aprés avoir ruiné la sacrée ville de Troye*] Sur le premier vers de l'Iliade j'ay parlé de la bienséance & de la necessité de ces invocations qu'Homere a mises à la teste de ses deux Poëmes, & dont il a donné l'exemple à ceux qui sont venus aprés luy. Il ne me reste à parler icy que de la maniere dont cette invocation doit estre faite. Et je ne sçaurois mieux faire que de rappeller le precepte qu'Horace en a donné dans son Art poetique, puisqu'il ne l'a formé que sur l'invocation de l'Odyssée. Il n'y a rien de plus difficile aux Poëtes, & sur tout aux Poëtes heroïques, que de se tenir dans la modestie & dans la simplicité lorsqu'ils annoncent les sujets qu'ils vont traitter. Comme ils en ont conçeu une grande idée, & qu'ils veulent la communiquer aux autres, ils ne trouvent rien d'assez noble & d'assez fort; c'est pourquoy ils ont recours aux termes les plus empoulez & les plus fastueux, & ils s'expliquent avec emphase, ce qui est tres vicieux. Horace, choqué de ces débuts trop éclatants, dit aux Poëtes:

Nec sic incipies, ut Scriptor Cyclicus olim,
Fortunam Priami cantabo & nobile bellum.

Ne commencez jamais vos Poëmes comme ce Poëte Cyclique,

  Je chante de Priam la fortune & la
    guerre.

Que produiront de grand ces magnifiques promesses ? les montagnes seront en travail & n'enfanteront qu'une souris. O qu'il vaut bien mieux imiter la sagesse & la modestie du Poëte qui ne fait jamais rien mal à propos, & qui commence ainsi son Poëme : Muse chantez-moy cet homme qui après la prise de Troye a voyagé dans plusieurs pays, & s'est instruit des mœurs de plusieurs peuples. *Il ne cherche pas à allumer d'abord un grand feu, pour ne donner ensuite que de la fumée, mais au contraire il ne presente d'abord que de la fumée pour faire éclater ensuite un grand feu, & pour nous faire voir tous ces miracles surprenants,* Antiphate, Scylla. le Cyclope & Charibde.

Malgré ce précepte si sensé & dont la verité est si évidente, les Poëtes n'ont pas laissé de donner dans cette enflure. Claudien entre d'abord dans une fougue qu'on peut appeller une veritable folie :

.... *Audaci promere cantu*
Mens congesta jubet, gressus removete profani :
Jam furor humanos nostro de pectore sensus
Expulit, & totum spirant præcordia Phœbum.

Mon esprit me force d'annoncer dans un chant plein d'audace ce qu'il a conçeu ;

éloignez-vous de moy, profanes ; desja la fureur poëtique a chassé de mon ame tout ce qui sent l'homme mortel; & tout ce qui est en moy ne respire plus que Phœbus. C'est à dire que toute la divinité d'Apollon est enfermée dans sa poitrine.

Stace commence son Achilléide avec un emportement presque aussi grand :

Magnanimum Æacidem, formidatamque tonanti
Progeniem, & patrio vetitam succedere cœlo,
Diva refer.

Déesse chantez-moy le magnanime fils d'Eacus, ce heros qui fit peur au maistre du tonnerre, & à qui on refusa l'entrée du ciel quoyqu'il en tirast son origine.

Et pour nous rapprocher de nostre temps, l'Auteur d'Alaric a commencé ainsi son Poëme :

Je chante le vainqueur des vainqueurs de la terre.

Que produisent ces grandes promesses, ces fougues, ces emportemens ? Au lieu de faire paroistre les Poëtes grands, elles les rendent ridicules. Mais, dit on, ne faut-il pas interesser le Lecteur, & le rendre attentif en luy donnant dés le commencement une grande idée de ce qu'on va luy dire ? Oüy sans doute, mais la modestie & la simplicité le font mieux que cette pompe & ce faste. En effet, qu'on essaye d'enfler cette invocation & cette proposition d'Homere, les termes les plus empoulez n'y adjouteront rien & ne feront que les corrompre. Dans cette simplicité & dans cette modestie Homere n'oublie rien de tout ce qui est le plus capable d'interesser. Il nous promet les avantures d'un homme prudent, d'un homme qui a destruit la superbe Troye, d'un homme qui a esté long-temps errant, qui a voyagé dans plusieurs pays, & qui s'est instruit des mœurs & des coutumes de plusieurs peuples, qui a essuyé des perils & des travaux infinis, & qui enfin n'est retourné chez luy qu'aprés la perte de tous ses Compagnons qui périrent par leur folie, parce qu'ils avoient commis un sacrilege.

Il en est de mesme de la proposition & de l'invocation de Virgile dans son Eneïde. Je suis ravie de voir que la simplicité & la modestie sont aussi necessaires dans les ouvrages que dans la vie civile & dans les mœurs.

De cet homme prudent] Le terme de l'original πολύτροπος ne signifie pas un homme qui a differentes mœurs, & qui se revest de vice & de vertu, selon que cela convient a ses interests & aux tromperies qu'il medite. Homere n'a jamais connu le mot τρόπος pour les mœurs, comme Eustathe l'a fort bien remarqué, mais il signifie un homme qui se tourne en plusieurs façons, qui s'accommode à tous les estats de sa fortune, qui imagine des expedients, qui est fertile en ressources. Πολύτροπον, dit Eustathe, ταυ-τὸν ἐςι τῷ εὐκίνητον, ποικίλον, πολυμήτην, πολύ-νυν, ἐπιχειρηματικόν, πολύβελον, πολύςροφον, &c. aprés quoy il adjoute, πολύτροπος οὖν ὁ διὰ πολλῶν ἐμπειείαν πολύφρων. *Dans Homere polytropos signifie un homme qu'une grande experience a rendu prudent.* La veritable signification de ce mot sera renduë plus sensible par cette judicieuse remarque du P. le Bossu, liv. 4. chap. 9. *La fable de l'Odyssée*, dit-il, *est toute pour la conduite d'un estat & pour la politique; la qualité qu'elle exige est donc la prudence, mais cette vertu est trop vague & trop estendue pour la simplicité que demande un caractere juste & précis, elle a besoin d'estre determinée. Le grand art des Roys est le secret & la dissimulation.* On sçait que Loüis XI. pour l'instruction de son fils, réduisit toute la langue Latine à ces seules paroles: Qui nescit dissimulare, nescit regnare: Le Roy qui ne sçait pas dissimuler, ne sçait pas regner. *Ce fut aussi par la pratique de cette maxime que Saül commença son regne, quand il fut esleu, estant alors rempli de l'esprit de Dieu. La premiere chose que nous lisons de* luy dans la sainte Escriture est qu'il faisoit semblant de ne pas oüir les discours que quelques seditieux tenoient contre luy ; Ille verò dissimulabat se audiré. *Reg. 1. 10. 27.* Voilà le caractere qu'Homere donne à Ulysse, il le nomme πολύτροπον, pour marquer cette prudente dissimulation qui le déguise en tant de manieres, & qui luy fait prendre tant de formes.

Qui aprés avoir ruiné la sacrée ville de Troye] Homere donne à Ulysse la gloire de la prise de Troye, parce qu'outre qu'il executa plusieurs choses, sans lesquelles on ne pouvoit réussir, ce ne fut qu'en suivant ses conseils qu'on vint à bout de cette grande entreprise. C'est pourquoy le Poëte luy donne ordinairement le surnom de *destructeur de villes.* Ulysse n'estoit pas le plus vaillant de l'armée, mais il estoit le plus sage & celuy que Minerve aimoit le plus, comme nous l'avons vû dans l'Iliade. Qu'on examine bien les entreprises que les plus grands capitaines ayent faites, je suis persuadée qu'on trouvera le plus souvent que l'honneur du succés est plus dû à la sagesse & à la prudence, qu'au courage & à la valeur.

Fut errant plusieurs années en divers pays] Voilà ce qui fait proprement le sujet du Poëme, *les erreurs d'Ulysse*, c'est à dire, les travaux & les perils continuels de ses voyages qui durerent plusieurs années. Car c'est ce qu'il y a d'essentiel icy, comme Aristote l'a bien remarqué dans le plan qu'il donne de la fable de l'Odyssée : *Un homme*, dit-il, *est absent de son pays plusieurs années, &c.* Comme le dessein de l'O- dyssée est different de celuy de l'Iliade, la conduite est aussi toute autre pour le temps. Le caractere du heros est la prudence & la sagesse. Cette moderation a laissé au Poëte la liberté entiere d'estendre son action autant de temps qu'il a voulu, & que ses instructions politiques en demandoient. Il ne s'est donc pas contenté de donner quelques semaines à cette action, comme il a fait à celle de l'Iliade, mais il y a employé huit ans & demi, depuis la prise de Troye, où elle commence, jusqu'à la paix d'Ithaque où elle finit. Comme la prudence ne se forme qu'avec un long-temps, le Poëte a donné plusieurs années à une fable, où il expose les avantures d'un homme qui ne surmonte les obstacles que la fortune peut luy opposer, que par la prudence qu'il a acquise dans ses longues courses.

Le P. le Bossu, liv. 2. ch. 15.

Qui visita les villes de differents peuples, & s'instruisit de leurs coutumes & de leurs mœurs] Les anciens estimoient fort ceux qui avoient beaucoup voyagé ; c'est pourquoy parmi les qualitez de leurs heros les plus sages, ils ne manquoient pas de marquer celle d'avoir couru beaucoup de pays. L'histoire & la fable donnent à Hercule & à Bacchus de longs voyages. Mais Homere nous marque bien formellement quels voyages il faut estimer ; il ne se contente pas de dire, *il visita les villes de plusieurs peuples*, en les visitant on peut n'y satisfaire qu'une vaine curiosité, ce qui n'est ni utile ni digne d'une grande loüange ; mais il adjoute, *& il s'instruisit de leurs coutumes & de leurs mœurs*, & comme dit le texte, *il connut leur esprit*, car l'esprit est la source des mœurs & des coutumes. Et voilà ce qui merite d'estre estimé. Les voyages sont utiles ou pernicieux ; ils sont pernicieux, quand on n'en rapporte que de nouveaux vices qu'on adjoute à ceux de son pays, & ils sont utiles quand on en rapporte de nouveaux tresors de sagesse pour la police ou pour les mœurs. Voilà pourquoy Lycurgue ne permettoit pas à toutes sortes de personnes de voyager & de courir le monde, de peur qu'ils ne rapportassent des mœurs estrangeres, des coutumes desordonnées & licencieuses, & plusieurs differentes idées de gouvernement. Et c'est ce qui donna à Platon l'idée du sage establissement qu'il fait sur les voyages. Dans son liv. 12. des Loix, il veut qu'on ne donne à aucun particulier la permiſſion de voyager qu'il n'ait quarante ans accomplis ; & outre cela, il veut que ſa ville envoye des hommes de cinquante ans pour s'informer & s'inſtruire de tout ce qu'il y a de bon dans les autres pays, & que ces hommes à leur retour faſſent leur rapport dans un Conſeil eſtabli pour en prendre connoiſſance, & qui devoit eſtre compoſé des preſtres les plus vertueux, des Conſervateurs des loix & autres gens de bien, & d'une probité connuë.

Pendant qu'il travailloit à ſauver ſa vie, & à procurer] Le Grec dit à la lettre, *pour rachetter ſa vie & le retour de ſes Compagnons*. Ἀρνύμενος eſt un terme emprunté des anciens achats qui ſe faiſoient par échange. Au reſte Homere dés l'entrée de ſon poëme donne une grande idée de la vertu de ſon heros, en faiſant entendre qu'il ne travailloit pas ſeulement à ſe ſauver luy-meſme, mais à ſauver ſes Compagnons.

A ſes Compagnons] Homere parle icy particulierement des quarante-quatre Compagnons qu'il avoit dans ſon vaiſſeau, car il n'y eut que ceux-là qui mangerent les bœufs du Soleil. Les autres perirent en d'autres occaſions & de differentes manieres.

Page 2.

Page 2. *Ces malheureux perirent tous par leur folie*] Par ce seul trait Homere marque d'abord une difference essentielle entre l'Iliade & l'Odyssée, c'est que dans l'Iliade les peuples perissent par la folie des Roys; car ce Poëte déclare qu'il chante la colere d'Achille, qui a esté si funeste aux Grecs, & qui en a précipité une infinité dans le tombeau, ce qui a fait dire à Horace,

Quidquid delirant Reges plectuntur Achivi.

Et dans l'Odyssée ils perissent par leur propre folie, comme il le dit icy, aprés avoir assûré que leur Prince n'avoit rien oublié pour leur procurer un heureux retour. Voilà pourquoy l'Odyssée est plus pour le peuple, que l'Iliade.

Les insensez! ils eurent l'impieté de se nourrir] La Poësie doit estre instructive, & la plus grande instruction & la plus utile est celle qui regarde la pieté. Homere ne perd aucune occasion de donner sur ce point-là d'excellents préceptes; mais des préceptes indirects, qui sont les plus efficaces. Icy il enseigne que les impies & les sacrileges sont dignes de mort, & qu'ils attirent immanquablement sur eux la vengeance divine.

Daignez nous apprendre aussi à nous]
Tome I. C

On demande pourquoy Homere dit à la Muse, *daignez nous apprendre aussi à nous*, pourquoy cet *aussi* ? Eustathe répond que c'est parce que cette matiere est si importante & si considerable, qu'on ne peut pas douter que la Muse ne l'apprenne à d'autres, & que d'autres Poëtes ne travaillent sur ce grand sujet. Ou peut-estre qu'il a parlé ainsi pour faire entendre que ce sujet estoit connu, & qu'il avoit esté divulgué en Egypte, d'où on prétend qu'Homere l'avoit pris. Mais la veritable raison, à mon avis, est que par-là Homere a voulu dire que cette histoire d'Ulysse estant veritable, il est impossible qu'elle soit ensevelie dans l'oubli & qu'elle ne soit sçeûë d'une infinité de gens. Beaucoup de peuples en ont desja entendu parler. Daignez donc, divine Muse, l'apprendre aussi aux Grecs, comme vous l'avez desja apprise à d'autres peuples.

Une partie] C'est ce que signifie ἁμόθεν. Ce mot, dit Hesychius, *signifie une certaine partie telle que vous voudrez*. Ἀμόθεν ἀπό τινος μέρους ὁπόθεν θέλεις. Par-là le Poëte annonce qu'il ne chantera pas toutes les avantures de ce heros, & qu'il se retranchera à n'en chanter qu'une partie. Car il n'y a qu'une partie qui soit le veritable sujet du Poëme Epique. Il ne traitte qu'une seule action, mais par le moyen des épisodes il rapporte toutes les avantures qui peuvent estre liées avec cette action principale, & ne faire avec elle qu'un mesme tout.

Tous ceux qui avoient évité la mort devant les remparts de Troye, estoient arrivez dans leurs maisons] Comme mon dessein n'est pas seulement d'expliquer le texte d'Homere, pour donner le vain plaisir de lire en nostre langue les avantures d'Ulysse comme on lit un Roman, mais aussi d'expliquer l'artifice du Poëme Epique, & l'adresse du Poëte dans la conduite de ses sujets, je suis obligée de faire d'abord remarquer icy que l'ordre, qu'Homere suit dans l'Odyssée, est bien different de celuy qu'il a suivi dans l'Iliade. L'Iliade est le recit des maux que la colere d'Achille a faits aux Grecs; l'action est courte, ainsi il commence par le commencement de l'action mesme, & il la raconte dans l'ordre naturel, tout comme elle est arrivée. Mais l'action de l'Odyssée estant longue, & ne pouvant estre continuë, parce que dans ce long temps il se passe beaucoup de choses qui ne sont pas propres au Poëme, le Poëte a recours à l'ordre artificiel; il jette d'abord ses lecteurs au milieu de sa matiere, & commence son action le plus prés qu'il peut de sa fin, trouvant ensuite par son art le secret de rappeller les choses les plus considerables qui ont précedé, & de faire une narration continuë où il n'y a aucun vuide, & où la curiosité du lecteur est tousjours excitée par le desir & par l'esperance d'apprendre les incidents que le Poete n'a pas expliquez. Horace a fort bien expliqué cette methode dans son art poëtique, N 42. & 43. on peut voir là les remarques. Ulysse a desja esté un an avec Circé & sept ans avec Calypso dâns l'isle d'Ogygie, quand les Dieux ordonnent à Mercure d'aller commander de leur part à cette Déesse de laisser partir ce Prince, & de luy fournir tout ce qui estoit necessaire pour son retour a Ithaque. Voilà le commencement de l'Odyssée. Dans la suite le Poëte nous développe tout ce qui a précedé l'ouverture de son action, en faisant un choix noble & judicieux de tous les incidents qui peuvent composer le tissu du Poëme Epique.

Malgré l'impatience qu'il avoit de revoir sa femme & ses Estats.] Homere est tousjours moral, il ne veut pas que nous perdions un seul moment de vûe la sagesse de son heros ; il est auprés d'une Deesse, & bien-loin d'estre captivé par ses charmes, il soupire tousjours aprés sa femme & ses Estats. Et par ce mesme moyen, Homere se haste de nous apprendre que l'absence d'Ulysse & son sejour loin de son pays n'estoient pas volontaires, & que son retour estoit retardé malgré luy. Cela estoit tres necessaire : car, comme on la vû dans la premiere remarque, le Poëte dans la constitution de sa fable n'a pas deû prendre pour son action & pour le fondement de son Poëme, la sortie libre d'un Prince hors de son pays, ni sa demeure volontaire hors de chez luy, mais son retour aprés une absence necessaire, & son retour retardé contre sa volonté. Aussi le Poëte insiste-t-il particulierement sur cette absence forcée, & sur les obstacles apportez à son retour. Il va nous dire dans ce mesme Livre, *Que la Nymphe Calypso retient ce malheureux Prince, qui passe les jours & les nuits dans l'amertume & dans la douleur.* Et dans le Livre v. il nous le represente assis sur le bord de la mer, qu'il considere les larmes aux yeux, comme un obstacle qui s'oppose depuis long-temps à son retour. *Il estoit assis*, dit-il, *sur le rivage de la mer, où il alloit ordinairement exhaler sa douleur & soupirer ses déplaisirs, &c.*

Il estoit retenu dans les grottes profondes de la Déesse Calypso] Le nom de cette Déesse est tiré du secret, car il vient de καλύπτειν *cacher*. La Déesse *Calypso* est donc la Déesse *secrette*, la Déesse *du secret*. C'est chez elle que les lecteurs trouvent d'abord Ulysse qui y a esté sept ans entiers; & ce n'est pas sans raison que le Poëte fait demeurer si long-temps chez une Déesse, dont le nom marque le secret, un heros qui doit estre un grand politique, dont tout l'art consiste dans le secret & dans la dissimulation. Aussi a-t-il si bien profité de ses leçons, qu'il ne perd pas une occasion de les mettre en pratique, & qu'il ne fait rien sans déguisement. Il prend toutes sortes de formes, il dissimule, il se cache jusqu'au dernier jour. C'est une remarque du R. P. le Bossu, liv. 4. chap. 9. qui m'a paru fort ingenieuse & digne d'estre rapportée. Cependant on pourroit dire, & c'est la pensée d'un de mes amis, homme tres sçavant, d'un goust exquis & tres judicieux Critique, qu'il n'est pas bien clair qu'Ulysse prenne de grandes leçons de dissimulation & de politique chez cette Déesse Calypso. Il est arrivé chez elle si fin & si dissimulé, qu'il n'avoit guere besoin de maistre dans un art où il surpassoit desja les plus habiles. En tout cas la Déesse n'a pas de quoy s'applaudir beaucoup d'avoir formé un éleve si parfait. Il y auroit donc peut-estre autant d'apparence à dire qu'Homere a retenu sept ans entiers Ulysse dans les grottes de Calypso, pour dire poëtiquement, qu'il fut sept ans caché sans qu'on sçeust ce qu'il estoit devenu & ce qu'il faisoit, & sans que ces sept années pussent estre employées dans la narration du Poëme.

M. l'Abbé Fraguier.

Quand celle que les Dieux avoient marquée pour son retour à Ithaque fut arrivée] Si les Poëmes d'Homere sont pleins de maximes de morale, ils sont aussi remplis de maximes de religion. Dés le commencement de l'Iliade il a fait voir, comme je l'ay remarqué, que la querelle d'Achille & d'Agamemnon estoit une suite des decrets de Jupiter qui conduit tout par sa providence, *ainsi, dit-il, les decrets de Jupiter s'accomplissoient*. Dés l'entrée de l'Odyssée il insinuë la mesme verité, en faisant connoistre que le sejour d'Ulysse dans l'isle d'Ogygie estoit l'effet de la providence, & qu'il n'en devoit sortir que dans le temps qu'elle avoit marqué.

Page 3. *Quoy-qu'il fust au milieu de ses amis*] C'est pour relever encore les malheurs d'Ulysse & sa grande prudence, car il n'y a rien de plus triste que d'essuyer de nouvelles peines de la part de ses amis, & rien qui demande tant de sagesse & de prudence pour s'en tirer.

Neptune seul perseverant dans sa colere] Ulysse s'estoit attiré la colere de ce Dieu, parce qu'il avoit aveuglé le Cyclope qui estoit son fils.

Un jour que ce Dieu estoit allé chez les

Ethiopiens] J'ay expliqué dans l'Iliade ce qui avoit donné lieu à cette fiction, que tous les Dieux alloient tous les ans chez les Ethiopiens à un festin que ces peuples leur donnoient. Le fondement en est moral & historique. On peut le voir, tom. 1. p. 313. & 314. comme ces peuples religieux avoient des festes generales qu'ils celebroient à l'honneur de tous les Dieux, ils en avoient aussi de particulieres pour chaque Dieu. C'est icy la feste de Neptune, c'est pourquoy ce Dieu y est allé seul.

Chez les Ethiopiens qui habitent aux extremitez de la terre, & qui sont separez en deux peuples, dont les uns sont a l'Orient] Ce passage, qui marque la profonde connoissance qu'Homere avoit de la Geographie, a donné de l'exercice aux anciens Geographes qui ont voulu l'expliquer. Strabon en a fait une assez ample dissertation dans son premier livre. Mais ce qui est necessaire dans un traitté de Geographie, seroit déplacé dans des remarques sur un Poëme Epique. Je n'entreray donc point dans la discussion des sentiments de ces Anciens, & je me contenteray de suivre icy l'explication de Strabon, qui aprés avoir refuté les opinions de Crates & d'Hypparque, establit solidement la sienne, la seule veritable, qui est que les Ethiopiens habitent le long de l'Ocean meridional ; c'est pourquoy Homere dit avec beaucoup de raison qu'*ils habitent aux extremitez de la terre*, & que le Nil les separe les uns des autres, comme il separe l'Egypte. Le Poëte adjoute avec beaucoup de verité qu'*ils sont séparez en deux peuples, dont les uns sont au Soleil levant, & les autres au Soleil couchant.* Ce sentiment s'accorde avec nos cartes modernes, où l'on voit le Nil couper l'Ethiopie, & en faire une partie Orientale & l'autre Occidentale. Cela nous suffit. Ceux qui seront curieux de voir les opinions anciennes & ce qu'on leur oppose, n'ont qu'à lire ce premier livre de Strabon.

Là le pere des Dieux & des hommes s'est souvenu du fameux Egisthe, qu'Oreste avoit tué pour venger la mort de son pere] Homere accompagne icy le nom d'Egisthe d'une épithete que je n'ay pû ni dû conserver, *le pere des Dieux & des hommes*, dit-il, *s'estant souvenu du sage Egisthe*: ἀμύμονος, c'est à dire, *irreprehensible, a qui on ne peut rien reprocher.* Comment ce Poete peut-il dire cela d'un scelerat qui a assassiné son Roy pour en épouser la femme & se rendre maistre de ses Estats ? Il seroit difficile de rendre cela supportable dans nostre maniere de penser & de nous exprimer. Ce n'est pourtant pas une raison de condamner

Homere, qui sans doute n'a pas employé cette épithete legerement & sans quelque dessein de nous apprendre une verité importante. Eustathe, pour le sauver, dit qu'il a grand soin de ne paroistre ni medisant ni railleur dans son Odyssée, non plus que dans son Iliade, que par cette raison il donne cette épithete à Egisthe, épithete prise, non du mal qui estoit en luy, mais du bien, car il estoit noble, bien-fait, il avoit beaucoup d'esprit, & qu'ainsi il regarde Egisthe par le bon costé. Mais cela ne me satisfait point & ne satisfera personne. Je croy qu'il y a une raison plus profonde & plus digne d'un grand Poëte. Homere donne icy à Egisthe cette épithete pour disculper Jupiter du crime que ce scelerat avoit commis, il veut faire voir que Dieu n'est point la cause des forfaits des hommes, & qu'il les a créez tous sages & capables de faire le bien, mais que par leur intemperance, par leurs débauches & par le mauvais usage qu'ils font de leur liberté, ils corrompent ces semences de vertu, & se précipitent dans le mal. C'est comme s'il disoit, *Jupiter s'estant souvenu d'Egisthe, de cet Egisthe, qu'il avoit créé prudent & sage, & capable de se bien conduire.*

Quelle insolence ! les mortels osent accuser les Dieux] Quand le Jupiter d'Homere tient ce discours dans le Conseil, il y avoit desja prés de huit ans qu'Egisthe avoit assasiné Agamemnon, mais il n'y avoit que tres peu de temps qu'Oreste avoit vengé son pere en punissant ce meurtrier. Ainsi c'est fort à propos que Jupiter rappelle cette action d'Egisthe.

Page 4. *Ils nous reprochent que nous sommes les auteurs des maux qui leur arrivent, & c'est leur folie*] Voicy un passage tres remarquable & digne d'un chrestien. Les payens avoient donc desja connu dés le temps d'Homere que Dieu estant souverainement bon, ne pouvoit estre l'auteur des maux, & qu'estant aussi souverainement juste, il recompensoit le bien & punissoit le mal; & par consequent que les malheurs, que les hommes s'attirent, ne viennent point de luy, mais uniquement de leur desordre & de leur folie, puisqu'ils se privent volontairement du bien qu'ils pouvoient acquerir, & qu'ils se précipitent dans les maux qu'ils pouvoient éviter.

Ils se précipitent dans les malheurs qui ne leur estoient pas destinez] Dans le livre XVII. de l'Iliade nous avons vû qu'Apollon, pour exciter Enée, luy dit qu'*on a vû autrefois de vaillants hommes qui par leur force & par leur courage ont forcé les destinées, & que les Troyens perdent le superbe Ilion contre les decrets du ciel.* Et j'ay fait voir que cette Theologie d'Homere est tres conforme à la saine Theologie, qui nous enseigne que Dieu revoque quelquefois ses decrets. L'Escriture sainte est pleine d'exemples qui prouvent cette verité. Mais d'un autre costé aussi il est certain que rien n'arrive contre les ordres de la Providence. Il semble qu'il y ait là quelque contradiction, il n'y en a pourtant aucune. Il y a une double destinée, c'est à dire, deux destinées contraires. Si je fais telle chose, je tombe dans les ordres de l'une, & si je fais le contraire, je tombe dans les ordres de l'autre. Ainsi je suis tousjours sous les loix de la Providence, quoy-qu'il dépende tousjours de moy de les changer, & ni la Providence ne nuit jamais à ma liberté, ni ma liberté ne fait obstacle à la Providence. Rien n'arrive à l'avanture, car tout arrive en consequence des ordres de Dieu ; mais comme nostre volonté influë sur tout, elle fait changer ces ordres. Dieu n'a point destiné à Egisthe, par exemple, tels & tels malheurs, c'est Egisthe qui par sa corruption toute volontaire se les attire contre la volonté mesme de Dieu. Voilà pourquoy Homere dit fort bien qu'*il s'est attiré tous ses maux contre les ordres de la destinée.* Dieu le punit selon les loix de sa justice, mais c'est luy qui s'attire par ses crimes cette punition qu'il dépendoit de luy d'éviter. Cela accorde parfaitement le soin de Dieu, qui preside & qui juge, avec la liberté & le pur mouvement de l'ame qui choisit, & qui par son mauvais choix se précipite dans ce qui ne luy estoit pas destiné. Cela suffit, à mon avis, pour éclaircir tout cet endroit qui me paroist tres important. J'avoüe que je suis estonnée de voir de si grandes veritez connuës par des payens qui ont une Theologie si grossiere & si informe, qui croyent que Jupiter est le souverain estre, le pere des Dieux & des hommes, qu'il dispose de tout, & que ses decrets sont la Destinée, & qui cependant le disent né, & qui racontent sa genealogie. Il y en avoit mesme qui parloient de sa mort, car on monstroit son tombeau à Crete. Il est vray que Callimaque se mocque sur cela des Cretois qui monstroient ce prétendu tombeau de Jupiter. *Les Cretois*, dit-il, *sont tousjours menteurs, car, grand Roy, ils montrent vostre tombeau : mais vous n'estes pas mort, vous estes éternellement.* Mais ce mesme Poëte qui regarde comme un blaspheme de dire que Jupiter soit mort, dit tout de suite qu'il est né, & que Rhée l'avoit enfanté sur une montagne d'Arcadie. Il y a bien de l'apparence que cette naissance estoit quelque enveloppe, quelque figure que les sçavants seuls penetroient. Comment accorder sans cela des idées si contraires ?

Car cet exemple est recent] En effet la punition d'Egisthe ne venoit que de s'executer quand ce conseil des Dieux fut tenu. Car, comme je l'ay desja dit, il y avoit prés de huit ans qu'Agamemnon avoit esté assassiné. Oreste fut emporté fort jeune des Estats de son pere, ainsi il luy fallut tout ce temps-là pour se fortifier & pour se mettre en estat de punir cet assassin.

Il n'ignoroit pourtant pas la terrible punition qui suivroit son crime] Car il n'y a point de méchant qui ne sçache ce qui est dû à ses crimes, & Homere va nous dire comment il le sçait.

Nous avions eu soin nous mesmes de l'en avertir, en luy envoyant Mercure] Voicy une grande verité revestuë d'une Poesie bien admirable. Dieu est si bon, qu'il ne se lasse jamais d'avertir les hommes. Jupiter dit icy formellement qu'il avoit averti Egisthe. Comment l'avoit-il averti ? en luy envoyant Mercure. Qui est Mercure ! c'est icy la loy naturelle que Dieu a gravée dans le fonds de tous les cœurs, & qui, comme dit Ciceron, est non seulement plus ancienne que le monde, mais aussi ancienne que le maistre mesme du monde. Car adjoute-t-il, *il y avoit une raison émanée du sein mesme de la nature qui portoit au bien & qui détour-*

SUR L'ODYSSE'E. *Livre I.* 63
noit du mal. Raison qui ne commença pas à devenir loy, quand elle commença à estre écrite, mais qui le fut dés qu'elle existâ, & elle existâ en mesme temps que l'entendement Divin. C'est pourquoy la loy veritable & primordiale propre à ordonner & à deffendre, c'est la raison du grand Jupiter. Voilà cette raison du grand Jupiter, que Jupiter luy-mesme appelle icy *Mercure*; cette raison émane de Dieu, & qui crie incessamment dans les cœurs les plus corrompus, *cela est bien, cela est mal*. C'est sans doute sur ce passage que fut fait cet ancien proverbe dont parle le Philosophe Simplicius, *la raison est le Mercure de tous les hommes*. Ce passage me fait souvenir d'un passage d'Epictete tout semblable, & qui est parfaitement beau. Ce Philosophe dit dans le livre 3. d'Arrien, *Apollon sçavoit bien que Laïus n'obeïroit pas à son oracle; Apollon ne laissa pas de prédire à Laïus les malheurs qui le menaçoient. La bonté de Dieu ne se lasse jamais d'avertir les hommes; cette source de verité coule tousjours, mais les hommes sont tousjours incredules, desobeïssants, rebelles.* Je dois cette remarque à M. Dacier.

Page 5. *Aussi vient-il de payer à la justice Divine tout ce qu'il luy devoit*] Voicy encore un passage bien important. Il y a deux choses qui me paroissent tres dignes de remarque : la premiere, c'est qu'Homere regarde les crimes, les péchez, comme des dettes qu'il faut payer à la justice Divine. C'est la mesme idée que nous a donné la Religion Chrestienne ; nostre Seigneur luy-mesme leur a donné ce nom dans l'admirable priere qu'il nous a enseignée, *dimitte nobis debita nostra : remettez-nous nos dettes.* Et il regarde les pécheurs comme des débiteurs qui doivent satisfaire leur créancier : S. Matth. 18. 27. S. Luc 6. 41. Et l'autre, qui n'est pas moins digne de consideration, c'est que Dieu ne punit pas tousjours les crimes dés qu'ils sont commis, & qu'il donne souvent aux pécheurs un long délay jusqu'à ce qu'ils ayent comblé la mesure de leurs iniquitez, & qu'alors il leur fait payer tout à la fois ἀθρόα πάντα toutes leurs dettes.

La Déesse Minerve, prenant la parole, répondit] C'est la conjoncture presente qui a fourni à Jupiter le sujet du discours qu'il vient de tenir ; Egisthe vient d'estre puni de ses crimes ; Minerve, qui est la sagesse mesme, profite fort bien de cette occasion pour favoriser Ulysse. Car si les méchants sont punis, les bons doivent estre recompensez, protegez. Ulysse est homme pieux, il est persecuté injustement, il est donc temps que tous ses malheurs finissent. Il y a dans tout cela un naturel charmant, on ne peut y soupçonner ni préparation ni art, tout naist sur le champ, & c'est une grande adresse.

Perisse comme luy quiconque imitera ses actions] Minerve estant la sagesse mesme, ne peut point ne pas vouloir que les forfaits soient punis, sur-tout les forfaits comme ceux d'Egisthe, l'adultere, l'homicide, &c. car c'est par ses ordres mesme qu'ils sont punis. Mais autant qu'elle veut la punition des méchants, autant veut-elle la recompense des bons. C'est le mesme principe. Ulysse doit donc estre secouru, protegé.

Dans une isle éloignée toute couverte de bois au milieu de la vaste mer, & habitée par une Déesse] Strabon nous apprend qu'Apollodore avoit repris Callimaque de ce que contre la foy duë au temoignage d'Homere qui fait entendre que cette isle de la Déesse Calypso estoit dans l'Ocean, & que par consequent les *erreurs* d'Ulysse avoient esté jusques dans l'Ocean, veut que ce soit l'isle apellée *Gaulus*, qui est au milieu de la mer entre la Sicile & l'Affrique, un peu au dessus de l'Isle de Melite, Malte. Mais Callimaque avoit raison & Apollodore avoit tort. Homere a voulu parler de cette isle de Gaulus; mais pour rendre la chose plus admirable, il dépaïſe cette iſle, s'il eſt permis de parler ainſi, & il la tranſporte au milieu de l'Ocean, & en fait l'iſle Atlantique dont il avoit oüi parler.

Et habitée par une Déeſſe] Cela n'eſt pas adjoûté inutilement, c'eſt pour augmenter les malheurs d'Ulyſſe. Il eſt dans une iſle éloignée, au milieu de l'Ocean & au pouvoir d'une Déeſſe, & par conſequent hors d'eſtat & hors de toute eſperance de ſortir jamais de ſes mains, ſans une protection de Dieu toute particuliere.

Fille du ſage Atlas] L'épithete ὀλοόφρονος dont Homere ſe ſert, eſt un de ces termes tres frequens dans la langue Grecque, qui ſignifient des choſes entierement oppoſées; car elle ſignifie *qui n'a que de méchantes choſes dans l'eſprit, qui ne penſe qu'à des choſes nuiſibles, funeſtes, qui eſt terrible, dangereux.* Ὀλέθρια φρονοῦντος, κακόφρονος, δεινοῦ, Heſych. Et il peut ſignifier auſſi, *qui a une connoiſſance infinie, qui ſçait tout, qui eſtend ſes veües ſur tout.* Ὡς τὰ ὑπὲρ ὅλων φρονοῦντα, ἤγουν τῶν ὅλων φροντιστικόν. Dans quel ſens Homere l'a-t-il employé! a-t-il voulu blâmer Atlas? l'a-t-il voulu loüer! Euſtathe l'a pris dans le dernier ſens aprés Cleanthes. Pour accorder les deux, ne pourroit-on pas croire qu'Homere avoit entendu quelque chose de l'ancienne tradition, qui disoit qu'Atlas estoit le mesme qu'Enoch, & qu'Enoch estoit un grand Astrologue, qui ayant prévû & prédit le déluge universel, ne cessoit d'exhorter les hommes à se repentir & à tascher de détourner ce fleau par leurs larmes. Et pour mieux asseûrer la chose, il avoit appellé son fils *Methusela*, pour faire entendre qu'aprés sa mort les eaux couvriroient toute la face de la terre. Ses prédictions & ses lamentations continuelles le firent appeller le *pleureur*. Car le monde est tousjours ennemi de ces sortes de prédictions ; ses larmes mesme passerent en proverbe. Ainsi Homere sur la foy de cette tradition, a pû fort bien dire d'Atlas qu'il *pensoit des choses funestes, & que sçachant tout, il estendoit ses soins & ses pensées sur tout*. Je ne donne ma pensée que comme une conjecture fort incertaine, mais qui ne laisse pas d'avoir quelque fondement ; car il paroist qu'Homere estoit tres bien instruit des traditions les plus anciennes, & l'on voit tres souvent qu'il y fait allusion par un seul mot. Cette remarque & celle qui suit sont de M. Dacier.

Qui connoist tous les abysmes de la mer, & qui sur des colomnes d'une hauteur prodigieuse soutient la masse de la terre & l'immense estenduë des cieux] On peut croire que c'est pour dire poëtiquement qu'Atlas n'ignoroit rien de tout ce qui est dans le ciel, dans la terre & dans la mer, & c'est ainsi qu'on l'a expliqué; mais pour moy je croy qu'il y a plus de mystere dans ces paroles, & qu'elles peuvent servir à appuyer la pensée que je viens d'expliquer. Car sur ce qu'Enoch, ou Atlas, avoit prédit le déluge, & que l'on croyoit que cette prédiction estoit l'effet de la profonde connoissance qu'il avoit de l'Astrologie, on dit de luy qu'il connoissoit les abysmes de la mer & qu'il soutenoit le ciel sur des colomnes, pour faire entendre qu'il avoit sçû que les abysmes de la mer & les cieux fourniroient toutes les eaux pour inonder la terre comme s'il en avoit disposé : *Rupti sunt fontes abyssi magnæ, & cataractæ cœli apertæ sunt. Toutes les digues des grandes sources de l'abysme furent rompuës, & les cataractes du ciel furent ouvertes.* Voilà à quoy Homere peut avoir fait allusion. Mais il ne suffit pas de découvrir les sens cachez sous les expressions de ce Poëte, il faut encore tascher de pénétrer d'où il a pû tirer ces images & ce qui a pû luy fournir ces expressions. Ceux qui expliquent tout ce passage par une allegorie physique, disent que toute cette belle Poësie, qu'Homere étale icy, n'est qu'un emblesme de l'axe du monde qui est supposé passer par le milieu de la terre & s'estendre depuis un pole jusqu'à l'autre. Que cet axe est considéré quelquefois comme une seule colomne qui soutient la terre & les cieux, c'est pourquoy Eschyle, & Platon après luy, l'ont appellé κίονα au singulier ; tantost il est consideré comme deux colomnes, l'une qui va depuis le centre de la terre jusqu'à l'un des poles, & l'autre depuis le mesme centre jusqu'au pole opposé, & c'est ainsi qu'Homere l'a partagé. Voilà pourquoy il a dit *des colomnes* au pluriel, mais cela me paroist plus subtil que solide. J'ay desja dit qu'Homere a placé l'isle d'Ogygie dans l'Ocean Atlantique, cela estant le voisinage de l'Affrique & du bas de l'Espagne & le mont Atlas ont pû donner à Homere l'idée de ces colomnes qui soutiennent les cieux. Avant luy l'Escriture sainte avoit dit *les colomnes des cieux*, pour les plus hautes montagnes, comme dans ce passage de Job 26. 11. *Columnæ cœli contremiscunt & pavent ad nutum ejus. Les colomnes des cieux tremblent & sont effrayées à la moindre de ses menaces.* Mais il y a encore icy quelque chose de plus particulier, & qui a pû fournir à Homere l'image de ces colomnes qui soutiennent les cieux, je veux dire les colomnes mesmes qu'Hercule avoit élevées sur le destroit, pour marquer la fin de ses expeditions, selon la coutume des voyageurs & des conquerants. Car on ne peut pas douter que ces colomnes ne fussent encore du temps d'Homere ; & quand elles n'auroient plus existé, les lieux où elles avoient esté placées avoient sans doute retenu leur nom, comme cela arrive d'ordinaire selon la judicieuse remarque de Strabon. Voilà comme la Poësie sçait profiter de tout ce que la nature presente, & de tous les bruits que la renommée répand.

Cette Nymphe retient ce malheureux Prince qui passe les jours & les nuits dans l'amertume & dans la douleur] Je ne sçaurois m'empescher de faire remarquer icy le grand relief qu'Homere donne à la vertu par le contraste admirable de la passion de la Déesse Calypso, & de la sagesse d'Ulysse qui résiste à tous ses charmes.

Page 6. *Il ne demande qu'à voir seulement la fumée de son Palais*] Il y a une grande douceur dans cette idée, & rien ne peint mieux l'ardent desir qu'on a naturellement de revoir sa patrie aprés une longue absence. Ulysse souhaite passionnément de revoir Ithaque ; mais si les Dieux luy refusent cette satisfaction, il demande au moins d'en approcher, & pourvû qu'il puisse voir la fumée qui sort de ses toits, il est prest de donner sa vie. Cela est encore plus fort que ce que Ciceron a relevé en deux ou trois endroits de ses ouvrages, qu'Ulysse préfera de revoir Ithaque à l'immortalité que Calypso luy offroit. Il demande d'achetter au prix de ses jours le plaisir, non de retourner à Ithaque, mais seulement de voir de loin la fumée de son Palais.

Qui vous a offert tant de sacrifices sous les murs de Troye] Sous les murs de Troye, n'est pas adjouté inutilement selon la remarque d'Eustathe. Car ce n'est pas une chose bien admirable qu'un Prince offre beaucoup de sacrifices dans son pays, où il a tout en abondance, mais d'en offrir beaucoup à l'armée dans un pays ennemi, voilà une marque éclatante & certaine d'une veritable pieté.

Quelle parole venez-vous de laisser échaper !] Jupiter regarde le discours de Minerve comme un reproche injurieux à sa Providence, & il fait entendre que c'est un blaspheme non seulement de dire que Dieu persecute les gens de bien, mais de s'imaginer mesme qu'il les oublie, comment cela seroit-il possible !

Qui surpasse tous les hommes en prudence, & qui a offert le plus de sacrifices aux Dieux] Homere fait bien sentir icy que la veritable prudence consiste à honorer les Dieux. Plus un homme est prudent, plus il offre de sacrifices. Comme Moïse disoit au peuple qu'il conduisoit, *Hæc est enim vestra sapientia & intellectus coram populis.* Car c'est là toute vostre sagesse & toute vostre prudence d'observer ces loix devant les peuples.

Page 7. *Et comme il ne peut luy faire perdre la vie*] Car la vie des hommes ne dépend que du seul Dieu qui l'a donnée.

Mais voyons icy tous ensemble, & prenons les mesures necessaires] Jupiter dit, *voyons icy tous ensemble*, quoy qu'il soit le Dieu suprême & le seul sage, il n'exclut pourtant de ses conseils aucun des Dieux, pour apprendre aux Princes que quelque sagesse qu'ils ayent, ils ne doivent jamais déliberer seuls des affaires importantes de leurs Estats, & qu'ils doivent appeller à leurs conseils tous les sages; car, comme dit le plus sage des Roys, le salut est dans la multitude des Conseils. *Salus ubi multa consilia*, proverb. 11. 14. *Et là sera le salut ou se trouvera la multitude des conseils. Et erit salus ubi multa consilia sunt*, ibid. 24. 6.

Page 8. *Si telle est la volonté des Immortels qu'Ulysse retourne dans sa patrie, envoyons promptement Mercure*] Homere ne s'amuse pas à faire opiner tous les Dieux; Minerve, qui est la sagesse, voit que tous les Dieux consentent au retour d'Ulysse, elle
propose

propose d'abord les moyens qu'il faut prendre pour le procurer.

Et moy j'iray à Ithaque pour exciter son fils, & luy inspirer la force dont il a besoin] Homere commence dés icy à préparer la merveille de la défaite des Poursuivants, & dés icy il jette les fondements de la vray-semblance dont il a besoin pour rendre cette action croyable ; car comme c'est le principal but du Poëte & l'unique sujet de son Poëme, tout doit tendre là, & tout doit s'y rapporter comme à la fin principale. C'est là une remarque d'Eustathe qui est pleine de sens. En effet, puisque Minerve inspirera à Telemaque encore tres jeune & qui n'a encore rien vû ni rien fait, le courage & la force de s'opposer à ce grand nombre de Princes, de leur resister & de les menacer, que ne doit-on point attendre d'Ulysse, qui a desja executé tant de grandes choses, qui s'est tiré si heureusement de tant de perils, & qui avec de plus grands secours aura encore celuy de la mesme Déesse ! C'est une grande leçon pour les Poetes. Ils ne sçauroient commencer de trop bonne heure à fonder les merveilles qui doivent enfin s'executer. Autrement le lecteur, qui n'y sera ni accoutumé ni préparé, les regardera comme incroyables. Et l'on peut estendre à ce qui n'est pas bien amené, le précepte qu'Horace donne sur les choses atroces & monstrueuses qu'il veut qu'on éloigne des yeux du spectateur :

Quodcumque ostendis mihi sic, incredulus odi.

Je l'envoyeray à Sparte & à Pylos s'informer de son pere] Ce voyage de Telemaque à Pylos & à Sparte est naturellement & necessairement imaginé. Il n'est pas naturel que ce Prince à l'âge où il est, car il a au moins dix-neuf ans, se tienne enfermé dans son Palais à souffrir les insolences des Poursuivants, il faut qu'il se donne quelque mouvement pour tascher d'apprendre quelques nouvelles de son pere. Homere tire de ce voyage de grandes beautez ; car outre qu'il estend sa fable par des episodes agreables & par des histoires anciennes, qui font un veritable plaisir, il travaille à embellir & à rendre vraysemblable le caractere de Telemaque, qui sans cela n'auroit pû ni dû estre si beau. Ce jeune Prince, s'il estoit demeuré tousjours enfermé dans son isle, auroit esté un pauvre personnage ; au lieu que dans ce voyage il apprend de grandes choses de son pere, qu'il auroit tousjours ignorées, & qui luy élevent le courage & l'esprit, & le rendent capable de le seconder dans les occasions les plus difficiles.

Et que par cette recherche il acquiere un renom immortel parmi les hommes] La bonne réputation est sur-tout necessaire aux Princes, & ils ne sçauroient commencer de trop bonne heure à en jetter les fondements. L'empressement que Telemaque temoigne pour aller apprendre des nouvelles de son pere luy acquerra un renom immortel, au lieu que sa negligence sur un devoir si important l'auroit deshonoré dans tous les siécles.

Page 9. *Elle attache à ses beaux pieds ses talonnieres immortelles*] Mercure n'est pas le seul qui ait des talonnieres, Homere en donne aussi à Minerve, & c'est une remarque que les Peintres ne doivent pas oublier.

Avec lesquelles, plus legere que les vents, elle traverse] Je parle ma langue, mais pour suivre la lettre, il auroit fallu traduire *qui la portent sur la mer & sur la terre aussi viste que les souffles des vents*. Sur quoy Eustathe veut que l'on remarque cette expression poétique, comme une expression qui renferme un miracle, ces talonnieres au lieu d'estre portées portent la Déesse, comme des aîles qui la rendent aussi legere que les vents. Mais j'avouë que je n'apperçois dans cette expression rien d'extraordinaire ni de miraculeux. Rien n'est plus naturel, & je croy

D ij

qu'il n'y a point de langue où l'on ne puisse dire que les aisles portent les oyseaux. Les aisles en appuyant sur une quantité d'air les souftiennent, les portent, & par leur mouvement qui pousse l'air, comme les rames poussent l'eau, elles leur donnent la facilité d'avancer. On peut dire la mesme chose des talonnieres, puisqu'elles font le mesme effet que les aisles.

Elle prend sa pique armée d'un airain estincelant] J'ay desja remarqué dans l'Iliade que les Anciens se servoient de l'airain plustost que du fer pour leurs armes deffensives & offensives. Cependant on ne peut pas douter qu'ils n'eussent du fer puisqu'il en est si souvent parlé dans Homere, & que dans ce mesme livre nous voyons que Mentes mene à Temese en Italie un vaisseau chargé de fer pour l'échanger contre de l'airain, & qu'ils l'employoient à plusieurs ouvrages. Nous lisons dans nos Livres saints que le fer estoit anciennement aussi estimé que l'airain. David dit luy-mesme qu'il avoit preparé un poids infini de fer & d'airain pour bastir la maison du Seigneur: *Æris verò & ferri non est pondus, vincitur enim numerus magnitudine.* Cependant ils employoient plus communément l'airain pour toutes les armes. Nous trouvons bien dans l'Ecriture quelques ar-

mes de fer. L'espée dont Aod tua Eglon *Jug 3. 22.*
Roy de Moab estoit de fer. La pique de *Roys 17. 7.*
Goliath estoit armée d'un fer qui pesoit six
cents sicles. La pique de ce Philistin, qui
pensa tuer David, avoit aussi un fer du poids
de trois cents onces. Il est encore parlé d'ar- *Iob 20. 24.*
mes de fer & de cuirasses de fer, comme *Apocal. 9. 9.*
dans Homere on ne laisse pas de trouver
une massuë de fer, des javelots de fer, des
espées de fer : mais cela est plus rare, & pour
l'ordinaire les armes estoient d'airain. Peut-
estre avoient ils trouvé le secret de préparer
l'airain, & qu'ils n'avoient pas celuy de préparer le fer aussi bien & de luy donner
une bonne trempe. Mais il faut plustost
croire qu'ils préféroient l'airain, parce qu'il
est plus brillant, plus éclatant que le fer.

*Et ayant pris la figure de Mentes Roy
des Taphiens*] La tradition nous apprend
qu'Homere a esté si sensible à l'amitié, qu'il
a voulu faire honneur à ses amis, en con-
sacrant leurs noms dans ses Poëmes. J'ay
desja remarqué dans sa vie, que dans son
Iliade il a marqué sa reconnoissance à Ty-
chius, & qu'il la marque de mesme dans
son Odyssée à Mentor, à Phemius & à
Mentes. Ce Mentes estoit un celebre negociant de l'isle de Leucade. Il prit Homere
à Smyrne, le mena avec luy, & luy fit faire
tous ses voyages. C'est à ce Mentes que

nous devons les deux Poëmes d'Homere, car ce Poëte ne les auroit apparemment jamais faits sans les lumieres qu'il avoit acquises dans ses courses, & sans les découvertes qu'il y avoit faites. Homere pour luy faire honneur ne se contente pas de donner son nom au Roy de l'isle de Taphos, une des isles Echinades, il feint encore que Minerve prend sa figure préferablement à celle de tous les autres Roys voisins d'Ithaque. Pouvoit-il le mieux loüer ? Eustathe ne laisse pas de dire qu'il se peut faire qu'il y eust alors à Taphos un Roy, ami d'Ulysse, qui s'appelloit Mentes. Cela peut estre, mais j'aime mieux m'en tenir à la tradition, qui est honorable à l'amitié.

Elle trouve là les fiers Poursuivants de Penelope] Homere commence bientost à mettre devant les yeux l'indignité de ces Princes qui passoient leur vie dans les jeux & dans la débauche. Rien n'est plus sensé : cependant c'est de ce début que se mocque l'autheur du *Parallele* : *Ce Poëme est fort comique*, dit-il, *à le regarder par rapport à nos mœurs. Minerve trouve les amants de Penelope qui joüoient aux dez devant sa porte, assis sur des peaux de bœufs qu'ils avoient tuez eux-mesmes.* N'est-ce pas bien entrer dans le sujet du Poëme, & bien penetrer les veües du Poëte dans les caracteres qu'il a formez !

Euſtathe fait remarquer que le Poëte repreſente ces Princes joüant dans la cour du Palais, parce que la timidité & la poltronnerie les empeſchoient de s'en éloigner, ils aſſiegeoient l'entrée pour voir tout ce qui entroit ou qui en ſortoit, de peur qu'on ne priſt contre eux quelques meſures.

Se divertiſſoient à joüer] Je n'ay pû exprimer le jeu auquel ils joüoient, car nous n'avons rien en noſtre langue qui y réponde; & nous ne ſçavons, ni ce que c'eſtoit que le πεττία des Grecs, ni comment on y joüoit; on dit ſeulement qu'on y joüoit ſur un damier marqué de chaque coſté de cinq lignes & chacun des joüeurs avoit cinq marques qui eſtoient comme nos dames, ou comme nos pions des échecs; mais d'autres prétendent que c'eſtoit un jeu bien plus varié. En effet, Athenée raconte qu'Apion d'Alexandrie diſoit qu'il avoit appris d'un homme d'Ithaque, appellé Cteſon, que ce jeu des Pourſuivants eſtoit de cette maniére: Ils eſtoient cent huit, ils ſe partageoient en deux bandes, cinquante-quatre de chaque coſté; ils plaçoient chacun leur marque ou leur pion dans un damier ſur des quarrez vis à vis les uns des autres. Entre ces rangées de marques paralleles, il y avoit un eſpace vuide; au milieu de cet eſpace on plaçoit la maiſtreſſe marque, & comme nous dirions la

Reyne, & elle servoit de but à tous les joüeurs. Celuy qui avec sa dame frappoit & déplaçoit cette dame, mettoit la sienne à sa place, & s'il frappoit encore cette dame sans toucher à aucune des autres, il gagnoit le jeu; & celuy qui gagnoit le plus de coups dans les tours dont on estoit convenu, gagnoit la partie, & il tiroit de là un augure que sa maistresse luy seroit favorable, & qu'elle le préféreroit à ses rivaux. La maistresse dame avoit tous les noms que les joüeurs vouloient luy donner. Les Poursuivants l'appelloient *Penelope*.

On prétend que ce jeu avoit esté inventé par Palamede à la guerre de Troye, pour amuser les Grecs & pour les empescher de sentir la longueur de ce siege, & Sophocle le disoit en propres termes dans sa piece intitulée *Palamede*. On avoit donc apporté ce jeu à Ithaque, ou dans les isles voisines, avant le retour des Grecs. Platon en donne l'invention aux Egyptiens. *Les Egyptiens*, dit il, *ont inventé l'Arithmetique, la Geometrie & l'Astronomie; ils ont encore inventé πεττείαν & κυβείαν, le jeu des marques & celuy des dez.* Mais ce jeu des marques estoit bien different de celuy que joüoient les Grecs. Comme les Egyptiens ne souffroient aucun jeu inutile & qui n'eust d'autre but que le plaisir, ils avoient imaginé un jeu que l'on joüoit sur un échiquier où estoit marqué le cours du soleil;

Dans le Phedre tom. 3. p. 274.

celuy de la lune & les éclipses. Mais on ne sçait ni la maniere ni les regles de ce jeu.

Page 10. *Et les autres lavoient & essuyoient les tables avec des éponges*] Car ni les Grecs ni les Romains ne connoissoient l'usage des napes.

Et uniquement occupé de l'idée de son pere, & se le figurant desja de retour] Homere donne icy une grande idée de Telemaque, en le representant uniquement occupé de ces pensées. Mais ces pensées si sages & qui percent mesme l'avenir, c'est l'approche de la Déesse qui les inspire. La sagesse ne nous rend pas seulement attentifs aux devoirs de nostre estat, & ne regle pas seulement nos sentiments & nos pensées, mais elle éclaire encore souvent l'ame, & luy donne des pressentiments de ce qui doit arriver.

Car il ne pouvoit souffrir qu'un estranger fust si long-temps à sa porte] On peut remarquer icy la politesse de ces temps heroïques. Telemaque n'envoye personne pour faire entrer cet estranger, il y va luy-mesme, il le prend par la main droite, ce qui estoit alors & une marque & un gage de fidelité. Il soutient sa pique & luy parle avec toute sorte d'honnesteté.

Et aprés que vous aurez pris quelque nourriture] C'estoit le dîner ; les Poursuivants commençoient dés le matin à se divertir & à joüer pendant qu'on préparoit leur repas. Au reste les anciens auroient crû commettre une grande impolitesse de demander d'abord à un estranger qui arrivoit chez eux, le sujet qui l'amenoit, il falloit commencer par le regaler. Et on le gardoit quelquefois neuf jours avant que de luy rien demander, comme nous l'avons vû dans l'Iliade.

Page 11. *En mesme temps il marche le premier pour le conduire*] C'estoit alors un respect & un honneur qu'on rendoit à ses hostes que de marcher devant eux dans sa propre maison, & cela se pratiquoit avec tout le monde avec les petits comme avec les grands, par les plus grands Princes mesmes, & c'estoit une marque de politesse & d'humilité ; cela est mesme fondé en raison, car il est certain que la liberté est plus grande pour celuy qui marche le dernier. C'est pourquoy on voit dans l'Electre de Sophocle qu'Oreste, qui vouloit faire entrer Egisthe dans son Palais pour le tuer dans la mesme chambre où cet assassin avoit tué Agamemnon, le fait entrer le premier comme un vil esclave dont il faut s'asseûrer : *Il faut*, luy dit-il, *que tu marches le premier*. Aujourd'huy c'est tout le contraire, la politesse veut qu'on suive au lieu de préceder. Il n'y a que les grands qui se sont persuadez que pour conserver leur dignité, ils devoient marcher chez eux devant tout le monde. Que diroient les heros d'Homere, s'ils voyoient ce rafinement de vanité!

Sur un siege qu'il couvrit d'un beau tapis de differentes couleurs] Cet art de faire des tapis & des voiles de differentes couleurs est fort ancien, puisque nous en voyons desja dés le temps de Moyse; le voile de l'Arche estoit d'une admirable varieté, *pulcra varietate contextum*, Exod 26. 31. On faisoit aussi des étoffes de mesme pour les habits; les habits d'Aaron & de ses fils estoient d'une etoffe de differentes couleurs. Les Princesses & les grandes Dames s'habilloient de ces sortes d'étoffes. C'est pourquoy David dit: *Astitit Regina à dextris tuis in vestitu deaurato circumdata varietate. Et circumamicta varietatibus.*

Et qui avoit un marchepied bien travaillé]. Les sieges que l'on donnoit aux personnes de distinction, estoient tousjours accompagnez d'un marchepied. J'en ay desja parlé sur l'Iliade.

Il met prés d'elle un autre siege pour luy] Il est bon de remarquer jusqu'au bout la

D vj

politesse de Telemaque. Il donne à Minerve un siege honorable qui a son marchepied, qu'Homere appelle θρόνον *throne*, & il prend pour luy un siege inferieur, plus commun & sans marchepied, qu'il appelle κλισμόν *siege*. On ne peut pas douter que ces sieges ne soient differents. Les Poursuivants mesmes observent entre eux la mesme difference : les uns prennent des sieges communs κλισμούς, & les autres les sieges de distinction θρόνους, selon leur dignité & leur puissance.

En mesme temps une femme apporte de l'eau dans une aiguiere d'or sur un bassin d'argent] On ne peut pas douter que dans cette maniere de service Homere ne peigne les mœurs de son temps, & dans ces mœurs on voit un mélange admirable de simplicité & de magnificence.

Page 12. *Et la sommeliere donne le pain & les autres mets qu'elle avoit sous sa garde, & le maistre d'hostel, &c.*] Ce passage a fourni une grande matiere de critique aux anciens Grammairiens. Ils disoient que puisque la sommeliere fournit le pain & la viande, εἴδατα, qu'ils prétendent estre des restes, des reliefs des jours précedents, il n'est pas necessaire d'adjouter que le maistre d'hostel sert de grands bassins de viandes. C'est pourquoy ils retranchent ces deux vers δαιτρὸς, &c. Mais ce sont de vaines subtilitez de gens qui abusent de leur loisir. Il n'y a rien icy que de tres naturel, & chacun y fait ce qu'il doit faire & ce qui est de de son employ. La sommeliere fournit le pain & les viandes *qu'elle avoit sous sa garde*, & que l'on servoit froides, comme aujourd'huy les pastez, les jambons, les langues; & le maistre d'hostel, δαιτρὸς, c'est à dire, l'officier qui découpoit les viandes & qui faisoit les portions, servoit sur table ce que le cuisinier venoit d'apprester, les viandes chaudes. Les viandes froides, que la sommeliere fournit, peuvent fort bien estre appellées παρεόντα, parce qu'on les servoit plus d'une fois, comme cela se pratique encore aujourd'huy, & que la sommeliere les reprenoit quand on avoit desservi; & c'est dans ce sens la qu'Eustathe l'a pris, παρεόντα βρώματα λέγει τὰ ἐν τῷ ταμείῳ ἀπόκειται, ἤτοι ἕωλα. Homere appelle παρεόντα les mets que la sommeliere avoit sous sa garde & qu'elle reservoit dans l'office, c'est à dire, des mets des jours précedents, mais qui ne peuvent pourtant pas estre appellez proprement des reliefs, parce que les reliefs sont tout ce qu'on dessert froid ou chaud. Et à propos de ces reliefs, Eustathe rapporte une chose assez curieuse, que Demetrius de Phalere ayant donné à Moschion les reliefs de sa table; ce Moschion, qui les vendoit, amassa en deux ans assez d'argent pour achetter trois terres.

Des herauts leur donnent à laver] Euſtathe fait remarquer icy une bienſéance d'Homere, une femme donne à laver à Mentes & à Telemaque, mais aux Pourſuivants ce ſont des herauts qui font cette fonction, il n'auroit pas eſté honneſte qu'une femme euſt ſervi des gens ſi inſolents & ſi debauchez.

Un heraut preſenta une lyre au chantre Phemius] Dans les anciens temps les Princes entretenoient chez eux des hommes ſages, qui eſtoient philoſophes & muſiciens, & qui travailloient non ſeulement à entretenir la joye dans leur maiſon, mais à y faire fleurir la ſageſſe. Ils avoient un ſoin particulier des mœurs. Ulyſſe en partant pour Troye en avoit laiſſé un à Penelope. Et Homere luy donne le nom de Phemius, pour faire honneur à un de ſes amis qui portoit ce nom, & qui avoit eſté ſon précepteur.

Quoy-qu'avec repugnance] Homere adjoute cela pour marquer la ſageſſe de ce muſicien ; il ne chantoit qu'à regret devant ces Princes qui eſtoient incapables de profiter de ſes leçons.

Page 13. *Me pardonnerez-vous ſi je vous dis d'abord que voilà la vie de ces inſolents*]

Voilà un trait de politesse tres digne d'estre remarqué, Telemaque croit que c'est blesser le respect dû à son hoste que de commencer par blâmer ces Princes, & de se plaindre des desordres qu'ils commettent chez luy.

Que d'estre chargez d'or & de riches habits comme vous les voyez] Homere a tousjours soin de faire entendre qu'il n'y avoit que les débauchez, les lâches, en un mot les gens méprisables, qui aimassent la richesse & la magnificence outrée des habits. J'en ay desja fait une remarque dans l'Iliade.

Page 14. *Il ne nous reste aucune esperance dont nous puissions nous flatter*] Il y a dans le Grec, οὐδέ τις ἡμῖν θαλπωρή. Et Eustathe nous avertit que d'autres ont lû οὐδέ τις ἡμῖν ἐλπωρή. Mais la premiere leçon est à mon avis la seule bonne, ἐλπωρή veut dire simplement *esperance, attente*; & θαλπωρή signifie non seulement esperance, mais une esperance, qui par la joye qu'elle inspire, communique au sang & aux esprits une douce chaleur, source de vie, ce qui convient bien icy.

Car pour arriver à une isle il n'y a d'autre chemin que la mer] Comment pourroit-on aller par terre dans une isle ? Il semble donc que Telemaque dise icy une simplicité trop grande. Eustathe l'excuse, en disant que cela sied bien dans la bouche d'un jeune Prince qui n'a encore rien vû, & que la conversation ne demande pas tousjours des choses serieuses & soutenuës.

Parce qu'Ulysse estoit l'ami des hommes] Le Grec dit encore plus fortement, *il estoit le tuteur des hommes*, ἐπίστροφος, c'est à dire, qu'il estendoit ses soins sur tous les hommes. Et voilà la plus grande loüange qu'on puisse donner aux Roys. Les enfants des Dieux ne doivent pas seulement estendre leurs soins sur leurs sujets, sur ceux qui les environnent, mais sur tous les hommes generalement, ils doivent estre les bienfaiteurs de tous les hommes. Mais ce mot ἐπίστροφος, comme Eustathe l'a remarqué, n'a pas seulement une signification active, il en a encore une passive, c'est à dire, qu'il signifie *celuy qui aime* & *celuy qui est aimé*, & la derniere signification est une suite de la premiere, qu'un Prince aime tous les hommes, il sera infailliblement aimé de tous les hommes.

Page 15. *Et je regne sur les Taphiens, qui ne s'appliquent qu'à la marine*] Taphos est une isle entre Leucas & Ithaque vis à vis de l'Acarnanie ; elle est aussi appellée *Taphiusa*. Les Taphiens ne s'appliquoient qu'à la marine, & ils ne s'y appliquoient que pour le commerce; ils n'allerent point à la guerre de Troye avec les autres Grecs des isles voisines. Il en sera parlé dans le Livre XIV.

Je suis venu ainsi seul sur un de mes vaisseaux] Eustathe nous avertit fort bien que dans le vers Grec ὧδε ne signifie pas *icy*, mais *ainsi*, οὕτως, c'est à dire, sans façon, sans appareil, non pas comme un Prince, mais comme un negociant, car il adjoute qu'il ne va que pour trafiquer. Ὧδε n'est jamais topique dans Homere.

Et je vais à Temese chercher de l'airain, & l'échanger contre du fer] Dans le pays des Brutiens au bas de l'Italie, il y avoit une ville appellée *Temese*; il y en avoit une de mesme nom dans l'isle de Cypre. Et l'une & l'autre estoient celebres par l'airain qu'elles produisoient. Strabon & les anciens Geographes prétendent avec raison qu'il est icy question de la premiere, de celle d'Italie, parce que pour aller de Taphos à cette Temese, le chemin est de passer par Ithaque, au lieu que pour aller à celle de Cypre, on ne sçauroit passer par Ithaque sans s'écarter. Le sçavant Bochart a fort bien conjecturé que les Pheniciens avoient donné à ces deux villes le nom de *Temese*, à cause de l'airain que leur terroir produisoit, car *Temes* en leur langue signifie *fusion*. Et les Pheniciens s'appliquoient beaucoup à la fonte des métaux.

Mais on dit que ce bon vieillard ne revient plus à la ville] La douleur, que Laërte avoit du malheureux fort de son fils qu'il croyoit perdu, l'avoit jetté dans une si noire mélancolie, qu'il s'estoit retiré à la campagne où il vivoit pauvrement avec une seule servante. Ce caractere est tres naturel & tres touchant. Il a pourtant déplu à un Critique moderne, à l'autheur du *Parallele*. Terence en a fait plus de cas, car il paroist qu'il a formé sur Laërte le caractere de ce bon Menedeme, qui pour se punir d'estre cause de l'absence de son fils, se retire de mesme, se tourmente, renonce à toutes les douceurs de la vie & s'accable de travail.

Page 16. *Et il est retenu dans quelque isle fort éloignée, par des hommes inhumains & sauvages*] Voilà un meslange de verité & de fausseté. Il est vray qu'Ulysse est retenu dans une isle éloignée, mais il est faux qu'il le soit par des hommes inhumains & sauvages, puisque c'est une Déesse qui le retient, & qui ne le retient que parce qu'elle l'aime. Minerve veut bien icy parler en homme, car telles sont ordinairement les conjectures des hommes. Ils devinent en partie, & se trompent en partie; il est rare qu'ils penetrent toute la verité.

Page 17. *Ma mere m'assûre que je suis son fils*] Voicy un passage dont on a fort abusé contre les femmes, comme si Telemaque avoit voulu faire icy une satire contre elles, ce qui est tres faux. Comment a-t-on pû s'imaginer que ce jeune Prince, plein de respect & d'admiration, comme il estoit, pour sa mere, dont il connoissoit la vertu, ait voulu douter & faire douter de sa sagesse & de sa fidelité ? Ce n'est nullement le sens de ses paroles. Telemaque vient de promettre de dire la verité telle qu'il la sçait; il la dit, & ce qu'il dit est de tres bon sens. Les Jurisconsultes mesmes sont entrez dans cette pensée, qui est celle de la nature. La mere est appellée *certa*, certaine, comme elle l'est en effet, mais on n'a pas la mesme certitude sur le pere. *Mater certa esse dicitur*, dit Grotius, *quia inveniuntur qui quæve partui & educationi adfuerint. At de patre hujus gradus certitudo haberi non potest.* Cela est si vray & si generalement reconnu, qu'Euripide tire de cette certitude de la mere la raison pourquoy les meres ont naturellement plus d'amour pour leurs enfants que les peres. La mere sçait que l'enfant est à elle, & le pere ne fait que croire qu'il est à luy:

Ἡ μὲν γὰρ αὑτῆς οἶδεν ὄντα, ὁ δ' οἴεται.

Et aprés luy Menandre a dit, *Personne n'est assûré de connoistre son pere, nous le soub-*

çonnons, *nous le croyons, & voilà tout.* Mais ce soubçon & cette croyance deviennent des certitudes & des veritez constantes, lorsque les meres menent, comme Penelope, une vie tres sage & tres reglée. Quand cela n'est pas, les doutes ne sont que trop bien fondez.

Puisque Penelope vous a mis au monde] Cette réponse de Minerve est fondée sur ce que la gloire de Penelope estoit desja fort celebre, & que la bonne réputation des peres & des meres est un flambeau qui éclaire les enfants, & qui les rend illustres quand ils marchent à sa lumiere.

Page 18. *Est ce une feste ? est-ce une nopce ? ce n'est pas un repas par escot*] Il n'y a naturellement que trois sortes de réjouissances, de festins. Le repas par escot, ἔρανος, où chacun paye sa part. La nopce, γάμος, & la feste, εἰλαπίνη, c'est à dire, un grand festin qu'un seul donne à tous les autres. Minerve, par le bruit, par le desordre & par l'insolence qui regnoient dans ce repas, dit que ce n'est pas un escot. Dans un repas par escot on est plus sobre, plus moderé, car chacun y est pour soy. Ce n'est pas une nopce, car il n'y a ni marié ni mariée, ni rien de tout ce que la nopce attiroit. Enfin, dit-elle, ce n'est pas une feste, car le maistre de la maison bien-loin d'y prendre part, s'en afflige ; voilà pourquoy elle adjoute, *assurément c'est une débauche.* Il faut tousjours se souvenir que cette Déesse parle en homme, pour faire parler Telemaque, & pour luy donner les conseils dont il avoit besoin.

En ont ordonné autrement] Ἑτέρως ἐβάλοντο, comme s'il disoit, *en ont jetté autrement les dez.* Pour faire entendre que les Dieux ont joüé la fortune de cette maison, comme nous dirions, à trois dez, qu'ils l'ont laissé aller au hazard avec la derniere indifference.

Page 19. *Les Harpyes nous l'ont enlevé*] J'ay desja remarqué dans l'Iliade Livre XVI. page 411. que les Anciens appelloient *Harpyes* certains monstres aîlez, que ce nom a esté donné à tout ce qui court ou qui vole avec rapidité, & qu'ainsi les tempestes & les tourbillons de vents ont esté fort bien nommez *Harpyes.* De-là quand quelqu'un venoit à disparoistre sans qu'on sçeust ce qu'il estoit devenu, on disoit que *les Harpyes l'avoient enlevé.*

Page 20. *Sont venus s'establir icy pour rechercher ma mere en mariage, & ruinent ma maison*] Voilà ce qu'il y a de bien extraordinaire, que des Princes, qui recherchent une Princesse en mariage, s'establissent chez elle, & ruinent sa maison, qu'ils devroient plustost enrichir, en faisant tous les jours de nouveaux presents. Mais ce n'est pas là ce qui paroist de plus surprenant ; on s'estonne davantage de voir que parce qu'un Prince est absent, les Princes ses sujets & autres aillent s'establir chez la Reyne malgré elle, & consument son bien. Ne peut-elle pas les chasser? non elle ne le peut, & on a tort de s'estonner. Le gouvernement des Estats de la Grece estoit Royal, mais il n'estoit pas despotique. Les grands du Royaume, quoy-que sujets, avoient de grands privileges & beaucoup d'authorité. Penelope, qui estoit seule, qui n'avoit qu'un beaupere accablé d'années, qui mesme s'estoit retiré, & qu'un fils encore fort jeune, ne pouvoit resister à cette foule de Princes tres fiers & tres insolents, qui avoient gagné presque tout le peuple. Et la crainte mesme qu'ils n'attentassent à la vie de son fils, l'obligeoit à garder avec eux de grandes mesures. D'ailleurs il faut regarder la situation où la Reyne & son fils se trouvoient alors, comme une minorité, & une minorité tres foible. Quels troubles ne cause pas une minorité de cette nature dans les Estats mesme dont la gouvernement est le plus despotique & le plus absolu ! Il n'y a donc rien contre la vraysemblance dans cette partie de la fable qui fait le sujet du Poëme.

Ma mere les amuse, n'osant ni refuser un

mariage qu'elle abhorre, ni, &c.] Homere releve bien la sagesse de Penelope, en peignant la terrible situation où elle se trouvoit. Elle n'osoit refuser le mariage qu'on luy proposoit, de peur d'y estre forcée; & elle ne pouvoit l'accepter, car elle attendoit tousjours son cher Ulysse. Il falloit donc trouver tous les jours de nouveaux menagements pour differer & pour amuser ces Princes.

Ah. vous verriez un beau changement, si tout d'un coup il venoit à paroistre aujourd'huy] Homere ne perd pas de vûe son sujet, & il continuë de préparer le meurtre des Poursuivants pour le rendre vraysemblable. Voicy Minerve elle-mesme qui dit que si ce Prince paroissoit seul à la porte de son Palais avec ses armes, on verroit les affaires changer de face, & les Poursuivants punis. Qui est-ce donc qui pourra s'estonner qu'Ulysse execute cette grande vengeance, quand il sera aidé de son fils & de deux fidelles serviteurs, & qu'il attaquera ces Princes à table desja noyez de vin!

Lorsqu'il revint d'Ephyre, de la cour d'Ilus fils de Mermerus] Les Geographes marquent six differentes villes appellées *Ephyre*. Mais Homere ne peut parler icy que de celle qui estoit de la Thesprotie dans l'Epyre. Car c'est la seule Ephyre dont ceux qui en revenoient pour aller à Ithaque, fussent obligez de passer par l'isle de Taphos, qui n'estoit nullement sur le chemin des autres. Cette Ephyre n'estoit pas moins celebre par ses poisons, que l'Ephyre de la Thessalie. Medée y avoit fait quelque sejour, & avoit sans doute enseigné son art à ses habitants. Et l'on veut mesme que leur Roy Ilus fust arriere-petit-fils de cette Princesse & de Jason, car voicy sa genealogie:

   Jason,
   Pheres,
   Mermerus,
   Ilus.

Mais je doute que l'on pust accorder cette filiation avec la saine Chronologie.

Page 21. *Demander à ce Prince un poison mortel pour en froter ses dards*] Les Anciens estoient quelquefois si accablez de bestes qui desoloient leur pays, que pour s'en délivrer ils estoient obligez de leur faire la guerre avec des dards empoisonnez. C'est dans une semblable necessité qu'Ulysse va demander des poisons au Roy d'Ephyre.

Ilus refusa de luy en donner, parce qu'il avoit la crainte des Dieux] Il ne faut pas douter qu'Ulysse ne dist à Ilus l'usage qu'il vouloit faire de ces poisons, & ce qui l'obligeoit à les demander. Mais comme Ilus ne

je

le connoissoit pas sans doute, & qu'il ne sçavoit pas s'il ne seroit point capable d'en abuser; il les luy refusa parce qu'il avoit la crainte des Dieux, & que l'on se rend criminel quand on fournit aux autres des moyens de faire des crimes.

Mon pere, qui l'aimoit extremement] Mentes dit que la crainte des Dieux empescha Ilus de donner des poisons à Ulysse, mais que son pere luy en donna; veut-il donc dire que son pere ne craignoit pas les Dieux? non, sans doute. Il adjoute la raison pourquoy Anchialus luy en donna, c'est qu'il aimoit extremement Ulysse; voulant faire entendre qu'il ne l'aimoit que parce qu'il le connoissoit & qu'il l'estimoit. Les gens de bien n'aiment que les vertueux, & l'on peut tout confier à ceux qui ont la vertu en partage. Voilà quelle est l'idée d'Homere, mais j'ay crû estre obligée d'en développer le veritable sens dans ma Traduction. Il ne faut rien laisser d'indéterminé sur une matiere si délicate, de peur que la corruption n'en profite, & qu'elle n'empoisonne ce qu'il y a de plus innocent.

Si donc Ulysse venoit à se mesler tout d'un coup avec ces Poursuivants] C'est ainsi qu'il faut traduire ce passage, car le mot ὁμιλήσειεν, comme Eustathe l'a fort bien remarqué,

Tome I. E

est un terme de guerre, comme nostre terme, *se mesler avec les ennemis*. Homere ne sçauroit estre bien traduit, si l'on ne conserve toute la proprieté des termes dont il se sert, car c'est ce qui conserve & qui fait voir la justesse des idées.

Et la joye de leur nopces convertie en un deüil tres amer] Le Grec dit cela tout en un mot πικρίγαμοι, c'est à dire, *des gens qui se marient malheureusement, qui font des nopces qui leur sont funestes, & dont ils ont tout sujet de se repentir.*

Page 22. *Et la Reyne vostre mere, si elle pense à se remarier, qu'elle se retire dans le Palais de son pere*] Il y a dans l'expression d'Homere un desordre, ou plustost une espece de solecisme qui vient d'une ellipse, & qu'il est bon de remarquer, parce qu'il renferme une bienséance digne de la Déesse qui parle. Elle commence par l'accusatif μητέρα, *matrem*, & elle employe ensuite le verbe ἴτω, *eat, aille*. On voit bien qu'il n'y a pas là de construction. D'où vient cela ? Il vient de ce que Minerve vouloit dire d'abord *vostre mere, renvoyez-là* : μητέρα ἀπόπεμψον. Mais aprés avoir dit μητέρα, le terme ἀπόπεμψον luy a paru trop dur, & laissant l'accusatif seul par une ellipse, il a continué par le nominatif ἴτω qui n'a rien que de doux, Telemaque est incapable de renvoyer sa mere, mais sa mere peut fort bien prendre le parti de se retirer.

Là Icarius & Peribée auront soin] Aprés avoir dit *qu'elle se retire dans le Palais de son pere*, il adjoute, *ils auront soin*: pourquoy ce pluriel aprés le mot *pere* qui est au singulier ? c'est que le pere comprend aussi la mere. C'est pourquoy j'ay mis dans la Traduction, *Icarius & Peribée auront soin, &c.* Car on ne peut pas douter qu'il ne parle icy du pere & de la mere de Penelope, puisqu'il dit τεύξυσι γάμον, qu'ils feront la nopce.

Ou si la Divine fille de Jupiter, la Renommée, qui plus que toute autre Déesse] Ce passage est un peu different dans l'original, & il est necessaire de l'expliquer, car il ne laisse pas d'estre difficile. Homere dit, *Ou si vous entendrez quelque parole (échapée) de la part de Jupiter, & qui souvent apporte aux hommes le bruit de ce qu'ils cherchent.* Le Poëte appelle ὄσσα, quelque parole échapée par hazard, comme celles que les Latins appelloient *omina*. Il dit que cette parole vient ἐκ Διος, *de Jupiter*, parce que c'est par un effet de sa Providence que cette parole arrive jusqu'à nous, & il adjoute qu'elle porte aux hommes κλέος, c'est à dire, le bruit de ce qui doit arriver ; car, comme Eustathe l'a remarqué, κλέος dans Homere signifie φήμη, *le bruit*. En effet, il arrive tous les jours qu'on entend des nouvelles confuses dont on ne connoist ni la source ni les autheurs, & qui enfin se trouvent veritables. Voilà le sens de l'original, j'ay tasché de le conserver dans la Traduction, mais en la rendant plus sensible.

Page 23. *Chez le Divin Nestor*] Homere donne icy à Nestor l'épithete de *Divin*, & ne donne à Menelas que celle de ξανθός, *blond*. Il honore beaucoup plus la sagesse que la naissance.

De-là vous irez à Sparte chez Menelas qui est revenu de Troye aprés tous les autres] Menelas estant revenu le dernier pourra luy donner des nouvelles plus fraisches & plus sûres de son pere que tous les autres.

Vous luy éleverez un tombeau] C'est donc un vain tombeau, σῆμα τὸ κενήριον, comme dit Eustathe. C'est à dire, un tombeau vuide qui ne renferme pas le corps.

Et vous donnerez à vostre mere un mary que vous choisirez vus-mesme] Ce passage me paroist remarquable, qu'une Princesse qui veut se remarier, doive recevoir ce nouveau mary de la main de son fils. Il y a à cela bien de la raison & de la bienséance.

Page 24. *N'entendez-vous pas quelle gloire s'est acquise le jeune Oreste*] La situation de Telemaque n'est nullement semblable à celle d'Oreste. Mais comme Oreste a acquis une grande gloire en tuant le meurtrier de son pere, Minerve veut faire entendre à ce jeune Prince qu'il en acquerra une pareille, en tuant les Princes qui persecutent sa mere & qui ruinent sa maison.

Page 26. *La Déesse le quitte & s'envole comme un oyseau & disparoist*] Il y a dans le Grec, ὄρνις δ' ὥς ἀνόπαια διέπλετο, & l'on a expliqué ce mot ἀνόπαια bien differemment. Les uns veulent que ce soit le nom propre de l'oyseau, une espece d'aigle appellée ἀνόπαια, *la Déesse s'envole comme l'oyseau qu'on appelle* ἀνόπαια. Les autres veulent que ἀνόπαια signifie *par le trou de la porte*, les autres *par la cheminée*; & d'autres enfin prétendent que ἀνόπαια est la mesme chose que ἀφανής, *invisible*, & c'est le sens que j'ay suivi, parce qu'il me paroist le plus naturel & le seul veritable. *La Déesse s'envola comme un oyseau & disparut.* Le Poëte compare le vol de Minerve à celuy d'un oyseau, qui dans un moment disparoist à nostre vûe.

E iij

Il chantoit le retour des Grecs] Et voilà la grande raison du silence des Princes & de l'attention qu'ils donnoient à son chant, ils s'attendoient que ce chantre leur apprendroit peut-estre la mort d'Ulysse, car ils regardoient ces chantres comme une espece de prophetes, & ils estoient persuadez qu'ils estoient veritablement inspirez.

Que la Déesse Minerve leur avoit rendu si funeste] A cause de l'insolence d'Ajax le Locrien, qui avoit prophané son temple par la plus impie de toutes les actions.

Elle s'arresta sur le seüil de la porte] Homere ne fait pas faire une seule action à Penelope, ni une seule démarche qui ne soit dans toutes les regles de la sagesse & de la retenuë la plus scrupuleuse. La douleur la fait descendre de son appartement pour ordonner à Phemius de chanter autre chose que le retour des Grecs. Elle n'entre pas dans la sale, elle n'approche point de ces insolents, plus redoutables encore dans la débauche, elle ne se découvre pas le visage, & ses yeux sont baignez de pleurs.

Page 27. *Vous estes instruit de toutes les actions les plus, &c.*] Homere veut dire que Phemius estoit tres sçavant dans l'Histoire & qu'il estoit grand Philosophe, car la veritable définition de la Philosophie, c'est qu'*elle est la connoissance des choses Divines & humaines.* Homere est donc le premier auteur de cette définition. C'est une remarque d'Eustathe qui m'a parû digne d'estre rapportée.

Et c'est de-là que les plus grands musiciens tirent d'ordinaire les sujets de leurs chants] Cela est vray, & c'est pourquoy Virgile feint que le chantre Jopas chante à la table de Didon, non les avantures particulieres de quelques Princes, mais les secrets les plus profonds de l'Astronomie :

Hic canit errantem lunam solisque labores. A la fin liv. 1. de l'Ene.de.

Au reste, par tout cet endroit il est aisé de voir que les chants de ces musiciens estoient de grands ouvrages. Les chants que nous appellons aujourd'huy *des cantates* en approchent beaucoup, & bien-loin de s'estonner qu'on les ait introduits parmi nous dans ce dernier siecle, on doit estre surpris qu'on ne l'ait pas plustost fait. Car ils sont tres conformes à la raison, & donnent lieu à une grande varieté de musique ; on pourroit seulement desirer que les sujets y fussent aussi sagement traitez, que la maniere est sagement imaginée.

Mais quittez celuy que vous avez com

mencé, dont le sujet est trop triste, & qui me, &c.] Penelope n'explique pas icy la veritable raison, elle en a une plus solide & plus profonde. Elle ne veut pas que Phemius continuë ce chant, de peur qu'enfin il n'apprenne aux Pourſuivants des choses qui seroient fort contraires à ses interests; car, ou il fera entendre qu'Ulysse est mort, & alors ils uſeront de violence pour l'obliger à se declarer & à choisir un mary; ou il les menacera qu'il est prest de revenir; & alors ils prendront des mesures contre sa vie. D'ailleurs, adjoute Eustathe, ce n'est point au chantre Phemius à chanter le retour d'Ulysse, c'est à Homere. Ainsi c'est fort à propos que Penelope l'empesche de continuer, & Homere fait tirer du sujet les raisons necessaires & plausibles.

Page 28. *Dont la gloire est répanduë dans tout le pays d'Argos & dans toute la Grece*] Mais la gloire d'Ulysse n'avoit pas seulement rempli la Grece, elle estoit parvenuë en bien d'autres climats. Ulysse estoit connu en Italie, en Espagne, en Affrique. D'où vient donc que Penelope luy donne des bornes si étroites! c'est qu'elle ne sçavoit pas alors tous ses travaux, & qu'elle croyoit qu'il avoit peri dans quelqu'une des isles de la Grece, & qu'il n'y avoit que les Grecs qui fussent informez de ses grandes

actions & de ses malheurs. Car je ne sçaurois
gouster la raison qu'Eustathe adjouste, que
Penelope ne faisoit cas que de la gloire que
l'on acqueroit parmi les Grecs, & qu'elle
méprisoit l'estime des barbares.

Ma mere, pourquoy deffendez-vous] Telemaque ne dit jamais la *Princesse* ni la *Reyne*
en parlant de Penelope, & en luy parlant,
il dit tousjours *ma mere*. Ces termes de
pere & de *mere* sont si respectables & si saints,
qu'on ne doit jamais en substituer d'autres à
leur place. Cependant une malheureuse délicatesse a introduit de nos jours une pernicieuse coutume; on regarde ces mots *mon*
pere, ma mere comme des mots ignobles; il
n'y a pas jusqu'au petit bourgeois qui ne se
croye obligé de dire *Monsieur, Madame,*
en parlant à ceux qui luy ont donné le jour.
Qu'arrive-t-il de-là! Il arrive qu'en perdant
ces noms naturels, nous perdons les sentimens qu'ils inspirent, & que les familles ne
sont plus des familles, mais des societez d'estrangers. Je n'ay pû laisser passer cette occasion de marquer l'extreme aversion que
j'ay pour une vanité si mal entenduë.

Ce ne sont point les chantres qui sont cause de nos malheurs] Telemaque croit que
c'est par une superstition, assez ordinaire aux
femmes, que Penelope ne veut pas que

Phemius chante le retour des Grecs, & sur cela il luy dit fort bien que ce ne sont pas les chantres qui sont cause des malheurs qu'ils chantent; car ces malheurs n'arrivent pas parce qu'ils les chantent, mais ils les chantent parce qu'ils sont arrivez.

Aux miserables mortels] Le Grec dit, εὐδράσιν ἀλφησῆσιν, *aux hommes laborieux, industrieux, dont les besoins aiguisent l'industrie.* C'est à dire, aux hommes qui par la misere de leur condition, sont forcez de travailler continuellement à imaginer, à trouver des remedes contre les malheurs qui les accablent, car c'est cette necessité qui est la mere des arts. De-là le mot ἀλφησαι a esté pris pour des *gens d'esprit,* comme au commencement du Livre IV. & pour des *gens habiles,* & qui ont acquis de la réputation dans leur art comme dans le Livre XI. 261. Il est formé du verbe ἀλφεῖν, qui signifie *imaginer, trouver.*

Car le goust de tous les hommes, c'est d'aimer tousjours mieux les chansons les plus nouvelles] Ce goust est general. Pindare a dit sur cela dans l'od. 19. des Olympiques :

..........Αἶνει δὲ παλαιὸν
Μετ' οἶνον, ἄνθεα δ' ὕμνων
Νεωτέρων.

Loüez le vin vieux & les fleurs des chansons nouvelles.

Et ne penſez qu'à vos occupations ordinaires, reprenez vos toiles, vos fuſeaux] C'eſt la meſme choſe que ce qu'Hector dit à Andromaque dans le Livre VI. de l'Iliade. Il n'y a qu'un mot de changé, Hector parle de la guerre & Telemaque parle des diſcours. Ainſi Homere eſt le premier qui ait enſeigné à parodier des vers, comme Euſtathe l'a remarqué.

Page 29. *Penelope eſtonnée de la ſageſſe de ſon fils*] Cette Princeſſe ne doute point que quelque Dieu n'inſpire Telemaque, & ne luy mette dans le cœur tout ce qu'il doit faire dans cette occaſion. C'eſt pourquoy elle obeït ſans repliquer.

Juſqu'à ce que la Déeſſe Minerve luy euſt envoyé un doux ſommeil] Ce n'eſt pas l'employ de Minerve d'envoyer le ſommeil, mais Homere veut dire ſeulement que la ſageſſe & la raiſon firent comprendre à Penelope qu'il falloit ſuſpendre ſes déplaiſirs & ſes larmes, & que ce fut ce qui l'endormit.

Page 30. *Un chantre comme celuy-cy, qui eſt égal aux Dieux*] Car eſtant inſpiré par les Muſes, il chante comme les Muſes meſmes.

Page 31. *Antinoüs rompt le silence, & dit*] Parmi ces Poursuivants il y en avoit deux qui estoient les premiers Princes d'Ithaque, parents d'Ulysse, Antinoüs & Eurymaque. Antinoüs est un homme violent & plein de fiel, & Eurymaque un homme plus doux & plus moderé, & qui sçait s'accommoder au temps & aux occasions. Ce discours d'Antinoüs est une raillerie fine & une imprécation, car il veut luy dire que n'ayant pas mesme esté bien élevé & bien instruit par des hommes, il veut parler comme s'il estoit inspiré par les Dieux. Il souhaite qu'il ne regne jamais, car puisqu'il parle si fierement, n'estant que Prince, que ne feroit-il point s'il estoit Roy, & qu'il fust en possession d'un Estat qui ne luy appartient que par succession, & auquel il ne sçauroit prétendre par son merite. Telemaque l'entend fort bien, mais inspiré par Minerve il dissimule & prend cette imprécation pour une priere qu'Antinoüs fait en sa faveur.

Je recevrois de bon cœur le sceptre des mains de Jupiter] C'est comme s'il luy disoit, je suis persuadé que c'est par amitié pour moy que vous souhaitez que je ne regne point icy, car vous regardez sans doute la Royauté comme un estat plein d'embarras & d'inquietudes qui doivent le faire fuir. Je vous suis bien obligé de ces sentiments, je vous avoüé pourtant que je recevrois volontiers le sceptre, si Jupiter me l'accordoit.

Mais vous paroist-il que la Royauté soit un si mauvais present] Mais examinons pourquoy vous trouvez la Royauté un estat si dangereux. Ce n'est pas la Royauté qui est mauvaise, c'est la tyrannie. C'est le mot βασιλεύς *Roy*, qui fonde tout le raisonnement de Telemaque. Et pour le faire entendre, je l'ay estendu dans ma Traduction.

Un Roy voit bientost sa maison pleine de richesses] Un Prince comme Telemaque, instruit par Minerve, ne fait pas consister la fin de la Royauté dans les richesses & dans les honneurs, mais il veut faire entendre que les richesses & les honneurs sont la récompense de la justice des Roys. Un Roy, c'est à dire, un Roy juste. Les autres ne sont pas des Roys.

Page 32. *Mais quand je ne seray pas Roy d'Ithaque, il y a dans cette isle plusieurs autres Princes*] Quoy-que Telemaque dissimule, il ne laisse pas de piquer Antinoüs à son tour, car il veut luy faire entendre que quand bien il ne regneroit pas, le Royaume ne regarderoit pas Antinoüs, ni aucun des Poursuivants, parce qu'il y a d'autres Princes plus dignes de cet honneur. Il appelle βασιλεῖς *Roys*, les Princes, les Grands qui ne font pas Roys, mais qui peuvent l'eſtre. Dans l'Eſcriture ſainte nous voyons que les fils de David ſont appellez Roys. Et que David luy meſme appelle Roy ſon fils Abſalon, qui venoit de ſe faire déclarer Roy par une conjuration horrible.

Pour moy je me contente de regner ſur toute ma maiſon] Telemaque adjoute cela pour endormir les Princes, en leur faiſant croire qu'il ne penſe à prendre aucunes meſures pour conſerver le Royaume qui luy appartient.

Et qu'il a faits dans toutes ſes courſes] Car, comme je l'ay desja dit, le meſtier de pirate eſtoit honorable, & les heros meſme ne le dédaignoient pas.

Telemaque, tout ce que vous dites là eſt entre les mains des Dieux qui feront aſſeoir ſur le throne d'Ithaque celuy, &c.] C'eſt le diſcours d'un homme plus doux & plus moderé en apparence qu'Antinoüs, mais qui ſous cette moderation apparente, ne laiſſe pas de cacher beaucoup de venin. Telemaque vient de dire deux choſes : la premiere, que quand bien il ne regneroit pas dans Ithaque, il y avoit dans cette iſle pluſieurs Princes dignes de cet honneur, pour faire entendre que ce ne seroit pas une necessité qu'on choisist pour Roy un de ces Poursuivants ; & la seconde, que pour luy il se contenteroit de regner sur sa maison. Eurymaque répond à ces deux choses : à la premiere il répond que c'est Jupiter qui donnera le Royaume à celuy qu'il voudra choisir, & que ce n'est pas à Telemaque à en décider ; & à la seconde, il répond par un souhait qui renferme une sorte d'imprécation, ou du moins qui est plus favorable aux Poursuivants qu'à Telemaque. *Regnez dans vostre maison*, luy dit-il, *& que jamais vous ne voyez arriver icy un homme qui vous dépoüille.* C'est à dire, joüissez paisiblement de vostre bien comme un particulier, & que jamais aucun estranger ne vienne vous dépoüiller, & chasser l'usurpateur qui sera assis sur le throne d'Ithaque, qui vous estoit deû.

Page 33. *Ou n'est-il venu que pour retirer le payement de quelque dette qu'il ait icy !*] Selon la coutume de ces temps-là, où les plus grands Seigneurs alloient eux-mesmes retirer le payement de ce qui leur estoit deû chez les estrangers. C'est ainsi que le jeune Tobie fut envoyé par son pere à Ragés dans la Medie pour se faire payer de dix talents qu'il avoit prestez à Gabelus. Tob. 18. v. 1. 2.

Je n'espere plus de voir mon pere de retour] Le but de Telemaque est de persuader à ces Princes qu'il a perdu toute esperance de revoir son pere, & par consequent qu'il ne pense pas à luy succeder. Mais en mesme temps il ne laisse pas d'entretenir leur inquietude, & de les tenir en respect, en leur faisant entendre qu'il y a des nouvelles & des prédictions mesmes qui promettent son retour.

Ni aux prédictions que ma mere me débite après les avoir recüeillies avec soin des Devins] Qu'Homere peint bien icy le caractere des femmes qui attendent impatiemment le retour de quelqu'un qui leur est cher! Toutes les nouvelles, tous les bruits qu'on fait courir sont recueillis avec soin, les Devins sont consultez, toute l'Astrologie est employée à les servir, & par ce grand secours des prédictions ordinairement flateuses, leur esprit se remplit d'esperance & gouste quelque tranquilité. Tous les temps se ressemblent.

Page 34. *Et lorsque l'estoile du soir*] Le Grec dit, *mais lorsque le noir vesper*, & peut-estre que par cette épithete Homere fait voir, qu'il a connu ce que Pythagore a le premier publié que l'estoile du soir, qu'on appelle *Venus* & *Vesper*, est la mesme que l'estoile du matin appellée *Lucifer* & *Phosphore.*

Monta dans son appartement qui estoit au haut d'un pavillon] Telemaque ne loge point dans le Palais, dans le corps de logis qu'habitoit la Reyne. Il n'auroit pas esté honneste qu'un jeune homme eust logé au milieu de tant de femmes. Voilà pourquoy Homere dit qu'il avoit son appartement au haut d'un pavillon qui avoit esté basti au bout de la cour dans un lieu separé & enfermé, afin qu'il n'y eust point de communication. Eustathe nous fait remarquer icy *thalamus* pour l'appartement d'un homme, au lieu que ceux qui ont écrit aprés Homere, ont tousjours appellé de ce nom l'appartement des femmes.

Euryclée fille d'Ops & petite fille de Peisenor] Homere s'arreste à nous expliquer icy la naissance & la fortune de cette Esclave de Laërte, parce qu'elle joüera un rolle considerable dans la reconnoissance d'Ulysse, & que d'ailleurs une femme aussi affectionnée qu'elle estoit à la maison de son maistre, est digne qu'on la distingue.

Portoit devant luy deux flambeaux allumez] Le Grec dit, *des torches allumées.* Il est bon de remarquer icy la modestie de ces temps heroïques. Un jeune Prince comme

Telemaque allant se coucher, n'est conduit que par une des femmes de sa mere & la plus âgée, qui porte devant luy des torches, c'est à dire, des morceaux de bois dont on se servoit pour éclairer. Elle luy sert de valet de chambre, elle nettoye la robe qu'il vient de quitter, & la met, non sur un beau siege couvert d'étoffe magnifique, ou dans une corbeille, mais à une cheville qui estoit dans le mur prés de son lit. La bassesse de nostre mot *cheville* m'a empesché de l'employer dans ma Traduction. Il auroit trop déplu aux yeux de nostre siecle, à ces yeux *corruptis vanis rerum*, & qui ne voyent pas que cette simplicité, meslée avec la magnificence qui paroist d'ailleurs dans ces Poëmes, n'est pas une simplicité de pauvreté & de bassesse, mais une simplicité de mœurs ; & que c'est une preuve qu'Homere a peint veritablement les usages de ces anciens temps.

Mais pour ne pas causer de jalousie, il n'avoit jamais pensé à l'aimer] Le Poëte releve icy la sagesse de Laërte, pour instruire tousjours son Lecteur, & pour faire honneur à son heros, car c'est un grand avantage d'estre né de gens sages & vertueux.

Page 35. *Tire la porte par son anneau d'argent, & lâchant la courroye*] Voilà comme estoient faites les portes de ces temps-là, il y avoit au milieu un anneau qui servoit à les tirer, & qui s'appelloit κορώνη, κρίκος, ἐπισπαςὴρ & ῥόπτρον. Et il y avoit tout auprés un trou d'où sortoit une courroye qui levoit ou lâchoit une barre ou un levier qui estoit derriere, & qui fermoit quand elle estoit lâchée, & ouvroit quand on la tiroit.

Telemaque passa la nuit à chercher en luy-mesme les moyens] Telemaque ne passe pas la nuit à dormir, il l'employe à penser à ses affaires comme un homme sensé.

Argument du Livre II.

Telemaque tient une assemblée dans laquelle il se plaint hautement des Princes qui recherchent sa mere ; & il leur déclare qu'ils n'ont qu'à sortir du Palais d'Ulysse. Il conjure ses peuples de l'assister, & de se déclarer contre ces insolents. Ces Princes veulent se justifier, & l'obliger à renvoyer Penelope à son pere Icarius. Telemaque fait voir l'injustice de cette demande. Sur ce moment Jupiter envoye deux aigles. Un devin explique ce prodige, & un des Princes fait tous ses efforts pour décrediter sa prédiction. Telemaque demande un vaisseau pour aller à Sparte & à Pylos chercher des nouvelles de son pere. L'assemblée rompuë, Telemaque va faire ses prieres à Minerve sur le bord de la mer. Cette Déesse luy apparoist sous la figure de Mentor, & l'assûre de son secours. On prepare un navire ; Euryclée donne les provisions necessaires, & Telemaque s'embarque à l'entrée de la nuit.

L'ODYSSÉE
D'HOMERE.

LIVRE II.

L'AURORE commençoit à peine à dorer l'horizon, que le fils d'Ulysse se leva & prit un habit magnifique, mit sur ses épaules un baudrier d'où pendoit une riche espée, & aprés avoir couvert ses beaux pieds de riches brodequins, il sortit de sa chambre semblable à un Dieu. Sans perdre un moment il donne ordre à ses herauts d'appeller les Grecs à une assemblée, les herauts obéïssent, & aussi-tost les Grecs s'assemblent. Dés qu'ils sont arrivez & qu'ils ont pris leur place, Telemaque se rend au milieu d'eux, tenant au lieu de sceptre une longue pique, & suivi de deux chiens, ses gardes fidelles, Minerve avoit répandu sur toute sa personne une grace toute divine. Les peuples le voyant entrer sont saisis d'admiration ; il se place sur le throne de son pere, & les vieillards s'éloignent par respect. Le heros Egyptius parla le premier. Il estoit courbé sous le poids des ans, & une longue expérience l'avoit instruit. Son fils, le vaillant Antiphus, s'estoit embarqué avec Ulysse & l'avoit suivi à Ilion, mais le cruel Cyclope le devora dans le fond de son antre, & ce fut le dernier qu'il devora. Il luy restoit encore trois fils, l'un, appellé Eurynome, estoit un des Poursuivants de Penelope, & les deux autres avoient soin des biens de leur pere. Cette consolation n'empeschoit pas ce malheureux pere de se souvenir de son aisné, il en conservoit tousjours l'idée & passoit sa vie dans l'amertume & dans l'affliction. Et alors le visage baigné de larmes, il dit :

« Peuples d'Ithaque, écoutez-moy, nous n'avons vû tenir icy d'assemblée ni de conseil depuis le départ du divin Ulysse. Qui est donc celuy qui nous a assemblez ! quel pressant besoin luy a inspiré cette pensée ! est-ce quelqu'un de nos jeunes gens ! est-ce quelqu'un de nos vieillards ! a-t-il receu de l'armée quelque nouvelle dont il veücille nous faire part ! ou veut-il nous instruire de quelque chose qui regarde le public. Qui que ce soit, c'est sans doute un homme de bien, puisse-t-il réüssir dans son entreprise, & que Jupiter le favorise dans tous ses desseins. »

Il parla ainsi, & le fils d'Ulysse charmé de ce bon augure, ne fust pas long-temps assis, mais plein d'impatience il se leva au milieu de l'assemblée, & aprés que le heraut Peisenor plein de prudence & de sagesse, luy eut mis dans les mains son sceptre, il parla ainsi, en adressant la parole à Egyptius :

» Sage vieillard, celuy qui a assem-
» blé le peuple n'est pas loin, vous
» le voyez devant vos yeux. Et c'est
» la douleur dont je suis accablé qui
» m'a fait prendre ce parti ; je n'ay
» receu aucune nouvelle de l'armée
» dont je puisse vous faire part, & je
» n'ay rien à vous proposer pour le
» public. C'est une affaire particu-
» liere qui me regarde. Un grand
» malheur, que dis-je ! deux mal-
» heurs épouvantables sont tombez
» en mesme temps sur ma maison.
» L'un, j'ay perdu mon pere, la gloire
» de nos jours, qui regnoit sur vous
» avec tant de bonté & de justice,
» que vous trouviez en luy bien
» moins un maistre qu'un pere plein
» de douceur ; & l'autre, qui met le
comble

comble au premier, & qui va renverser mes Eſtats & me ruiner ſans reſſource ; une foule de Princes s'attachent à rechercher ma mere ſans ſon conſentement, & ce ſont les principaux de mon Royaume. Ils refuſent tous de ſe retirer auprés de mon grand pere Icarius, qui donneroit une groſſe dot à ſa fille, & l'accorderoit à celuy d'entre eux qui luy ſeroit le plus agréable. Mais ils s'opiniaſtrent à demeurer chez moy, où ils égorgent tous les jours mes bœufs, mes agneaux & mes chevres, font continuellement des feſtins & épuiſent mes celliers, & tout mon bien ſe diſſipe parce qu'il n'y a point icy d'homme comme Ulyſſe qui puiſſe éloigner ce fleau, & que je ne ſuis pas encore en eſtat de m'y oppoſer, (mais il viendra un jour que je leur paroiſtray terrible) je n'ay pas encore appris à manier les armes. Certainement je me vengerois s'il eſ-

» toit en mon pouvoir. Tout ce qui
» se passe icy ne peut estre supporté,
» & ma maison périt avec trop de
» honte. Concevez-en donc enfin
» une juste indignation ; respectez les
» peuples voisins ; évitez leurs reproches, & sur-tout redoutez la co-
» lere des Dieux, de peur qu'irritez
» de tant d'actions indignes, ils n'en
» fassent tomber sur vos testes la pu-
» nition qu'elles meritent. Je vous
» en conjure au nom de Jupiter
» Olympien, & de Themis, qui pré-
» side aux assemblées, & qui dissipe
» ou fait réüssir tous les conseils &
» tous les projets des hommes, mes
» amis, opposez-vous à ces injustices,
» & que je n'aye qu'à me livrer tout
» entier à l'affliction que me cause la
» perte de mon pere. Que si jamais
» le divin Ulysse avec un cœur en-
» nemi vous a accablez de maux, ven-
» gez-vous en sur moy, je me livre
» a toute vostre haine ; excitez en-
» core ces insolents & suivez leur

exemple. Il me seroit beaucoup «
plus avantageux que ce fust vous «
qui devorassiez mes biens & mes «
troupeaux & tout ce que j'ay de «
plus précieux ; je pourrois au moins «
esperer que vous m'en dédomma- «
geriez un jour, car je n'aurois qu'à «
aller par toute la ville representer «
le tort qu'on m'auroit fait, & re- «
demander mon bien jusqu'à ce «
qu'on m'eust rendu justice. Au lieu «
que presentement vous me préci- «
pitez dans des maux qui sont sans «
remede. «

Il parle ainsi, animé par la colere, & le visage baigné de pleurs, & il jette à terre son sceptre. Le peuple est rempli de compassion. Tous les Princes demeurent dans le silence sans oser répondre : Antinoüs fut le seul qui eut la hardiesse de repartir :

Telemaque, qui témoignez dans «
vos discours tant de hauteur & tant «
d'audace, que venez-vous de dire «

» pour nous deshonorer! vous vou-
» lez nous expofer à d'éternels re-
» proches. Ce ne font point les
» Amants de la Reyne voftre mere
» qui font caufe de vos malheurs,
» c'eft la Reyne elle-mefme qui n'a
» recours qu'à des artifices & à des
» fubtilitez. Il y a desja trois années
» entieres, & la quatriéme va bien-
» toft finir, qu'elle élude toutes les
» Pourfuites des Grecs. Elle nous
» amufe tous de belles efperances;
» elle promet à chacun de nous en
» envoyant meffages fur meffages, &
» elle penfe tout le contraire de ce
» qu'elle promet. Voicy le dernier
» tour dont elle s'eft avifée: Elle s'eft
» mife à travailler dans fon apparte-
» ment à une toile tres fine & d'une
» immenfe grandeur, & nous a dit à
» tous: *Jeunes Princes, qui me pour-*
» *fuivez en mariage, puifque le divin*
» *Ulyffe n'eft plus, attendez, je vous*
» *prie, & permettez que je ne penfe*
» *à mes nopces qu'aprés que j'auray*

achevé cette toile que j'ay commen- «
cée; il ne faut pas que tout mon «
ouvrage soit perdu. Je la prépa- «
re pour les funerailles de Laërte, «
quand la Parque cruelle l'aura livré «
à la mort, afin qu'aucune femme «
des Grecs ne vienne me faire des «
reproches si j'avois laissé sans drap «
mortuaire fait de ma main, un hom- «
me si cher & qui possedoit tant de «
biens. C'est ainsi qu'elle parla, & «
nous nous laissâmes amuser par ses «
paroles. Le jour elle travailloit «
avec beaucoup d'assiduité, mais la «
nuit, dés que les torches estoient «
allumées, elle défaisoit ce qu'elle «
avoit fait le jour. Cette ruse nous «
a esté cachée trois ans entiers : mais «
enfin la quatriéme année estant ve- «
nuë & presque finie, une de ses «
femmes, qui estoit de la confiden- «
ce, nous a avertis de ce complot; «
nous-mesmes nous l'avons surprise «
comme elle défaisoit cet ouvrage «
admirable, & nous l'avons forcée «

» malgré elle de l'achever. Voicy
» donc la réponse que tous ses Pour-
» suivants vous font par ma bouche,
» afin que ni vous ni aucun des Grecs
» n'en prétendiez cause d'ignorance :
» Renvoyez vostre mere, & obligez-
» la à se déclarer en faveur de celuy
» que son pere choisira & qu'elle
» trouvera le plus aimable. Que si
» elle prétend nous amuser icy, &
» nous faire languir encore long-
» temps, jusqu'à ce qu'elle ait mis en
» œuvre toutes les instructions que
» Minerve luy a données, en luy en-
» seignant tant de beaux ouvrages,
» en ornant son ame de tant de sa-
» gesse & de vertu, & en luy inspi-
» rant des finesses qui ne sont jamais
» venuës dans l'esprit des femmes les
» plus celebres, de Tyro, d'Alcmene
» & de la belle Mycene, car aucune
» de ces Princesses n'a eû les ruses
» de Penelope, elle prend là un parti
» qui ne vous est pas fort avantageux,
» car nous consumerons icy tout vos-

tre bien, tandis qu'elle persistera «
dans le dessein que les Dieux luy «
ont inspiré. Il est vray que par «
cette conduite elle acquerra beau- «
coup de gloire, mais elle achevera «
de vous ruiner, car pour nous, «
nous n'irons vacquer à aucune de «
nos affaires, & nous ne desempa- «
rerons point d'icy, que Penelope «
n'ait donné la main à celuy qui «
luy sera le plus agreable. «

Le sage Telemaque répondit :
Antinoüs, il n'est pas possible que «
je fasse sortir par force de mon «
Palais celle qui m'a donné le jour «
& qui m'a nourri elle-mesme. Peut- «
estre que mon pere vit dans une «
terre estrangere, peut-estre aussi «
qu'il ne vit plus : suis-je en estat «
de rendre à Icarius toutes ses ri- «
chesses, comme il faudra le faire «
necessairement, si je renvoye ma «
mere sans autre raison que ma vo- «
lonté ! mon pere enfin de retour «
ne manqueroit pas de m'en punir. «

» Et quand je n'aurois rien à crain-
» dre de sa part, me mettrois-je à
» couvert des vengeances des Dieux,
» aprés que ma mere chassée de ma
» maison auroit imploré les redouta-
» bles Furies ; & pourrois-je éviter
» l'indignation de tous les hommes
» qui s'éleveroient contre moy. Ja-
» mais un ordre si injuste & si cruel
» ne sortira de ma bouche. Si vous
» en estes fâchez, & que vous soyez
» si rebutez de la conduite de ma
» mere, sortez de mon Palais, allez
» ailleurs faire des festes en vous trait-
» tant tour à tour à vos dépens cha-
» cun dans vos maisons. Que si vous
» trouvez plus utile & plus expedient
» pour vous de consumer impuné-
» ment le bien d'un seul, achevez;
» j'invoqueray les Dieux immortels,
» & je les prieray qu'ils fassent chan-
» ger la fortune des méchants, & que
» vous perissiez tous dans ce Palais,
» sans que vostre mort soit jamais
» vengée.

Ainsi parla Telemaque; en mesme temps Jupiter fait partir du sommet de sa montagne deux aigles qui s'abandonnant au gré des vents, ne font d'abord que planer en se tenant tousjours l'un prés de l'autre; mais dés qu'ils sont arrivez au dessus de l'assemblée où l'on entendoit un bruit confus, alors faisant plusieurs tours & battant des aisles, ils marquent par leurs regards toutes les testes des Poursuivants, & leur prédisent la mort. Car aprés s'estre ensanglanté avec leurs ongles la teste & le cou, ils prennent leur vol à droite, & traversant toute la ville, ils regagnent tranquillement leur aire.

Les Grecs n'eurent pas plustost apperceû ces oyseaux de Jupiter, qu'ils furent saisis de frayeur; car ils prévoyoient ce qui devoit s'accomplir. Le fils de Mastor, le vieillard Halitherse, qui surpassoit en expérience tous ceux de son âge pour discerner les oyseaux & pour expliquer leurs présages, prenant la parole, leur dit avec beaucoup d'affection & de prudence :

» Peuples d'Ithaque, écoutez ce
» que j'ay à vous annoncer ; Je
» m'adresse sur-tout aux Poursui-
» vants de Penelope, car c'est parti-
» culierement sur leur teste que va
» tomber ce malheur. Ulysse ne sera
» pas encore long-temps éloigné de
» ses amis, il est quelque part prés
» d'icy & porte à tous ces Princes
» une mort certaine; mais ils ne sont
» pas les seuls, plusieurs d'entre
» nous qui habitons la haute ville
» d'Ithaque, nous sommes menacez
» du mesme sort. Avant donc qu'il
» tombe sur nos testes, prenons en-
» semble des mesures pour l'éviter.
» Que ces Princes changent de con-
» duite, ils gagneront infiniment à
» prendre bientost ce parti. Car ce
» n'est point au hazard & sans expé-
» rience que je leur prédis ces mal-

heurs, c'est avec une certitude en- «
tiere fondée sur une science qui ne «
trompe point. Et je vous dis que «
tout ce que j'avois prédit à Ulysse «
lorsque les Grecs monterent à Ilion, «
& qu'il s'embarqua avec eux, est «
arrivé de point en point. Je luy «
avois predit qu'il souffriroit des «
maux sans nombre, qu'il perdroit «
tous ses Compagnons, & que la «
vingtiéme année il arriveroit dans «
sa patrie inconnu à tout le monde. «
Voicy la vingtiéme année, & l'é- «
venement va achever de justifier ma «
prédiction. «

Eurymaque, fils de Polybe, luy
répondit en se mocquant de ses
menaces : Vieillard, retire-toy, va «
dans ta maison faire tes prédictions «
à tes enfants de peur qu'il ne leur «
arrive quelque chose de funeste. Je «
suis plus capable que toy de pro- «
phetiser & d'expliquer ce prétendu «
prodige. On voit tous les jours «
une infinité d'oyseaux voler sous la «

» voute des cieux, & ils ne sont pas
» tous porteurs de présages. Je te
» dis, moy, qu'Ulysse est mort loin
» de ses Estats, & plust aux Dieux
» que tu fusses peri avec luy, tu ne
» viendrois pas nous débiter icy tes
» belles propheties, & tu n'exciterois
» pas contre nous Telemaque desja
» assez irrité, & cela pour quelque pre-
» sent que tu esperes qu'il te fera pour
» recompenser ton zele. Mais j'ay une
» chose à te dire, & qui ne manquera
» pas d'arriver, c'est que si en te ser-
» vant des vieux tours que ton grand
» âge t'a appris, tu surprends la jeu-
» nesse du Prince pour l'irriter con-
» tre nous, tu ne feras qu'augmenter
» ses maux, & tu ne viendras nulle-
» ment à bout de tes pernicieux des-
» seins, nous nous vengerons si cruel-
» lement de toy, que tu en conserve-
» ras long-temps une douleur cui-
» sante. Le seul conseil que je puis
» donner à Telemaque, c'est d'obli-
» ger la Reyne sa mere à se retirer

chez son pere ; là ses parents auront «
soin de luy faire des nopces mag- «
nifiques & de luy préparer des pre- «
sents qui répondront à la tendresse «
qu'ils ont pour elle. Car je ne pense «
pas que les Grecs renoncent à leur «
poursuite, quelque difficile qu'elle «
soit ; nous ne craignons icy person- «
ne, non pas mesme Telemaque, «
tout grand harangueur qu'il est, & «
nous nous mettons peu en peine «
de la prophetie que tu viens nous «
conter, qui ne sera jamais accom- «
plie, & qui ne fait que te rendre «
plus odieux. Nous continüerons de «
consumer les biens d'Ulysse, & ja- «
mais ce desordre ne cessera tandis «
qu'elle amusera les Grecs en diffe- «
rant son mariage. Tous tant que «
nous sommes icy de rivaux, nous «
attendrons sans nous rebuter, & «
nous disputerons la Reyne à cause «
de sa vertu, qui nous empesche de «
penser aux autres partis auxquels «
nous pourrions prétendre. «

Le prudent Telemaque prenant
» la parole, répondit : Eurymaque,
» & vous tous, fiers Poursuivants de
» la Reyne ma mere, je ne vous fais
» plus la priere que je vous ay faite,
» je ne vous en parle plus, les Dieux
» & tous les Grecs sçavent ce qui se
» passe & cela suffit. Donnez-moy
» seulement un vaisseau avec vingt
» rameurs qui me menent de costé &
» d'autre sur la vaste mer. J'ay resolu
» d'aller à Sparte & à Pylos chercher
» si je ne découvriray point quelque
» chose des avantures de mon pere,
» qui est absent depuis tant d'années;
» si je ne pourray rien apprendre
» sur son retour ; si quelque mortel
» pourra me dire ce qu'il est devenu ;
» ou si la fille de Jupiter, la Renom-
» mée, qui plus que toute autre Dées-
» se fait voler la gloire des hommes
» dans tout l'univers, ne m'en don-
» nera point quelque nouvelle. Si je
» suis assez heureux pour entendre
» dire qu'il est en vie & en estat de

revenir, j'attendray la confirmation «
de cette bonne nouvelle une année «
entiere avec toute l'inquietude d'u- «
ne attente tousjours douteuse. Mais «
si j'apprends qu'il ne vit plus, & «
qu'il ne joüit plus de la lumiere du «
soleil, je reviendray dans ma chere «
patrie, je luy éleveray un superbe «
tombeau, je luy feray des funerail- «
les magnifiques, & j'obligeray ma «
mere à choisir un mary. «

Aprés qu'il eut parlé de la sorte, il s'assit, & Mentor se leva. C'estoit un des plus fidelles amis d'Ulysse, & celuy à qui, en s'embarquant pour Troye, il avoit confié le soin de toute sa maison, afin qu'il la conduisist sous les ordres du bon Laërte. Il parla en ces termes qui faisoient connoistre sa grande sagesse :

Ecoutez-moy, peuples d'Itha- «
que, qui est le Roy qui desormais «
voudra estre moderé, clement & «
juste ! qui est celuy au contraire «

» qui ne sera pas dur, emporté, vio-
» lent, & qui ne s'abandonnera pas à
» toutes sortes d'injustices ? lorsque
» nous voyons que parmi tant de
» peuples qui estoient soumis au di-
» vin Ulysse, & qui ont tousjours
» trouvé en luy un pere plein de
» douceur, il n'y a pas un seul hom-
» me qui se souvienne de luy & qui
» n'ait oublié ses bienfaits. Je n'en
» veux point icy aux fiers Poursui-
» vants qui commettent dans ce Pa-
» lais toutes sortes de violences par
» la corruption & la dépravation de
» leur esprit, car c'est au peril de leur
» teste qu'ils dissipent les biens d'U-
» lysse, quoy-qu'ils esperent qu'ils
» ne le verront jamais de retour. Mais
» je suis veritablement indigné con-
» tre son peuple, de voir que vous
» vous tenez tous dans un honteux
» silence, & que vous n'avez pas le
» courage de vous opposer, au moins
» par vos paroles, aux injustices de
» ses ennemis, quoy-que vous soyez

en tres grand nombre, & qu'ils foient bien moins forts que vous.

Leocrite, fils d'Evenor, luy répondit : Imprudent, infensé Mentor, que venez-vous de dire pour nous exciter à nous oppofer à tant de defordres? Il n'eft pas facile de combattre contre des gens qui font tousjours à table, quoy-que vous foyez en plus grand nombre qu'eux. Si Ulyffe luy-mefme furvenoit au milieu de ces feftins, & qu'il entrepriſt de chaffer de fon Palais ces fiers Pourfuivants, la Reyne fa femme ne fe rejoüiroit pas long-temps de ce retour fi defiré, elle le verroit bientoft perir à fes yeux, parce que, quoy-que fuperieur en nombre, il combattroit avec defavantage. Vous avez donc parlé contre toute forte de raifon. Mais que tout le peuple fe retire pour vacquer à fes affaires. Mentor & Halitherfe, qui font les plus anciens amis d'Ulyffe, prépareront à Telemaque tout

» ce qui est necessaire pour son dé-
» part. Je pense pourtant que ce
» voyage aboutira à attendre à Itha-
» que les nouvelles dont on est en
» peine, & qu'on ne partira point.

Il parla ainsi, & en mesme temps il rompit l'assemblée. Chacun se retire dans sa maison ; les Poursuivants reprennent le chemin du Palais d'Ulysse, & Telemaque s'en va seul sur le rivage de la mer, & aprés s'estre lavé les mains dans ses ondes, il adresse cette priere à Minerve :

» Grande Déesse, qui daignastes
» hier vous apparoistre à moy dans
» mon Palais, & qui m'ordonnastes
» de courir la vaste mer, pour ap-
» prendre des nouvelles du retour de
» mon pere, qui est depuis si long-
» temps absent, écoutez-moy. Les
» Grecs, & sur-tout les Poursuivants,
» s'opposent à l'execution de vos or-
» dres, & retardent mon départ avec
» une insolence qu'on ne peut plus

supporter. Il parla ainsi en priant ; «
aussitost Minerve prenant la figure
& la voix de Mentor, s'approcha
de luy, & luy adressant la parole,

Telemaque, luy dit-elle, desor- «
mais vous ne manquerez ni de va- «
leur ni de prudence, au moins si le «
courage & la sagesse d'Ulysse ont «
coulé dans vos veines avec son sang ; «
& comme il estoit homme qui ef- «
fectuoit tousjours, non seulement «
tout ce qu'il avoit entrepris, mais «
aussi tout ce qu'il avoit dit une «
fois, vous ferez de mesme ; vostre «
voyage ne sera pas un vain projet, «
vous l'executerez. Mais si vous «
n'estiez pas fils d'Ulysse & de Pe- «
nelope, je n'oserois me flatter que «
vous vinssiez à bout de vos desseins. «
Il est vray qu'aujourd'huy peu d'en- «
fants ressemblent à leurs peres ; la «
plufpart dégenerent de leur vertu, «
& il y en a tres peu qui les sur- «
passent. Mais, comme je vous l'ay «
desja dit, vous marquez de la valeur «

» & de la prudence, & la sagesse d'U-
» lysse se fait desja remarquer en vous ;
» on peut donc esperer que vous ac-
» complirez ce que vous avez resolu.
» Laissez-là les complots & les ma-
» chinations de ces Princes insensez.
» Ils n'ont ni prudence ni justice, &
» ils ne voyent pas la mort qui par
» l'ordre de leur noire Destinée est
» desja prés d'eux & va les empor-
» ter tous dans un mesme jour. Le
» voyage que vous méditez ne sera
» pas long-temps differé, tel est le
» secours que vous trouverez en moy
» qui suis l'ancien ami de vostre pere ;
» je vous équiperay un navire & je
» vous accompagneray. Retournez
» donc dans vostre Palais, vivez avec
» les Princes à vostre ordinaire, &
» préparez cependant les provisions
» dont vous avez besoin. Remplissez-
» en des vaisseaux bien conditionnez,
» mettez le vin dans des urnes, & la
» farine, qui fait la force des hom-
» mes, mettez la dans de bonnes

peaux, & moy j'auray soin de vous «
choisir parmi vos sujets des compa- «
gnons qui vous suivront volontai- «
rement. Il y a dans le port d'Itha- «
que assez de vaisseaux tant vieux «
que nouvellement construits, je «
choisiray le meilleur, & aprés l'avoir «
équipé, nous nous embarquerons «
ensemble. «

La fille de Jupiter parla ainsi. Et Telemaque ne s'arresta pas plus long-temps aprés avoir entendu la voix de la Déesse. Il reprit le chemin de son Palais, le cœur plein de tristesse ; il trouva dans la cour les fiers Poursuivants qui dépoüilloient des chevres, & qui faisoient rostir des cochons engraissez. Antinoüs le voyant arriver, s'avance au devant de luy en riant, le prend par la main, & luy adresse ces paroles :

Telemaque qui tenez des propos «
si hautains & qui faites voir un cou- «
rage indomptable, ne vous tour- «

» mentez plus à former des projets &
» à préparer des harangues ; venez
» pluſtoſt faire bonne chere avec
» nous, comme vous avez fait juſ-
» qu'icy. Les Grecs auront ſoin de
» préparer toutes choſes pour voſtre
» départ; ils vous donneront un bon
» vaiſſeau & des rameurs choiſis, afin
» que vous arriviez plus prompte-
» ment à la délicieuſe Pylos, pour y
» apprendre des nouvelles de voſtre
» illuſtre pere.

Le prudent Telemaque luy ré-
» pondit : Antinoüs, je ne ſçaurois
» me reſoudre à manger avec des in-
» ſolents comme vous, avec des im-
» pies qui ne reconnoiſſent ni les loix
» humaines ni les loix Divines, je
» ne gouſterois pas tranquillement le
» plaiſir des feſtins. Ne vous ſuffit-il
» pas d'avoir juſqu'icy conſumé tout
» ce que j'avois de plus beau & de
» meilleur, parce que j'eſtois enfant;
» preſentement que je ſuis devenu
» homme, que l'âge a augmenté mes

forces, & que les bonnes instruc- «
tions ont éclairé mon cœur & mon «
esprit, je tascheray de haster vostre «
malheureuse destinée, soit que j'aille «
à Pylos ou que je demeure icy. «
Mais je partiray malgré vous, & «
mon voyage ne sera pas de ces vains «
projets qui ne s'executent point ; je «
partiray plustost sur un vaisseau de «
rencontre comme un simple passa- «
ger, puisque je ne puis obtenir ni «
vaisseau ni rameurs, parce que vous «
jugez plus expedient pour vous de «
me les refuser. «

En finissant ces mots, il arrache
sa main des mains d'Antinoüs. Les
Princes continüent à préparer leur
festin, & cependant ils se divertis-
sent à railler & à brocarder Telemaque. Parmi cette troupe inso-
lente, les uns disoient, voilà donc
Telemaque qui va nous faire bien
du mal. Prétend-il donc amener
de Pylos ou de Sparte des troupes
qui l'aydent à se venger ? car il

a cette vengeance furieusement à cœur. Où veut-il aller dans le fertile pays d'Ephyre, afin d'en rapporter quelques drogues pernicieuses qu'il meslera dans nostre urne pour nous faire tous perir! Que sçait-on, disoient les autres, si aprés estre monté sur la vaste mer, il ne sera pas errant & vagabond comme son pere, & n'aura pas une fin aussi malheureuse que luy! C'est-là le meilleur moyen qu'il ait de nous faire de la peine, car nous aurions celle de partager tous ses biens, & pour son Palais, nous le laisserions à sa mere, ou à celuy qu'elle choisiroit pour mary.

Ainsi parloient les Poursuivants, & le jeune Prince descend dans les celliers spacieux & exhaussez du Roy son pere, où l'on voyoit des monceaux d'or & d'airain, des coffres pleins de riches estoffes, des huiles d'un parfum exquis, & des vaisseaux d'un vin vieux digne d'estre

tre servi à la table des Immortels. Toutes ces richesses estoient rangées par ordre autour de la muraille en attendant Ulysse, si jamais délivré de ses travaux, il revenoit heureusement dans son Palais. Ces celliers estoient fermez d'une bonne porte avec une double serrure, & les clefs en estoient confiées à une sage gouvernante qui veilloit nuit & jour sur ces thresors avec beaucoup de fidelité & de prudence, c'estoit Euryclée fille d'Ops & petite fille de Peisenor. Telemaque l'ayant fait appeller, luy parla en ces termes :

« Ma nourrice, tirez-moy de ce vin vieux dans des urnes, & donnez-moy du plus excellent aprés celuy que vous gardez pour le plus malheureux de tous les Princes, pour le divin Ulysse, si jamais échapé à la cruelle Parque, il se voit heureusement de retour chez luy ; bouchez avec soin les urnes ; met-

» tez dans des peaux bien préparées
» vingt mesures de fleur de farine;
» que personne que vous ne le sça-
» che, & que tout soit prest cette
» nuit, je viendray le prendre aprés
» que ma mere sera montée dans son
» appartement pour se coucher, car
» je suis resolu d'aller à Sparte & à
» Pylos tascher d'apprendre quelques
» nouvelles du retour de mon pere.

Euryclée entendant cette resolution, jette de grands cris, & les
yeux baignez de larmes, elle luy
» dit : Mon cher fils, pourquoy ce
» dessein vous est-il entré dans la
» teste ! où voulez-vous aller ! vou-
» lez-vous aller courir toute la vaste
» étenduë de la terre ! vous estes fils
» unique & fils si tendrement aimé.
» Le divin Ulysse est mort loin de
» sa patrie, dans quelque pays éloi-
» gné. Vous ne serez pas plustost par-
» ti, que les Poursuivants de la Rey-
» ne vostre mere vous dresseront
» mille ambusches pour vous faire

perir, & ils partageront entre eux «
tous vos biens. Demeurez donc «
icy au milieu de vos sujets ; pour- «
quoy iriez-vous vous exposer aux «
perils de la mer qui sont infinis ? «
que l'exemple de vostre pere vous «
instruise. «

Telemaque, touché de sa tendresse, luy répond : Ayez bon cou- «
rage, ma chere nourrice, ce dessein «
ne m'est pas venu dans l'esprit sans «
l'inspiration de quelque Dieu. Mais «
jurez-moy que vous ne le décou- «
vrirez à ma mere que l'onziéme, ou «
le douziéme jour aprés mon départ, «
de peur que dans les transports de «
sa douleur, elle ne meurtrisse son «
beau visage. Que si avant ce terme «
elle a d'ailleurs quelque nouvelle «
de mon absence, & qu'elle vous «
ordonne de luy dire la verité, alors «
vous serez quitte de vostre serment. «

Il parla ainsi, & Euryclée prenant les Dieux à temoin, fit le plus
grand de tous les serments. Quand

elle eut juré, & expliqué ce qu'elle promettoit, elle remplit de vin les urnes, mit de la farine dans des peaux, & Telemaque remontant dans son Palais, alla rejoindre les Princes.

La Déesse Minerve, qui ne perdoit pas de vûë ce qu'elle vouloit executer, prend la figure de Telemaque, va par toute la ville, parle à tous ceux qu'elle rencontre, les oblige à se rendre sur le rivage à l'entrée de la nuit, & demande au celebre fils de Phronius, à Noemon, son navire. Il le promet volontiers & avec grand plaisir. Le soleil cependant se couche, & la nuit répand ses noires ombres sur la terre. Minerve fait lancer à l'eau le navire, l'équipe de tout ce qui est necessaire pour bien voguer, & le tient à la pointe du port. Les compagnons du jeune Prince s'assemblent pressez par la Déesse, qui pour assûrer encore davantage le succés de son entreprise, va au Palais d'Ulysse & verse un doux sommeil sur les paupieres des Poursuivants. Les fumées du vin font leur effet, ils ne peuvent plus se soutenir, les coupes leur tombent des mains; ils se dispersent dans la ville & vont à pas chancelants chercher à se coucher, n'ayant plus la force de se tenir à table, tant ils sont accablez de sommeil.

Alors Minerve, prenant la figure & la voix de Mentor, appelle Telemaque pour le faire sortir de son Palais. Telemaque, luy dit-elle, « tous vos compagnons sont prests à « faire voile, ils n'attendent plus que « vos ordres, allons donc & ne differons pas davantage nostre départ. «

En achevant ces mots elle marche la premiere & Telemaque la suit. A leur arrivée ils trouvent sur le rivage leurs compagnons tout prests, & Telemaque leur adressant

» la parole, leur dit : Allons, mes
» amis, portons dans le vaisseau tou-
» tes les provisions necessaires ; je les
» ay fait préparer dans le Palais, ma
» more n'en sçait rien, & de toutes
» les femmes il n'y en a qu'une seule
» qui soit du secret. En mesme temps
il se met à les conduire luy-mesme ; ils le suivent. On porte toutes
les provisions & on les charge sur
le vaisseau, comme le Prince l'avoit
ordonné. Tout estant fait, il monte
le dernier. Minerve qui le conduit
se place sur la poupe, & Telemaque s'assied prés d'elle. On délie les
cables, les rameurs se mettent sur
leurs bancs. Minerve leur envoye
un vent favorable, le Zephyre, qui
de ses souffles impetueux fait mu-
gir les flots. Telemaque hastant ses
compagnons, leur ordonne d'appareiller. Pour seconder son empressement, ils dressent le mast, l'assû-
rent par des cordages & déployent
les voiles : le vent soufflant au mi-

lieu les enfle, & les flots blanchis d'écume gemissent sous les avirons. Le vaisseau fend rapidement le sein de l'humide plaine. Les rameurs quittant leurs rames, couronnent de vin les coupes & font des libations aux Immortels, sur-tout à la fille de Jupiter, & voguent ainsi toute la nuit & pendant le lever de l'aurore.

REMARQUES
SUR
L'ODYSSÉE D'HOMERE.

LIVRE II.

Page 117. *Mit sur ses épaules un baudrier*] Le Grec dit, *il mit sur ses épaules une espée*, ce qui marque certainement que c'estoit un baudrier & non pas un ceinturon, comme on l'a desja vû dans l'Iliade.

Tenant au lieu de sceptre une pique] Il prend une pique, parce qu'il alloit à une assemblée où il sçavoit bien qu'il seroit au milieu de ses ennemis.

Page 118. *Et suivi de deux chiens ses gardes fidelles*] Dans ces temps heroiques on se servoit beaucoup de chiens. Nous avons vû dans l'Iliade qu'Achille en nourrissoit de fort grands, & qu'il s'en servoit pour la garde de son camp. Mais, dit-on, voilà une belle circonstance à marquer dans une grande Poësie, *Telemaque ne mar-*

choit pas seul, il estoit suivi de deux chiens. Il seroit bon que ces grands critiques se souvinssent que la Poësie est comme la Peinture, qui tire de grandes beautez des coutumes les plus simples. Et que non seulement dans la Poësie, mais dans la Prose mesme, on prend plaisir à voir relever les moindres choses qui marquent les usages des anciens temps. Ce qu'Homere dit icy de Telemaque n'est pas different de ce que la sainte Escriture nous dit de Tobie, cent cinquante ans ou environ aprés Homere, *Profectus est autem Tobias, & canis secutus est eum*, Tob. 6. 1. Virgile n'a pas dédaigné la mesme circonstance, car dans le liv. 8. en parlant d'Evandre, il dit :

Necnon & gemini custodes limine ab alto
Procedunt, gressumque canes comitantur
herilem.

Et c'est ce que les plus grands Peintres ont imité.

Et les vieillards s'éloignent par respect] Les *vieillards*, c'est à dire, les Princes & les Principaux d'Ithaque; c'est un mot de dignité qui ne marque pas tousjours un grand âge. D'ailleurs tous ceux qui estoient à cette assemblée estoient plus vieux que Telemaque. Ils s'éloignent par respect, autant ses ennemis que les autres; Dieu imprime sur les Princes un caractere de majesté qui se fait tousjours sentir, & qui leur attire les respects qui leur sont dûs.

Le heros Egyptius parla le premier] Voilà à Ithaque un Prince appellé *Egyptius*. Cela se pratiquoit souvent, des noms patronymiques ou empruntez des lieux, devenoient des noms propres. Cet Egyptius pouvoit estre d'une famille originaire d'Egypte, ou bien il pouvoit avoir eu ce nom pour y avoir trafiqué.

Et il fut le dernier qu'il devora] Il y a dans le Grec, *& il en fit son dernier repas*. Les anciens ont remarqué qu'Homere s'exprime icy d'une maniere amphibologique, & que ces paroles, *en fit son dernier repas*,

. . . . πύματον δ' ὡπλίσατο δόρπον,

presentent trois sens. Le premier, *Que cet Antiphus fut le dernier des Compagnons d'Ulysse que le Cyclope devora*; Le second, *Que ce fut luy dont il fit le dernier repas de la journée, c'est à dire, le souper*; Et le troisiéme, *Que ce fut effectivement le dernier repas de ce monstre, qui aprés avoir perdu son œil, renonça à la vie & mourut*. Car il y avoit une tradition que le Cyclope n'avoit pû survivre à son infortune. Le dernier sens n'est nullement fondé dans Homere. Le second est froid, car il n'est pas question icy s'il devora Antiphus à diner ou à souper. Le premier sens me paroist le seul veritable, Antiphus fut le dernier des Compagnons d'Ulysse que ce Cyclope devora.

Cette consolation n'empeschoit pas ce malheureux pere] Homere n'explique pas si ce pere estoit instruit du malheureux sort de son fils. Il y a bien de l'apparence qu'il l'ignoroit ; d'où l'auroit-il sçû ? Son affliction venoit sans doute de l'opinion où il estoit, qu'il avoit peri avec Ulysse.

Page 119. *Nous n'avons vû tenir icy d'assemblée ni de conseil depuis le départ du divin Ulysse*] Homere veut peindre par là le grand desordre qui regnoit dans Ithaque. Telemaque n'avoit pas esté en âge de tenir des Conseils. Penelope ne le pouvoit, car outre que ce n'estoit pas l'employ des femmes, elle ne l'auroit pû quand elle l'auroit voulu ; Laërte estoit trop vieux, il s'estoit mesme retiré, & les amis qui restoient à Ulysse n'auroient osé l'entreprendre, de peur de s'attirer les Poursuivants.

Qui est donc celuy qui nous a assemblez ?] Egyptius n'ignoroit pas sans doute que c'estoit Telemaque, mais il fait semblant de l'ignorer pour tirer de cette ignorance un prétexte de parler le premier, & pour faire entendre adroitement à ce jeune Prince qu'il a encore des amis, sans s'attirer la haine des Poursuivants, qui pouvoient prendre pour eux ses paroles. Cette adresse produit un tres bon effet, car elle encourage Telemaque & le remplit d'esperance, & elle luy épargne l'embarras où il auroit esté s'il luy avoit fallu ouvrir l'assemblée & parler le premier. Un jeune homme qui n'a point d'experience a besoin d'estre aydé.

Qui que ce soit, c'est sans doute un homme de bien] Il en juge ainsi, parce que dans ce desordre il n'y avoit qu'un homme de bien qui pust avoir le courage d'assembler un Conseil.

Et le fils d'Ulysse charmé de ce bon augure] Telemaque comprend fort bien le tour qu'a pris Egyptius, & prenant pour luy toutes ses paroles, il en tire un bon augure, c'est pourquoy Homere dit, χαῖρε δὲ φήμῃ. Φήμη signifie icy *omen*.

Page 120. *Et aprés que le heraut Peisenor luy eust mis dans les mains son sceptre*] Les Roys & les Princes portoient ordinairement leur sceptre quand ils alloient aux assemblées, aux conseils, & quand ils ne le portoient pas, ils avoient prés d'eux des herauts qui le portoient & qui le leur mettoient entre les mains quand ils vouloient parler, parce qu'alors ils avoient besoin de cette marque de leur dignité. Il en estoit de mesme des juges ; ils n'avoient pas le sceptre quand ils estoient assis pour écouter les parties, mais quand ils se levoient pour aller aux opinions, ils le prenoient de la main des herauts, comme Homere nous l'a expliqué dans le liv. XIII. de l'Iliade. *Leurs sceptres sont entre les mains des herauts qui les tiennent prés d'eux, & quand ils se levent l'un aprés l'autre pour aller aux opinions, ils prennent chacun de la main d'un heraut ces sceptres, caractere sacré de la justice.* Il en est icy de mesme de Telemaque, il ne porte pas son sceptre, mais quand il va parler, il le prend de la main de son heraut.

Un grand malheur, que dis-je! deux malheurs épouvantables] C'est le sens de ces paroles, Telemaque commence d'abord par κακον, un grand malheur, & ensuite se reprenant, il dit, δοιω, deux malheurs. Ce discours est plein de force & d'adresse.

Que vous trouviez en luy bien moins un maistre qu'un pere plein de douceur] Car les Roys, qui sont seulement maistres & qui ne sont pas peres, ne sont pas de bons Roys. Herodote semble avoir pris d'icy ce qu'il dit de Cambyse & de Cyrus. Καμβύσης μὲν δεσπότης, Κῦρος δὲ πατήρ. *Cambyse estoit un maistre, & Cyrus un pere.*

Et l'autre, qui met le comble au premier] Le Grec dit, *& l'autre qui est beaucoup plus grand.* Et j'ay vû des gens qui estoient choquez de cet endroit, comme s'il y avoit trop de dureté à Telemaque, de dire que les desordres de sa maison estoient un plus grand malheur que la mort de son pere. Mais c'est une délicatesse sans raison. Il est naturel qu'un fils perde son pere, c'est le cours de la nature, & ce malheur, quoy-que grand, est sans comparaison moindre pour un Prince, que de voir des estrangers s'emparer de sa maison, s'attacher à sa mere malgré elle, dissiper son bien, & vouloir le chasser du throne.

Page 121. *Et ce sont les principaux de mon Royaume*] C'est à dire, de ceux qui devroient estre les plus fidelles à Ulysse & à moy. Telemaque parle ainsi pour augmenter l'indignation du peuple, car de cent huit Poursuivants il n'y en avoit que douze d'Ithaque.

Qui donneroit une grosse dot à sa fille] Car la premiere dot, qu'il luy avoit donnée en la mariant à Ulysse, devoit demeurer à son fils. Une femme donc en se remariant ne portoit point à son second mary le bien qu'elle avoit porté au premier dont elle avoit des enfants, à moins que ses enfants ne l'eussent maltraittée; cela me paroist remarquable.

Et tout mon bien se dissipe] Καπάνεται, c'est à dire, *se perd, se consume*, ἄνεται, ἄλλυται, ἀναλίσκεται.

Mais il viendra un jour que je leur paroistray terrible] Il m'a paru qu'on a tousjours mal expliqué ce vers,

.... Ἦ ϰ̓ ἔπειτα
Λευγαλέοι τ' ἐσόμεθα.

Car on l'a expliqué, *& je suis encore foible.* Mais ce n'est point du tout là le sens. C'est une parenthese. Aprés que Telemaque a dit, *& que je ne suis pas encore en âge de m'y opposer*, il adjoute comme par une espece d'inspiration, *mais il viendra un jour que je leur paroistray terrible.* Λευγαλέος signifie *foible, exposé aux injures*, mais il signifie aussi *terrible, pernicieux*, & il est icy dans cette derniere signification; le mot ἔπειτα seul le prouve. Cela donne beaucoup de force au discours de Telemaque, & est tres propre à encourager ses sujets.

Je n'ay pas encore appris à manier les armes] Homere dit, *je n'ay pas encore appris la valeur*. Ce Poëte croyoit donc que la valeur s'apprenoit, & que c'eſt une ſcience comme toutes les autres vertus. C'eſt ce que Socrate a démonſtré. On peut voir le dialogue de Platon intitulé *Lâches* ou *de la valeur*.

Page 122. *Reſpectez les peuples voyſins; évitez leurs reproches*] Car les peuples qui abandonnent leurs Princes, ſont immanquablement regardez comme infames, par tous ceux qui apprennent leur lâcheté.

Ils n'en faſſent tomber ſur vos teſtes la punition qu'elles meritent] Car Dieu ne punit pas ſeulement ceux qui commettent ces actions ſi indignes, mais encore ceux qui les voyent commettre & qui n'ont pas le courage de s'y oppoſer.

Et de Themis qui preſide aux aſſemblées, & qui aſſûre ou renverſe tous les conſeils] Il y a ſeulement dans le Grec, *& de Themis qui forme ou diſſipe les aſſemblées des hommes*. Euſtathe fait entendre qu'Homere parle ainſi par rapport à une coutume qu'on avoit alors de porter aux aſſemblées une ſtatuë de Themis, & de la remporter quand les aſſemblées eſtoient finies. Et de cette maniere c'estoit Themis qui formoit les assemblées & qui les congedioit. Mais outre que je n'ay vû nulle part aucun vestige de cette coutume, & que je ne croy pas qu'elle ait aucun fondement dans l'Antiquité, je suis persuadée qu'Homere dit icy quelque chose de plus profond & de plus utile. Assurement il veut faire entendre qu'il n'y a que la justice qui assure les déliberations qu'on prend dans les conseils, elle les fait réussir quand elles sont justes, & elle les renverse & les dissipe quand elles sont opposées à ses loix.

Que si jamais le divin Ulysse avec un cœur ennemi vous a accablez de maux, vengez-vous en sur moy] Les peuples ne peuvent sans injustice & sans impieté conserver du ressentiment, ni se venger des injustices de leur Roy legitime, beaucoup moins encore s'en venger sur son fils innocent ; mais il faut qu'un Prince soit bien assuré que ses sujets n'ont aucun sujet de se plaindre de son pere, pour oser reveiller ainsi leur ressentiment, & se livrer à toute leur haine, surtout dans le desordre qui regnoit à Ithaque. Il y a là beaucoup de grandeur & de confiance ; cela confirme bien l'éloge qu'il a donné à Ulysse, qu'il estoit doux à ses peuples comme un pere à ses enfants.

Page 123. *Il me seroit beaucoup plus*

avantageux que ce fuſt vous] Telemaque prévient icy une réponſe que ſes ſujets pouvoient luy faire, *ce n'eſt pas nous qui diſſipons voſtre bien*. Et il leur dit qu'il ſeroit plus avantageux pour luy qu'ils le diſſipaſſent eux-meſmes, que de ſouffrir, comme ils font, que d'autres le diſſipent, & il en donne une fort bonne raiſon.

Vous me précipitez dans des maux ſans remede] Car comment retirer de tous ces Princes ce qu'ils auront devoré, conſumé? il faut donc leur déclarer la guerre. Mais comment le faire quand on eſt ruiné? L'autheur du *Parallele* a ſi peu compris le ſens de ces paroles de Telemaque, qu'il en tire occaſion de ſe mocquer d'Homere ſelon ſa bonne coutume. *Dés le matin*, dit-il, *Telemaque ſort aprés avoir chauſſé ſes beaux ſouliers: il aſſemble ſon conſeil où il repreſente que les Amants de ſa mere mangent ſes bœufs, ſes moutons & ſes chevres graſſes; qu'il ne ſe ſoucieroit pas que d'honneſtes gens, tels que ſont ceux de ſon conſeil, les mangeaſſent, parce qu'il ſçait qu'ils les payeroient bien, ce qu'il ne peut pas eſperer des Amants de ſa mere. Et tout cela il le dit en pleurant.* N'eſt-ce pas là un judicieux Critique?

Et il jette à terre ſon ſceptre] Pour mieux marquer ſon indignation, & comme pour dire qu'il ne se soucioit pas de regner sur des peuples qui trahissoient ses interests, & qui n'avoient pas pour luy les sentiments qu'ils devoient avoir. Dans le 1. liv. de l'Iliade Achille dans son emportement contre Agamemnon, jette de mesme son sceptre, & j'en ay expliqué les raisons.

Telemaque, qui témoignez dans vos discours tant de hauteur & tant d'audace] Eustathe a pris icy le mot ὑψαγόρης pour un homme *qui exagere*. Mais je ne croy pas qu'Homere l'ait employé dans ce sens-là, car il n'est pas mesme vray que Telemaque exagere. Il signifie, *qui parle avec hauteur & avec fierté*, & Antinoüs a égard à ce qu'il a dit, *qu'il viendra un jour qu'il leur paroistra terrible*, & cela confirme l'explication que j'ay donnée à ce vers.

Page 124. *C'est la Reyne elle-mesme*] Ce discours d'Antinoüs est le discours d'un insolent, à qui la passion oste l'usage de la raison. Comment Penelope peut-elle estre cause de tous ces desordres ? parce qu'elle refuse de se remarier, les Princes sont-ils en droit de vivre à discretion chez elle & de la ruiner !

Qu'elle élude toutes les poursuites des Grecs] J'ay tasché de rendre toute la force de ce mot ἀτίμβει θυμόν; ἀτίμβειν signifie proprement *priver*. Au reste ce discours d'Antinoüs ne fait qu'augmenter l'amour & la reconnoissance que Telemaque a pour sa mere. Car quelle sagesse dans cette conduite, & quelle amour Penelope ne marque-t-elle pas à son fils & à son mary !

A une toile tres fine & d'une immense grandeur] La finesse & la grandeur marquent le grand travail, & par consequent la longueur du temps que cet ouvrage demandoit. Au reste j'ay conservé icy le mot de *toile*, parce que nostre langue l'a consacré à cette histoire, & qu'on dit *la toile de Penelope*, ce qui a mesme fait un proverbe. Je me contente d'avertir que φᾶρος n'est point une toile, mais un *voile*, une de ces riches étoffes dont les Princesses & les grandes dames faisoient provision, & qu'elles prodiguoient dans les funerailles des personnes qui leur estoient cheres, c'est pourquoy Andromaque dans la frayeur qu'elle a que le corps de son mary ne soit déchiré sur le rivage & en proye à la corruption, dit : *Helas à quoy nous servent tant de riches & belles étoffes que nous avons dans le Palais & qui sont l'ouvrage de mes femmes !* A la fin du Livre XXII.

Page 125. *Je la prépare pour les fune-*

railles de Laërte] Quoy-que ce ne soit icy qu'un prétexte, & que Penelope ne cherche qu'à amuser ses amants par un ouvrage qu'elle a dessein de ne pas finir, cela n'empesche pas que ce choix ne luy fasse honneur & ne marque sa grande sagesse, d'avoir préferé à tout autre amusement une occupation convenable & pieuse. C'estoit la coutume des Princesses & de toutes les dames vertueuses & appliquées à leurs devoirs, de faire des étoffes pour l'usage de leur maison, & pour avoir de quoy honorer les funerailles des personnes qui leur estoient cheres.

Afin qu'aucune femme des Grecs ne vienne me faire des reproches, si j'avois laissé sans drap mortuaire] C'estoit sans doute une partie de la pieté des femmes de faire de leurs propres mains des étoffes pour honorer les funerailles de leurs peres, de leurs beauperes, de leurs maris, & celles qui y manquoient estoient exposées aux reproches des autres. La décence & le grand sens des paroles de Penelope n'ont pas empesché l'autheur du Parallele de s'en mocquer. *Penelope*, dit-il, *disoit à ses amants qu'ils attendissent qu'elle eust achevé sa toile, dont elle vouloit faire un drap pour ensevelir son pere, ne voulant pas que ses voysines luy reprochassent qu'un homme aussi riche que son pere n'eust pas un drap pour l'ensevelir,*

Quelle misere, quelle pauvreté!

Une de ses femmes, qui estoit de la confidence, nous a avertis] Homere prépare desja le Lecteur à ce qu'il luy apprendra enfin du mauvais commerce que les Poursuivants avoient avec les femmes de Penelope, & du chastiment qu'Ulysse en fit.

Page 126. *Et obligez-la à se déclarer en faveur de celuy que son pere choisira & qu'elle trouvera le plus aimable*] Homere joint fort bien l'authorité du pere avec le consentement de la fille. Icarius n'auroit pas marié Penelope sans son consentement, & Penelope estoit trop sage pour se remarier sans l'authorité de son pere.

Tandis qu'elle persistera dans le dessein que les Dieux luy ont inspiré] Ils reconnoissent que ce sont les Dieux qui ont inspiré ce dessein à Penelope, ils sont donc de leur propre aveu des impies de s'y opposer. Tous ces traits meritent d'estre remarquez, car ils font beaucoup pour la beauté & la justesse des caracteres.

Il est vray que par cette conduite elle acquerra beaucoup de gloire, mais elle achevera de vous ruiner] Antinoüs veut insinüer par là à Telemaque que Penelope ne tient pas cette conduite par amour pour Ulysse & pour luy, mais par vanité, pour s'acquerir un renom par cette longue resistance, & qu'elle sacrifie à cette vanité toute la fortune de son fils.

Page 127. *Que Penelope n'ait donné la main à celuy qui luy sera le plus agréable*] Voicy un de ces passages qui ont un sens prophetique, qui n'est pas celuy de l'autheur, & ces passages font un veritable plaisir au Lecteur instruit. Il arrivera que les Poursuivants ne sortiront veritablement du Palais qu'aprés que Penelope sera mariée à celuy qui luy sera le plus agréable, car leurs cadavres ne seront emportez qu'aprés que Penelope sera réünie à son cher Ulysse. *Remarquez*, dit Eustathe, *cet augure enveloppé, caché*. Σημείωσαι δ' ἐν τούτοις φήμην ἐρμματισμένην, &c. Et il adjoute, ἐπαινετέος οὖν καὶ τῶν τοιούτων ὁ ἀστειότατος ποιητής. *Ce Poete tres gracieux merite d'estre loüé encore par ces endroits*. Il y en a un semblable dans le IX. Liv. de l'Iliade. On peut voir là ma Remarque tom. 2. pag. 472.

Antinoüs, il n'est pas possible] Eustathe a fort bien senti que cette réponse de Telemaque est serrée, concise & pleine de force.

Celle qui m'a donné le jour, & qui m'a

nourri elle-mefme] Telemaque temoigne icy sa reconnoissance à sa mere, non seulement de ce qu'elle luy a donné la naissance, mais encore de ce qu'elle l'a nourri, c'est à dire allaité, car les femmes, & sur-tout les Princesses & les Reynes avoient desja commencé à se soulager de ce penible devoir que la nature semble imposer, & à donner leurs enfants à des nourrices, ce qu'Eustathe appelle fort ingenieusement *une sorte d'exposition*. Nous en voyons des exemples frequents dans l'Ecriture sainte : Ulysse mesme avoit esté allaité par Euryclée. Penelope n'avoit pas imité cette délicatesse, elle avoit nourri son fils.

Mais suis-je en estat de rendre à Icarius toutes ses richesses, comme il faudra le faire necessairement si je renvoye ma mere sans autre raison que ma volonté] C'est à mon avis le veritable sens de ce passage. Il paroist que telle estoit la coutume de ces temps-là. Un fils qui chassoit sa mere de chez luy contre droit & raison, estoit obligé de luy rendre sa dot & tout ce qu'elle avoit apporté à son mary, car il estoit bien juste que cette ingratitude fust punie. Mais si la mere se retiroit d'elle-mesme pour se remarier, ou autrement, tout le bien qu'elle avoit eû en mariage, demeuroit à son fils qui estoit son heritier legitime. Malgré cet usage, un scrupule

pule tres mal fondé a donné fort mal à propos la torture à ces deux vers. Euſtathe rapporte qu'il y a eû des Critiques qui ſe ſont imaginé que cette raiſon de Telemaque, que s'il renvoyoit ſa mere, il faudroit rendre à Icarius tous les biens qu'il avoit donnez à ſa fille en la mariant, marque un intereſt trop ſordide, & jette ſur ce Prince une note d'avarice qu'il eſt bon de luy épargner, & pour en venir à bout, ils ont ponctué autrement ce paſſage:

……… Κακὸν δέ με πολλ' ἀποτίνειν,

Ἰκαρίῳ αἴκ' αὐτὸς ἑκὼν ἀπὸ μητέρα πέμψω.

Et par cette ponctuation ils luy ont donné un ſens tres different, car ils ont prétendu que ce πολλ' ἀποτίνειν ne doit pas s'entendre des richeſſes, mais des peines que la juſtice divine impoſe aux méchants: ils veulent donc qu'on traduiſe, *Quel malheur pour moy de payer à la juſtice Divine tout ce que je luy devrois, ſi je renvoyois volontairement ma mere à ſon pere Icarius!* Mais encore une fois ce ſens eſt inſoutenable, & n'eſt fondé que ſur un ſcrupule tres faux. Quand Telemaque dit que s'il renvoyoit ſa mere, il faudroit luy rendre ſa dot, il ne parle pas ainſi par avarice, mais il prend les Pourſuivants par leur foible pour les refroidir, car ces Princes recherchant Penelope plus pour ſes richeſſes que pour ſa beauté, n'auroient plus

Tome I. .H

tant d'empreſſement s'ils voyoient qu'il la renvoyaſt, car il ne pourroit la renvoyer qu'à ſon pere Icarius, & en la renvoyant il ſeroit obligé de luy rendre tous les biens qu'elle avoit apportez. Ce qui n'eſtoit nullement l'intention des Pourſuivants, ils vouloient que Telemaque l'obligeaſt de ſe retirer chez ſon pere, afin que cette Princeſſe, pluſtoſt que de ſe reſoudre à retourner chez luy, ſe déterminaſt enfin à ſe donner à l'un d'eux, & ils n'avoient garde de vouloir qu'on rendiſt à Icarius la dot qu'il avoit donnée, car ils ſçavoient bien qu'il ne la rendroit point à un ſecond mary qu'elle auroit épouſé par force & ſans ſon conſentement. Il y a dans ce paſſage plus de fineſſe que ces Anciens n'ont crû. Je pourrois adjouter d'autres raiſons, mais celles-là ſuffiſent.

Page 128. *Aprés que ma mere chaſſée de ma maiſon auroit invoqué les redoutables Furies*] Nous avons vû dans le IX. Livre de l'Iliade tom. 2. pag. 106. que Phœnix dit *que ſon pere fit contre luy les plus noires imprécations & qu'il invoqua les terribles Furies*. Dans le meſme livre pag. 114. nous avons vû *que la Furie qui erre dans les airs & qui a tousjours un cœur implacable & ſanguinaire, entendit du fond des Enfers les imprécations qu'Althée avoit faites contre ſon fils Meleagre*. Et enfin nous avons vû encore dans le XXI. liv. tom. 3. pag. 234. que Pallas aprés avoir renversé Mars sous une pierre qu'elle luy avoit jettée, luy dit: *Les Furies vengeresses ont donc executé les imprécations que ta mere a proferées contre toy.* Tous ces passages font voir que les payens ont eû une si grande idée de l'honneur & du respect que les enfants doivent à leurs peres & meres, qu'ils croyoient que les Furies estoient particulierement commises pour punir les enfants qui manquoient à ce respect, & pour accomplir les imprécations que ces peres offensez auroient faites contre eux. Cette idée est grande & bien capable d'imprimer de l'horreur aux enfants. Car qu'y a-t il de plus terrible que d'estre la proye des Furies ? C'est dans ce sens qu'Iris dit à Neptune dans le XV. liv. de l'Iliade tom. 2. pag. 358. *Vous n'ignorez pas que les noires Furies suivent tousjours les aisnez pour venger les outrages que leur font leurs freres.* Car les aisnez sont respectables aux cadets comme les peres. On peut voir là les Remarques pag. 599. Telemaque veut donc se mettre à couvert d'un pareil malheur.

Sortez de mon Palais, allez ailleurs] Telemaque repete icy sept vers qu'il a desja dits dans le premier Livre, & il n'y change pas un mot. Homere ne s'amuse pas à changer ce qu'il a bien dit une fois. Il seroit à desirer que son exemple nous donnast le courage de repeter à propos ce qui a desja esté bien dit à propos, mais la délicatesse trop superbe de nos oreilles ne s'accommodera jamais de ces redites dont elle est si blessée, & il faut obéir à ce goust.

Page 129. *Ils marquent par leurs regards toutes les testes des Poursuivants & leur prédisent la mort*] Pour s'appercevoir que ces aigles marquent par leurs regards les testes de chacun de ces Princes, il faut, comme dit fort bien Eustathe, l'œil de la Muse mesme, mais voilà le merveilleux, & puisque la Muse le voit, il faut l'en croire.

Car après s'estre ensanglanté avec leurs ongles la teste & le cou] Eustathe nous avertit qu'il y avoit des gens qui faisant violence à ce texte, luy donnoient cette explication tres incroyable, *Car après avoir ensanglanté avec leurs ongles la teste & le cou des Poursuivants*, comme si ces aigles se fussent rabatus sur ces Princes, & leur eussent déchiré le visage & le cou avec leurs serres. Mais cela est trop éloigné de la vraysemblance, & le premier sens est le seul naturel. Jamblique dit mesme qu'il a vû de ces oyseaux qui se déchirent eux-mesmes pour prédire des choses qui doivent arriver.

A droite] C'eſt à dire, du coſté de l'Orient qui eſtoit le coſté heureux.

Car ils prévoyoient ce qui devoit s'accomplir] Comme on n'eſt pas aujourd'huy ſi éclairé ſur le vol des oyſeaux, & que bien des gens n'entendront pas comment ces deux aigles marquent ce qui doit arriver, je croy qu'il n'eſt pas inutile d'en donner icy une explication circonſtanciée. *Les deux aigles*, ſont Ulyſſe & Telemaque. *Jupiter les fait partir*, car ils ſont tous deux inſpirez & conduits par ce Dieu. *Ils viennent de la montagne*, car ils viennent tous deux de leur maiſon de campagne où ils ont tout concerté. *D'abord ils ne font que planer*, car d'abord ils ne font pas grand bruit & paroiſſent tranquilles. *Ils ſe trouvent touſjours l'un prés de l'autre*, car le pere & le fils ſe ſoutiennent & courent au meſme but. *Mais lorſqu'ils ſont arrivez au deſſus de l'aſſemblée*, dés qu'Ulyſſe & ſon fils ſont arrivez dans la ſale où les Pourſuivants ſont à table, alors ils font un grand bruit, & par les regards ils marquent les teſtes des Pourſuivants, car ils les tüent les uns aprés les autres. *Aprés s'eſtre enſanglanté la teſte & le cu*, car ils immolent à leur reſſentiment ceux de leurs ſujets qui eſtoient coupables, & pour des Princes c'eſt ſe déchirer & ſe ſaigner eux-meſmes que d'immoler leurs ſujets. *Ils traverſent la ville*

& regagnent leur aire, car aprés cette terrible execution, ils vont à la maison de campagne de Laërte, où ils sont chez eux. Voilà l'explication naturelle de ce prodige qui est tres ingenieux. Grotius trouve que cet augure ressemble fort au songe du grand Pannetier, qui songea qu'il portoit sur sa teste trois corbeilles de farine, que dans celle qui estoit au dessus il y avoit toutes sortes de pains & de pastisseries, & que les oyseaux des cieux venoient en manger. *Genes. 40. 16. 17.* Comme dans ce songe ces oyseaux présagent la mort du grand pannetier en allant manger le pain qu'il portoit sur sa teste, de mesme dans Homere ces aigles présagent la mort des Princes, en marquant leurs testes par leurs regards. C'est peut-estre sur un passage comme celuy-cy & autres semblables, qu'on a fondé la science de la divination par le vol des oyseaux.

Page 130. *Plusieurs d'entre nous qui habitons la haute ville d'Ithaque, nous sommes menacez du mesme sort*] Halitherse sçait bien qu'il n'a rien fait contre Ulysse, mais pour mieux persuader la verité qu'il annonce, il se met du nombre de ceux qui sont menacez. Cela est plus fort. Si Halitherse craint pour luy, que ne doivent pas faire les autres!

Prenons ensemble des mesures pour l'éviter]

Voicy donc un prophete qui eft perfuadé qu'on peut éviter les maux dont on eft menacé, & que Dieu a déclarez par des fignes certains & indubitables, & qu'on n'a qu'à changer de conduite pour changer les decrets du ciel. Cela s'accorde fort bien avec la faine Theologie.

Page 131. *Lorfque les Grecs monterent à Ilion*] Je croy avoir remarqué ailleurs qu'on difoit *monter* de tous les voyages qu'on faifoit vers le Levant, parce qu'on regardoit les parties Orientales du monde comme les plus élevées.

Je luy avois prédit] Dans ces deux vers & demi Halitherfe remet devant les yeux tout le fujet de l'Odyffée. Homere infinuë par-là fort adroitement que ce fujet n'eft pas un fujet feint, mais une hiftoire tres veritable, puifque tout ce qui arrive à Ulyffe avoit efté prédit mefme avant le départ des Grecs. Cela eft dit fi naturellement & avec tant de vrayfemblance, qu'il eft prefque impoffible de n'y eftre pas trompé.

On voit tous les jours une infinité d'oyfeaux voler fous la voute des cieux, & ils ne font pas tous porteurs de préfages] Eurymaque n'ofe pas nier & détruire tous les augures, tous les préfages qui fe tiroient du vol des oyseaux, car cet art estoit trop generalement receû & trop accredité, & il avoit vû mesme que toute l'assemblée avoit esté frappée du prodige qui venoit d'arriver, *les Grecs n'eurent pas plustost apperceû ces oyseaux de Jupiter, qu'ils furent saisis de frayeur.* Que fait-il donc ! il se jette sur le general ; il y a une infinité d'oyseaux qui volent sur nos testes sans rien signifier. Oüy : mais est-il bien ordinaire de voir deux aigles, & de leur voir faire tout ce qu'ils font icy ? Ce qu'ils font d'extraordinaire n'est-ce pas une marque seure de leur mission ? Il est bon de remarquer qu'Homere est si religieux, qu'il appuye & confirme tousjours la Religion receûë. Dans le xi i. Liv. de l'Iliade tom. 2. p. 237. Hector pour éluder la prédiction que Polydamas tiroit de cet aigle, qui venant à paroistre tout à coup, tenant en ses serres un dragon épouventable, jettoit la frayeur dans tous les esprits, luy dit : *Vous nous exhortez d'obéïr à des oyseaux, qui d'une aisle inconstante & legere fendent les airs, à des oyseaux dont je ne fais nul compte, &c.* Mais la suite justifie Polydamas. Il en est de mesme icy. Sophocle, qui est le plus grand imitateur d'Homere, se sert de la mesme adresse pour confirmer les oracles & les augures. Dans l'OEdipe Jocaste, pour consoler ce malheureux Prince, luy dit : *Scachez que les hommes n'ont nullement l'art de prophetiser,*

SUR L'ODYSSÉE. *Livre II.* 177
& je vois vous en donner des preuves. Et ces preuves ne font que confirmer la verité des propheties qu'elle veut nier. Quand elle dit ensuite pour se mocquer, *oracles des Dieux qu'estes-vous devenus ?* Ils sont devenus veritables. Et quand OEdipe luy-mesme dit: *Qui voudra desormais se donner la peine d'écouter la voix des oyseaux ?* Il le dit quand ce qu'on luy rapporte fait voir que tout ce qui luy avoit esté prédit, estoit accompli, & je ne sçaurois mieux finir cette Remarque que par cette reflexion que je tire de celles de M. Dacier sur cette piece. *Tout ce que ces Poetes font dire contre les oracles & les augures, est une leçon excellente qu'ils donnent aux hommes de respecter tout ce qui vient de Dieu, lors mesme qu'ils ne peuvent le comprendre, & qu'il paroist le plus opposé à ce qu'ils voyent devant leurs yeux. On voit tous les jours que les libertins voulant nier & combattre la Religion, ne font que la prouver & la confirmer.*

Page 132. *Et tu n'exciterois pas contre nous*] Ἀνιεὶς, ἀνιέναι est un terme de chasse qui se dit proprement quand on découple les chiens pour les lâcher sur la beste.

Et cela pour quelque present que tu esperes qu'il te fera pour recompenser ton zele] Eurymaque veut décrier la prophetie d'Halitherse,

H v

en faisant soubçonner qu'il est gagné par Telemaque, & que c'est un homme qui ne parle que par interest. Et cela est fondé sur ce qu'il y avoit souvent de ces sortes de prophetes à qui les presents ouvroient la bouche, c'est pourquoy le Roy de Moab offroit tant de presents à Balaam, pour le porter à maudire le peuple d'Israël. Mais les veritables prophetes disent aux Princes qui veulent les corrompre & les porter à leur prédire des choses agréables, ce que Daniel dit au Roy Baltazar, *Gardez vos presents & les donnez à d'autres, je vous liray cette escriture, & vous en donneray l'explication.* Dan. vers. 17.

Page 133. *Là ses parents auront soin de luy faire des nopces magnifiques & de luy préparer des presents*] J'ay expliqué ce passage dans le premier Livre. Eurymaque a bien senti la finesse cachée dans ce que Telemaque vient de leur dire : *Suis-je en estat de rendre à Icarius toutes ses richesses !* C'est pourquoy il répond, *Renvoyez vostre mere à son pere, qui luy fera des presents, &c.* comme s'il disoit, ce n'est point nostre intention que vous rendiez à Icarius tout le bien que sa fille a apporté à Ulysse, gardez-le ; celuy qu'elle choisira la prendra avec les presents que son pere luy fera, nous n'en demandons pas davantage.

Quelque difficile qu'elle soit] Il appelle leur poursuite difficile, parce qu'elle ne finissoit point: il y avoit prés de quatre ans qu'ils recherchoient cette Princesse, & ils n'estoient pas plus avancez que le premier jour.

Et jamais ce desordre ne cessera] Il y a dans le texte, οὐδέ ποτ' ἴσα ἔσσεται, Eustathe l'a expliqué, *& jamais leurs biens ne seront égaux*, pour dire qu'ils diminüeront tousjours davantage, car il est bien seur qu'ils n'augmenteront pas. Mais je trouve cela froid. Eurymaque dit, *& jamais les choses ne seront égales*, pour dire, *jamais l'ordre ne sera restabli*. Car l'ordre est designé par l'égalité, qui fait que chacun a ce qui luy appartient.

Tandis qu'elle amusera les Grecs en different son mariage] L'expression est remarquable, ὄφρα διατρίβῃσιν ἀχαιοὺς ὃν γάμον. Διατρίβειν signifie proprement *se divertir, joüer*, dit Hesychius. Mais dans Homere il signifie *retarder, traisner, differer*. Et, ce qu'il y a de singulier, il le met avec l'accusatif de la chose & celuy de la personne.

A cause de sa vertu] Eurymaque veut tousjours effacer de l'esprit de Telemaque le soupçon qu'ils ne pourfuivent la Reyne que pour ses richesses & pour le dépoüiller des biens qu'elle a apportez à son pere. Il tâche

H vj

de luy persuader que ce n'est que pour sa vertu.

Page 135. *Et Mentor se leva: c'estoit un des plus fidelles amis d'Ulysse*] Ce Mentor est un des amis d'Homere qui l'a placé icy par reconnoissance, parce qu'estant abordé à Ithaque à son retour d'Espagne, & se trouvant fort incommodé d'une fluxion sur les yeux, qui l'empescha de continuer son voyage, il fut receu chez ce Mentor, qui eut de luy tous les soins imaginables.

Afin qu'il la conduisist sous les ordres du bon Laerte] Πείθεσθαί τε γέροντι, *pour obeïr au vieillard*. C'est à dire à Laërte. Ulysse en partant pour Troye, laisse la conduite de sa maison à Mentor; toute la maison doit obéïr à cet ami fidelle, mais cet ami fidelle est sous les ordres de Laërte. Il y a là une grande bienseance, & Homere ne perd aucune occasion d'enseigner aux enfants l'amour qu'ils doivent avoir pour leurs peres, & les égards qu'ils sont obligez de conserver tousjours pour eux.

Qui est le Roy qui voudra desormais estre moderé, clement & juste?] Ce discours de Mentor est tres fort & tres digne d'un homme plein d'affection pour son maistre. Si les sujets n'ont pas plus d'amour & d'attachement pour un bon Roy que pour un méchant, où est le Prince qui voudra estre clement & juste ! Les méchants sujets ne meritent pas de bons Roys. Mais c'est parler en homme, car rien ne peut dispenser les Roys de la justice qu'ils doivent à leurs peuples, ni les peuples de l'amour, de la fidelité & du respect qu'ils doivent à leurs Roys.

Page 137. Leocrite, fils d'Evenor, luy répondit] Ce Leocrite estoit un des principaux d'Ithaque & un des Poursuivants Il veut justifier le peuple des reproches que Mentor luy a faits de ce qu'il ne s'opposoit pas aux desordres & aux violences des Poursuivants. Et toute la force de son raisonnement roule sur ce que des gens qui sont tousjours ensemble à table, sont capables de resister à un plus grand nombre qui vient les attaquer, car outre que le vin donne des forces, ils combattent dans un lieu avantageux, & maistres des avenuës, ils s'en servent comme de défilez. Voilà une méchante raison à mon avis, & c'est le langage d'un poltron, mais son but est d'intimider le peuple encore davantage & de le contenir.

Mais que tout le peuple se retire pour vacquer à ses affaires] Homere est fertile en traits qui marquent l'audace & l'insolence de ces Princes, Telemaque a convoqué l'assemblée, & Leocrite qui n'a ni droit ni authorité la congedie. Quand la violence regne, la justice peut bien quelquefois former des assemblées, mais l'injustice les rompt bientost.

Page 138. *Je pense pourtant que ce voyage aboutira*] Il parle ainsi, parce qu'il ne doute pas que les Poursuivants ne s'y opposent, & par ces paroles il veut mesme les y exciter.

Page 139. *Desormais vous ne manquerez ni de valeur ni de prudence*] Ce discours de Minerve est tres propre à encourager un jeune homme & à le porter à imiter la vertu de son pere, sans se laisser rebuter par les difficultez que peuvent luy opposer ou la fortune ou ses ennemis.

Et comme il estoit homme qui effectuoit tousjours] Voilà une grande louange d'Ulysse, il n'y avoit point d'obstacles qu'il ne surmontast; la terre, la mer, les vents & les tempestes, les Dieux mesmes s'opposoient à luy & luy faisoient la guerre, & il triomphoit de tout. Telemaque se rebutera-t-il donc pour quelques difficultez que les Princes luy opposent? cela seroit trop honteux, & il marqueroit par-là, ou qu'il n'est pas fils d'Ulysse, ou qu'il a dégeneré de sa vertu.

Non seulement tout ce qu'il avoit entrepris,

mais aussi tout ce qu'il avoit dit une fois] Cet éloge est grand, il égale presque Ulysse à la Divinité mesme, & en mesme temps c'est une grande instruction pour les Princes. Il n'y a point d'obstacles qui doivent les empescher d'executer tout ce qu'ils ont entrepris de juste & de raisonnable, & mesme tout ce qu'ils ont dit ; car d'avoir entrepris ou dit une chose juste, & de se rebuter ensuite pour des difficultez, cela est indigne d'une ame noble & genereuse. Cela me fait souvenir d'une merveilleuse loüange que Callimaque donne au Roy Ptolomée à la fin de son hymne à Jupiter. *Il accomplit tout ce qu'il a pensé. Il execute le soir toutes les grandes choses qu'il a pensées le matin, & les moindres il les execute si-tost qu'il les a pensées.* En cela bien different des Princes qui font des années entieres à executer les moindres choses, ou qui ne les executent jamais.

Il est vray qu'aujourd'huy peu d'enfants ressemblent à leurs peres] Elle prévient l'objection qu'on pourroit faire, qu'on peut estre fils d'un homme vertueux sans luy ressembler, car il n'est rien de plus ordinaire que de voir des enfants qui n'heritent point de la vertu de leurs peres : cela ne peut estre nié, les exemples en sont trop frequents. Mais la Déesse fait voir qu'il n'en sera pas de mesme de Telemaque qui fait desja paroistre les grandes qualitez de son pere, il executera donc comme luy tout ce qu'il a resolu.

Page 141. *Des compagnons qui vous suivront volontairement*] Et par consequent de l'affection desquels il sera plus asseuré. Le mot Grec est beau, ἐθελοντῆρες. On ne pourroit pas mieux dire aujourd'huy ce que nous appellons des *volontaires*.

Page 142. *Ne vous tourmentez plus à former des projets & à préparer des harangues*] Ces insolents se mocquent des discours de ce Prince & du voyage qu'il medite.

Les Grecs auront soin de vous préparer toutes choses pour vostre départ] C'est une ironie, mais les hommes ont beau se mocquer, la sagesse accomplit tout ce qu'elle a resolu.

Avec des insolents comme vous, avec des impies qui ne reconnoissent ni loix humaines ni loix Divines] C'est la force de ce seul mot, ὑπερφίαλοισι.

Présentement que je suis devenu homme] Il y a dans le Grec : *présentement que je suis devenu grand*.

Que l'âge a augmenté mes forces] Mot à

môt : *Et que mon esprit est augmenté au dedans de moy*. Et l'on dispute beaucoup sur cette expression ; les uns veulent que par l'*esprit* Homere entende icy le cœur, la faculté irascible ; & les autres, que ce mot *esprit* soit pour *ame*, & qu'Homere explique icy une grande verité, qu'a mesure que le corps croist, les facultez de l'ame augmentent de mesme. Ma Traduction renferme tout ce qu'Homere peut avoir dit.

Page 143. *Et que les bonnes instructions ont éclairé mon cœur & mon esprit*] Homere pensoit donc que la nature toute seule ne suffit pas, & qu'il faut qu'elle soit aidée par l'éducation. Dans la phrase d'Homere il y a une inversion, comme Eustathe l'a fort bien remarqué, καὶ ἄλλων μῦθον ἀκούων πυνθάνομαι, est dit pour πυνθανόμενος τῶν ἄλλων μῦθον ἀκούω. Car c'est en écoutant les préceptes des autres, & en les interrogeant que l'on s'instruit, & que l'on devient capable d'entendre.

Comme un simple passager] Dans Homere ἔμπορος signifie un *passager* qui s'embarque sur le vaisseau d'un autre. Ceux qui sont venus aprés Homere ont affecté ce terme aux marchands, à ceux qui trafiquent ; & pour dire un passager, ils ont dit ἐπιβάτης.

Puisque je ne puis obtenir] Le mot ἐπίβολος dont Homere se sert icy est un mot heureux, pour dire ἐπιτυχής, *qui obtient.* Les plus anciens & les meilleurs Auteurs s'en sont servis aprés luy, Sophocle, Platon, Xenophon, Hyperide, Archippe, dont Eustathe rapporte les exemples. Ceux qui sont venus aprés eux ont negligé ce terme & l'ont laissé perir.

Prétend-il donc amener de Pylos & de Sparte des troupes] Tous ces expediens, que le Poëte imagine, servent à faire voir qu'il ne manquoit pas de dénoüemens pour finir sa fable. Mais il refuse les uns, parce qu'ils estoient honteux, & les autres parce qu'ils n'auroient pas eû de fondement dans l'Histoire, & que l'histoire de Pylos & de Sparte les auroit démentis. Il en choisit un qui estoit beaucoup plus difficile & en mesme temps plus noble, & que l'Histoire ne contrediroit point.

Page 144. *Où veut-il aller dans le fertile pays d'Ephyre*] J'ay desja dit dans le 1. Liv. que c'est icy l'Ephyre de la Thesprotie qui fait partie de l'Epire, & qui s'étend depuis les monts Cerauniens jusqu'au golphe d'Ambracie. Il l'appelle *terre grasse*, πίειραν ἄρεραν, parce que le pays est fort bon. C'est pourquoy Strabon l'appelle χώραν εὐδαίμονα,

SUR L'ODYSSÉE. *Livre II.* 187
heureuse contrée. Livre 7.

C'est-là le meilleur moyen qu'il ait de nous faire de la peine] C'est-là l'ironie la plus amere que pouvoient faire ces Princes, comme si tous les efforts de Telemaque ne pouvoient enfin aboutir qu'à leur donner la peine de partager entre eux tous ses biens. Mais dans l'expression Greque il y a une finesse que je n'ay pû conserver. Les premiers qui ont parlé, on dit pag. 325. *voilà donc Telemaque qui va nous faire bien du mal*, φόνον ἡμῖν μερμηρίζει. Et ceux-cy disent, *il nous va faire bien de la peine*, ὁπλίσσειεν πόνον ἄμμι. Ces derniers par ce mot πόνον font allusion au mot φόνον des premiers, & pour détourner l'augure ils disent, tout le mal qu'il va nous faire, c'est de nous donner la peine de partager son bien, ce qui sera pour nous une grande fatigue. Cette remarque n'est que pour faire sentir l'art de la composition. Cela peut n'estre pas inutile.

Car nous aurions celle de partager entre nous tous ses biens] Cette expression, comme dit Eustathe, marque que les biens d'Ulysse estoient encore fort grands, puisque ç'auroit esté un travail, une peine mesme de les partager. Et Homere insinuë en mesme temps que ces Princes estoient convenus que s'ils pouvoient estre défaits de Telemaque, ils partageroient entre eux tous ſes biens par égales portions, afin que ceux que Penelope n'auroit pas choiſis euſſent quelque ſorte de conſolation.

Le jeune Prince deſcend dans les celliers ſpacieux du Roy ſon pere, où l'on voyoit des monceaux d'or & d'airain, &c.] Homere donne icy un trait de l'économie de ces temps héroïques. Les Princes avoient dans leurs Palais de vaſtes celliers où ils faiſoient de grands amas d'or, d'argent, d'airain, de fer, & de toutes ſortes de proviſions des choſes neceſſaires à la vie. C'eſt pourquoy nous avons vû ſi ſouvent dans l'Iliade les Princes dire, *mon pere a chez luy des amas d'or, d'airain, de fer, &c.*

Des huiles d'un parfum exquis] On peut entendre icy, dit Euſtathe, des huiles naturelles tirées des olives, & on peut entendre auſſi des huiles préparées, des eſſences dont les Princes & les Princeſſes ſe parfumoient.

Page 145. *Ma nourrice*] Euryclée n'avoit pas nourri Telemaque, comment l'auroit-elle nourri? elle avoit nourri Ulyſſe, comme cela paroiſt par le XIX. Livre, où Ulyſſe meſme luy dit, *vous m'avez allaité.* Si ce jeune Prince luy donne ce nom, c'eſt que le mot Grec μαῖα est une appellation honorable dont les jeunes gens se servoient lorsqu'ils parloient à des femmes âgées qui estoient leurs inferieures, προσφώνησις πρὸς πρεσβῦτιν πιμηπικὴ, dit Hesychius.

Et donnez-moy du plus excellent aprés celuy que vous gardez] Telemaque temoigne son amour & son respect pour son pere jusques dans les moindres choses. Il ne veut pas qu'on luy donne le plus excellent vin, il veut qu'on le garde pour son pere, quoy-que son retour luy paroisse fort incertain.

Page 147. *Mais jurez-moy que vous ne le decouvrirez à ma mere que l'onziéme, ou le douziéme jour*] On demandera icy sans doute comment il est possible ou vraysemblable que ce départ soit caché onze ou douze jours à une mere aussi tendre que Penelope. Ce qui ne seroit ni possible ni vraysemblable dans un autre temps, le devient à cause des desordres des Poursuivants. La Reyne se tenoit enfermée dans son appartement avec ses femmes & ne paroissoit que rarement, ainsi elle pouvoit tres bien estre dix ou douze jours & plus encore, sans estre informée du départ de son fils.

Que si avant ce terme elle a d'ailleurs quelque nouvelle de mon absence] Car elle pouvoit l'apprendre par quelqu'une de ses femmes qui alloient & venoient, & qui avoient commerce avec ces Princes.

Fit le plus grand de tous les sermens] Il est bon de remarquer la proprieté des termes dont Homere se sert icy, il dit ἀπώμνυ. Les Anciens, qui escrivoient correctement, mettoient cette difference entre ἐπομνύναι & ἀπομνύναι, qu'ἐπομνύναι servoit pour l'affirmative, c'estoit *jurer qu'on feroit telle chose*, & ἀπομνύναι servoit pour la négative, c'estoit *jurer qu'on ne feroit pas telle chose*. Avec le premier on mettoit ordinairement νὴ τον, ou ναὶ μὰ τον. Et avec le dernier on mettoit μὰ τον, ou bien ὀυ μὰ τον. Homere dit d'Euryclée ἀπώμνυ, parce qu'elle jure de ne pas découvrir ce secret.

Page 148. *Et expliqué ce qu'elle promettoit*] Le Grec dit : *Et qu'elle eut achevé son serment*, c'est à dire, quand elle eut achevé d'expliquer en termes formels & précis ce qu'elle juroit ; car c'estoit la coutume, afin qu'il n'y eust point d'équivoque, l'on faisoit expliquer nettement les choses que l'on faisoit jurer.

Prend la figure de Telemaque, va par toute la ville, parle à tous ceux qu'elle rencontre] Voilà une idée bien poëtique. Mais sur quoy est-elle fondée ! voicy son fondement, comme Eustathe l'a fort bien expliqué. On venoit de sortir du Conseil, tous ceux d'Ithaque estoient pleins de ce que Telemaque venoit de dire, ils le trouvoient tres juste & l'image de ce Prince estoit gravée dans leur esprit. Pour rendre cela poëtiquement, Homere dit que c'est Minerve elle-mesme qui prend la figure de Telemaque & qui parle à chacun. C'est ainsi que la belle Poësie convertit en miracles les choses les plus naturelles & les plus simples.

Et demande au celebre fils de Phronius, à Noëmon, son navire] Ce Poëte donne des préceptes jusques dans les noms mesmes de ceux qu'il fait agir. Voicy un homme d'Ithaque qui est assez fidelle à son Prince pour luy donner un vaisseau, & pour ne pas craindre de s'exposer au ressentiment des Princes. Que fait Homere pour loüer cette action indirectement ! Il appelle ce sujet fidelle *Noëmon*, c'est à dire *prudent*, & il adjoute qu'il estoit fils de *Phronius*, c'est à dire fils du *sensé*. Il n'y a pas de plus grande marque de sens & de prudence que d'estre fidelle à son Prince.

Et la nuit répand ses noires ombres sur la terre] Le vers d'Homere fait entendre qu'il a connu que la nuit n'est que l'ombre de la terre qui cache le soleil pendant qu'il passe au dessous.

L'équipe de tout ce qui est necessaire pour bien voguer] Le Grec dit : *Il y met toutes les armes que les bons vaisseaux portent ordinairement.* Il appelle donc *armes* tout l'équipement d'un navire, le mast, les rames, les voiles, car il n'est point icy question d'instruments de guerre. C'est pourquoy il dit plus bas, *que les rameurs prennent les armes*, pour dire qu'ils commencent à appareiller.

Page 149. *Et verse un doux sommeil sur les paupieres des Poursuivants*] Comment peut-on attribuer cecy à Minerve? & comment peut-on dire que la sagesse mesme porta ces Princes à boire cette nuit là plus qu'à l'ordinaire? Homere veut faire entendre sans doute que la gouvernante, pour favoriser le dessein de son maistre, avoit fourni ce soir-là le vin plus abondamment.

Page 150. *On délie les cables*] Les cables qui estoient attachez au rivage pour arrester les vaisseaux.

L'asseurent par des cordages] Par des cordages qui tiennent à la poupe & à la proue.

Ie

Et déployant les voiles] Le Grec adjoute *blanches.* Ce qui fait conjecturer, dit Eustathe, qu'elles estoient de lin, & qu'elles estoient blanches à cause du bon augure.

Argument du Livre III.

TElemaque arrive à Pylos conduit par Minerve. Il trouve Nestor qui fait un sacrifice à Neptune sur le rivage de la mer. Nestor le reçoit avec toute sorte de politesse, quoy-qu'il ne le connust pas. Il le fait placer au festin du sacrifice ; le mene ensuite dans son Palais, luy raconte tout ce qui estoit arrivé aux Grecs pendant la guerre & leur départ de Troye. Et ayant appris de luy l'histoire des Poursuivants de Penelope & reconnu Minerve comme elle se retiroit, il fait un sacrifice à cette Déesse, & donne à Telemaque un char pour le mener à Lacedemone, & son fils pour le conduire. Ces deux Princes se mettent en chemin à la pointe du jour & vont coucher à Pheres dans la maison de Diocles ; ils en partent le lendemain & arrivent à Lacedemone.

L'ODYSSÉE
D'HOMERE.

LIVRE III.

LE soleil sortoit du sein de l'onde, remontoit au ciel & commençoit à dorer l'horizon portant la lumiere aux Dieux immortels & aux hommes qui sont répandus sur la surface de la terre, lorsque Telemaque arriva à la ville de Nelée, à la celebre Pylos. Les Pyliens offroient ce jour-là des sacrifices sur le rivage de la mer, & immoloient des taureaux noirs à Neptune. Il y avoit neuf bancs, chacun de cinq cents hommes, & chaque banc avoit pour sa part neuf bœufs.

I ij

Ils avoient desja gousté aux entrailles & bruslé les cuisses des victimes sur l'autel, lorsque le vaisseau arriva dans le port. On plie d'abord les voiles, on approche du rivage, & Telemaque descend le premier conduit par Minerve, qui luy adresse ces paroles.

» Telemaque, il n'est plus temps
» d'estre retenu par la honte ; vous
» n'avez traversé la mer que pour ap-
» prendre des nouvelles de vostre pe-
» re, & pour tascher de découvrir
» quelle terre le retient loin de nous,
» & quel est son sort. Allez donc avec
» une hardiesse noble & modeste
» aborder Nestor ; sçachons s'il n'a
» point quelque nouvelle à vous ap-
» prendre, ou quelque conseil à vous
» donner ; prions-le de vous dire la
» verité avec sa franchise ordinaire.
» Il hait naturellement le mensonge
» & la moindre dissimulation, car
» c'est un homme plein de probité &
» de sagesse.

Telemaque luy répondit : Men- «
tor, comment iray-je aborder le «
Roy de Pylos ! comment le saluë- «
ray-je ? Vous sçavez que je n'ay «
aucune experience du monde, & «
que je n'ay point la sagesse neces- «
saire pour parler à un homme com- «
me luy ; d'ailleurs la bienséance ne «
permet pas qu'un jeune homme «
fasse des questions à un homme de «
cet âge. «

Telemaque, repartit Minerve, «
vous trouverez de vous-mesme une «
partie de ce qu'il faudra dire, & «
l'autre partie vous sera inspirée par «
quelque Dieu ; car les Dieux, qui «
ont présidé à vostre naissance & à «
vostre éducation, ne vous abandon- «
neront pas en cette rencontre. «

En achevant ces mots elle marche la premiere, & Telemaque la suit. Estant arrivez au lieu de l'assemblée, ils trouverent Nestor assis avec ses enfants, & autour de luy ses compagnons qui préparoient le festin, & faisoient rostir les viandes du sacrifice. Les Pyliens ne les eurent pas plustost aperceûs, qu'ils allerent au devant deux, les salüerent & les firent asseoir, & Pisistrate, fils aisné de Nestor, fut le premier qui, s'avançant, prit ces deux estrangers par la main, & les placea à table sur des peaux estenduës sur le sable du rivage entre son pere & son frere Thrasymede. D'abord il leur presenta une portion des entrailles des victimes, & remplissant de vin une coupe d'or, il la donna à Minerve, fille de Jupiter, & luy dit :

» Estranger faites vos prieres au
» Roy Neptune, car c'est à son festin
» que vous estes admis à vostre arri-
» vée. Quand vous luy aurez adressé
» vos vœux & fait vos libations selon
» la coutume & comme cela se doit,
» vous donnerez la coupe à vostre
» ami, afin qu'il fasse aprés vous ses
» libations & ses prieres, car je pense

qu'il eſt du nombre de ceux qui re- «
connoiſſent des Dieux, & il n'y a «
point d'homme qui n'ait beſoin de «
leur ſecours. Mais je voy qu'il eſt «
plus jeune que vous & à peu prés «
de mon âge, c'eſt pourquoy il ne «
ſera pas offenſé que je vous donne «
la coupe avant luy. «

En meſme temps il luy remet la coupe pleine de vin. Minerve voit avec plaiſir la prudence & la juſtice de ce jeune Prince, qui luy avoit preſenté à elle la premiere la coupe, & la tenant entre ſes mains, elle adreſſe cette priere au Dieu des flots :

Puiſſant Neptune, qui environ- «
nez la terre, ne refuſez pas à nos «
prieres ce que nous vous deman- «
dons; comblez de gloire Neſtor & «
les Princes ſes enfants; répandez «
ſur tous les Pyliens ſes ſujets la gra- «
cieuſe récompenſe de leur pieté & «
le prix de la magnifique hecatombe «
qu'ils vous offrent, & accordez- «

I iiij

» nous, à Telemaque & à moy, un
» prompt retour dans noſtre patrie,
» aprés avoir beni les deſſeins qui
» nous ont fait traverſer la mer.
» Elle fit elle-meſme ces prieres, &
» elle-meſme les accomplit. Elle don-
» ne enſuite la double couple à Tele-
» maque qui fit les meſmes vœux.

Aprés que les chairs des victimes furent roſties & qu'on les eut
tirées du feu, on fit les portions
& on ſervit. Quand la bonne chere
eut chaſſé la faim, Neſtor dit aux
» Pyliens : Preſentement que nous
» avons receu ces eſtrangers à noſtre
» table, il eſt plus décent de leur de-
» mander qui ils ſont & d'où ils
» viennent, & leur adreſſant en meſ-
» me temps la parole, Eſtrangers,
» leur dit-il, qui eſtes-vous ! & d'où
» ces flots vous ont-ils apportez ſur
» ce rivage ! Venez-vous pour des
» affaires publiques ou particulieres!
» où ne faites-vous qu'eſcumer les
» mers comme les pirates qui expo-

sent leur vie pour aller piller les «
autres nations? «

Le sage Telemaque répondit
avec une honneste hardiesse, que
Minerve luy avoit inspirée, afin
qu'il demandast à ce Prince des nouvelles de son pere, & que cette recherche luy acquist parmi les hommes un grand renom : Nestor, fils «
de Nelée, & le plus grand orne- «
ment des Grecs, luy dit-il, vous «
demandez qui nous sommes ; je «
vous satisferay ; nous venons de «
l'isle d'Ithaque, & ce n'est point une «
affaire publique qui nous amene «
dans vos Estats, mais une affaire «
particuliere. Je viens pour tascher «
d'apprendre des nouvelles de mon «
pere, du divin Ulysse, qui a essuyé «
tant de travaux, qui a rempli l'uni- «
vers du bruit de son nom, & qui, «
comme la Renommée nous l'a ap- «
pris, combattant avec vous, a sac- «
cagé la superbe ville de Troye. Le «
sort de tous les Princes qui ont «

» porté les armes contre les Troyens
» nous est connu ; nous sçavons com-
» ment & en quel endroit une mort
» cruelle les a emportez ; Ulysse est
» le seul dont le fils de Saturne nous
» cache la triste destinée, car personne
» ne peut nous dire certainement où
» il est mort, s'il a succombé sous
» l'effort de ses ennemis dans une
» terre estrangere, ou si les flots d'Am-
» phtrite l'ont englouti. J'embrasse
» donc vos genoux pour vous sup-
» plier de m'apprendre le genre de sa
» mort, si vous l'avez vûë de vos
» yeux, ou si vous l'avez apprise par
» les relations de quelque voyageur.
» Car il n'est que trop certain que
» sa naissance l'avoit destiné à quel-
» que fin malheureuse. Que ni la
» compassion, ni aucun menagement
» ne vous portent à me flatter. Dites-
» moy sincerement tout ce que vous
» en avez ou vû ou appris. Si jamais
» mon pere vous a heureusement ser-
» vi ou de son espée ou de ses conseils

devant les murs de Troye, où les «
Grecs ont souffert tant de maux, je «
vous conjure de me faire paroistre «
en cette occasion que vous n'en «
avez pas perdu la memoire & de «
me dire la verité. «

Nestor luy répondit : Vous me «
faites resouvenir des maux infinis «
que nous avons soufferts avec tant «
de constance, soit en courant les «
mers sous la conduite d'Achille «
pour fourager les villes des Troyens, «
soit en combattant devant les murs «
du superbe Ilion. Là ont trouvé «
leur tombeau nos plus grands ca- «
pitaines : là gist Ajax, ce grand «
guerrier, semblable à Mars ; là gist «
Achille ; là gist Patrocle égal aux «
Dieux par la sagesse de ses conseils ; «
là gist mon cher fils, le brave & sage «
Antiloque, qui estoit aussi leger à «
la course que ferme dans les com- «
bats de main. Tous les autres maux, «
que nous avons endurez, sont en si «
grand nombre, qu'il n'y a point de «

I vj

» mortel qui puſt les raconter. Plu-
» ſieurs années ſuffiroient à peine à
» faire le détail de tout ce que les
» Grecs ont eû à ſoutenir dans cette
» fatale guerre, & avant que d'en en-
» tendre la fin, l'impatience vous por-
» teroit à regagner voſtre patrie. Neuf
» années entieres ſe paſſerent de noſ-
» tre part à machiner la ruine des
» Troyens par toutes ſortes de ruſes
» de guerre, & encore aprés ces neuf
» années le fils de Saturne ne nous en
» accorda qu'à peine une heureuſe fin.
» Dans toute l'armée il n'y avoit pas
» un ſeul homme qui oſaſt s'égaler à
» Ulyſſe en prudence, car il les ſur-
» paſſoit tous, & perſonne n'eſtoit ſi
» fecond en reſſources & en ſtratageſ-
» mes que voſtre pere; je voy bien que
» vous eſtes ſon fils, vous me jettez
» dans l'admiration, je croy l'enten-
» dre luy-meſme, & il ne ſeroit pas
» poſſible de trouver un autre jeune
» homme qui parlaſt ſi parfaitement
» comme luy. Pendant tout le temps

qu'à duré le siege, le divin Ulysse «
& moy n'avons jamais esté de dif- «
ferent avis, soit dans les assemblées «
soit dans les conseils, mais animez «
tous deux d'un mesme esprit, nous «
avons tousjours dit aux Grecs tout «
ce qui pouvoit asseurer un heureux «
succés à leurs entreprises. Aprés «
que nous eusmes renversé le su- «
perbe Ilion, nous montasmes sur «
nos vaisseaux, prests à faire voile; «
mais quelque Dieu ennemi divisa «
les Grecs : & dés ce moment-là il «
estoit aisé de voir que Jupiter leur «
préparoit un retour funeste, parce «
qu'ils n'avoient pas tous esté pru- «
dens & justes. Voilà pourquoy aussi «
la pluspart ont eu un sort si mal-, «
heureux, car ils avoient attiré l'in- «
dignation de la fille de Jupiter, de «
la grande Minerve, qui jetta la dif- «
fention entre les deux fils d'Atrée. «
Ces deux Princes ayant sans neces- «
sité & contre la bienséance convo- «
qué tous les Grecs à une assemblée «

» à l'entrée de la nuit, les Grecs arri-
» verent tous chargez de vin. Là
» Agamemnon & Menelas commen-
» cerent à leur expliquer le sujet qui
» les avoit fait assembler. Menelas
» estoit d'avis que l'on s'embarquast
» sans attendre davantage, mais cet
» avis ne plut pas à Agamemnon,
» car il vouloit retenir les troupes
» jusqu'à ce qu'on eust offert des he-
» catombes pour desarmer la terrible
» colere de Pallas. Insensé qu'il estoit,
» il ignoroit qu'il ne devoit pas se flat-
» ter d'appaiser cette Déesse, & que
» les Dieux immortels justement ir-
» ritez ne se laissent pas si facilement
» flechir par des sacrifices. Les deux
» Atrides en vinrent à des paroles d'ai-
» greur. Les Grecs se levent avec un
» grand bruit & une confusion épou-
» vantable, car ils estoient tous parta-
» gez. Nous passasmes la nuit en cet
» estat tout prests à nous porter aux
» plus grandes extremitez les uns con-
» tre les autres, car Jupiter avoit

donné le signal de nostre perte. Dés «
que le jour eut paru, la moitié des «
Grecs mettant leurs vaisseaux à la «
mer, y chargent le butin & y font «
monter leurs belles captives. L'au- «
tre moitié demeure avec Agamem- «
non. Nous, qui estions embarquez, «
nous faisions route & nos vais- «
seaux fendoient rapidement les flots «
que Neptune avoit applanis devant «
nous. Estant abordez à Tenedos, «
nous descendismes pour faire des «
sacrifices aux Dieux, afin de nous «
les rendre favorables & que nostre «
retour fust heureux. Mais Jupiter «
n'avoit pas résolu de nous en ac- «
corder un si prompt. Ce Dieu irrité «
jetta entre nous une nouvelle dif- «
corde ; nous nous séparasmes en- «
core ; les uns reprenant le chemin «
de Troye, s'en retournerent avec le «
prudent Ulysse retrouver Agamem- «
non pour plaire à ce Prince. Mais «
moy, je continuay ma route avec «
mes vaisseaux, parce que je pré- «

» voyois les maux que Dieu nous
» préparoit. Le fils de Tydée, le
» grand Diomede, vint avec nous, &
» porta ses compagnons à le suivre.
» Menelas nous joignit le soir à l'isle
» de Lesbos, comme nous déliberions
» sur le chemin que nous devions
» prendre. Car il y avoit deux avis.
» Les uns vouloient qu'en costoyant
» la petite isle de Psyria, nous pris-
» sions au dessus de Chio que nous
» laisserions à gauche ; & les autres
» proposoient de prendre au dessous
» entre Chio & le mont Mimas. Dans
» ce doute nous demandasmes à Dieu
» un signe qui nous déterminast, il
» nous l'accorda, & nous obligea de
» tenir le milieu de la mer & de faire
» route tout droit vers l'Eubée, pour
» nous dérober plustost aux malheurs
» qui nous menaçoient. Un petit vent
» frais commence à souffler, nos vais-
» seaux volent aisément sur l'humide
» plaine, & le lendemain avant le jour
» ils arrivent à Gereste. Nous met-

tons pied à terre, & nous faisons «
des sacrifices à Neptune, pour le «
remercier du grand trajet que nous «
avions fait. Le quatriéme jour aprés «
nostre départ Diomede & ses com- «
pagnons arriverent à Argos ; & «
moy je continuay ma route vers «
Pylos ; le mesme vent frais, que «
Dieu nous avoit envoyé, ne cessa «
point de souffler pendant tout mon «
voyage. Ainsi, mon cher fils, j'ar- «
rivay heureusement à Pylos sans «
avoir pû apprendre la moindre nou- «
velle des Grecs. Je ne sçay pas mes- «
me encore certainement ni ceux «
qui se sont sauvez, ni ceux qui ont «
peri. Mais pour tout ce que j'ay ap- «
pris dans mon Palais depuis mon «
retour, je vous en feray part sans «
vous en rien cacher. On m'a dit «
que les braves Myrmydons sont ar- «
rivez heureusement chez eux con- «
duits par le celebre fils du vaillant «
Achille ; que le grand Philoctete «
fils de Pœan, est aussi arrivé chez «

» luy; qu'Idomenée a ramené à Crete
» tous ceux de ses compagnons que
» le Dieu Mars avoit épargnez à
» Troye & qu'il n'en a pas perdu un
» seul sur la mer. Pour le sort du
» fils d'Atrée, quelque éloigné que
» vous soyez, il ne se peut qu'il ne
» soit parvenu jusqu'à vous. Vous
» sçavez comment ce Prince est arri-
» vé dans son Palais, comment Egis-
» the l'a traistreusement assassiné, &
» comment ce malheureux assassin a
» receu le chastiment que meritoit
» son crime. Quel grand bien n'est-
» ce point de laisser en mourant un
» fils plein de courage! Ce fils d'A-
» gamemnon s'est glorieusement ven-
» gé de ce traistre qui avoit tué son
» pere. Et vous, mon cher fils, imi-
» tez cet exemple : vous estes grand,
» bien fait & de bonne mine ; que le
» courage réponde donc à ce dehors,
» afin que vous receviez de la poste-
» rité le mesme éloge.

» Telemaque répondit : Sage Nes-

tor, l'ornement & la gloire des «
Grecs, ce jeune Prince a fort bien «
fait de punir l'assassin de son pere, «
& les Grecs relevent fort justement «
la gloire de cette action ; la posterité «
ne luy refusera jamais les loüanges «
qu'elle merite. Je ne demanderois «
aux Dieux pour toute grace que «
de pouvoir me venger de mesme «
de l'insolence des Poursuivants de «
ma mere, qui commettent tous les «
jours dans ma maison des excés in- «
finis & qui me deshonorent, mais «
les Dieux n'ont pas resolu de nous «
accorder à mon pere & à moy un «
si grand bonheur. C'est pourquoy «
il faut que je devore cet affront «
quelque dur qu'il me paroisse. «

Mon cher fils, repartit Nestor, «
puisque vous me faites resouvenir «
de certains bruits sourds que j'ay «
entendus. J'ay oüi dire qu'un grand «
nombre de jeunes Princes amou- «
reux de vostre mere, se tiennent «
dans vostre Palais malgré vous & «

» confument voſtre bien. Apprenez-
» moy donc ſi vous vous ſoumettez à
» eux ſans vous oppoſer à leurs vio-
» lences, ou ſi ce ſont les peuples
» d'Ithaque qui, pour obéïr à la voix
» de quelque Dieu, ſe déclarent con-
» tre vous. Qui ſçait ſi voſtre pere,
» venant un jour ſans eſtre attendu,
» ne les punira pas luy ſeul de leurs
» injuſtices, ou meſme ſi tous les
» Grecs ne s'uniront pas pour vous
» venger. Si Minerve vouloit vous
» proteger, comme elle a protegé le
» celebre Ulyſſe pendant qu'il a com-
» battu ſous les murs de Troye où
» nous avons ſouffert tant de maux,
» car je n'ay jamais vû les Dieux ſe
» déclarer ſi manifeſtement pour per-
» ſonne comme cette Déeſſe s'eſt dé-
» clarée pour voſtre pere, en l'aſſiſ-
» tant en toute occaſion ; ſi elle vou-
» loit donc vous temoigner la meſme
» bienveillance & avoir de vous le
» meſme ſoin, il n'y auroit aſſeure-
» ment bientoſt aucun de ces Pour-

suivants qui fust en estat de penser «
au mariage. «

Grand Prince, repartit Telema- «
que, je ne pense pas que ce que vous «
venez de dire s'accomplisse jamais; «
vous dites-là une grande chose ; la «
pensée seule me jette dans l'eston- «
nement. Je n'ay garde d'oser me «
flatter d'un si grand bonheur, car «
mes esperances seroient vaines, «
quand mesme les Dieux voudroient «
me favoriser. «

Ah! Telemaque, repartit Miner- «
ve, que venez-vous de dire ? quel «
blaspheme venez-vous de proferer! «
Quand Dieu le veut, il peut faci- «
lement sauver un homme & le ra- «
mener des bouts de la terre. Pour «
moy, j'aimerois bien mieux, aprés «
avoir essuyé pendant long-temps «
des travaux infinis, me voir enfin «
heureusement de retour dans ma «
patrie, que d'avoir le sort d'Aga- «
memnon , qui aprés un trop heu- «
reux voyage, s'est vû assassiner dans «

» fon Palais par la trahifon de fa fem-
» me & d'Egifthe. Il eft vray que
» pour ce qui eft de la mort, terme
» fatal ordonné à tous les hommes,
» les Dieux ne fçauroient en exemp-
» ter l'homme qui leur feroit le plus
» cher, quand la Parque cruelle l'a
» conduit à fa derniere heure.

Telemaque, reprenant la parole,
» dit : ~~Mentor~~ *Neſtor*, quittons ces difcours
» quelque affligez que nous foyons,
» il n'eft plus queftion de retour pour
» mon pere, les Dieux l'ont aban-
» donné à fa noire Deftinée & l'ont
» livré à la mort. Prefentement je
» veux parler d'autre chofe au fils de
» Nelée & prendre la liberté de luy
» faire une queftion, car je voy qu'en
» prudence & en juftice il furpaffe
» tous les autres hommes, auffi dit-
» on qu'il a regné fur trois genera-
» tions. Et veritablement quand je le
» regarde je croy voir un image des
» Immortels. Dites-moy donc, je
» vous prie, fage Neftor, comment a

esté tué le Roy Agamemnon ! où «
estoit son frere Menelas ! quelle «
sorte de piege luy a tendu le perfide «
Egisthe ! car il a tué un homme «
bien plus vaillant que luy. Menelas «
n'estoit-il point à Argos ! estoit-il «
errant dans quelque terre estrange- «
re ! c'est sans doute son absence qui «
a inspiré cette audace à cet assassin. «

Mon fils, luy répond Nestor, je «
vous diray la verité toute pure ; les «
choses se sont passées comme vous «
l'avez fort bien conjecturé. Si Me- «
nelas à son retour de Troye eust «
trouvé dans son Palais Egisthe en- «
core vivant, jamais on n'auroit éle- «
vé de tombeau à ce traistre ; son «
cadavre gisant sur la terre loin des «
murailles, auroit servi de pasture «
aux chiens & aux oyseaux ; & pas «
une des femmes Grecques n'auroit «
honoré sa mort de ses larmes, car il «
avoit commis le plus horrible de «
tous les forfaits. «

Il faut que vous sçachiez, mon «

» fils, que pendant que nous estions
» devant Troye à livrer tous les jours
» de nouveaux combats, ce malheu-
» reux, qui vivoit dans une lasche oy-
» siveté dans un coin du Pelopon-
» nese, conçeut une passion criminel-
» le pour la femme d'Agamemnon,
» pour la Reyne Clytemnestre qu'il
» solicitoit tous les jours de répondre
» à ses desirs. La Reyne resista long-
» temps & refusa de consentir à une
» action si infame, car outre que son
» esprit estoit encore sain & entier,
» elle avoit auprés d'elle un chantre
» qu'Agamemnon luy avoit laissé en
» partant pour Troye & qu'il avoit
» chargé particulierement du soin de
» la garder & de veiller à sa conduite.
» Mais quand l'heure marquée par les
» Destins fut arrivée où ce malheu-
» reux Egisthe devoit triompher de
» sa chasteté, il commença par éloi-
» gner d'auprés d'elle ce chantre, il
» le mena dans une isle deserte &
» l'abandonna en proye aux oyseaux

des

des cieux, & retournant à Mycenes, «
il se vit enfin maistre de la Reyne, «
qui le suivit volontairement dans «
son Palais. Alors il offrit sur les «
autels une infinité de victimes, & «
consacra dans les temples les offran- «
des les plus précieuses, de l'or, de «
riches étoffes, pour remercier les «
Dieux d'avoir réüssi dans une en- «
treprise si difficile, & dont il avoit «
tousjours desesperé. «

Cependant Menelas & moy, es- «
troitement unis par les nœuds de «
l'amitié, nous estions partis de Troye «
sur nos vaisseaux. Quand nous fus- «
mes abordez à Sunium, sacré pro- «
montoire d'Athenes, là Apollon «
tua tout d'un coup par ses douces «
fleches le Pilote Phrontis fils d'O- «
netor, qui conduisoit la galere ca- «
pitainesse de Menelas comme il es- «
toit au gouvernail. C'estoit le plus «
habile de tous les pilotes, le plus «
experimenté, & celuy qui sçavoit «
le mieux gouverner un vaisseau pen- «

Tome I. K

» dant les plus affreuſes tempeſtes.
» Quelque preſſé que fuſt Menelas
» de continuer ſa route, il fut retenu
» là pour enterrer ſon compagnon
» & pour faire ſur ſon tombeau les
» ſacrifices ordinaires. Quand il ſe fut
» rembarqué & que ſa flotte eut ga-
» gné les hauteurs du promontoire
» de Malée, alors Jupiter, dont les
» yeux découvrent toute l'eſtendue
» de la terre, mit de grands obſtacles
» à ſon retour. Il déchaiſna contre
» luy les vents les plus orageux, ex-
» cita les flots les plus terribles, les
» amoncela & les éleva comme les
» plus hautes montagnes, & ſéparant
» ſes vaiſſeaux, il pouſſa les uns à
» l'iſle de Crete du coſté qu'habitent
» les Cydoniens ſur les rives du Jar-
» dan. Là vis à vis de Gortyne s'a-
» vance dans la mer tousjours cou-
» verte d'un broüillard épais un ro-
» cher appellé *Liſſé*, c'eſt le promon-
» toire Occidental de l'iſle du coſté
» de Pheſte. Le vent de midy pouſſe

les flots contre ce rocher, qui les «
arrestant & brisant leur impetuosi- «
té, couvre le port & asseure la plage. «
Ce fut contre ce rocher que don- «
nerent ses vaisseaux, qui furent bri- «
sez, les hommes ne se sauverent «
qu'avec beaucoup de peine. Il y «
avoit encore quatre navires avec «
celuy que montoit Menelas, ils «
avoient esté séparez des autres ; les «
vents & les flots aprés les avoir fort «
maltraitez, les porterent à l'embou- «
chure du fleuve Egyptus. Ce Prince «
amassa quantité d'or & d'argent en «
parcourant ce fleuve, & en visitant «
sur ses vaisseaux les nations qui ha- «
bitent les contrées les plus éloignées. «

Pendant ce temps-là Egisthe exe- «
cuta ses pernicieux desseins, & assas- «
sina Agamemnon ; le peuple se sou- «
mit à ce meurtrier, & le tyran regna «
sept années entieres à Mycene ; mais «
la huitiéme année le divin Oreste «
revint d'Athenes pour le punir ; il «
tua le meurtrier de son pere, le «

K ij

» traiſtre Egiſthe, & aprés l'avoir tué,
» il donna aux peuples d'Argos le
» feſtin des funerailles de ſon abomi-
» nable mere & de ce laſche aſſaſſin.
» Et ce jour-là meſme le vaillant Me-
» nelas arriva à Lacedemone avec des
» richeſſes infinies, car il en amenoit
» autant qu'il en avoit pû charger ſur
» ſes vaiſſeaux. Vous donc, mon fils,
» ne vous tenez pas long-temps éloi-
» gné de vos Eſtats en abandonnant
» ainſi tous vos biens à ces fiers Pour-
» ſuivants, de peur qu'ils n'achevent
» de vous ruiner en partageant entre
» eux voſtre Royaume, & que vous
» n'ayez fait un voyage inutile & rui-
» neux. Mais avant que de vous en
» retourner, je vous conſeille & je
» vous exhorte d'aller voir Menelas.
» Il n'y a pas long-temps qu'il eſt de
» retour de ces regions éloignées dont
» tout homme, qui y auroit eſté pouſ-
» ſé par les tempeſtes au travers de
» cette mer immenſe, n'oſeroit jamais
» eſperer de revenir, & d'où les oy-

seaux mesmes ne reviendroient qu'à « peine en un an, tant ce trajet est « long & penible. Allez donc, partez « avec vostre vaisseau & vos compa- « gnons. Que si vous aimez mieux « aller par terre, je vous offre un char « & des chevaux, & mes enfants au- « ront l'honneur de vous conduire « eux-mesmes à Lacedemone dans le « Palais de Menelas. Vous prierez ce « Prince de vous dire sans déguise- « ment ce qu'il sçait de vostre pere, « il vous dira la verité, car estant « sage & prudent il abhorre le men- « songe. «

Ainsi parla Nestor. Cependant le soleil se coucha dans l'Ocean, & les tenebres se répandirent sur la terre. Minerve prenant la parole, dit à ce Prince : Nestor, vous venez « de parler avec beaucoup de raison « & de sagesse; presentement donc « que l'on offre en sacrifice les lan- « gues des victimes, & que l'on mesle « le vin dans les urnes, afin qu'aprés «

» avoir fait nos libations à Neptune
» & aux autres Dieux immortels,
» nous pensions à aller prendre quel-
» que repos, car il en est temps. Des-
» ja le soleil a fait place à la nuit, &
» il ne convient pas d'estre si long-
» temps à table aux sacrifices des
» Dieux ; il est heure de se retirer.

La fille de Jupiter ayant ainsi parlé, on obéit à sa voix. Les herauts donnent à laver, & de jeunes hommes remplissent les urnes & presentent du vin dans les coupes à toute l'assemblée. On jette les langues dans le feu de l'autel. Alors tout le monde se leve & fait ses libations sur les langues.

Quand les libations furent faites & le repas fini, Minerve & Telemaque voulurent s'en retourner dans leur vaisseau, mais Nestor, les retenant, leur dit avec quelque
» chagrin : Que Jupiter & tous les
» autres Dieux ne permettent pas que
» vous vous en retourniez sur vostre

vaisseau, & que vous refusiez ma «
maison comme la maison d'un hom- «
me necessiteux, qui n'auroit chez «
luy ni lits, ni couvertures, ni robes «
pour donner aux estrangers. J'ay «
chez moy assez de lits, de couver- «
tures & de robes, & il ne sera ja- «
mais dit que le fils d'Ulysse s'en «
aille coucher sur son bord pendant «
que je vivray & que j'auray chez «
moy des enfants en estat de recevoir «
les hostes qui me feront l'honneur «
de venir dans mon Palais. «

Vous avez raison, sage Nestor, «
répondit Minerve, il est juste que «
Telemaque vous obéïsse, cela sera «
plus honneste, il vous suivra donc «
& profitera de la grace que vous luy «
faites. Pour moy je m'en retourne «
dans le vaisseau pour rasseurer nos «
compagnons, & pour leur donner «
les ordres, car dans toute la troupe «
il n'y a d'homme âgé que moy seul: «
tous les autres sont de jeunes gens «
de mesme âge que Telemaque, qui «

» ont suivi ce Prince par l'attache-
» ment qu'ils ont pour luy. Je passe-
» ray la nuit dans le vaisseau, & de-
» main dés la pointe du jour j'iray
» chez les magnanimes Caucons où il
» m'est deu depuis long-temps une
» assez grosse somme, & puisque Te-
» lemaque a esté receu chez vous,
» vous luy donnerez un char avec
» vos meilleurs chevaux, & un des
» Princes vos fils pour le conduire.

En achevant ces mots la fille de Jupiter disparut sous la forme d'une choüete. Tous ceux qui furent témoins de ce miracle furent saisis d'estonnement, & Nestor rempli d'admiration, prit la main de Telemaque, &
» luy dit: Je ne doute pas, mon fils, que
» vous ne soyez un jour un grand per-
» sonnage, puisque si jeune vous avez
» desja des Dieux pour conducteurs,
» & quels Dieux ! celuy que nous ve-
» nons de voir, c'est Minerve elle-
» mesme, la fille du grand Jupiter,
» la Déesse qui préside aux assemblées.

Elle prend de vous le mesme soin «
qu'elle a pris du divin Ulysse vostre «
pere, qu'elle a tousjours honoré en- «
tre tous les Grecs. Grande Déesse, «
soyez-nous favorable, accordez- «
nous une gloire immortelle, à moy, «
à ma femme & à mes enfants ; dés «
demain j'immoleray sur vostre autel «
une genisse d'un an qui n'a jamais «
porté le joug, & dont je feray do- «
rer les cornes pour la rendre plus «
agréable à vos yeux. «

Ainsi pria Nestor, & la Déesse écouta favorablement sa priere. Ensuite ce venerable vieillard, marchant le premier, conduisit dans son Palais ses fils, ses gendres & son hoste, & quand ils y furent arrivez & qu'ils se furent placez par ordre sur leurs sieges, Nestor fit remplir les urnes d'un excellent vin d'onze ans, que celle qui avoit soin de sa dépense venoit de percer ; il presenta les coupes aux Princes, & commença à faire les libations en adressant ses prieres à la Déesse Minerve. Aprés les libations ils allerent tous se coucher dans leurs appartements. Nestor fit coucher Telemaque dans un beau lit sous un portique superbe, & voulut que le vaillant Pisistrate, le seul de ses enfants qui n'estoit pas encore marié, couchast prés de luy pour luy faire honneur. Pour luy, il alla se coucher dans l'appartement le plus reculé de son magnifique Palais, où la Reyne sa femme luy avoit préparé sa couche.

Le lendemain dés que l'aurore eut doré l'horison, Nestor se leva, sortit de son appartement & alla s'asseoir sur des pierres blanches, polies & plus luisantes que l'essence. Elles estoient aux portes de son Palais. Le Roy Nelée, égal aux Dieux par sa sagesse, avoit accoutumé de s'y asseoir, mais la Parque l'ayant précipité dans le tombeau, son fils Nestor, le plus fort rempart des

Grecs, s'y assit après luy, tenant en sa main son sceptre. Tous ses fils se rendirent près de luy, Echephron, Stratius, Persée, Aretus & Thrasymede semblable à un Dieu. Le heros Pisistrate vint le dernier avec Telemaque, qu'ils placerent près de Nestor. Quand ils furent tous autour de luy, ce venerable vieillard leur dit : Mes chers enfants, exe- « cutez promptement ce que je desire « & que je vais vous ordonner, afin « que je puisse me rendre favorable « la Déesse Minerve qui n'a pas dé- « daigné de se manifester à moy & qui « a assisté au sacrifice que j'ay fait à « Neptune. Que l'un de vous aille « donc à ma maison de campagne « pour faire venir une genisse, qu'un « pasteur aura soin de conduire ; « qu'un autre aille au vaisseau de Te- « lemaque pour avertir tous ses com- « pagnons ; il n'en laissera que deux « qui auront soin du vaisseau. Vous, « continua-t-il, en s'adressant à un «

» autre, allez ordonner au doreur
» Laërce de venir promptement pour
» dorer les cornes de la geniſſe ; &
» vous, dit-il aux autres, demeurez
» icy avec moy, & donnez ordre aux
» femmes de ma maiſon de préparer
» le feſtin, & d'avoir ſoin d'apporter
» les ſieges, l'eau & le bois pour le
» ſacrifice.

Il parla ainſi, & les Princes obéïrent. La geniſſe vint de la maiſon de campagne ; les compagnons de Telemaque vinrent du vaiſſeau ; le doreur vint auſſi en meſme temps, portant luy-meſme les inſtruments de ſon art, l'enclume, le marteau & les tenailles dont il ſe ſervoit à travailler l'or. La Déeſſe Minerve vint auſſi pour aſſiſter au ſacrifice. Neſtor fournit l'or au doreur, qui le réduiſant en feüilles, en reveſtit les cornes de la geniſſe, afin que la Déeſſe priſt plaiſir à voir la victime ſi richement ornée. Stratius & le divin Echephron la preſenterent en la tenant par les cornes ; Aretus vint du Palais portant d'une main un bassin magnifique avec une aiguiere d'or, & de l'autre, une corbeille où estoit l'orge sacré necessaire pour l'oblation ; le vaillant Thrasymede se tint prés de la victime la hache à la main tout prest à la frapper, & son frere Perséc tenoit le vaisseau pour recevoir le sang. Aussitost Nestor lave ses mains, tire du poil du front de la victime, répand sur la teste l'orge sacré, & accompagne cette action de prieres qu'il adresse à Minerve. Ces prieres ne furent pas plustost achevées & la victime consacrée par l'orge, que Thrasymede levant sa hache, frappe la genisse, luy coupe les nerfs du cou & l'abbat à ses pieds. Les filles de Nestor, ses belles filles & la Reyne son épousé, la venerable Eurydice, l'aisnée des filles de Clymenus, la voyant tomber, font des prieres accompagnées de grands cris.

Aussi-tost les Princes la relevent, & pendant qu'ils la tiennent, Pisistrate tire son poignard & l'égorge. Le sang sort à gros boüillons, & elle demeure sans force & sans vie. En mesme temps ils la dépoüillent & la mettent en pieces. Ils séparent les cuisses entieres selon la coutume, les enveloppent d'une double graisse, & mettent par dessus des morceaux de toutes les autres parties, Nestor luy-mesme les fait brusler sur le bois de l'autel & fait des aspersions de vin. Prés de luy de jeunes hommes tenoient des broches à cinq rangs toutes préparées. Quand les cuisses de la victime furent toutes consumées par le feu, & qu'on eut gousté aux entrailles, on coupa les autres pieces par morceaux & on les fit rostir. Cependant la plus jeune des filles de Nestor, la belle Polycaste met Telemaque au bain, & aprés qu'il fut baigné & parfumé d'essences, elle luy donne une belle tunique & un manteau magnifique, & ce Prince sortit de la chambre du bain semblable aux Immortels. Nestor, s'avançant, le fit asseoir prés de luy.

Quand les viandes furent rosties, on se mit à table, & de jeunes hommes bien faits présentoient le vin dans des coupes d'or. Le repas fini, Nestor adressant la parole à ses enfants, leur dit : Allez, mes enfants, « allez promptement atteler un char « pour Telemaque ; choisissez les meil- « leurs chevaux, afin qu'ils le menent « plus viste. «

Il dit, & ces Princes obéïssent. Ils eurent attelé le char dans un instant. La femme, qui avoit soin de la dépense, y met les provisions les plus exquises qu'elle choisit comme pour des Roys. Telemaque monte le premier, & Pisistrate, le fils de Nestor, se place prés de luy, & prenant les resnes, il pousse ses genereux coursiers, qui plus legers que les vents, s'éloignent des portes de Pylos, volent dans la plaine, & marchent ainsi tout le jour sans s'arrester. Dés que le soleil fut couché, & que les chemins commencerent à estre obscurcis par les tenebres, ces Princes arriverent à Pheres dans le Palais de Diocles, fils d'Orsiloque qui devoit sa naissance au fleuve Alphée ; ils y passerent la nuit, & Diocles leur presenta les rafraischissements qu'on donne à ses hostes. Le lendemain dés que l'aurore annonce le jour, ils remontent sur leur char, sortent de la cour au travers de grands portiques & poussent leurs chevaux, qui dans un moment eurent traversé la plaine grasse & fertile. Ils continuent leur chemin avec une extresme diligence, & ils arrivent dans le Palais de Menelas, lorsque la nuit commençoit à répandre ses sombres voiles sur la surface de la terre.

REMARQUES
SUR
L'ODYSSE'E D'HOMERE.

LIVRE III.

Page 195. *L'Orsque Telemaque arriva à la ville de Nelée, à la celebre Pylos*] Telemaque part d'Ithaque fort tard & long-temps aprés le coucher du soleil, & le lendemain il arrive à Pylos aprés le lever de l'aurore. Ce trajet fait en moins d'une nuit peut servir à prouver que cette Pylos de Nestor n'estoit ni la Pylos d'Elide sur le fleuve Selleïs, car elle est trop voisine d'Ithaque, & il n'auroit pas fallu quatre heures pour y arriver ; ni la Pylos de Messene au bas du Peloponese, car celle-cy est trop éloignée, & il auroit fallu plus de temps. C'est donc celle qui est au milieu des deux autres sur le fleuve Amathus, & qui est éloignée d'Ithaque de huit ou neuf cents stades. A la fin du xv. Livre nous voyons que Telemaque arrive de bonne heure de Pheres au port de Pylos fort long-temps avant le coucher du soleil, & qu'il arrive le lendemain matin à Ithaque ; il est quelques heures de plus à faire ce trajet, parce qu'il a pris le chemin le plus long pour arriver au costé septemtrional de l'isle, & pour éviter par-là les embusches des Poursuivants. Homere est tousjours parfaitement d'accord avec luy-mesme.

Les Pyliens offroient ce jour-là des sacrifices] Strabon dans son 6. livre nous apprend que ces sacrifices, dont parle Homere, se faisoient dans un temple de Neptune *Samien*, qui estoit entre la ville de Lepreum & celle d'Annium ou de Samicum, & pour lequel les Pyliens avoient une veneration singuliere.

Et immoloient des taureaux noirs à Neptune] Car le taureau estoit la victime consacrée à Neptune, à cause du mugissement des flots qu'on vouloit marquer par-là.

Il y avoit neuf bancs chacun de cinq cents hommes] Pour marquer que c'estoit un sacrifice solemnel, non seulement de la ville de Pylos, mais de toutes les villes de sa dépendance, Homere dit qu'il y avoit neuf bancs, parce que Nestor avoit sous luy neuf villes, qui sont nommées dans le dénombrement des vaisseaux Livre II. de l'Iliade page 78. Il y avoit donc un banc pour chaque ville, & chaque ville avoit envoyé à ce sacrifice cinq cents hommes, comme elle avoit fourni cinq cents hommes à Nestor quand il partit pour Troye, car on prétend qu'il commandoit quatre mille cinq cents hommes. Chaque ville avoit fourni neuf taureaux pour ce sacrifice, comme c'estoit la coutume que chaque ville fournist sa part.

Page 196. Ils avoient desja gousté aux entrailles & bruslé les cuisses des victimes] Homere ne s'amuse pas icy à descrire tout le détail du sacrifice, l'occasion ne le souffre pas. Il le fera plus à propos au sacrifice que l'on verra à la fin de ce mesme Livre. Quand les cuisses estoient consumées par le feu, tous les assistants goustoient aux entrailles, dont on donnoit à chacun un petit morceau, & c'est par-là qu'on avoit part au sacrifice, & aux graces qui le suivoient. Tout le reste de la victime estoit consumée par l'assemblée.

Telemaque, il n'est plus temps d'estre retenu par la honte] Minerve voit qu'un jeune homme comme Telemaque, qui n'est jamais sorti de son isle & qui n'a encore rien vû, sera embarrassé à aborder un homme de l'âge de Nestor & de sa réputation. C'est pourquoy elle l'encourage. Et Minerve est icy la prudence mesme de ce jeune Prince & les leçons qu'il se donne à luy-mesme & qui luy sont suggerées par la sagesse.

Prions-le de vous dire la verité avec sa franchise ordinaire] En effet nous avons vû dans l'Iliade que Nestor estoit un homme vray & qui parloit tousjours avec beaucoup de liberté & de franchise. Homere suit parfaitement dans l'Odyssée les caracteres qu'il a formez dans l'Iliade.

Il hait naturellement le mensonge, car c'est un homme plein de probité & de sagesse] Plus on est sage, plus on a d'horreur pour le mensonge, c'est à dire, pour le mensonge qui nuit avec malice, car il y a une sorte de mensonge qui instruit & qui est utile, comme sont les mensonges d'Homere & ceux des fables; ces mensonges sont des veritez déguisées sous la fiction.

Page 197. *Comment iray-je aborder le Roy de Pylos?*] Voicy les embarras où Telemaque se trouve, & ces embarras marquent bien que c'est un Prince dont Minerve a pris soin & qui est plein de sagesse. Tout jeune homme prudent & bien élevé est aussi embarrassé que luy dans les occasions semblables, & tant pis pour celuy qui ne l'est pas.

Car les Dieux, qui ont présidé à vostre naissance & à vostre éducation] Le texte dit mot à mot, *car vous n'estes point né malgré les Dieux & vous n'ayez pas esté élevé mal-*

gré eux. Sur quoy Eustathe avertit qu'il y avoit des gens qui prétendoient qu'Homere vouloit faire entendre par-là que Telemaque estoit né d'un legitime mariage. Mais je ne croy pas qu'Homere ait pensé à ce rafinement inconnu au Paganisme. J'aime mieux expliquer ce passage tout simplement & tout naturellement; *vous n'estes point né en dépit des Dieux,* c'est à dire, *vous estes beau, bien fait & de bonne mine, vous avez de bonnes inclinations, en un mot vostre naissance est heureuse.* On ne peut mieux expliquer Homere que par Homere mesme. Ce que dit icy Minerve à Telemaque qu'*il n'est pas né malgré les Dieux,* est la mesme chose que ce que Menelas dit à ce jeune Prince dans le Livre suivant: *On reconnoist tousjours facilement les enfants de ceux a qui Jupiter a departi ses plus précieuses faveurs dans le moment de leur naissance.* Le reste, *& vous n'avez pas esté élevé malgré eux,* c'est à dire, ils ont présidé à vostre éducation, vous avez esté bien élevé, & vous avez profité des bons préceptes qu'on vous a donnez. Car il n'y a de bonne éducation, d'éducation qui réüssisse, que celle à laquelle président les Dieux, & qu'ils daignent benir, ainsi Telemaque tirera des préceptes, qu'il a desja receus, une partie de ce qu'il doit dire, & ce que ces préceptes ne luy auront pas appris, quelque Dieu favorable le luy inspirera. Car c'est Dieu qui donne les lumieres, & qui suggere des paroles qu'on n'auroit pas trouvées de soy-mesme.

Page 198. Et faisoient rostir les viandes du sacrifice] Il y a dans le texte κρέα ὤπτων, ἄλλα δ᾽ ἔπειρον. C'est à dire que pendant que l'on faisoit rostir une partie de ces viandes, on remplissoit des broches de l'autre partie. Ces broches estoient des broches à cinq rangs, avec lesquels on faisoit rostir, ou plustost griller les viandes qui restoient du sacrifice. On peut voir ce qui a esté remarqué sur le 1. Livre de l'Iliade.

Sur des peaux estenduës sur le sable du rivage] Voilà la simplicité de ces temps héroïques. Au lieu de beaux tapis de pourpre il n'y a que des peaux estenduës à terre.

D'abord il leur presenta une portion des entrailles] Afin qu'ils eussent part au sacrifice. Car ce n'est pas encore le festin.

Car c'est à son festin que vous estes admis à vostre arrivée] Pisistrate leur dit cela comme une chose heureuse pour eux. En effet c'est un grand bonheur pour des estrangers d'arriver chez des peuples qui honorent les Dieux & qui leur font des sacrifices. Par ce discours de Pisistrate on voit bien que c'est un Prince bien élevé.

Page 199. *Car je pense qu'il est du nombre de ceux*] Pisistrate fait entendre par-là qu'il y a aussi des peuples impies qui ne reconnoissent point de Dieux, & en mesme temps il fait voir leur aveuglement & leur injustice, en adjoutant qu'*il n'y a point d'homme qui n'ait besoin de leur secours*.

Comblez de gloire Nestor & les Princes ses enfants] Minerve ne demande pour Nestor & pour ses fils que la gloire, car voilà ce qui est le plus necessaire aux Princes; & pour le peuple elle demande une gratieuse recompense sans la déterminer.

Page 200. *Elle fit elle-mesme ces prieres, & elle-mesme les accomplit*] Cela est heureusement imaginé pour faire entendre que la sagesse peut seule combler de gloire les Princes & faire le bonheur de leurs sujets. D'ailleurs Homere dit que Minerve accomplit elle-mesme les prieres qu'elle faisoit, parce qu'elle ne pouvoit s'attendre que Neptune accomplist ce qu'elle demandoit pour Telemaque, puisque c'estoit Neptune qui persecutoit Ulysse. Mais comment Homere dit-il que Minerve accomplit ces prieres? cela dépend il d'elle, & n'est-ce pas à Jupiter seul d'accorder ce qu'elle vient de demander? Il n'y a que deux mots à dire pour répondre à cette difficulté. Les Anciens ont feint avec raison que Minerve estoit la seule Déesse à qui Jupiter eust donné ce glorieux privilege d'estre en tout comme luy & de jouir des mesmes avantages. On peut voir sur cela une remarque de M. Dacier sur la douzième ode du 1. liv. d'Horace. La sagesse de Dieu n'a-t-elle pas les mesmes droits que Dieu ! & n'est-ce pas tousjours elle qui accomplit ce qu'elle demande ?

Ou ne faites-vous qu'écumer les mers comme les pirates qui exposent leur vie] Si le mestier de pirate avoit esté honteux, Nestor n'auroit eu garde de faire cette question à des estrangers qu'il ne vouloit ni offenser ni desobliger ; mais non seulement il n'estoit pas honteux, il estoit mesme honorable ; les Princes Grecs ne trouvoient rien de plus glorieux que de vivre de rapine. On n'a qu'à voir le commencement de l'histoire de Thucidide où ces mœurs sont fort bien marquées.

Page 201. *Combattant avec vous, a saccagé la superbe ville de Troye*] Il ne dit pas, *qui a saccagé la superbe ville de Troye*, mais il associe Nestor à cette gloire, en adjoutant, *en combattant avec vous.*

Page 203. *Nestor luy répondit, Estranger vous*

vous, &c.] Nestor luy dit, *mon ami, mais cela ne seroit pas agréable en nostre langue.*

Soit en courant les mers, soit sous la conduite d'Achille] Ce qu'Achille dit dans le IX. Liv. de l'Iliade tom. 2. pag. 96. sert de commentaire à ces paroles de Nestor. *J'ay essuyé pour les Grecs,* dit-il, *des fatigues infinies ; j'ay passé les nuits sans dormir & les jours dans le sang & dans le carnage ; j'ay pris douze grandes villes par mer avec mes seuls vaisseaux, & onze par terre autour de Troye.* Homere rappelle dans son Odyssée beaucoup de choses qu'il a desja touchées dans son Iliade, & il en rapporte beaucoup d'autres dont il n'a point parlé dans ce premier Poëme, qui sont les suites de ces avantures qui n'ont pû entrer dans la composition de sa fable, & des épisodes de la guerre de Troye, comme Longin l'a remarqué chap. 7. Par là ce Poëte n'embellit pas seulement son Poëme, & ne satisfait pas seulement la curiosité du Lecteur, mais il donne encore à son Iliade & à son Odyssée un air de verité qui trompe & qu'on ne sçauroit démentir.

Là gist Achille] Nestor nomme Ajax, Patrocle & son fils mesme Antiloque avec éloge, *Ajax semblable à Mars, Patrocle égal aux Dieux, &c. le brave & sage Antiloque.* Mais pour *Achille,* il le met sans épithete & ne luy donne pas la moindre louange. Et en verité, comme la colere d'Achille avoit esté la cause de tous les maux dont il parle, & de la mort de tous ces heros, ce n'estoit pas là le lieu de le loüer. Cette conduite d'Homere est tres sage.

Page 204. *Plusieurs années suffiroient à peine à faire le detail*] Sur-tout si sur chaque action on faisoit un Poëme comme Homere en a fait un sur la colere d'Achille. Cette hyperbole de Nestor est pour faire voir les maux sans nombre que les Grecs ont soufferts dans cette guerre. Ces hyperboles excessives sont permises & elles sont authorisées mesmes dans nos Livres saints.

Page 205. *Pendant tout le temps qu'à duré le siege, le divin Ulysse & moy n'avons jamais esté de different avis*] Il y a icy une politesse qui me paroist remarquable. Nestor vient de dire qu'Ulysse surpassoit tous les Grecs en prudence, & que personne n'estoit si fécond que luy en ressources, il n'est pas possible aprés cela qu'il s'égale à luy, & la bienséance ne le permet pas. Que fait-il donc! Il dit seulement qu'ils n'ont jamais esté de different avis, expression équivoque qui laisse douter si Nestor estoit égal à Ulysse en prudence & en sagesse, ou si Ulysse luy estoit superieur.

Soit dans les assemblées, soit dans les conseils] Les assemblées ἀγοϱά, & les conseils βυλή, sont deux choses fort differentes. Les assemblées estoient generales, tout le peuple s'y trouvoit. Et les conseils estoient des assemblées particulieres de gens choisis.

Et dés ce moment il estoit aisé de voir que Jupiter leur préparoit] C'est ainsi à mon avis qu'il faut traduire ce passage. *Jupiter ne commença pas dés ce moment à préparer aux Grecs un retour funeste, mais ce fut dés ce moment-là qu'on put s'appercevoir qu'il avoit ce dessein, & qu'il alloit faire tomber sur eux les effets de sa colere.*

Parce qu'ils n'avoient pas esté tous prudents & justes] Il veut parler d'Ajax le Locrien qui avoit violé Cassandre dans le temple de Pallas sous les yeux mesmes de la Déesse. Ajax estoit le seul coupable, comment donc la plusparc des autres furent-ils enveloppez dans sa punition ! ce fut pour ne l'avoir pas empesché, ou pour ne l'avoir pas puni. Au reste il faut bien remarquer icy la retenuë & la pudeur de Nestor, il ne s'explique pas plus ouvertement sur le crime d'Ajax, parce qu'il parle à un jeune homme, & parce qu'il ne veut pas insulter à un mort.

Ces deux Princes ayant sans necessité &

contre la bienséance convoqué tous les Grecs à une assemblée à l'entrée de la nuit] Homere ne veut pas faire entendre que l'entrée de la nuit est une heure induë pour tenir des assemblées, car les histoires sont pleines d'assemblées & de conseils tenus la nuit & tenus avec beaucoup de prudence & de sagesse. On a mesme souvent appellé la nuit εὐφρόνη, comme *propre au conseil*. Mais il veut faire entendre qu'en cette occasion il n'y avoit rien de plus imprudent que de convoquer une assemblée pour la nuit ; car que ne devoit-on pas attendre de troupes victorieuses, la nuit, dans la licence & l'emportement de la victoire ? ces troupes ne passoient pas les journées bien sobrement.

Page 206. *Menelas estoit d'avis qu'on s'embarquast*] Strabon liv. 10. nous apprend que Sophocle, qui de tous les Poetes est celuy qui a le plus imité Homere, avoit traitté cette particularité dans la Tragedie de Polyxene : *Sophocle*, dit-il, *faisant dans sa Polyxene que Menelas veut partir de Troye sans differer, & qu'Agamemnon veut attendre pour appaiser la colere de Minerve par des sacrifices, il introduit Menelas qui dit à Agamemnon,*

Σὺ δ'αὖθι μίμνων ταῖς κατ' Ἰδαίαν χθόνα
Ποίμναις ὀλύμπου συναγάγων δυμπόλει.

Pour vous demeurez icy, & rassemblant au pied du mont Ida tous les troupeaux du mont Olympe, amusez-vous à sacrifier. Le sçavant Casaubon auroit pû adiouter cela au catalogue qu'il a fait des pieces de Sophocle dans ses commentaires sur Athenée.

Jusqu'à ce qu'on eust offert des hecatombes pour desarmer la terrible colere de Pallas] Mais n'estoit-ce pas un prétexte tres juste & tres loüable ? non, & Homere ne fait pas difficulté d'appeller Agamemnon *insensé*. Car il devoit sçavoir que le crime d'Ajax ne pouvoit estre expié par des hecatombes. Le seul sacrifice expiatoire c'estoit la punition du criminel. Ce passage est remarquable.

Et que les Dieux immortels justement irritez ne se laissent pas si facilement flechir par des sacrifices] Cependant Homere nous a dit dans le XI. Livre de l'Iliade que *les Dieux se laissent flechir, & que tous les jours on parvient à les appaiser par des sacrifices*. Στρεπτοὶ δὲ καὶ θεοὶ αὐτοί, &c. Comment dit-il donc icy qu'ils ne se laissent pas facilement fléchir ? C'est pour nous faire entendre l'aveuglement d'Agamemnon qui croyoit pouvoir expier le crime d'Ajax par des sacrifices. Il y a des crimes que les sacrifices ne peuvent expier. Si Platon avoit bien medité sur cet endroit, il n'auroit pas fait à Homere le reproche dont j'ay assez parlé dans ma Préface de l'Iliade.

Car Jupiter avoit donné le signal de nostre perte] Mot à mot, *Car Jupiter préparoit la punition de nostre crime*. Πῆμα est icy ἄτη la *peine, la punition*.

Page 207. *S'en retournerent avec le prudent Ulysse retrouver Agamemnon pour plaire à ce Prince*] Nestor, par politesse pour Telemaque, ne dit pas que ce fut Ulysse qui voulut retourner à Troye, il le confond seulement avec les autres, & il cache à ce jeune Prince le veritable motif qui l'obligea de retourner sur ses pas. Ce ne fut nullement en vûë de plaire à Agamemnon, ce fut un scrupule de conscience ; il crut que comme il avoit enlevé par force la statuë de Minerve, cette action avoit déplu à la Déesse, & qu'il estoit obligé de se joindre à Agamemnon pour l'appaiser.

Parce que je prévoyois les maux que Dieu nous préparoit] On demande icy comment il le prévoyoit. Jupiter luy envoya-t-il quelque signe ? cela n'estoit pas necessaire. Il sçavoit qu'on avoit offensé la Déesse, & c'en estoit assez pour un homme comme Nestor. Aussi a-t-il desja dit qu'il estoit aisé de voir d'abord que Jupiter leur préparoit de grands maux.

Page 208. *Les uns vouloient qu'en costoyant la petite isle de Psyria, nous prissions au dessus de Chio*] C'est à dire, que les uns vouloient qu'en partant de Lesbos ils gagnassent le dessus de Chio & qu'ils passassent entre l'isle de Psyria, qui est à quatre vingts stades de Chio, & cette isle de Chio, en costoyant Psyria, ainsi ils auroient eû Chio à la gauche & Psyria à la droite. Les autres vouloient qu'ils prissent au dessous de Chio, entre cette isle & le rivage de l'Asie où est le mont Mimas vis à vis de Chio. Ainsi ils auroient eu Chio à droite. Le dernier chemin estoit le plus droit & le plus court, mais il estoit le plus dangereux & le plus difficile.

Et le lendemain avant le jour ils arriverent à Gereste] C'est ainsi, à ce qu'il me paroist, qu'il faut entendre ἐννύχιαι, *sur la fin de la nuit, avant le jour.* Didyme l'a expliqué de mesme, ἐννύχιαι, dit-il, ἑωθιναὶ ὑπὸ νύκτα. Le mot ἐννύχιαι signifie *le matin avant le jour.* La question est de sçavoir si Homere a voulu dire que les vaisseaux de Nestor arriverent à Gereste le lendemain de leur départ de Troye. Je l'avois crû d'abord, mais aprés avoir examiné plus attentivement tout le passage, j'ay vû que ce n'estoit que le lendemain du second jour. Le premier jour Nestor ne put arriver qu'à Lesbos, parce qu'il s'estoit arresté à Tenedos pour y faire des sacrifices,

& qu'il y avoit esté retenu assez long-temps par la nouvelle contestation qui s'y estoit élevée; Menelas joignit Nestor à Lesbos à l'entrée de la nuit. Apparemment la nuit se passa à déliberer sur la route qu'ils devoient prendre, & le lendemain dés le matin ils partirent & employerent tout ce jour-là & la plus grande partie de la nuit suivante à faire le trajet de Lesbos à Gereste, qui est un port au bas de l'Eubée, *Negrepont*. Nestor dans la suite trouve que c'est un grand trajet; en effet il est de seize cents stades, c'est tout ce que pouvoient faire ces sortes de vaisseaux en un jour & une nuit. Strabon escrit que Gereste est le lieu le plus commode pour ceux qui partent d'Asie pour aller en Grece. Il y avoit un beau temple de Neptune qui estoit le plus celebre de tous ceux qui estoient dans cette isle.

Page 209. *Et moy je continuay ma route*] C'est le sens de ces mots, αὐτὰρ ἔγωγε Πύλον δ᾽ ἔχον, car ἔχειν signifie *tenir la route*. Puisque Diomede n'estoit arrivé à Argos que le quatriéme jour, il falloit plus de temps à Nestor pour arriver à Pylos, qui estoit plus éloignée. Il falloit doubler tout le Peloponese.

Page 210. *Quel grand bien n'est-ce point de laisser en mourant un fils plein de courage*] Telemaque a souvent appellé son pere le *plus malheureux de tous les hommes*. Nestor dit qu'un homme n'est point malheureux quand il laisse un fils capable de le venger. Nestor veut par-là exciter le courage de Telemaque & le porter à venger Ulysse de l'insolence des Poursuivants.

Page 212. *Ou si ce sont les peuples d'Ithaque, qui pour obéïr à la voix de quelque Dieu*] Nestor ne peut pas s'imaginer que les peuples d'Ithaque manquent de fidelité à Ulysse, à moins qu'ils n'ayent receu quelque oracle qui leur ordonne de l'abandonner. Il n'y a que Dieu qui puisse délier les peuples.

Si Minerve vouloit vous proteger comme elle a protegé le celebre Ulysse] Nestor vient de dire, *qui sçait si Ulysse venant un jour sans estre attendu, ne punira pas luy seul les Poursuivants!* Pour fonder cette proposition, qui paroist estonnante, qu'un homme seul pust venir à bout de tant de Princes, il fait voir que cela seroit facile, si Minerve vouloit favoriser Telemaque aussi ouvertement qu'elle favorisoit son pere. Avec quelle adresse Homere prépare le dénoüement de son action pour luy donner de la vraysemblance.

Il n'y auroit asseurement bientost aucun de ces Poursuivants] Eustathe a fort bien remarqué que le mot τις qui signifie ordinairement *quelqu'un*, signifie aussi quelquefois *chacun*, ἐις ἕκαστος, & qu'il embrasse tous ceux dont on parle. Que c'est ainsi que Sophocle l'a employé dans ce vers où le chœur des Salaminiens dit : ὡς νῦν καιρός τινι ποδῶν κλοπὰν ἀρέσθαι. *Il est temps que chacun de nous prenne secretement la fuite.* Il est icy dans le mesme sens. Car parmi le grand nombre de Poursuivants, ce ne seroit pas une grande avance que quelqu'un d'eux perist.

Page 213. Car mes esperances seroient vaines, quand mesme les Dieux voudroient me favoriser] Telemaque est si persuadé que son pere a peri, ou que sa destinée l'a si certainement condamné à perir, qu'il n'est pas au pouvoir des Dieux mesmes de le ramener dans sa patrie. Et comme ce qu'il dit approche fort du blasphesme, Minerve le reprend en faisant voir qu'il est aisé à Dieu de ramener des bouts de la terre un homme qu'on avoit desesperé de voir.

Pour moy j'aimerois bien mieux] Le discours de Minerve est fort adroit & tres vray. Pour consoler Telemaque elle luy fait voir qu'il ne faut pas juger du bonheur ou du malheur des hommes absents de chez eux, par la facilité ou par la difficulté qu'ils ont à retourner dans leur patrie, que souvent c'est un bonheur d'en estre long-temps éloigné, & un malheur d'y arriver trop promptement.

Et la preuve qu'elle en donne c'eſt le ſort d'Agamemnon meſme; il fait un heureux voyage, & à ſon arrivée il eſt aſſaſſiné dans ſes Eſtats, au lieu qu'Ulyſſe aprés avoir trouvé mille obſtacles pourra arriver heureuſement & vaincre ſes ennemis. Ce ne ſont donc pas les moyens qui font le bonheur ou le malheur d'un homme, c'eſt la fin.

Page 214. *Les Dieux n'en ſçauroient exempter l'homme qui leur ſeroit le plus cher, quand la Parque cruelle l'a conduit à ſa derniere heure*] Voicy un point de la Theologie payenne qu'il eſt bon d'éclaircir. Les Payens eſtoient perſuadez qu'il eſtoit ordonné à tous les hommes de mourir, mais en meſme temps ils croyoient que Dieu pouvoit diſpenſer de cette loy generale ceux qu'il luy plaiſoit d'en exempter. C'eſt ainſi que dans le Livre ſuivant nous verrons Protée annoncer à Menelas qu'il ne mourra point, & que les Dieux l'envoyeront aux Champs Elyſées ſans le faire paſſer par la mort. Auſſi Minerve ne dit pas icy que Dieu ne ſçauroit exempter de la mort l'homme qui luy ſeroit le plus cher, mais elle dit qu'il ne ſçauroit l'en exempter quand la Parque l'a conduit à ſa derniere heure. Car la Parque n'eſtant que l'ordre de la providence, Dieu ne le change point quand il l'a donné une fois, quoy-qu'il le puſt, s'il le vouloit, comme Homere l'a

Dans le 15. livre de l'Iliade.

reconnu ailleurs. Cette Theologie s'accorde fort bien en cela avec la nostre ; on voit mesme qu'elle en est tirée ; nous disons de mesme que tous les hommes sont nez pour mourir, mais nous disons en mesme temps que comme Dieu est le maistre de la vie & de la mort, il peut retirer de ce monde ceux qu'il luy plaist, sans leur faire gouster la mort. Et nous avons dans l'Escriture sainte des preuves de cette verité que les Payens avoient sans doute connuës. On peut voir ce qui est remarqué sur la fin du Liv. suivant.

Aussi dit-on qu'il a regné sur trois generations] Car le grand âge enseigne la justice & la prudence, par la grande experience qu'il donne. Au reste il faut remarquer icy l'exactitude d'Homere à bien marquer l'âge de Nestor. Dans le premier Livre de l'Iliade il a dit que *ce Prince avoit desja vû passer deux âges d'hommes, & qu'il regnoit sur la troisiéme generation.* Et icy, il dit qu'*il a regné sur trois generations.* Cela prouve la verité de ma remarque sur ce passage de l'Iliade pag. 302. où j'ay fait voir que la derniere année de la guerre de Troye, Nestor avoit quatre vingts cinq ou six ans. Si l'on adjoute à ce nombre les huit ou neuf années qui se sont passées depuis le départ de Troye jusqu'à ce voyage de Telemaque à Pylos, Nestor avoit alors quatre vingts quatorze ou quatre vingts quinze ans, & par consequent il avoit desja vû trois generations, chacune de trente ans, & il y avoit quatre ou cinq ans qu'il regnoit sur la quatriéme.

Et veritablement quand je le regarde, je croy voir une image des Immortels] Le propre des Dieux est l'immortalité, & rien ne ressemble tant à l'immortalité qu'une longue vie, & par consequent un homme d'un grand âge est la plus ressemblante image de Dieu. Platon avoit sans doute ce passage en vûë, lorsqu'il a escrit dans son 2. liv. des Loix que nos peres & meres sont les images vivantes de Dieu, & que plus ils sont vieux, plus ils luy ressemblent & plus ils meritent nostre culte.

Page 215. *Comment a esté tué le Roy Agamemnon*] Telemaque ne fait pas cette demande sans raison & par une vaine curiosité, outre qu'il avoit luy-mesme des embusches à craindre & qu'il vouloit se mettre en estat de les éviter, il veut aussi s'instruire pour pouvoir servir son pere si les Dieux luy font la grace de le ramener, & luy aider à éviter les piéges que les Poursuivants pourroient luy dresser.

N'estoit-il point à Argos] Argos n'est pas icy pour la ville d'Argos, mais pour le pays, pour tout le Peloponese. Comme nous l'avons desja vû dans le Liv. 1. Voyez Strabon livre 8.

Car il avoit commis le plus horrible de tous les forfaits] Ce forfait renfermoit tous les plus grands forfaits, l'adultere, le parricide, l'usurpation. Il avoit corrompu la femme de son Roy, il avoit assassiné ce Prince, & s'estoit mis en possession de ses Estats.

Page 216. *Qui vivoit dans une lasche oysiveté*] Qu'Homere peint bien l'infamie de ce traistre! Pendant que tous les Princes de la Grece sont occupez à une guerre tres juste, & livrent tous les jours des combats pour venger l'affront fait à Menelas, & pour punir le corrupteur d'Helene, ce malheureux Egisthe vit seul dans l'oysiveté; & comme l'oysiveté est la mere de tous vices, il s'amuse à corrompre la femme d'Agamemnon.

Car outre que son esprit estoit encore sain & entier] Le Grec dit, *car elle estoit encore d'un bon esprit*, Homere appelle *bon esprit* un esprit sain & entier, & qui a resisté à la corruption. Les passions criminelles ne gagnent sur nous qu'aprés que nostre esprit est gasté & corrompu.

Elle avoit auprés d'elle un chantre qu'A-

gamemnon luy avoit laissé] Ces chantres estoient des gens considerables, qui par leur poësie & par leur musique enseignoient la vertu & reprimoient les passions qui luy sont opposées. C'estoient les Philosophes de ces temps-là. Je ne sçaurois mieux illustrer ce passage, qu'en rapportant ce que Strabon a escrit dans son 1. liv. pour répondre à Eratosthene, qui avoit eû le mauvais sens d'avancer que les Poëtes ne cherchoient qu'à divertir & nullement à instruire. *Les Anciens*, dit-il, *ont pensé tout le contraire. Ils ont dit que l'ancienne Poësie estoit une espece de Philosophie, qui dés nostre enfance nous apprend à bien vivre, & qui sous l'apast du plaisir, nous enseigne les bonnes mœurs & nous forme aux passions & aux actions honnestes ; aussi nos Stoïciens asseurent que le seul sage est Poëte. C'est pourquoy dans les villes Grecques on commence l'éducation des enfants par la Poësie, non pour leur procurer seulement du plaisir, mais pour leur apprendre la sagesse. Et l'on voit mesme que les simples Musiciens qui enseignent à chanter & à joüer de la flute & de la lyre, font profession d'enseigner la vertu, car ils se disent précepteurs & reformateurs des mœurs. Et ce ne sont pas les seuls Pythagoriciens qui disent cela de la Musique, Aristoxene le prouve, & Homere luy-mesme fait voir que les chantres estoient de bons précepteurs, quand il dit qu'A-*

gamemnon avoit laiſſé un chantre auprés de la Reyne ſa femme pour avoir ſoin de ſa conduite, & qu'Egiſthe ne triompha de cette Princeſſe qu'aprés avoir éloigné d'elle ce chantre, dont les inſtructions la ſoutenoient, &c.

Mais quand l'heure marquée par les Deſtins fut arrivée où ce malheureux devoit triompher de ſa chaſteté] Homere ne veut pas dire que cette action infame devoit neceſſairement arriver par l'ordre du Deſtin, car Clytemneſtre ne ſeroit plus coupable. Rien n'eſt plus oppoſé à la doctrine de ce Poëte: il veut dire ſeulement, quand l'heure fut arrivée que Clytemneſtre, par un choix de ſa pure volonté, renonceroit à ſa vertu. Cette heure fatale n'emporte point la neceſſité de pécher, mais elle marque ſeulement le moment de ſa détermination toute libre.

Il commença par éloigner d'auprés d'elle ce chantre] Homere ſçait bien relever l'honneur & la gloire de ſon art, & en faire l'éloge d'une maniere bien fine & bien glorieuſe. Jamais Egiſthe n'auroit triomphé de la vertu de Clytemneſtre, ſi ce chantre avoit eſté touſjours auprés d'elle à luy donner ſes inſtructions. Ce Poete fait bien voir auſſi par cet exemple de quel ſecours eſt pour la vertu le commerce des ſages, puiſque pour jetter dans le vice une femme qui a encore de la vertu, il faut commencer à éloigner d'elle ses amis les plus vertueux.

Il le mena dans une isle deserte, & l'abandonna en proye aux oyseaux] Il ne dit pas qu'il le tua, mais il le fait entendre, car on n'abandonne pas aux oyseaux un homme vivant. Aussi Athenée, qui n'a fait qu'abreger le passage de Strabon que j'ay rapporté, dit qu'*Egisthe ne put corrompre Clytemnestre qu'apres avoir tué dans une isle deserte le chantre qu'Agamemnon luy avoit laissé.*

Page 217. *Il se vit enfin maistre de la Reyne, qui le suivit volontairement dans son Palais*] Le Grec dit: *Il emmena volontairement dans sa maison la Reyne qui le suivit volontairement.* Ce n'est pas sans raison qu'il met deux fois *volontairement*, ἐθέλων ἐθέ ουσαν, c'est pour marquer que cette action estoit volontaire dans l'un & dans l'autre, qu'elle venoit de leur propre choix, qu'il dépendoit d'eux de s'empescher de la commettre, & qu'on n'en pouvoit accuser ni les Dieux ni les Destins. Et il adjoute cela pour déterminer le sens de ce qu'il a dit trois vers plus haut: *mais quand l'heure marquée par les Destins fut venuë, &c.* comme je l'ay expliqué.

Alors il offrit sur les autels une infinité

de victimes, &c. pour remercier les Dieux] Voicy un mélange bien surprenant de religion & d'impieté! Egisthe, aprés avoir commis un si grand crime, a l'insolence d'en remercier les Dieux par des offrandes & par des sacrifices, comme si les Dieux l'avoient aydé à commettre ce crime, que sa propre corruption avoit seule imaginé & accompli.

Les offrandes les plus précieuses] Il y a dans le Grec ἀγάλματα, qui signifie proprement ce que nous disons des *joyaux*. Les Grecs posterieurs à Homere, dit Eustathe, ont appellé les statuës ἀγάλματα, mais ce Poëte n'a employé ce terme que pour dire des joyaux, des choses précieuses, en un mot tout ce dont on aime à se parer.

D'avoir réüssi dans une entreprise si difficile, & dont il avoit tousjours desesperé] Je sçay bon gré à Homere, aprés l'horrible chute de Clytemnestre, de luy avoir au moins fait l'honneur de dire qu'elle avoit resisté long-temps, & que ce ne fut qu'aprés une infinité de grands & de longs combats que sa vertu fut vaincuë. Il n'est pas naturel qu'une femme bien élevée se porte sans peine & sans une longue resistance à de si grands forfaits. Mais il est bon aussi de remarquer que cette Princesse, qui avoit resisté si long-temps, n'eut pas plustost esté vaincuë, que les autres crimes ne luy couterent plus rien, & qu'elle ayda ensuite Egisthe à tuer Agamemnon.

Le Pilote Phrontis fils d'Onetor] Les seuls noms qu'Homere donne à ses personnages, enseignent souvent des choses utiles & curieuses, comme je l'ay desja remarqué. Le premier pilote de Menelas s'appelle *Phrontis*, c'est à dire, *prudent*, & il est fils d'*Onetor*, qui signifie *utile, profitable*. C'est pour faire entendre que l'art des pilotes demande beaucoup de prudence, & que c'est en cet art que consiste toute la marine, qui est aux hommes d'une grande utilité. Au reste les arts méchaniques sont si peu honorez dans nostre siecle, que j'ay vû des gens s'estonner de voir qu'Homere nomme icy le pere d'un pilote, & que dans le v. Liv. de l'Iliade il a fait la genealogie d'un charpentier. *Phereclus*, dit-il, *fils d'un charpentier tres habile & petit fils d'Harmonus*. Mais dans ces temps-là les arts estoient honnorez, & ceux qui s'y distinguoient estoient mis parmi les personnages les plus considerables, & c'est ainsi que l'Escriture sainte a traitté les celebres artisants. Dans le 3. liv. des Roys 7. 14. elle marque qu'Hiram, celebre fondeur, estoit fils d'une femme veuve de la Tribu de Nephtali, & que son pere estoit de Tyr. *Misit quoque Rex Salomon, & tulit Hiram de Tyro, filium mulieris viduæ, de Tribu Nephtali patre Tyrio & artificem ærarium & plenum sapientiâ & intelligentiâ & doctrinâ ad faciendum omne opus ex ære.* Je prends plaisir à rappeller ces conformitez d'idées & de style, parce que rien ne fait tant d'honneur à Homere.

Quelque pressé que fust Menelas de continuer sa route, il fut retenu là pour enterrer son compagnon] Car il n'y avoit rien qui pust dispenser de rendre ce dernier devoir. Le negliger estoit un tres grand crime.

Et que sa flotte eut gagné les hauteurs du promontoire de Malée] Malée est un promontoire de Laconie au bas du Peloponese à la pointe Orientale au dessus de l'isle de Cythere. La mer est là fort dangereuse, ce qui donna lieu au proverbe, *doubler le cap de Malée*, pour dire, courir un tres grand danger.

Du costé qu'habitent les Cydoniens] C'est vers le costé Occidental de l'isle.

Là vis à vis de Gortyne] C'est un des plus difficiles endroits d'Homere. Je croy l'avoir rendu sensible.

Un rocher appellé Lisse, *c'est le promontoire Occidental de l'isle du costé de Pheste*]

Eustathe escrit que ce rocher s'appelloit *Blissé* & *Blissen* selon Crates. Et je ne sçay si sur cela il ne faudroit point corriger le texte de Strabon liv. 10. pag. 330. Καὶ Ὀλύσσην δὲ τᾶς φαισίας. *Est & Olyssa Phæstiæ*. Strabon n'avoit-il point escrit, καὶ ὁ Βλυσσην τᾶς φαισίας, *& le promontoire Blyssen de la ville de Phæste*.

Page 219. *Les porterent à l'embouchure du fleuve Egyptus*] Du temps d'Homere le fleuve d'Egypte n'avoit pas encore le nom de *Nil*, & n'estoit connu que sous le nom d'*Egyptus*. Et c'est ce qui donna ensuite le nom d'Egypte à toute l'isle, qu'on a regardée avec raison comme le don du Nil, car c'est ce fleuve qui fait sa fertilité. Ce nom de *Nil* qui n'a pas esté connu d'Homere, l'a esté d'Hesiode, & c'est un argument qu'on peut adjouter à ceux qu'on a d'ailleurs, pour prouver qu'Hesiode vivoit aprés Homere.

Ce Prince amassa quantité d'or & d'argent, en parcourant ce fleuve] Homere n'explique pas comment Menelas amassa toutes ces richesses, mais il y a de l'apparence que c'est en piratant.

Pendant ce temps-là Egisthe executa ses pernicieux desseins] Agamemnon fut assassiné la premiere nuit de son arrivée.

Le divin Oreste revint d'Athenes pour le punir] Dans le vers d'Homere, ἀψ ἀπ Ἀθηνάων, revint d'Athenes. Il y a des Critiques qui ont lû, ἀψ ἀπὸ Φωκήων, revint de la Phocide. Parce que ce fut dans la Phocide qu'Oreste fut élevé. Mais on sauve la premiere leçon, en disant qu'avant que de revenir à Mycenes il passa par Athenes, comme Sophocle dit qu'il passa à Delphes. Ou mesme qu'il avoit fait quelque sejour à Athenes pour s'instruire & se former.

Page 220. *Et après l'avoir tué, il donna aux peuples le festin des funerailles de son abominable mere & de son lasche assassin*] Comme Egisthe & Clytemnestre, aprés avoir assassiné Agamemnon, avoient fait une grande feste qu'ils renouveloient tous les ans, pour celebrer la memoire de ce meurtre, Oreste fait de mesme le festin des funerailles de ces assassins.

De son abominable mere] Il faut bien remarquer la sagesse de Nestor, il n'a pas dit un mot de la part qu'eut Clytemnestre à cet assassinat, & il ne le fait connoistre qu'en parlant des funerailles de cette malheureuse Princesse.

Ce jour-là mesme le vaillant Menelas arriva à Lacedemone] Menelas fut donc errant

sur l'Odyssée. Livre III. 263
prés de huit ans aprés son départ de Troye. Quelle esperance cela ne doit-il point donner à Telemaque qu'Ulysse de mesme pourra estre bientost de retour.

Dont tout homme, qui y auroit esté poussé par les tempestes au travers de cette mer immense, n'oseroit jamais esperer de revenir] Pourquoy cela, puisqu'Homere luy-mesme aseure qu'en cinq jours on peut aller de Crete en Egypte! mais Nestor parle peut-estre ainsi au jeune Telemaque pour l'estonner, & pour le détourner de prendre la resolution d'aller à Crete, en luy faisant craindre d'estre poussé par les tempestes dans ces regions éloignées, d'où il est difficile de revenir.

Page 221. *Et d'où les oyseaux mesmes ne reviendroient qu'à peine en un an*] Cette hyperbole est bien forte, mais elle est tres propre au dessein de Nestor, & il faut se souvenir qu'il parle à un jeune homme qui n'a encore rien vû. On peut voir sur cela Eustathe.

Presentement donc que l'on offre en sacrifice les langues des victimes] Il y a dans le texte, τάμνετε μὲν γλώσσας. Coupez les langues. Mais ce mot *coupez*, dans la langue des Ioniens signifie *sacrifiez*. Τάμνετε ἀντὶ τῶ θύετε Ἰώνων δὲ ἡ λέξις. Au reste voicy une coutume bien remarquable, qui se pratiquoit en Ionie & dans l'Attique. Les festins des sacrifices finissoient par le sacrifice des langues que l'on faisoit brusler sur l'autel à l'honneur de Mercure, & sur les langues on faisoit des libations. La raison de cela estoit, à mon avis, que comme ces peuples craignoient que le vin & la joye ne les eussent portez pendant le festin à dire des choses qui ne convenoient pas à la sainteté de la ceremonie pour laquelle ils estoient assemblez, par ce sacrifice des langues, qu'ils faisoient brusler sur l'autel, ils vouloient marquer qu'ils purifioient par le feu tout ce qui avoit esté dit pendant le repas, & qu'ils en demandoient pardon à Mercure, comme au Dieu qui présidoit au discours, afin qu'ils n'emportassent chez eux aucune souillure qui les empeschast de participer aux benedictions que le sacrifice devoit leur procurer.

Page 222. *Et il ne convient pas d'estre si long-temps à table aux sacrifices des Dieux*] Cette remonstrance est digne de Minerve. Il y avoit des festes où l'on passoit les nuits entieres, & ces festes estoient ordinairement pleines de licence & de débauche, & c'est ce que la Déesse condamne icy, elle ne veut pas que l'on pousse bien avant dans la nuit les festins des sacrifices, de peur qu'il ne s'y passe des choses contraires à la religion & à la pureté.

Les

Les herauts donnent à laver] On s'estoit lavé en se mettant à table. Pourquoy donc se laver encore en en sortant ! C'estoit pour se nettoyer de toutes les ordures que l'on avoit pû contracter pendant le repas, & pour se mettre en estat d'offrir ce sacrifice des langues.

Et fait ses libations sur les langues] C'est ainsi qu'il faut traduire, ἐπέλειβον, car ἐπιλείβειν est σπένδειν ἐπὶ γλώσσαις, *libare super linguas*, verser le vin sur les langues qui bruslent sur l'autel.

Page 223. *Ni robes*] Pour bien recevoir ses hostes il falloit avoir non seulement tout ce qui estoit necessaire pour les bien coucher, mais encore des robes, des habits pour changer. C'estoit une necessité que l'hospitalité si pratiquée dans ces temps-là avoit amenée. Eustathe rapporte que Tellias d'Agrigente ouvroit sa maison à tous les estrangers, & qu'un jour cinq cents cavaliers estant arrivez chez luy, il leur donna à chacun un manteau & une tunique. L'Autheur du Parallele a si peu compris le fondement de ces paroles de Nestor, qu'il s'en mocque avec cette finesse de critique, qui estoit son grand talent. *Telemaque estant chez Nestor, dit-il, vouloit s'en aller & rentrer dans ses vaisseaux, mais Nestor le retint en luy disant*

Tome I. .M

qu'il sembleroit qu'il n'eust pas chez luy des matelats & des couvertures pour le coucher. Telemaque alla donc coucher dans une galerie bien résonnante. Et le Roy Nestor alla coucher au haut de sa maison dans un lieu que sa femme luy avoit préparé. Ce grand Critique n'entre pas mieux dans les sentimens que dans les expressions du Poëte. Il s'est bien applaudi d'avoir trouvé cette *galerie bien résonnante*, qui luy a paru tres ridicule. En quoy il fait paroistre qu'il ne se connoissoit pas mieux en bastiments qu'en poësie. Car cette épithete *résonnante* ne signifie que *fort exhaussée*, & par consequent *superbe, magnifique*.

Page 224. *J'iray chez les magnanimes Caucons*] Les Caucons estoient des peuples voisins de Pylos & sujets de Nestor, ils habitoient dans la Triphylie prés de Lepreum. On peut voir Strabon livre 8.

Ou il m'est dû depuis long-temps une assés grosse somme] Tobie conduit par un ange va à Rages ville des Medes pour se faire payer d'une dette que Gabel devoit à son pere ; il s'arreste chez Raguel, & l'ange va à Rages retirer ce payement. *Tob. 19*. Ce que Minerve dit comme homme, luy convient aussi comme Déesse. Mentor pouvoit avoir une dette chez les Caucons, & Minerve y en

Et un des Princes vos fils pour le conduire] Minerve ne vouloit pas aller à Lacedemone. Les Anciens en ont cherché la raison; & ils disent que Menelas celebroit alors les nopces de son fils & de sa fille, ceremonie à laquelle Minerve ne se trouvoit pas volontiers.

Que vous ne soyez un jour un grand personnage, puisque si jeune vous avez des Dieux pour conducteurs] C'est un beau sentiment. On doit attendre de grandes choses de ceux qui ont eû de bonne heure un Dieu pour conducteur.

Page 225. *Que celle, qui avoit soin de sa dépense, venoit de percer*] Le Grec dit: Que celle qui avoit soin de sa dépense venoit d'ouvrir, en ostant le couvercle dont il estoit bouché. Ils ne tenoient pas leur vin comme nous dans des tonneaux, mais dans de grandes cruches bien bouchées, & qu'on ouvroit en ostant le couvercle, qu'il appelle κρήδεμνον, par une métaphore empruntée de la coëffure des femmes, & que nous avons aussi, car nous disons des bouteilles *coëffées*.

Et commença à faire les libations] Il est bon de remarquer icy la pieté de Nestor, il vient d'un sacrifice, il a fait des libations aprés le festin, & il n'est pas plustost de retour dans son Palais, qu'il fait encore des libations avant que de se coucher.

Page 226. Le seul de ses enfants, qui n'estoit pas encore marié, couchast prés de luy] Homere explique icy la raison pourquoy Nestor choisit Pisistrate pour le faire coucher par honneur auprés de Telemaque, c'est qu'il estoit le seul qui n'estoit point marié. Il ne vouloit pas séparer les autres de leurs femmes. C'est par la mesme raison qu'il l'envoye acompagner Telemaque à Sparte. Voilà un scrupule bien remarquable pour un siecle comme celuy-là.

Où la Reyne sa femme luy avoit préparé sa couche] Car ce soin regardoit les femmes. C'est pourquoy dans le premier Livre de l'Iliade Agamemnon dit de Chryseïs *qu'elle aura soin de son lit*. Car il la traite comme sa femme. On peut voir là les Remarques. Au reste la femme de Nestor est appellée icy δέσποινα, *maistresse*, & cela merite d'estre remarqué.

Et alla s'asseoir sur des pierres blanches] Telle estoit la simplicité de ces temps heroïques. A la porte de leurs maisons ils avoient des bancs de pierre blanche où le

SUR L'ODYSSE'E. *Livre III.* 269
pere de famille alloit s'asseoir tous les matins,
& assembloit autour de luy ses enfants. Et là
les Princes rendoient la justice.

Polies & plus luisantes que l'essence] Polies ou par l'art ou par l'usage, car les pierres
qui ont long temps servi de siege sont lisses
& polies. Il adioute, *& plus luisantes que
l'essence.* Ou, comme il y a dans le Grec,
luisantes d'essence, ἀποστίλβοντες ἀλείφασς.
Eustathe dit qu'il faut sousentendre δέμας,
comme ; comme de l'essence. Il pourroit estre
aussi que ces pierres estoient sacrées, parce
que les Princes s'y asseyoient quand ils rendoient la justice, & que pour temoigner le
respect qu'on avoit pour elles, on les frotoit
d'huile, comme par une espece de religion ;
mais j'aimerois mieux croire que cette expression *luisantes comme de l'essence* est une
figure pour marquer l'éclat de ces bancs, qui
sans doute estoient de marbre. L'Autheur du
Parallele ne manque pas de profiter de l'expression de ce passage qu'il a entenduë à son
ordinaire, pour s'en mocquer. *Le lendemain,*
dit il, *Nestor estant sorti de son lit, alla s'asseoir devant sa porte sur des pierres bien
polies & luisantes comme de l'onguent.*

Page 227. *S'y assit aprés luy, tenant dans
sa main son sceptre*] C'est pour faire entendre que Nestor assis sur ce siege rendoit la

M iij

justice à ses peuples.

Que l'un de vous aille donc] Nestor ne fait pas faire tout cecy par ses serviteurs mais par ses enfants, non seulement parce que tout ce qui regardoit les sacrifices estoit honorable, mais encore parce que dans ces temps heroïques les plus grands Princes faisoient eux-mesmes, ce qu'une délicatesse peut-estre trop grande a fait faire ensuite par des valets. J'ay assez parlé de cette coutume dans ma Preface sur l'Iliade.

Qu'un autre aille au vaisseau de Telemaque avertir tous ses compagnons] Nestor est si pieux, qu'il veut que les compagnons de Telemaque assistent au sacrifice.

Page 228. *L'eau & le bois pour le sacrifice*] Le bois pour brusler les parties de la victime qui devoient estre consumées sur l'autel, & pour rostir les autres, & l'eau pour laver les mains.

La genisse vint de la maison de campagne] J'ay employé tousjours le mesme terme, *vint, vinrent*, comme Homere, ἦλθε, ἦλθον. Cette répétition a de la grace, & c'est un vice de chercher l'art quand le naturel suffit.

Le doreur vint aussi en mesme temps, por-

tant luy-mefme les inftruments de fon art, l'enclume, le marteau, les tenailles] Le Critique moderne, dont je parle fi fouvent, s'eftoit fervi de cet endroit, pour prouver qu'Homere eftoit tres ignorant dans les arts; voicy un doreur qui vient avec fon enclume & fon marteau. *A-t-on befoin*, dit-il, *d'enclume & de marteau pour dorer!* Voilà une critique qui fait voir que l'ignorance n'eftoit pas du cofté d'Homere. Ce doreur eftoit batteur d'or, & il préparoit luy-mefme l'or dont il doroit, on luy fourniffoit l'or & il le battoit luy-mefme pour le réduire en feüilles, c'eft pourquoy il avoit befoin de fon enclume & de fon marteau, & pour ce travail on n'avoit befoin que d'une petite enclume portative. M. Defpreaux a fort bien juftifié Homere dans fes Reflexions fur Longin, & fait voir l'ignorance de ce Critique, qui ne fçavoit pas que les feüilles d'or, dont on fe fert pour dorer, ne font que de l'or extremement battu.

Page 229. *Portant d'une main un baffin magnifique avec une aiguiere d'or, & de l'autre une corbeille où eftoit l'orge*] Je n'ay ofé toucher au texte, cependant il me femble qu'il a befoin d'eftre corrigé, car il n'eft pas poffible qu'un homme porte d'une main un baffin avec une aiguiere, & de l'autre une corbeille. Affeurement le baffin & l'aiguiere demandent les deux mains. Je croy donc qu'au lieu d'ἑτέρη, *de l'autre*, il faut lire ἕτερος, *un autre*, & qu'il faut traduire, *Aretus vint du Palais portant un baſſin magnifique avec une aiguiere, & un autre portoit une corbeille où eſtoit l'orge ſacré, &c.* d'autant plus meſme qu'il n'y a pas de terme qui réponde à ἑτέρη.

Font des prieres accompagnées de grands cris] J'ay voulu conſerver toute la force du mot ὀλόλυξαν, qui ſignifie, *prierent avec de grands cris*. Ὀλολύζειν, ὀλολυγμὸς & ὀλολυγὴ ſe diſent proprement des prieres des femmes, parce qu'elles prient ordinairement avec de grands cris. Ὀλολυγὴ, dit Heſychius, φωνὴ γυναικῶν ἣν ποιοῦνται ἐν τοῖς ἱεροῖς εὐχόμεναι. *Ololuzein & ololuga ſe diſent des cris que les femmes font aux ſacrifices en priant.* Mais il y a plus encore. Le Scholiaſte d'Eſchyle nous apprend que ce mot ne s'employoit proprement que pour les prieres que l'on faiſoit à Minerve, καὶ γὰρ μόνῃ τῇ Ἀθηνᾷ δαίμονι οὔσῃ πολεμικῇ ὀλολύζουσι, τοῖς δ' ἄλλοις θεοῖς παιωνίζουσι. Ce qu'il confirme par ce vers du VI. Livre de l'Iliade verſ. 301. où les dames Troyennes *levent les mains vers la Déeſſe Minerve, priant avec de grands cris:*

Αἱ δ' ὀλολυγῇ πᾶσαι Ἀθήνῃ χεῖρας ἀνέσχον.

Et par cet autre paſſage de l'Odyſſée:

Page 230. *Ils la dépoüillent & la mettent en pieces*] On ne donne d'ordinaire au mot δέχευαι que la derniere signification, qui est celle de partager & de mettre en pieces. Hesychius & Eustathe ne marquent que celle là; mais l'autre y est aussi renfermée, car on ne mettoit en pieces la victime qu'aprés l'avoir dépoüillée. Au reste tout ce qui regarde ce sacrifice a esté expliqué dans mes Remarques sur le 1. Liv. de l'Iliade, il n'est pas necessaire de le repeter icy.

Nestor luy-mesme les fait brusler sur le bois de l'autel & fait les aspersions de vin] Nestor fait icy la fonction de sacrificateur, parce que les Roys avoient l'intendance de la Religion, & que le Sacerdoce estoit joint à la Royauté.

Cependant la plus jeune des filles de Nestor, la belle Polycaste, met Telemaque au bain] Rien ne nous paroist aujourd'huy plus opposé à la pudeur & à la bienseance que d'avoir poussé les devoirs de l'hospitalité jusqu'à commettre des femmes, & sur-tout de jeunes & belles Princesses pour mettre des hommes au bain & pour les parfumer d'essences. Mais telles estoient les coutumes de ces temps-là, & tout s'y passoit avec sagesse. Cependant avec toute cette sagesse cette coutume ne pourroit subsister aujourd'huy, cela est en-

M v

tierement incompatible avec la pudeur que la Religion enseigne & qu'elle exige, & elle a esté abolie avec raison.

Page 231. *Et de jeunes hommes bien faits presentoient le vin*] C'estoient des herauts.

Page 232. *Arriverent à Pheres*] Qui est à moitié chemin de Pylos à Lacedemone au dessus du lac de la Messenie sur les bords du fleuve Pamise.

Qui dans un moment traversent la plaine grasse & fertile] Ils traversent la plaine de la Messenie, qui est un pays gras & fertile, τὴν Μεσσηνιακὴν καλλίκαρπον, dit Strabon, qui rappelle ces deux vers d'Eurypide :

Κατάρρυτόν τε μυρίοισιν ἅρμασι,
Καὶ βουσὶ καὶ ποιμέσιν εὐβοτωτάτην.

Terre grasse arrosée de fleuves & pleine de bons pasturages suffisants pour nourrir plusieurs milliers de chevaux & de bœufs & de grands troupeaux de moutons.

Argument du Livre IV.

*T*Elemaque est receu à Lacedemone dans le Palais de Menelas avec Pisistrate. Il raconte à ce Prince tous les desordres que les amants de sa mere commettent dans Ithaque. Menelas luy apprend ensuite tout ce qu'il sçait du retour des Grecs, & luy fait part de l'oracle de Protée, qui luy avoit appris la mort d'Agamemnon & l'arrivée d'Ulysse auprés de la Nymphe Calypso. Les Poursuivants tiennent un conseil pour déliberer des moyens de se défaire de Telemaque. Minerve console Penelope affligée du départ de son fils, & luy apparoit en songe sous la figure d'Iphtime sœur de cette Princesse.

L'ODYSSÉE D'HOMERE.

LIVRE IV.

TELEMAQUE & le fils du sage Nestor arrivent à Lacedemone, qui est environnée de montagnes, ville d'une vaste estenduë, ils entrent dans le Palais de Menelas, & trouvent ce Prince qui celebroit avec sa cour & ses amis le festin des nopces de son fils & de celles de sa fille, qu'il marioit le mesme jour. Car il envoyoit sa fille Hermione au fils d'Achille ; il la luy avoit promise dés le temps qu'ils estoient encore devant Troye, & les Dieux accomplissoient alors ce mariage, qui avoit efté arrefté. Il fe préparoit donc à envoyer cette belle Princeffe à Neptoleme, dans la ville capitale des Myrmidons, avec un grand train de chars & de chevaux. Et pour fon fils unique, le vaillant Megapenthes, qu'il avoit eû d'une efclave, car les Dieux n'avoient point donné a Helene d'autres enfants aprés Hermione, qui avoit toute la beauté de Venus, il le marioit à une Princeffe de Sparte mefme, à la fille d'Alector. Menelas eftoit à table avec fes amis & fes voyfins ; le Palais retentiffoit de cris de joye meflez avec le fon des inftruments, avec les voix & avec le bruit des danfes. Un chantre divin chante au milieu d'eux en joüant de la lyre, & au milieu d'un grand cercle deux fauteurs entonnant des airs, font des fauts merveilleux qui attirent l'admiration de l'affemblée.

 Telemaque & le fils de Neftor

montez sur leurs chars, entrent
dans la cour du Palais. Eteonée,
un des principaux officiers de Menelas, va annoncer leur arrivée au
Prince, & s'approchant, il luy dit,
» Divin Menelas, deux eſtrangers
» viennent d'entrer dans la cour, on
» les prendroit aiſément tous deux
» pour les fils du grand Jupiter; or-
» donnez ſi nous irons dételer leur
» char, ou ſi nous les prierons d'al-
» ler chercher ailleurs des hoſtes qui
» ſoient en eſtat de les recevoir.

Menelas offenſé de ce diſcours,
» luy répondit : Fils de Boëthoüs,
» juſques icy vous ne m'aviez pas
» parû dépourvû de ſens, mais aujourd'huy je vous trouve tres in-
» ſenſé de me venir faire une telle demande. En verité, j'ay eu grand
» beſoin moy-meſme de trouver de
» l'hoſpitalité dans tous les pays que
» j'ay traverſez pour revenir dans mes
» Eſtats ; veüille le grand Jupiter que
» je ne ſois plus réduit à l'éprouver

& que mes peines soient finies. « Allez donc promptement recevoir « ces estrangers & les amenez à ma « table. «

Il dit, & Eteonée part sans répliquer, & il ordonne aux autres esclaves de le suivre. Ils détellent les chevaux, qui estoient tout couverts de sueur, les font entrer dans de superbes écuries, & leur prodiguent le froment meslé avec le plus bel orge. Ils mettent le char dans une remise dont l'éclat éblouït les yeux. Et ensuite ils conduisent les deux Princes dans les appartements. Telemaque & Pisistrate ne peuvent se lasser d'en admirer la richesse; l'or y éclatoit par tout, & le rendoit aussi resplandissant que le soleil. Quand ils furent rassasiez de voir & d'admirer toute cette magnificence, ils furent conduits dans des bains d'une extreme propreté. Les plus belles esclaves du Palais les baignerent, les parfumerent d'esfences, leur donnerent les plus beaux habits & les menerent à la sale du festin où elles les placerent auprés du Roy sur de beaux sieges à marchepied. Une autre esclave porta en mesme temps dans un bassin d'argent une aiguiere d'or admirablement bien travaillée, donna à laver à ces deux Princes, & dressa devant eux une belle table, que la maistresse de l'office couvrit de mets pour regaler ces hostes, en leur prodiguant tout ce qu'elle avoit de plus exquis. Et le maistre d'hostel leur servit des bassins de toutes sortes de viandes, & mit prés d'eux des coupes d'or.

Alors Menelas leur tendant les mains, leur parla en ces termes : » Soyez les bien-venus, mes hostes ; » mangez & recevez agréablement ce » que nous vous offrons. Aprés vos- » tre repas nous vous demanderons » qui vous estes. Sans doute vous » n'estes pas d'une naissance obscure,

vous estes asseurement fils de Roys, «
à qui Jupiter a confié le sceptre ; «
des hommes du commun n'ont «
point des enfants faits comme vous. «

En achevant ces mots, il leur servit luy-mesme le dos d'un bœuf rosti, qu'on avoit mis devant luy comme la portion la plus honorable. Ils choisirent dans cette diversité de mets ce qui leur plut davantage, & sur la fin du repas Telemaque s'approchant de l'oreille du fils de Nestor, luy dit tout bas, pour n'estre pas entendu de ceux qui estoient à table, Mon cher Pisistra- « te, prenez-vous garde à l'esclat & « à la magnificence de ce vaste Palais, « l'or, l'airain, l'argent, les metaux « les plus rares & l'yvoire y brillent « de toutes parts, tel doit estre sans « doute le Palais du Dieu qui lance « le tonnerre. Quelles richesses infi- « nies ! Je ne sors point d'admiration. «

Menelas l'entendit, & luy dit : «
Mes enfants, il n'y a rien en quoy «

» un mortel puisse s'égaler à Jupiter;
» le Palais qu'il habite & tout ce quil
» possede, sont immortels comme luy,
» certainement il y a des hommes qui
» sont au dessus de moy pour les ri-
» chesses & pour la magnificence, il y
» en a aussi qui sont au dessous. Dans
» les grands travaux que j'ay essuyez
» & dans les longues courses que j'ay
» faites, j'ay amassé beaucoup de bien
» que j'ay chargé sur mes vaisseaux,
» & je ne suis revenu chez moy que
» la huitiéme année aprés mon départ
» de Troye. J'ay esté porté à Cypre,
» en Phenicie, en Egypthe ; j'ay esté
» chez les Ethiopiens, les Sidoniens,
» les Erembes ; j'ay parcouru la Ly-
» bie, où les agneaux ont des cornes
» en naissant, & où les brebis ont des
» petits trois fois l'année. Les mais-
» tres & les bergers ne manquent ja-
» mais de fromage ni de viande, &
» ils ont du lait en abondance dans
» toutes les saisons.
» Pendant que les vents me font

errer dans toutes ces regions éloi- «
gnées, & que, mettant à profit ces «
courses involontaires, j'amasse de «
grands biens, un traistre assassine «
mon frere dans son Palais, d'une «
maniere inouïe, par la trahison de «
son abominable femme, de sorte «
que je ne possede ces grandes ri- «
chesses qu'avec douleur. Mais vous «
devez avoir appris toutes ces choses «
de vos peres, si vous les avez en- «
core, car tout le monde sçait que «
j'ay soutenu des travaux infinis, & «
que j'ay ruiné une ville tres riche «
& tres florissante. Mais plust aux «
Dieux que je n'eusse que la troisié- «
me partie des biens dont je joüis, & «
moins encore, & que ceux qui ont «
peri sous les murs d'Ilion loin d'Ar- «
gos fussent encore en vie ; leur mort «
est un grand sujet de douleur pour «
moy. Tantost enfermé dans mon «
Palais je trouve une satisfaction in- «
finie à les regretter & à les pleurer, «
& tantost je cherche à me consoler, «

» car on se lasse bientost de soupirs
» & de larmes. De tous ces grands
» hommes il n'y en a point dont la
» perte ne me soit sensible, mais il y
» en a un sur-tout dont les malheurs
» me touchent plus que ceux des au-
» tres : quand je viens à me souvenir
» de luy, il m'empesche de gouster
» les douceurs du sommeil & me
» rend la table odieuse, car jamais
» homme n'a essuyé tant de peines ni
» souffert tant de maux que le divin
» Ulysse ; comme ses maux sont infi-
» nis, l'affliction que sa perte me cau-
» se sera infinie & ne passera jamais.
» Nous n'avons de luy aucune nou-
» velle ; & nous ne sçavons s'il est en
» vie ou s'il est mort ; il ne faut pas
» douter que le vieux Laërte, la sage
» Penelope & Telemaque son fils,
» qu'il laissa encore enfant, ne pas-
» sent leur vie à le pleurer.

Ces paroles reveillerent tous les déplaisirs de Telemaque, & le plongerent dans une vive douleur ; le nom de son pere fit couler de ses yeux un torrent de larmes, & pour les cacher il mit avec ses deux mains son manteau de pourpre devant son visage. Menelas s'en apperceut, & il fut quelques moments à déliberer en luy-mesme s'il attendroit que ce jeune Prince commençast à parler de son pere, ou s'il l'interrogeroit le premier, & s'il tascheroit d'éclaircir les soupçons qu'il avoit que c'estoit le fils d'Ulysse.

Pendant qu'il déliberoit, Helene sort de son magnifique appartement, d'où s'exhaloient des parfums exquis ; elle estoit semblable à la belle Diane dont les fléches sont si brillantes. Cette Princesse arrive dans la sale & en mesme temps Adreste luy donne un beau siege bien travaillé, Alcippe le couvre d'un tapis de laine tres fine rehaussé d'or, & Phylo, la troisiéme de ses femmes, luy apporte une corbeille d'argent que cette Princesse avoit re-

ceuë d'Alcandre femme de Polybe, qui habitoit à Thebes d'Egypte, une des plus riches villes de l'univers. Polybe avoit fait prefent à Menelas de deux grandes cuves d'argent pour le bain, de deux beaux trepieds & de dix talents d'or ; & fa femme de fon cofté avoit donné à Helene une quenoüille d'or & cette belle corbeille d'argent dont le bord eftoit d'un or tres fin & admirablement bien travaillé. Phylo met prés de la Princeffe fa corbeille qui eftoit remplie de pelottons d'une laine filée de la derniere fineffe ; la quenoüille coeffée d'une laine de pourpre violette eftoit couchée fur la corbeille. Helene fe place fur le fiege qu'Adrefte luy avoit prefenté & qui avoit un beau marchepied, & adreffant la parole à fon mari :
» Divin Menelas, luy dit-elle, fça-
» vons-nous qui font ces eftrangers
» qui nous ont fait l'honneur de ve-
» nir dans noftre Palais ? Me trom-

pay-je, ou si j'ay découvert la veri- «
té ? je ne puis vous cacher ma con- «
jecture, je n'ay jamais vû ni parmi «
les hommes ni parmi les femmes «
personne ressembler si parfaitement «
à un autre, j'en suis dans l'estonne- «
ment & dans l'admiration, que ce «
jeune estranger ressemble au fils du «
magnanime Ulysse, c'est luy-mes- «
me ; ce grand homme le laissa en- «
core enfant quand vous partistes «
avec tous les Grecs, & que vous «
allastes faire une cruelle guerre aux «
Troyens, pour moy malheureuse «
qui ne meritois que vos mépris. «

J'avois la mesme pensée, répon- «
dit Menelas, je n'ay jamais vû de «
ressemblance si parfaite ; voilà le «
port & la taille d'Ulysse, voilà ses «
yeux, sa belle teste. D'ailleurs «
quand je suis venu par hazard à par- «
ler de tous les travaux qu'Ulysse a «
essuyez pour moy, ce jeune Prince «
n'a pû retenir ses larmes, & il a «
voulu les cacher en mettant son «

» manteau devant ſes yeux.

Alors Piſiſtrate, prenant la paro-
» le, Grand Atride, luy dit il, Prin-
» ce ſi digne de commander à tant de
» peuples, vous voyez aſſeurement
» devant vos yeux, le fils d'Ulyſſe;
» mais comme il eſt tres modeſte, le
» reſpect l'empeſche la premiere fois
» qu'il a l'honneur de vous voir, d'en-
» tamer de longs diſcours devant
» vous que nous eſcoutons avec le
» meſme plaiſir que ſi nous enten-
» dions la voix d'un Dieu. Neſtor,
» qui eſt mon pere, m'a envoyé avec
» luy pour le conduire chez vous,
» car il ſouhaitoit paſſionnément de
» vous voir pour vous demander vos
» conſeils ou voſtre ſecours, car tous
» les malheurs qui peuvent arriver à
» un jeune homme dont le pere eſt
» abſent, & qui n'a perſonne qui le
» deffende, ſont arrivez à Telema-
» que; ſon pere n'eſt plus, & parmi
» ſes ſujets il n'en trouve pas un qui
» luy aide à repouſſer les maux dont
il

il se voit accablé.

« O Dieux, s'écria alors le Roy
Menelas, j'ay donc le plaisir de voir
dans mon Palais le fils d'un homme qui a donné tant de combats
pour l'amour de moy. Certainement je me préparois à le preferer
à tous les autres Grecs, & à luy
donner la premiere place dans mon
affection, si Jupiter, dont les regards découvrent tout ce qui se
passe dans ce vaste univers, eust
voulu nous accorder un heureux
retour dans nostre patrie; je voulois
luy donner une ville dans le pays
d'Argos & luy bastir un magnifique Palais, afin que quittant le séjour d'Ithaque, il vinst avec toutes ses richesses, son fils & ses peuples se transporter dans mes Estats,
& habiter une ville que j'aurois
évacuée de ses habitants; nous aurions vescu tousjours ensemble, &
il n'y auroit eû que la mort qui
eust pù séparer deux amis qui se

» seroient aimez si tendrement &
» dont l'union auroit esté si délicieu-
» se. Mais un si grand bonheur a
» peut-estre attiré l'envie de ce Dieu,
» qui n'a refusé qu'à Ulysse seul cet
» heureux retour.

Ces paroles les firent tous fondre en larmes ; la fille du grand Jupiter, la belle Helene, se mit à pleurer ; Telemaque & le grand Atride pleurerent, & le fils du sage Nestor ne demeura pas seul insensible ; son frere Antiloque, que le vaillant fils de l'Aurore avoit tué dans le combat, luy revint dans l'esprit, & à ce souvenir, le visage baigné de
» pleurs, il dit à Menelas : Fils d'A-
» trée, toutes les fois que mon pere
» & moy nous entretenant dans son
» Palais, nous sommes venus à parler
» de vous, je luy ay tousjours oüi
» dire que vous estiez le plus sage &
» le plus prudent de tous les hommes,
» c'est pourquoy j'espere que vous
» voudrez bien suivre le conseil que

j'ose vous donner; je vous avoüe «
que je n'aime point les larmes qu'on «
verse à la fin du festin. Demain la «
brillante aurore ramenera le jour. «
Je n'ay garde de trouver mauvais «
qu'on pleure ceux qui sont morts «
& qui ont accompli leur destinée, «
je sçay que le seul honneur qu'on «
puisse faire aux miserables mortels «
aprés leur trepas, c'est de se couper «
les cheveux sur leur tombeau & de «
l'arroser de ses larmes. J'ay aussi «
perdu sous les murs de Troye un «
frere qui n'estoit pas le moins brave «
des Grecs, vous le sçavez mieux que «
moy, car je n'ay jamais eû le plaisir «
de le voir, mais tout le monde rend «
ce temoignage à Antiloque, qu'il «
estoit au dessus des plus vaillants, «
soit qu'il fallust poursuivre l'enne- «
mi, ou combattre de pied ferme. «

Le Roy Menelas, prenant la parole, luy répondit : Prince, vous «
venez de dire ce que l'homme le «
plus prudent & qui seroit dans un «

» âge bien plus avancé que le voſtre,
» pourroit dire & faire de plus ſensé.
» A vos diſcours pleins de ſageſſe on
» voit bien de quel pere vous eſtes
» ſorti, car on reconnoiſt tousjours
» facilement les enfants de ceux à
» qui Jupiter a départi ſes plus pré-
» cieuſes faveurs dans le moment de
» leur naiſſance, & dans celuy de leur
» mariage, comme il a fait à Neſtor,
» qu'il a tousjours honoré d'une
» protection ſinguliere, & à qui il a
» accordé la grace de paſſer tranquil-
» lement & à ſon aiſe ſa vieilleſſe
» dans ſes Eſtats, & d'avoir des fils
» diſtinguez par leur ſageſſe & par
» leur courage. Ceſſons donc nos re-
» grets & nos larmes, & remettons-
» nous à table ; que l'on apporte de
» l'eau pour laver les mains. Demain
» dés que le jour aura paru, nous
» pourrons Telemaque & moy avoir
» enſemble une converſation auſſi
» longue qu'il le voudra.

Il parla ainſi, & Aſphalion un

des plus fidelles serviteurs de Menelas, donna à laver. On se remet à table, & on recommence à manger.

Cependant la fille de Jupiter, la belle Helene, s'avisa d'une chose qui fut d'un grand secours. Elle mesla dans le vin, qu'on servoit à table, une poudre qui assoupissoit le deüil, calmoit la colere, & faisoit oublier tous les maux. Celuy qui en avoit pris dans sa boisson n'auroit pas versé une seule larme dans toute la journée quand mesme son pere & sa mere seroient morts, qu'on auroit tué en sa presence son frere ou son fils unique, & qu'il l'auroit vû de ses propres yeux : telle estoit la vertu de cette drogue que luy avoit donnée Polydamna femme de Thonis Roy d'Egypte, dont le fertile terroir produit une infinité de plantes bonnes & mauvaises, & où tous les hommes sont excellents medecins, & c'est de-là qu'est venuë la race de Peon.

Aprés qu'Helene eut meslé cette merveilleuse drogue dans le vin,
» elle prit la parole, & dit: Roy Me-
» nelas, & vous jeunes Princes, le
» Dieu supresme, le grand Jupiter,
» mesle la vie des hommes de biens
» & de maux comme il luy plaist, car
» sa puissance est sans bornes, c'est
» pourquoy joüissez presentement du
» plaisir de la table, & divertissez-
» vous à faire des histoires qui puis-
» sent vous amuser, je vous donneray
» l'exemple, & je vous raconteray une
» histoire qui ne vous déplaira pas.
» Il me seroit impossible de vous faire
» icy le détail de tous les travaux du
» patient Ulysse, je vous raconteray
» seulement une entreprise qu'il osa
» tenter au milieu des Troyens, &
» dont je suis mieux instruite que
» personne. Un jour, aprés s'estre dé-
» chiré le corps à coups de verges &
» s'estre couvert de vieux haillons
» comme un vil esclave, il entra dans

la ville ennemie ainsi déguisé & «
dans un estat bien different de ce- «
luy où il estoit dans l'armée des «
Grecs, car il paroissoit un verita- «
ble mendiant. Il entra donc ainsi «
dans la ville des Troyens; personne «
ne le reconnut ; je fus la seule qui «
ne fus point trompée par ce dégui- «
sement ; je luy fis plusieurs ques- «
tions pour tirer la verité de sa bou- «
che, mais luy avec sa finesse & sa «
souplesse ordinaire, il évita tou- «
jours de me répondre & de m'es- «
claircir. Mais aprés que je l'eus «
baigné & parfumé d'essences, que «
je luy eus donné des habits & que «
je l'eus rasseuré par un serment in- «
violable que je ne le décelerois aux «
Troyens qu'aprés qu'il seroit re- «
tourné dans son camp, alors il s'ou- «
vrit à moy & me découvrit de point «
en point tous les desseins des Grecs. «
Aprés cette confidence il tua de sa «
main un grand nombre de Troyens «
& repassa dans l'armée des Grecs, «

» auxquels il porta toutes les instruc-
» tions qui leur estoient necessaires
» pour l'execution de leur grand des-
» sein. En mesme temps toute la ville
» retentit des cris & des hurlements
» des Troyennes, & moy je sentis
» dans mon cœur une secrete joye,
» car entierement changée, je ne de-
» sirois rien tant que de retourner à
» Lacedemone, & je pleurois amere-
» ment les malheurs où la Déesse
» Venus m'avoit plongée, en me
» menant dans cette terre estrangere,
» & en me faisant abandonner mon
» Palais, ma fille & mon mary, qui
» en esprit, en beauté & en bonne
» mine ne cedoit à aucun homme du
» monde.

» Tout ce que vous venez de dire
» d'Ulysse, reprit Menelas, est vray
» dans toutes ses circonstances. J'ay
» connu à fond plusieurs grands per-
» sonnages, j'ay penetré leur cœur
» & leur esprit, sources de leurs ac-
» tions, & j'ay voyagé dans plusieurs

contrées, mais jamais je n'ay vû un «
homme tel qu'Ulysse, pour le cou- «
rage, la patience, la prudence & la «
force. Quel grand service ne ren- «
dit-il pas aux Grecs dans le cheval «
de bois où les principaux de l'ar- «
mée s'estoient enfermez avec moy, «
portant aux Troyens la ruine & la «
mort. Vous sortites de la ville pour «
voir cette machine énorme, & il «
faut bien croire que c'estoit quel- «
que Dieu qui se déclarant contre «
les Grecs & voulant donner aux «
Troyens une gloire immortelle, «
vous força à venir ; Deïphobus «
semblable à un Dieu vous accom- «
pagnoit ; vous fites trois fois le «
tour de ce cheval ; vous portastes «
trois fois les mains sur ces embus- «
ches cachées, comme pour les son- «
der ; vous appellastes les plus bra- «
ves capitaines Grecs en les nom- «
mant chacun par leur nom & en «
contrefaisant la voix de leurs fem- «
mes, mais le fils de Tydée, le divin «

» Ulysse & moy, qui estions assis au
» milieu, nous reconnûmes vostre
» voix, & d'abord Diomede & moy
» nous voulûmes prendre le parti de
» sortir l'espée à la main plustost que
» d'attendre que nous fussions décou-
» verts; Ulysse nous retint & refrena
» cette impatience trop imprudente.
» Tous les autres capitaines, qui es-
» toient avec nous, demeurerent dans
» un profond silence ; le seul Anticlus
» alloit vous répondre, mais dans le
» moment Ulysse luy portant les
» deux mains sur la bouche, sauva
» tous les Grecs, car il la luy serra si
» fort, qu'il l'empescha de respirer,
» jusqu'à ce que la favorable Miner-
» ve vous eust emmenée d'un autre
» costé.

Le sage Telemaque répondit à
» Menelas : Fils d'Atrée, tout ce que
» vous venez de dire ne fait qu'aug-
» menter mon affliction ; tant de
» grandes qualitez n'ont pas mis mon
» pere à couvert d'une fin malheu-

reuse, & c'est en vain que son cou- «
rage invincible a resisté à tant de «
perils. Mais permettez que nous «
allions nous coucher & que le doux «
sommeil vienne suspendre pendant «
quelques moments nos chagrins & «
nos inquietudes. «

En mesme temps la divine Helene ordonne à ses femmes de leur dresser des lits sous un portique, d'estendre à terre les plus belles peaux, de mettre sur ces peaux les plus belles estoffes de pourpre, de couvrir ces estoffes de beaux tapis, & d'estendre sur ces tapis des plus belles couvertures ; ces femmes obéïssent, elles sortent aussi tost de l'appartement avec des flambeaux & vont dresser les lits, & un heraut conduit les deux Princes.

Le fils d'Ulysse & le fils de Nestor coucherent ainsi dans le portique au bout de la cour, & le grand Menelas alla coucher dans son appartement au fond de son Palais,

& Helene pleine de majesté & de grace se coucha prés de luy.

L'aurore n'eut pas plustost annoncé le jour, que Menelas se leva, prit ses habits & son espée, couvrit ses beaux pieds de brodequins magnifiques, & s'estant rendu dans l'appartement de Telemaque, il s'assit pres de ce Prince, & luy parla
» ainsi: Genereux Telemaque, quelle
» pressante affaire vous a amené à
» Lacedemone & vous a fait exposer
» aux perils de la mer ! est-ce une
» affaire publique, ou une affaire particuliere ? Expliquez-moy le sujet
» de vostre voyage.

» Grand Roy, que Jupiter honnore d'une protection particuliere,
» luy répond le sage Telemaque, je
» suis venu dans vostre Palais pour
» voir si vous ne pourriez point me
» dire quelque mot qui me donne
» quelque lumiere sur la destinée de
» mon pere. Ma maison perit; tout
» mon bien se consume; mon Palais

est plein d'ennemis; les fiers Poursuivants de ma mere égorgent continuellement mes troupeaux & ils
me traitent avec la derniere info-
lence ; c'est pourquoy je viens embrasser vos genoux & vous prier
de m'apprendre le malheureux sort
de mon pere, si vous en avez esté
temoin, ou si vous l'avez appris de
quelques voyageurs, car il est bien
seur que sa mere en le mettant au
monde l'a livré à un cruel destin.
Qu'aucun égard pour moy, ni aucune compassion ne vous portent
à me menager, dites-moy sans nul
déguisement tout ce que vous avez
vû ou sçû, je vous en conjure ; si
jamais mon pere vous a rendu quelque service, soit en vous donnant
ses conseils, soit en s'exposant pour
vous aux plus perilleuses avantures sous les remparts de Troye
où vous avez tant souffert avec
tous les Grecs, temoignez-moy au
jourd'huy que vous n'avez pas ou-

» blié ſes ſervices, & dites-moy la
» verité.

Menelas penetré d'indignation
de ce qu'il venoit d'entendre, s'eſ-
» cria, O Dieux, ſe peut-il que des
» hommes ſi laſches prétendent s'em-
» parer de la couche d'un ſi grand
» homme! Comme lorſqu'une biche
» timide prend ſes jeunes faons, en-
» core ſans force & à qui elle donne
» encore à tetter, & aprés les avoir
» portez dans le repaire d'un fort
» lion au milieu d'une foreſt, elle
» ſort pour aller paiſtre ſur les coli-
» nes & dans les vallons ; pendant ce
» temps-là le lion revient dans ſon
» antre, & trouvant ces nouveaux
» hoſtes, il les met en pieces ; il en
» ſera de meſme de ces Pourſuivants,
» Ulyſſe revenu, contre leurs eſpe-
» rances, les mettra tous à mort.
» Grand Jupiter, & vous Minerve
» & Apollon, faites qu'Ulyſſe tom-
» be tout à coup ſur ces inſolents,
» tel qu'il eſtoit lorſqu'au milieu de

la belle ville de Lesbos, deffié à la « lutte par le vaillant Roy Philome- « lides, il le terrassa, & réjoüit par « sa victoire tous les Grecs specta- « teurs de son combat. Ah! ces lâ- « ches periroient bientost & feroient « des nopces bien funestes. Mais, « Prince, sur ce que vous souhaitez « de moy, je ne biaiseray point & je « ne vous tromperay point. Je vous « diray sincerement ce que j'ay ap- « pris d'un Dieu marin qui ne dit « jamais que la verité; je ne vous ce- « leray rien de tout ce que j'ay en- « tendu de sa bouche. «

A mon retour de Troye les « Dieux bien loin de favoriser l'im- « patience que j'avois d'arriver dans « mes Estats, me retinrent en Egy- « pte, parce que je ne leur avois pas « offert les hecatombes que je leur « devois, car les Dieux veulent que « nous nous souvenions tousjours « de leurs commandements & que « nous leur rendions nos hommages. «

» Dans la mer d'Egypte, vis-à-vis
» du Nil, il y a une certaine isle
» qu'on appelle le *Phare*, elle est
» éloignée d'une des embouchures
» de ce fleuve d'autant de chemin
» qu'en peut faire en un jour un
» vaisseau qui a le vent en pouppe ;
» cette isle a un bon port, d'où les
» vaisseaux se mettent commodément
» en mer aprés y avoir fait de l'eau.
» Les Dieux me retinrent là vingt
» jours entiers, sans m'envoyer au-
» cun des vents qui sont necessaires
» pour sortir du port, & qui accom-
» pagnent heureusement les vaisseaux
» qui font voile. Mes provisions es-
» toient desja presque toutes consu-
» mées, le courage de mes compa-
» gnons abbatu, & j'estois perdu sans
» ressource, si une Déesse n'eust eu
» compassion de moy. Eidothée, fille
» de Protée Dieu marin, touchée
» de l'estat malheureux où elle me
» voyoit, vint à ma rencontre com-
» me j'estois separé de mes compa-

gnons, qui difperfez dans l'ifle, «
pefchoient à la ligne, car la faim «
les portoit à fe fervir de tous les «
aliments que la fortune leur pre- «
fentoit. Cette Déeffe s'approchant «
de moy, m'adreffe la parole, & me «
dit, Eftranger, eft-ce folie, negli- «
gence ou deffein formé qui vous «
retiennent dans la trifte fituation «
où vous eftes, & prenez-vous plai- «
fir à eftre malheureux ? Pourquoy «
demeurez-vous fi long-temps dans «
cette ifle fans trouver aucune fin à «
vos travaux ? Cependant vos com- «
pagnons perdent tout courage. «

Elle parla ainfi, & frappé d'ad- «
miration, je luy répondis: Grande «
Déeffe, car il eft aifé de voir que «
je parle à une Divinité, je ne m'ar- «
refte point icy volontairement, il «
faut fans doute que j'aye offenfé «
les Immortels qui habitent les «
cieux; mais, puifque vous eftes fi «
bonne & fi genereufe, dites-moy, «
je vous prie, quel Dieu me retient «

» dans cette isle deserte & me ferme
» tous les chemins de la vaste mer;
» & enseignez-moy les moyens de
» retourner dans ma patrie. J'espere
» qu'appaisé par mes sacrifices, il vou-
» dra bien me laisser partir.

» Estranger, me repartit la Déesse,
» je ne vous déguiseray rien, & je
» vous diray tout ce que je sçay : Un
» vieillard marin de la race des Im-
» mortels, & tousjours vray dans ses
» réponses, vient tous les jours sur
» ce rivage ; c'est Protée l'Egyptien,
» qui connoist les profondeurs de
» toutes les mers, & qui est comme
» le principal ministre de Neptune ;
» c'est de luy que j'ay receu le jour ;
» si vous mettant en embuscade, vous
» pouvez le surprendre, il vous dira
» la route que vous devez tenir, &
» vous enseignera les moyens de re-
» tourner dans vostre patrie ; il vous
» apprendra mesme, si vous voulez,
» tout le bien & tout le mal qui est
» arrivé chez vous pendant vostre

absence depuis que vous estes parti «
pour ce voyage si long & si peril- «
leux. «

Mais, divine Nymphe, je ne «
puis rien sans vostre secours, luy «
répondis-je, enseignez-moy, je «
vous prie, quelles sortes d'embus- «
ches il faut dresser à ce Dieu marin, «
afin qu'il ne puisse les prévoir pour «
les éviter. Car il est bien difficile à «
un mortel de surprendre un Dieu. «

La Déesse exauça ma priere, & «
me dit, Je vais vous enseigner la «
maniere dont vous devez vous con- «
duire, prenez bien garde de ne pas «
l'oublier. Tous les jours, à l'heure «
que le soleil parvenu au plus haut «
des cieux enflamme l'air de ses «
rayons, ce Dieu, qui est tousjours «
vray dans ses réponses, sort des an- «
tres profonds de la mer aux souf- «
fles du Zephyre, & tout couvert «
d'algue & d'écume, il va se coucher «
dans des grottes fraisches & char- «
mantes. Quantité de monstres ma- «

» rins, peuples de la Déesse Amphi-
» trite, sortent aussi des abysmes de la
» mer, vont se reposer tout autour
» de luy, & remplissent ces grottes
» d'une odeur de marine que l'on ne
» peut supporter. Demain dés que
» l'aurore commencera à paroistre, je
» vous cacheray dans ces grottes ;
» cependant ayez soin de choisir trois
» des plus braves & des plus déter-
» minez de vos compagnons qui sont
» sur vos vaisseaux. Je vais vous dé-
» couvrir toutes les ruses & tous les
» stratagesmes dont ce Dieu se servira
» contre vous. A son arrivée il com-
» mencera par compter & faire passer
» en reveuë devant luy tous ses
» monstres ; quand il les aura tous
» vûs & bien comptez, il se couche-
» ra au milieu comme un berger au
» milieu de son troupeau. Lorsque
» vous le verrez assoupi, rappellez
» toutes vos forces & tout vostre
» courage, & vous jettant tous sur
» luy, serrez-le tres estroitement mal-

gré ses efforts, car pour vous échaper il se metamorphosera en mille
manieres ; il prendra la figure de
tous les animaux les plus feroces. Il
se changera aussi en eau ; il devien-
dra feu ; que toutes ces formes af-
freuses ne vous épouvantent point
& ne vous obligent point à lascher
prise, au contraire liez-le & le retenez plus fortement. Mais dés que
revenu à la premiere forme, où il
estoit quand il s'est endormi, il
commencera à vous interroger,
alors n'usez plus de violence. Vous
n'aurez qu'à le délier & à luy demander qui est le Dieu qui vous
poursuit si cruellement.

En achevant ces mots, elle se
plongea dans la mer; les flots firent
un grand bruit & se blanchirent
d'écume. Sur l'heure mesme je repris le chemin de mes vaisseaux, qui
estoient retirez sur le sable, & en
marchant mon cœur estoit agité
de differents pensers. Quand je fus

» arrivé à ma flotte, nous préparaf-
» mes le souper, & la nuit venuë
» nous nous couchafmes fur le riva-
» ge. Le lendemain à la pointe du
» jour, aprés avoir fait mes prieres
» aux Dieux, je me mis en chemin
» pour me rendre au mefme lieu où
» la Déeffe m'avoit parlé, & je menay
» avec moy trois de mes compagnons
» les plus hardis pour tout entrepren-
» dre & dont j'eftois le plus affeuré.

» Cependant la Nymphe, qui s'ef-
» toit plongée dans la mer, en fortit
» portant avec elle quatre peaux de
» veaux marins qui ne venoient que
» d'eftre dépoüillez, c'eftoit la rufe
» qu'elle avoit imaginée pour trom-
» per fon pere. En mefme temps elle
» creufa dans le fable une efpece de
» caverne où elle fe tint, en nous at-
» tendant; nous arrivons auprés d'el-
» le; elle nous place & nous met fur
» chacun une de ces peaux qu'elle
» avoit apportées. Voilà donc noftre
» embufcade dreffée, mais une em-

buscade insupportable & où nous «
ne pouvions durer, car l'odeur em- «
poisonnée de ces veaux marins nous «
suffoquoit. Eh, qui est-ce qui «
pourroit se tenir long-temps dans «
une peau de monstre marin ? Mais «
la Déesse nous sauva, en s'avisant «
d'un remede qui nous fut d'un tres «
grand secours. Elle nous mit à cha- «
cun dans les narines une goutte «
d'ambrosie, qui répandant une «
odeur celeste, surmonta bien-tost «
celle des veaux marins. Nous de- «
meurasmes en cet estat toute la «
matinée avec tout le courage ima- «
ginable. Cependant les monstres «
marins sortent de la mer en foule «
& se couchent le long du rivage. «
Sur le midy le Dieu marin sortit de «
la mer, & trouva son troupeau en «
bon estat, car il visita tous ses «
monstres les uns aprés les autres «
& les compta. Il nous passa en re- «
vûë avec eux, sans entrer dans le «
moindre soubçon que ce fust une «

» embufche. Il fe couche au milieu;
» nous ne le vifmes pas pluftoft af-
» foupi, que nous nous jettafmes tous
» fur luy avec des cris épouventables
» & nous le ferrafmes tres eftroite-
» ment entre nos bras; le vieillard
» n'oublia pas en cette occafion fon
» art ordinaire; il fe changea d'abord
» en un énorme lion; il prit enfuite
» la figure d'un dragon horrible; il
» devint leopard, fanglier, il fe chan-
» gea en eau; enfin il nous parut
» comme un grand arbre.

» A tous ces changements nous le
» ferrions encore davantage fans nous
» épouvanter, jufqu'à ce qu'enfin las
» de fes rufes, il nous queftionna le
» premier; Fils d'Atrée, me dit-il,
» quel Dieu vous a fuggeré ce con-
» feil & vous a donné le moyen de
» me prendre dans vos pieges! Que
» defirez-vous de moy!

» Alors, le lafchant & n'ufant plus
» de violence, je luy répondis avec
» refpect, Divinité de la mer, pourquoy

quoy me faites-vous ces questions «
pour éviter de me répondre ! vous «
n'ignorez pas les maux qui me pref- «
fent ; vous fçavez que je fuis re- «
tenu dans cette ifle, & que je ne «
puis trouver le moyen d'en fortir; «
mon cœur fe confume de douleur «
& d'impatience. Dites-moy donc, «
je vous prie, car rien n'eft caché «
aux Dieux, dites-moy qui eft le «
Dieu qui me retient icy malgré «
moy, & qui me ferme les chemins «
de la vafte mer, & enfeignez-moy «
le moyen de m'en retourner dans «
ma patrie. «

Vous deviez avant toutes cho- «
fes, me répondit le Dieu marin, «
offrir vos facrifices à Jupiter & à «
tous les autres Dieux, & ne vous «
embarquer qu'aprés vous eftre ac- «
quité dignement de ce devoir. «
C'eftoit le feul moyen de retour- «
ner heureufement dans vos Eftats; «
le Deftin inflexible ne vous permet «
de revoir vos amis, voftre Palais «

» & voſtre chere patrie, que vous ne
» ſoyez retourné encore dans le fleu-
» ve Egyptus qui deſcend de Jupi-
» ter, & que vous n'ayez offert des
» hecatombes parfaites aux Dieux
» immortels qui habitent l'Olympe;
» alors ſeulement les Dieux vous ac-
» corderont cet heureux retour que
» vous deſirez avec tant d'ardeur &
» d'impatience.

» Il dit, & mon cœur fut ſaiſi de
» douleur & de triſteſſe, parce que ce
» Dieu m'ordonnoit de rentrer dans
» le fleuve Egyptus dont le chemin
» eſt difficile & dangereux, mais fai-
» ſant effort ſur moy-meſme & ſur-
» montant mon chagrin, je luy ré-
» pondis, Sage vieillard, j'executeray
» vos ordres. Mais avant que je me
» ſepare de vous, dites-moy, je vous
» prie, ſans me rien déguiſer, ſi tous
» les Grecs que nous quittaſmes Neſ-
» tor & moy à noſtre départ de
» Troye, ſont arrivez heureuſement
» dans leur patrie, ou s'il y en a quel-

qu'un qui foit mort fur fes vaif- «
feaux ou entre les mains de fes «
amis, aprés avoir terminé une fi «
cruelle guerre. «

Fils d'Atrée, me répond le Dieu, «
pourquoy me faites-vous toutes «
ces queftions? il n'eft pas neceffaire «
que vous fçachiez tout ce qui s'eft «
paffé; voftre curiofité vous coufte- «
roit cher, & vous ne pourriez le «
fçavoir fans verfer bien des larmes. «
Plufieurs font morts, plufieurs au- «
tres font échappez. Vous avez per- «
du deux generaux dans le voyage, «
car je ne vous parle point des per- «
tes que vous avez faites dans les «
combats, vous y eftiez prefent; un «
autre de vos generaux, encore plein «
de vie, eft retenu dans la vafte mer. «
Ajax fils d'Oïlée a peri malheureu- «
fement avec fa flotte, car fon vaif- «
feau ayant efté brifé par la tem- «
pefte, comme il luttoit contre les «
flots, Neptune le pouffa fur les ro- «
ches Gyréenes & le tira de ce grand «

» peril ; il avoit évité la mort mal-
» gré la haine de Minerve, s'il n'euft
» prononcé une parole trop fuperbe
» qui le fit perir ; il dit que par fes
» feules forces il s'eftoit tiré de ces
» gouffres malgré les Dieux. Neptu-
» ne, qui entendit cette impieté, prit
» fon redoutable trident, & en frap-
» pa la roche fur laquelle ce Prince
» eftoit affis. La moitié de la roche
» demeura ferme fur fes racines, &
» l'autre moitié fe détachant comme
» une montagne, tomba dans la mer,
» & le précipita avec elle dans fes
» abymes. Voilà la mort malheureu-
» fe dont il perit, enfeveli dans les
» ondes. Le Roy voftre frere échap-
» pa de cette tempefte avec fes vaif-
» feaux, car Junon luy prefta fon fe-
» cours ; mais comme il eftoit preft
» d'aborder au promontoire de Ma-
» lée, un tourbillon de vent emporta
» fes navires & les pouffa à l'extre-
» mité du golphe dans ce coin de
» terre qu'habitoit autrefois Thyefte,

& où Egisthe regnoit alors. Quoy qu'il fust encore éloigné de Lacedemone, il ne laissa pas de se regarder comme heureusement arrivé dans sa patrie. Les Dieux calmerent les vents, il descendit de son vaisseau, & embrassant la terre de cette chere patrie qu'il revoyoit avec tant de plaisir, il versa des larmes de joye. Il fut d'abord apperçû par une sentinelle que le traistre Egisthe avoit placée sur le sommet du promontoire pour observer son arrivée, & il luy avoit promis pour recompense deux talens d'or. Il y avoit un an entier que cette sentinelle estoit aux aguests pour empescher qu'il ne luy échapast & qu'il n'eust le temps de se mettre sur ses gardes. Le voyant donc arrivé, il va en diligence annoncer cette nouvelle au Roy, qui en mesme temps se met à dresser ses embusches. Il choisit dans le peuple vingt garnemens

» des plus déterminez, les met en
» embuscade, fait préparer un magni-
» que festin, & sortant avec un nom-
» breux cortege de chars & de che-
» vaux, il va au devant d'Agamem-
» non pour le recevoir & le mener
» dans son Palais où il devoit exe-
» cuter son infame entreprise. Il me-
» ne en pompe ce Prince, qui ne se
» doutoit point de sa trahison, le
» fait mettre à table, & là il le tuë
» comme on tuë un taureau à sa cre-
» che. Tous les compagnons de ce
» Prince ont le mesme sort, mais
» quoy-que surpris, ils ne laisserent
» pas de vendre cherement leur vie,
» car ils tüerent tous les assassins dont
» Egisthe s'estoit servi pour ce crime
» abominable, il n'en échappa pas
» un seul.

» Il parla ainsi, & moy penetré
» de douleur je me jette sur le sable
» que je baigne de mes larmes, &
» m'abandonnant au desespoir, je ne
» veux plus vivre ni joüir de la lu-

miere du soleil. Mais aprés que «
j'eus bien répandu des pleurs, le «
Dieu marin me dit, Fils d'Atrée, «
le temps est précieux, ne le perdez «
pas, cessez de pleurer inutilement ; «
avec toutes vos larmes nous ne «
trouverons point la fin de vos mal- «
heurs ; cherchez pluſtoſt les moyens «
les plus prompts de retourner dans «
vos Eſtats ; vous trouverez encore «
ce traiſtre plein de vie, à moins «
qu'Oreſte ne vous ait prévenu, «
qu'il n'ait desja vengé son pere, «
& fait tomber ce meurtrier sous ses «
coups. Mais en ce cas-là vous pour- «
riez toujours aſſiſter au repas de «
ses funerailles. «

 Ces paroles ranimerent mon cou- «
rage, je sentis mon cœur repren- «
dre sa vigueur, & j'eus quelques «
mouvemens de joye. Eſtant donc «
revenu à moy, je luy dis : Vous «
m'avez fort bien inſtruit du sort «
des deux generaux qui ont peri à «
leur retour de Troye, mais je vous «

» prie de me nommer le troisiéme
» qui est retenu mort ou vif dans
» une isle de la vaste mer ; quelque
» triste que soit cette nouvelle, je
» desire de l'apprendre. En mesme
» temps sans balancer, il me répon-
» dit, C'est le fils de Laërte Roy
» d'Ithaque, je l'ay vû moy-mesme
» fondre en larmes dans le Palais de
» Calypso qui le retient malgré luy,
» & qui le prive de tous les moyens
» de retourner dans sa patrie, car il
» n'a ni vaisseaux ni rameurs qui
» puissent le conduire sur les flots de
» la vaste mer. Pour vous, Roy Me-
» nelas, continua-t-il, ce n'est pas
» l'ordre du Destin que vous mou-
» riez à Argos, les Immortels vous
» envoyeront dans les Champs Ely-
» siens à l'extremité de la terre, où
» le sage Rhadamanthe donne des
» loix, où les hommes passent une
» vie douce & tranquille, où l'on ne
» sent ni les neiges ni les frimats de
» l'hyver, ni les pluyes, mais où l'air

est toujours rafraîchi par les dou- «
ces haleines des Zephyres que l'O- «
cean y envoye continuellement ; & «
ces Dieux puissans vous accorde- «
ront ce grand privilege, parce que «
vous avez épousé Helene, & que «
vous estes gendre du grand Jupiter. «

En finissant ces mots, il se plon- «
ge dans la mer, & moy je pris le «
chemin de mes vaisseaux avec mes «
fidelles compagnons, l'esprit agité «
de differentes pensées. «

Quand nous fusmes arrivez à «
nostre flotte, on prépara le souper, «
& la nuit vint couvrir la terre de «
ses ombres. Nous couchasmes sur «
le rivage, & le lendemain dés que «
la brillante aurore eut ramené le «
jour, nous tirasmes les vaisseaux «
en mer, nous dressasmes les masts, «
nous déployasmes les voiles, & mes «
compagnons se placeant sur les «
bancs, firent blanchir la mer sous «
l'effort de leurs rames. J'arrivay «
bien-tost à l'embouchure du fleuve «

» Egyptus qui tire ſes ſources de Ju-
» piter. J'arreſtay là mes vaiſſeaux,
» j'offris des hecatombes parfaites, &
» quand j'eus appaiſé la colere des
» Dieux immortels, j'élevay un tom-
» beau à Agamemnon, afin que ſa
» gloire paſſaſt d'âge en âge. Aprés
» m'eſtre acquitté de ces devoirs, je
» remis à la voile. Les Dieux m'en-
» voyerent un vent tres favorable,
» & en peu de temps ils me ramene-
» rent dans mes Eſtats. Voilà tout
» ce que je puis vous apprendre.
» Mais Telemaque demeurez chez
» moy encore quelque temps. Dans
» dix ou douze jours je vous ren-
» voyeray avec des preſents, je vous
» donneray trois de mes meilleurs
» chevaux & un beau char. J'adjou-
» teray à cela une belle coupe d'or,
» qui vous ſervira à faire vos liba-
» tions, & qui vous fera ſouvenir de
» moy.

Le ſage Telemaque répondit :
» Fils d'Atrée, ne me retenez pas

icy plus long-temps. Si je ne con- «
sultois que mon inclination, je «
resterois de tout mon cœur avec «
vous une année entiere, & j'ou- «
blierois ma maison & mes parents, «
tant j'ay de plaisir à vous entendre. «
Mais les compagnons que j'ay laif- «
sez à Pylos s'affligent de mon ab- «
sence, & vous voulez encore me «
retenir. Pour ce qui est des presents «
que vous voulez me faire, je vous «
prie de les garder, ou souffrez que «
je ne reçoive qu'un simple bijou. «
Je n'emmeneray point vos chevaux «
à Ithaque, mais je vous les laisseray «
icy, car ils sont necessaires à vos «
plaisirs. Vous regnez dans un grand «
pays, qui consiste en des campa- «
gnes spacieuses où tout ce qui est «
necessaire pour la nourriture des «
chevaux, croist abondamment, au «
lieu que dans Ithaque il n'y a ni «
plaines où l'on puisse faire des cour- «
ses, ni pasturages pour des haras; «
elle n'est propre qu'à nourrir des «

» chevres, & avec cela elle m'est plus
» agreable que les pays où l'on nour-
» rit des chevaux. D'ordinaire les
» isles, sur-tout celles qui sont dans
» nos mers, n'abondent pas en pastu-
» rages & n'ont pas de grandes plai-
» nes, & Ithaque encore moins que
» les autres.

Menelas l'entendant parler ainsi se mit à sousrire, & en l'embras-
» sant, il luy dit : Mon cher fils, par
» tous vos discours vous faites bien
» connoistre la noblesse du sang dont
» vous sortez. Je changeray donc
» mes presens, car cela m'est facile,
» & parmi les choses rares, que je
» garde dans mon Palais, je choisiray
» la plus belle & la plus précieuse.
» Je vous donneray une urne admi-
» rablement bien travaillée ; elle est
» toute d'argent & ses bords sont d'un
» or tres fin ; c'est un ouvrage de
» Vulcain mesme. Un grand heros,
» le Roy des Sidoniens, m'en fit pre-
» sent, lorsqu'à mon retour il me

receut dans fon Palais. Je veux «
que vous la receviez de ma main. «

C'eft ainfi que s'entretenoient ces deux Princes. Les officiers du Roy arrivent pour préparer le dîner; ils amenent des moutons & apportent d'excellent vin, & leurs femmes les fuivent avec des corbeilles pleines des dons de Cerés.

Cependant les defordres continüent dans Ithaque, les fiers Pourfuivants fe divertiffent devant le Palais d'Ulyffe à joüer au difque & à lancer le javelot dans des cours fpacieufes préparées avec foin, & qui eftoient le theatre ordinaire de leurs infolences. Antinoüs & Eurymaque, qui en eftoient les plus confiderables & comme les chefs, car ils furpaffoient tous les autres en courage, eftoient affis à les regarder. Noëmon, fils de Phronius, s'approchant du premier, luy dit : Antinoüs, fçait-on quand Telema- « que doit eftre de retour de Pylos, «

» car il a emmené mon vaisseau, &
» j'en ay grand besoin pour passer
» en Elide où j'ay douze belles ca-
» vales & plusieurs mulets, qui ne
» sont pas encore domptez, & je vou-
» drois en dresser quelqu'un & l'ac-
» coutumer au joug.

Il parla ainsi, & les Poursuivants sont fort estonnez de cette nouvelle, car ils ne pensoient pas que Telemaque fust allé à Pylos, mais ils croyoient qu'il estoit aux champs pour voir ses troupeaux, & pour s'entretenir avec celuy qui en avoit l'intendance.

Le fils d'Eupeithes, Antinoüs, prenant la parole, & l'interrogeant
» à son tour : Noémon, dites-moy
» la verité, quel jour est parti Tele-
» maque ! qui sont les jeunes gens
» qui l'ont suivi ! les a-t ils choisis
» dans Ithaque, ou n'a-t-il pris que
» de ses domestiques & de ses escla-
» ves ! car il pourroit bien ne s'estre
» fait accompagner que par ces sortes

de gens. Dites-moy aussi sans déguisement s'il a pris vostre vaisseau malgré vous, ou si vous le luy avez donné de vostre bon gré sur ce qu'il vous l'a demandé luy-mesme!

C'est moy-mesme qui le luy ay volontairement presté, répondit le sage Noëmon; quelqu'autre en ma place auroit-il pû faire autrement, quand un Prince comme celuy-là, accablé de chagrins, & qui roule de grands desseins dans sa teste l'auroit demandé ! il estoit difficile & dangereux mesme de le refuser. Les jeunes gens qui l'ont suivi sont la fleur de nostre jeunesse, & je remarquay Mentor à leur teste, à moins que ce ne fust quelque Dieu; je puis pourtant asseurer qu'il ressembloit parfaitement à Mentor. Mais ce qui m'estonne, & que je ne comprends point, c'est qu'hier encore avant le point du jour je vis Mentor de mes yeux, & je

» l'avois vû embarquer de mes yeux
» avec Telemaque pour Pylos.

Aprés avoir ainsi parlé, il retourna dans la maison de son pere, & ces deux Princes demeurerent fort estonnez. Les autres Poursuivants de Penelope quittant leurs jeux, vinrent s'asseoir en foule, & Antinoüs l'esprit agité de noires pensées & les yeux étincelants de fureur,
» éclata en ces termes : O Dieux,
» quelle audacieuse entreprise pour
» Telemaque que ce voyage ! Nous
» pensions que ses menaces seroient
» sans effet. Ce jeune homme est
» pourtant parti à nostre insceu, & a
» mené avec luy nostre plus brave
» jeunesse ; ce mal pourroit aller plus
» loin, mais il retombera sur sa teste
» avant qu'il puisse executer contre
» nous ses pernicieux desseins. Don-
» nez-moy donc promptement le
» vaisseau le plus leger & vingt bons
» rameurs, j'iray l'attendre à son re-
» tour, & je luy dresseray une em-

buscade entre Ithaque & Samos, «
afin que le voyage qu'il a entrepris «
pour apprendre des nouvelles de «
son pere, luy soit funeste. «

Il dit, & tous les Princes loüerent son dessein & l'exhorterent à l'executer. En mesme temps ils rentrerent dans le Palais d'Ulysse. Penelope fut bien-tost informée des discours que ces Princes avoient tenus & du complot qu'ils avoient formé. Le heraut Medon, qui avoit tout entendu hors de la cour, luy en alla faire un rapport fidelle. Car pendant que ces Princes tenoient leur conseil secret dans le Palais, ce heraut alla à l'appartement de Penelope pour l'instruire de ce qui s'estoit passé. Dés que Penelope l'apperceut à la porte de sa chambre : Heraut, luy dit-elle, pourquoy les «
fiers Poursuivants vous envoyent- «
ils icy ? est-ce pour ordonner à mes «
femmes de quitter leur travail & «
d'aller leur préparer un festin ! Ah, «

» pourquoy ont-ils jamais pensé à
» moy! pourquoy le ciel a-t-il permis
» qu'ils ayent jamais mis le pied dans
» ce Palais! au moins si ce repas es-
» toit leur dernier repas, & la fin
» de leur amour & de leur insolence!
» Lasches qui vous estes assemblez
» icy pour consumer le bien du sage
» Telemaque! N'avez-vous jamais
» oüi dire à vos peres dans vostre
» enfance quel homme c'estoit qu'U-
» lysse & comment il vivoit avec
» eux, sans jamais faire la moindre
» injustice à personne, sans dire la
» moindre parole desobligeante, & ce
» qui n'est pas deffendu aux Roys
» mesme les plus justes, sans marquer
» aucune preference en aimant l'un
» & haïssant l'autre, en un mot, sans
» donner jamais aucun sujet de plain-
» te au moindre de ses sujets! Ah!
» vostre mauvais cœur ne se montre
» que trop par toutes ces actions in-
» dignes! l'ingratitude est le prix
» dont on paye aujourd'huy les bien-
» faits.

« Grande Reyne, repartit le prudent Medon, pluſt aux Dieux que ce fuſt là le plus grand mal, mais ces Princes en machinent un bien plus grand & plus terrible encore, veüille le fils de Saturne confondre leurs projets. Ils ſe préparent à tüer Telemaque, & ils vont luy dreſſer des embuſches à ſon retour de Pylos & de Lacedemone où il eſt allé pour apprendre le ſort du Roy ſon pere. »

A ces mots Penelope tombe en foibleſſe. Tout d'un coup le cœur & les genoux luy manquent, elle eſt long-temps ſans pouvoir proferer une ſeule parole, & ſes yeux ſont noyez de pleurs. Enfin revenuë de ſa défaillance, elle dit à mots entrecoupez : « Heraut, pourquoy mon fils eſt-il parti ? quelle neceſſité de monter ſur des vaiſſeaux & d'aller courir les mers avec tant de peril ? eſt-ce pour ne laiſſer pas meſme la memoire de ſon nom parmi les hommes ! »

» Je ne sçay, répondit Medon, si
» quelque Dieu luy a inspiré ce des-
» sein, ou si de luy-mesme il a entre-
» pris ce voyage pour aller appren-
» dre des nouvelles ou du retour du
» Roy ou de sa triste destinée.

En achevant ces mots, il se retire. Penelope demeure en proye à sa douleur, elle n'a plus la force de se tenir sur son siege, elle se jette sur le plancher de sa chambre & remplit l'air de ses cris. Toutes ses femmes l'environnent & accompagnent ses cris de leurs gemissements & de leurs plaintes. Enfin elle
» rompt le silence, & leur dit : Mes
» amies, les Dieux m'ont choisie pré-
» ferablement à toutes les femmes de
» mon siecle pour m'accabler de dou-
» leurs. Premierement j'ay perdu un
» mary d'une valeur heroïque, orné
» de toutes les vertus, & dont la gloire
» est répanduë dans toute la Grece.
» Et mon fils unique vient de m'estre
» enlevé par les tempestes ; il est peri

malheureusement. Je n'ay point «
esté avertie de son départ. Malheu- «
reuses que vous estes, n'estoit-il «
pas de vostre devoir de m'éveiller, «
puisque vous estiez parfaitement «
instruites du temps où il s'embar- «
quoit ! Si vous m'aviez découvert «
son dessein, ou je l'aurois retenu «
prés de moy, quelque envie qu'il «
eust eû de partir, ou bien il m'au- «
roit vû mourir à ses yeux avant «
son départ. Mais qu'on aille ap- «
peller le vieillard Dolius, ce servi- «
teur fidelle que mon pere me donna «
quand je vins à Ithaque, & qui a «
soin de mes jardins. Il ira en dili- «
gence annoncer à Laërte tout ce «
qui se passe, afin que si sa prudence «
luy suggere quelque bon conseil, il «
vienne nous en faire part, & porter «
ses plaintes au peuple qui va laisser «
perir son petit-fils, le fils du divin «
Ulysse. «

Alors la nourrice Euryclée prenant la parole, dit : Ma Princesse, «

» vous pouvez me faire mourir ou
» me retenir dans une eſtroite priſon,
» je ne vous cacheray point ce que
» j'ay fait. J'ay ſçû le deſſein de ce
» cher Prince, je luy ay meſme donné
» tout ce qu'il a voulu, c'eſt moy qui
» luy ay fourni toutes les proviſions
» pour ſon voyage, mais il a exigé
» de moy un grand ſerment, que je
» ne vous apprendrois ſon départ que
» le douziéme jour, à moins qu'en
» eſtant informée d'ailleurs vous ne
» m'en demandaſſiez des nouvelles,
» car il craignoit que voſtre douleur
» ne vous portaſt à de trop grands
» excés contre vous-meſme. Mais ſi
» vous voulez bien ſuivre mon con-
» ſeil, vous vous purifierez, vous
» prendrez vos habits les plus magni-
» fiques, vous monterez au haut de
» voſtre appartement ſuivie de vos
» femmes, & là vous adreſſerez vos
» prieres à la Déeſſe Minerve, qui eſt
» aſſez puiſſante pour tirer le Prince
» voſtre fils des bras meſmes de la

mort. Ne fatiguez pas inutilement «
Laërte, qui est dans une si grande «
vieillesse & si abattu. Je ne sçaurois «
croire que la race d'Arcesius soit «
l'objet de la haine des Dieux im- «
mortels ; asseurement il en restera «
quelque rejetton qui regnera dans «
ce Palais, & qui joüira de ces cam- «
pagnes fertiles, qui dépendent d'I- «
thaque. «

Ces paroles calmerent la douleur de Penelope & firent cesser ses larmes. Elle se purifie, prend ses habits les plus magnifiques, & suivie de ses femmes elle monte au plus haut de son Palais, & presentant à Minerve dans une corbeille l'orge sacré, elle luy adresse cette priere : Invincible fille du Dieu «
qui est armé de sa redoutable égi- «
de, escoutez mes vœux. Si jamais «
le sage Ulysse a fait brusler sur vos «
autels dans son Palais la graisse de «
l'élite de ses troupeaux, souvenez- «
vous aujourd'huy de ses sacrifices, «

» sauvez mon fils & délivrez-moy de
» ces fiers Poursuivants qui commet-
» tent chez moy tant d'insolences.
Elle accompagna cette priere de cris & de larmes, & la Déesse l'exauça.

Cependant les Poursuivants, qui avoient entendu le bruit que la Reyne & ses femmes avoient fait, alloient & venoient dans le Palais, & il y en eust quelqu'un des plus im-
» prudents qui dit tout haut, Asseure-
» ment la Reyne prepare aujourd'huy
» le festin de ses nopces, & elle ne
» sçait pas qu'une mort prochaine
» menace son fils. Insensez qu'ils estoient ! les Dieux préparoient à leurs complots detestables un succés bien different de celuy qu'ils attendoient.

Antinoüs entendant ce discours imprudent, prit la parole, & dit,
» Malheureux Princes, cessez ces pro-
» pos temeraires, de peur que quel-
» qu'un n'aille les rapporter dans ce
Palais;

Palais; gardons le silence, & exe- «
cutons noſtre projet. «

En meſme temps il choiſit vingt
bons rameurs. Ils vont tous ſur le
rivage, tirent un vaiſſeau en mer,
dreſſent le maſt, diſpoſent les rames
& déployent les voiles. Leurs eſclaves, pleins de courage, portent
leurs armes. Quand tout fut preſt
ils montent tous dans le vaiſſeau,
préparent leur ſouper, & attendent que l'eſtoile du ſoir vienne
leur donner le ſignal du départ.

Cependant la ſage Penelope s'eſ- «
toit couchée ſans prendre aucune
nourriture, toujours occupée de
ſon cher fils & pleine d'inquietude
dans l'attente incertaine s'il évite-
roit la mort, ou s'il tomberoit dans
les pieges que luy dreſſoient ces inſolents. Une lionne, qui ſe voit environnée d'une multitude de chaſ-
ſeurs qui l'ont ſurpriſe aprés luy
avoir oſté ſes lionceaux, n'eſt pas
plus émuë ni plus agitée; elle ne

pouvoit trouver aucun repos. Enfin le sommeil vint calmer son agitation & fermer ses paupieres. Minerve pour la consoler forma un phantosme qui ressembloit parfaitement à la Princesse Iphthimé sœur de Penelope & fille du magnanime Icarius, qu'Eumelus Roy de Pheres avoit épousée. Cette Déesse l'envoya au Palais d'Ulysse pour tascher d'appaiser l'affliction de cette Princesse, & de faire cesser ses plaintes & ses déplaisirs. Cette image entre donc dans la chambre où elle estoit couchée, quoy-que les portes fussent fermées ; elle se place
» sur sa teste, & luy dit, Penelope,
» vous dormez accablée de deüil &
» de tristesse. Mais non, les Dieux
» immortels ne veulent point que
» vous pleuriez & que vous vous li-
» vriez en proye à la douleur. Vostre
» fils va revenir, il n'a pas encore of-
» fensé les Dieux pour attirer leur
» vengeance.

La chaste Penelope, profondément endormie dans le Palais des songes, luy répondit : Ma sœur, « pourquoy venez-vous icy, vous n'y « estes jamais venuë, car vous habi- « tez un pays fort éloigné. Vous me « commandez de la part des Dieux « d'essuyer mes pleurs & de calmer « les douleurs qui me devorent. Mais « le puis-je ! après avoir perdu un « mary d'une valeur sans égale, orné « de toutes les vertus & l'admiration « de toute la Grece, pour comble « de malheurs j'apprends que mon « fils unique vient de s'embarquer. « C'est un enfant qui n'est point fait « aux travaux & qui n'a nulle expe- « rience pour parler dans les assem- « blées ; je suis encore plus affligée « pour ce cher fils, que je ne le suis « pour mon mary, & je tremble qu'il « ne luy arrive quelque chose de fu- « neste, soit dans les pays où il va « s'engager, soit sur la mer, car il a « bien des ennemis qui luy dressent «

» des embusches, & qui espient son
» retour pour executer leur perni-
» cieux dessein.

L'image d'Iphtimé luy répond :
» Prenez courage, ma sœur, & dissi-
» pez toutes vos allarmes, vostre fils
» a avec luy un guide que les autres
» hommes voudroient bien avoir, car
» sa puissance est infinie, c'est Mi-
» nerve elle-mesme. Cette Déesse,
» touchée de vostre affliction, m'a
» envoyée vous déclarer ce que vous
» venez d'entendre.

» Ah ! je voy bien que vous n'es-
» tes pas Iphthimé, repartit la sage
» Penelope ; si vous estes donc quel-
» que Déesse & que vous ayez enten-
» du la voix de Minerve, apprenez-
» moy, je vous en conjure, le sort de
» mon mary ; joüit-il encore de la lu-
» miere du soleil ? ou la mort l'a-
» t'-elle précipité dans le sejour des
» ombres ?

» Je ne vous apprendray point le
» sort de vostre mary, luy répondit

Iphtimé, & je ne vous diray point «
s'il est vivant ou s'il a fini sa desti- «
née, c'est une tres mauvaise chose «
de parler en vain. «

En achevant ces paroles le phantosme passa au travers de la porte fermée & disparut. Penelope se reveilla en mesme temps, & elle sentit quelque sorte de joye de ce qu'un songe si clair luy estoit apparu.

Cependant les fiers Poursuivants, qui s'estoient embarquez, voguoient sur la plaine liquide, cherchant un lieu propre à executer le complot qu'ils avoient formé contre la vie de Telemaque. Il y a au milieu de la mer, entre Ithaque & Samos, une petite isle qu'on nomme *Asteris,* elle est toute remplie de rochers, mais elle a de bons ports ouverts des deux costez. Ce fut là que les Princes Grecs se placerent pour dresser des embusches à Telemaque.

REMARQUES
SUR
L'ODYSSE'E D'HOMERE.

LIVRE IV.

Page 276. *ARrivent à Lacedemone, qui est environnée de montagnes*] C'est le sens du mot κοίλω, *basse*, parce qu'elle est dans un fond, & toute ceinte de montagnes. Strabon appelle toute la Laconie, κοίλω καὶ ὄρεσι περίδρομον τραχεῖαν τε, δυσείσβολον τε πολεμίοις : *basse, environnée de montagnes, rude & de difficile accés aux ennemis*. Liv. 8.

Ville d'une vaste estenduë] C'est ainsi que j'ay expliqué le mot κητώεσσαν, *grande*, car la baleine estant le plus grand des poissons, on a tiré de son nom une épithete pour marquer quelque grandeur que ce soit. Et cela est plus vraysemblable que de dire que Lacedemone ait esté appellée κητώεσσα, parce que la mer jette des baleines sur ses rivages. D'autres, au lieu de κητώεσσαν, ont escrit καιετάεσσαν, *pleines de fon-*

drieres, à cause des frequents tremblements de terre qui avoient fait des ouvertures, des crevasses. Mais à la bonne heure qu'Homere eust dit cela du pays, il n'est nullement naturel qu'il l'ait dit de la ville. On peut voir sur cela Strabon, Liv. 8.

Ils entrent dans le Palais de Menelas] Aristote dans le 26. chap. de sa Poëtique nous apprend un reproche que quelques anciens Critiques faisoient à Homere sur ce passage. Ils l'accusoient d'avoir péché contre la bienséance, sur ce que Telemaque arrivant à Lacedemone, va plustost loger chez Menelas, que chez son grand pere Icarius. Aristote y répond par une tradition des Cephaleniens, qui disoient que le pere de Penelope s'appelloit *Icadius*, & non pas *Icarius*. M. Dacier y a mieux répondu & plus conformément à l'histoire, en faisant voir que le pere de Penelope estoit Icarius, mais qu'il ne demeuroit pas à Lacedemone, & qu'il s'estoit establi dans l'Acarnanie. On peut voir ses Remarques pag. 461.

Et trouvent ce Prince qui celebroit avec sa cour & ses amis] Ce commencement du IV. Liv. a donné lieu à de grandes critiques. Athenée prétend qu'Aristarque a rapporté ces cinq vers de la fin du XVIII. Livre de l'Iliade, qu'Homere avoit employez dans la description du bouclier. *Aristarque, dit-il, n'ayant pas compris que les festins des nopces, dont Homere parle, estoient finis quand Telemaque arriva ; que la feste estoit passée ; que les mariées estoient desja dans la maison de leurs maris, & que Menelas & Helene estoient retirez dans leur particulier, & ne voulant pas que cette feste fust si maigrement descrite, a rapporté icy ces cinq vers depuis le 15. jusqu'au 20.* qui sont, à son avis, entierement déplacez & estrangers en cet endroit; il en donne plusieurs raisons. La premiere, que cette musique & ces danses estoient contraires aux mœurs severes des Lacedemoniens qui n'admettoient point à leurs festins de pareils accompagnements ; la seconde, que le Poëte ne nomme point le chantre, & ne dit pas un mot des pieces qu'on y chantoit. La troisiéme, qu'on ne peut pas dire des danseurs μολπῆς ἐξάρχοντες, *qu'ils entonnent les airs*, parce que ce ne sont pas les danseurs, mais les musiciens qui entonnent. Et la derniere enfin, qu'il n'est pas vraysemblable que Telemaque & le fils de Nestor eussent esté assez impolis pour n'avoir pas esté touchez d'abord de la musique, & pour s'amuser à admirer plustost les beautez du Palais de Menelas. Voilà le fondement de la critique d'Athenée qui me paroist injuste. Je répondray à toutes ces raisons dans les Remarques suivantes.

Icy je justifieray Aristarque en peu de mots. Peut-on s'imaginer qu'un Critique si habile qui a revû Homere avec tant de soin, n'ait pas entendu le texte, & qu'il se soit trompé assez grossierement, pour avoir pris une feste absolument finie pour une feste qui dure encore ?

Ce n'est pas Aristarque qui s'est trompé, c'est Athenée luy-mesme. Il a crû que ces deux mots πέμπε, ἦγε, &c. estoient des *preterits*, au lieu qu'ils sont des *imparfaits*. Car Homere ne dit pas que Menelas *avoit desja envoyé sa fille, qu'il l'avoit fait partir*, mais qu'*il l'envoyoit*, ce qui se dit d'une chose qui va se faire. En un mot, Aristarque n'a jamais esté accusé d'avoir adjouté des vers à Homere, on luy a plustost reproché d'en avoir retranché. Il avoit fait son édition sur celle d'Alexandre, sur celle de Zenodote & sur les meilleures copies qu'il avoit pû ramasser, & on ne peut douter qu'il n'eust trouvé le commencement de ce IV. Livre tel que nous l'avons icy. Si on fait que la feste est finie quand Telemaque arrive chez Menelas, Minerve n'aura pas raison de ne vouloir pas l'accompagner, car qu'est ce qui l'en empeschoit, & il s'ensuivra encore d'autres incongruitez que je releveray dans la suite. Si cette critique d'Athenée est mal fondée, que ne doit-on pas penser de l'audace du Grammairien Diodore, qui ne trouvant pas vraysemblable qu'Homere eust descrit si séchement les nopces du fils & de la fille de Menelas mariez dans le mesme jour, supprime les douze vers qui en parlent, & fait suivre le quinziéme vers aprés le second, au lieu d'admirer la sagesse du Poëte, qui trouvant une occasion si naturelle de descrire des nopces, ne se laisse pas aller à la tentation, mais se contente de douze vers & va où son sujet l'appelle.

Car il envoyoit sa fille Hermione] Πέμπε, *il envoyoit*, & non pas *il avoit envoyé*, cela alloit s'executer d'abord aprés les nopces. Au reste voicy une Princesse mariée à un Prince absent & les nopces faites dans la maison de son pere, soit que le Prince eust envoyé quelqu'un pour tenir sa place & estre son procureur, soit que Menelas eust nommé quelqu'un de sa cour pour le representer & pour luy mener ensuite la Princesse. Quand Abraham envoya son serviteur en Mesopotamie pour chercher une femme à son fils Isac, que ce serviteur fut arrivé chez Batuel neveu d'Abraham, qu'il eut fait sa demande, & qu'il eut obtenu Rebecca, il fit ses presents à la fille, à sa mere & à ses freres, on celebra le festin de la nopce & il partit le lendemain, malgré les instances du pere & de la mere, qui vouloient retenir leur fille encore dix jours pour mieux celebrer la feste.

Ce sont les mesmes mœurs.

Page 277. *Le vaillant Megapenthes, qu'il avoit eu d'une esclave, car les Dieux n'avoient point donné à Helene d'autres enfants aprés Hermione*] Homere ne donne qu'une fille à Helene, afin de conserver sa beauté avec quelque vraysemblance, car il auroit esté ridicule qu'une Princesse, qui auroit eû plusieurs enfants, eust causé tant de maux & eust esté le sujet d'une si grosse guerre, il ne luy donne pas aussi des enfants de Paris, car cela auroit esté trop honteux.

Le Palais retentit de cris de joye meslez avec le son des instruments de musique, avec les voix & le bruit des danses] Tous ces divertissements, dit-on, ne conviennent point aux mœurs des Lacedemoniens. Je réponds premierement qu'il faut distinguer les mœurs des Lacedemoniens du temps de Menelas d'avec les mœurs des Lacedemoniens du temps de Lycurgue, plus de trois cents ans aprés Menelas. En second lieu, je dis que cette musique & ces danses estant en usage chez les peuples de Crete, dont la discipline estoit tres simple & tres austere, Menelas pouvoit fort bien avoir porté à Sparte un usage qui s'accordoit parfaitement avec la severité des mœurs. Et enfin il me paroist que quand mesme cette musique &

ces danses n'auroient pas esté en usage alors, Menelas auroit pû relascher un peu de la severité des mœurs dans une aussi grande occasion que celle du mariage de son fils & de celuy de sa fille, qu'il marioit dans le mesme jour. Ces divertissements sont-ils plus opposez à la severité des mœurs de Sparte, que la magnificence du Palais que nous allons voir, l'estoit à sa simplicité ?

Un chantre divin chante au milieu d'eux en joüant de la lyre] Homere ne nomme point ce chantre, & ne marque point les pieces qu'il chantoit, donc il faut retrancher ces cinq vers. Qui a jamais raisonné de cette maniere ? Ce Poëte ne s'amuse point à descrire toutes ces circonstances, son sujet l'appelle ailleurs. Et en cela au lieu de retrancher ces vers, il faut admirer sa sagesse.

Deux sauteurs tres dispos entonnent des airs] Ce n'est point, dit-on, aux sauteurs à entonner les airs, c'est au chantre. Et ἐξάρχων ne peut se dire des sauteurs, c'est le terme propre de la musique. Ainsi Homere devoit escrire ἐξάρχοντος. Le sçavant Casaubon a fort bien répondu à cette critique, quoy-qu'il soit d'ailleurs du sentiment d'Athenée, dont je suis fort surprise. Il fait fort bien voir qu' ἐξάρχων se dit generalement de tous ceux qui donnent l'exemple aux autres,

& il en rapporte des authoritez. Mais je dis plus encore : quand on accorderoit que ce mot seroit affecté à la musique, cela n'empescheroit pas qu'Homere n'eust fort bien parlé en l'appliquant aux danseurs. Ces danseurs n'entonnoient pas ces airs pour les chanter, mais seulement pour marquer ceux qu'ils vouloient que le chantre chantast afin de les danser. Cela se pratique de mesme encore tous les jours.

Page 278. *Ordonnez si nous irons dételer leur char, ou si nous les prierons d'aller chercher ailleurs*] Ce passage seul suffiroit pour refuter toutes les critiques que j'ay rapportées, & pour prouver que Menelas faisoit actuellement les nopces de ses deux enfans. Car c'est ce qui donne lieu à cet officier de luy aller demander si l'on recevroit ces estrangers, parce qu'il croyoit qu'ils arrivoient à contre temps, & que ces nopces estoient une excuse valable pour se dispenser de les recevoir. Dans un autre temps jamais cet officier n'auroit mis cela en question, & n'auroit fait une demande si injurieuse à son maistre.

Menelas offensé de ce discours] Car ce Prince estoit persuadé que rien ne devoit dispenser d'exercer l'hospitalité. Comment des nopces l'auroient-elles fait ! le deüil mesme ne le pouvoit faire. Un mary qui enterroit sa femme, recevoit ce jour-là mesme un estranger qui arrivoit chez luy. C'est ce que nous voyons dans l'Aceste d'Euripide. Hercule arrive chez luy le jour que le corps de sa femme est exposé devant sa porte, & il est receu, c'est pourquoy il luy dit : *Admete, vous ne m'avez pas dit que ce fust le corps de vostre femme, vous m'avez receu dans vostre Palais comme si vous aviez fait les funerailles d'un estranger. Je me suis couronné chez vous ; j'ay fait des libations dans vostre maison qui estoit si affligée, &c.* Admete luy répond : *Ce n'est point par mépris pour vous que je vous ay celé la mort de ma femme, mais je n'ay pas voulu adjouter à mon affliction ce surcroist de douleur de vous voir aller loger chez quelqu'autre.*

En verité j'ay eu grand besoin moy-mesme de trouver de l'hospitalité dans les pays] Homere enseigne icy que les hommes, qui ont éprouvé des traverses, & qui ont souvent eû besoin d'estre secourus, sont ordinairement plus humains que ceux qui n'ont jamais connu que la prosperité, comme un medecin est meilleur medecin quand il a éprouvé luy-mesme les maladies qu'il traite.

Page 279. *Ils conduisent les deux Princes dans les appartements*] Il faut bien remarquer qu'on leur fait traverser les appartements pour les conduire à la chambre des

Bains, avant que de les mener dans la sale du festin où estoient le Roy & les deux nopces. Ainsi c'est une injustice de leur reprocher qu'ils admirent la richesse des appartements au lieu d'estre charmez de la musique & des danses. Comment en seroient-ils charmez, ils n'en approchent pas ?

Telemaque & Pisistrate ne peuvent se lasser d'en admirer la richesse] Il y a non seulement du goust, mais de la politesse à admirer les beautez d'une maison où l'on entre. Et quelqu'un dit fort bien dans Athenée, *Celuy qui entre pour la premiere fois dans une maison pour y manger, ne doit pas se presenter d'abord pour se mettre à table, mais donner auparavant quelque chose à la curiosité, & admirer & loüer ce qu'il y a dans la maison de beau & qui merite des loüanges.* Et il cite cet endroit d'Homere, qu'il accompagne d'un passage des Guespes d'Aristophane, où un fils voulant porter son pere à renoncer à l'envie qu'il avoit de voir des procés & de juger, & à embrasser une vie plus douce, luy enseigne à aimer la table & la bonne compagnie, & enfin il luy donne ces belles leçons, *Aprés cela loüez la richesse & la somptuosité du buffet, paroissez attentif à considerer les peintures des plat-fonds, & admirez la beauté de la musique.*

Page 280. *Sur de beaux sieges à marche-pied*] J'ay remarqué ailleurs que c'estoient les sieges que l'on donnoit aux personnes les plus considerables. Car en ces temps-là, comme aujourd'huy, il y avoit differents sieges, selon la dignité des personnes à qui on les presentoit.

Et dresse devant eux une belle table] C'est la mesme chose que pour le festin qui est dans le premier Livre. Et par ces passages il paroist que pour les derniers venus on servoit une table particuliere, pour ne pas incommoder ceux qui estoient desja placez.

Aprés vostre repas nous vous demanderons qui vous estes] Il y auroit eû de l'impolitesse à faire cette demande auparavant.

En achevant ces mots il leur servit luy-mesme le dos entier d'un bœuf rosti] On peut voir ce qui a esté remarqué sur le VII. Liv. de l'Iliade tom. 2. p. 404.

Page 281. *Qu'on avoit mis devant luy comme la portion la plus honorable*] Aux personnes de distinction on servoit la portion la plus honorable, & c'estoit le double des autres portions, afin qu'ils pussent en faire part à ceux qu'ils vouloient favoriser. Et de-là estoit venuë la coutume des Lacedemoniens de servir toujours une double portion à leurs Princes.

Luy dit tout bas pour n'estre point entendu de ceux qui estoient à table] Telemaque parle bas à Pisistrate, ou par respect pour le Roy, ou pour ne pas paroistre flateur, ou enfin pour ne pas temoigner trop de simplicité en paroissant si surpris.

Prenez-vous garde à l'esclat & à la magnificence de ce Palais! l'or, l'airain, l'argent, &c.] S'il faut retrancher les vers où Homere vient de parler de la nopce, parce que la musique & les danses à table ne conviennent pas à la severité des mœurs des Lacedemoniens, il faut donc retrancher aussi tout ce que le Poëte dit de la magnificence du Palais de Menelas, qui est encore bien plus opposée à la simplicité de ce peuple. Mais j'ay assez découvert le peu de fondement de cette critique, en faisant voir que Lacedemone du temps de Menelas estoit bien differente de Lacedemone du temps de Lycurgue. Plutarque nous fait mesme entendre que le luxe & la magnificence avoient regné anciennement à Lacedemone, puisque Lycurgue travailla si sagement à les déraciner. Menelas avoit pû adjouter beaucoup au luxe qui regnoit avant luy, il avoit vû le luxe des Asiatiques, & il avoit rapporté des richesses immenses, dont il avoit desja pû employer une grande partie à l'embellissement de son Palais.

Les metaux les plus rares] J'ay mis cela

au lieu d'*electre*, que nous ne connoiſſons point, & qu'on prétend un métal meſlé d'or, d'argent & de cuivre.

Tel doit eſtre ſans doute le Palais du Dieu qui lance le tonnerre] C'eſt ainſi qu'Ariſtarque nous a donné ce vers dans ſon édition,

Ζηνός που τοιήδε γ' Ολυμπίε ἔνδοθεν αὐλή.

Mais Athenée a mieux aimé ſuivre la correction d'un certain Seleucus, qui corrigeoit

Ζανός που τοιαῦτα δόμοις ἐν κτήματα κεῖται.

Et les raiſons qu'il en donne ſont, la premiere, que ces eſtrangers admirent deux choſes, la magnificence & la maiſon, qu'ils appellent δώματα ἠχήεντα, *une maiſon réſonnante*, c'eſt à dire, *haute, ſpacieuſe, élevée*, & la magnificence des meubles qui ſont dans la maiſon, car, dit-il, *l'or, l'argent, l'ivoyre, n'eſtoient point ſur les murailles, mais ſur les meubles*. Puis donc que ce vers ne doit eſtre entendu que des meubles, la leçon de Seleucus eſt meilleure que celle d'Ariſtarque. La ſeconde raiſon, eſt qu'il paroiſt un ſoleciſme dans celle d'Ariſtarque, car aprés avoir dit τοιήδε αὐλή, il ne peut pas adjouter ὅσα τάδ' ἄσπετα πολλά. Il auroit dû continuer ὅσα ἥδ' ἔςι, & non pas ὅσα τάδ' ἔςι. Et la troiſiéme, que le mot αὐλή ne ſe dit point du Palais, mais de la cour qui eſt devant le Palais. Toutes ces raiſons ſont également frivoles & indignes d'un bon Critique. La premiere eſt puerile, car outre qu'en conservant la leçon d'Aristarque, on peut luy donner le mesme sens qu'à celle de Seleucus, comme Casaubon l'a remarqué, il est tres vraysemblable que ces richesses, l'or, l'argent, l'airain n'estoient pas seulement employées dans les meubles, mais qu'elles embellissoient les murailles, les lambris, les portes du Palais. Est-ce une chose inconnuë dans l'Antiquité que des platfonds, des lambris, des murs ornez d'or & d'ivoyre ? Horace n'a-t-il pas dit :

Non ebur neque aureum
Mea renidet in domo Lacunar.

La seconde raison ne l'est pas moins, & Casaubon l'a fort bien vû. Car en mettant un point aprés αὐλή. comme Aristarque a fait, le reste suit fort bien, ὅσα πάσ' ἐσι. Cela embrasse tout ce qu'il vient de dire. Enfin la troisiéme est encore plus frivole que les autres, car comme le mesme Casaubon l'a montré, quoy-que le mot αὐλή signifie proprement la cour, il se met aussi tres souvent pour le Palais, c'est ainsi qu'Eschyle, le plus ancien des Poëtes tragiques Grecs, & grand imitateur d'Homere a dit dans son Promethée, ὅσοι τὴν Διὸς αὐλὴν οἰχνεῦσι, *tous ceux qui frequentent le Palais de Jupiter.* La leçon d'Aristarque est donc la meilleure. Et rien ne releve d'avantage le jugement d'un bon Critique, que les raisons que les mauvais Critiques luy opposent pour le refuter.

Quelles richesses infinies ! je ne sors point d'admiration] Plutarque dans son traité de *l'avarice* ou *convoitise d'avoir*, fait icy à Telemaque un procés qui me paroist assez injuste. Il dit que la plufpart des hommes sont comme Telemaque, qui faute d'experience, ou plustost par ignorance & par groffiereté, ayant vû la maison de Nestor où il y avoit des lits, des tables, des habits, des tapis, des couvertures, & d'excellent vin, ne jugea pas bienheureux le maistre de cette maison, qui avoit une si bonne provision des choses necessaires & utiles. Mais ayant vû chez Menelas une infinité de richesses, l'ivoyre, l'or, l'argent, il en fut tout ravi, & s'écria dans son raviffement, *tel doit estre sans doute le Palais du Dieu qui lance le tonnerre. Quelles richesses infinies! je ne sors point d'admiration*. Mais Socrate ou Diogene auroient dit au contraire : *Quelles pauvretez, quel ramas de choses malheureuses, folles & vaines ! je ne puis m'empescher d'en rire en les voyant.* J'en appelle icy à tout ce qu'il y a de gens sensez & qui connoissent les hommes, Homere auroit-il suivi la raison & la nature s'il avoit fait un Socrate ou un Diogene d'un Prince de vingt ans ! Il en fait un homme poli qui a du goust, qui est frappé des belles choses & qui admire ce qui merite d'estre admiré. Ce Prince fera assez voir bien-tost la difference qu'il met entre les choses utiles & necessaires, & les inutiles ou les superfluës, quand il refusera les presents de Menelas.

Page 282. *Il n'y a rien en quoy un mortel puisse s'égaler à Jupiter*] Telemaque vient de dire, *tel doit estre sans doute le Palais de Jupiter*. Menelas, qui l'a entendu, corrige cette sorte de blaspheme.

J'ay esté porté à Cypre, en Phenicie, en Egypte] Remarquez, dit Eustathe, *quel fonds d'histoires fournit à Homere ce voyage de Telemaque à Sparte. Il y exposera non seulement beaucoup de curiositez estrangeres, mais encore beaucoup de particularitez des Grecs & des Troyens. C'est donc avec beaucoup de raison & d'art que ce Poëte a feint ce voyage pour l'ornement de son Poëme, car par son moyen la Muse d'Homere a jetté une admirable varieté dans sa Poësie, & en a fait comme un tapis merveilleux, digne d'estre consacré à Minerve*. J'ay trouvé cette Remarque si jolie, si pleine d'esprit & de goust, que j'ay voulu la conserver & en orner les miennes.

J'ay esté chez les Ethiopiens] Ce passage a fort exercé les anciens Critiques & Geographes. Le Grammairien Aristonicus, contemporain de Strabon, dans un Traité qu'il avoit fait *des erreurs d'Ulysse*, avoit sur-tout examiné ces trois points, qui sont les Ethiopiens, qui sont ces Sidoniens, & enfin qui sont les Erembes dont Homere parle, & il avoit rapporté sur cela les sentiments des Anciens. Par exemple, il establissoit que l'Ethiopie où il est dit que Menelas alla, est l'Ethiopie Meridionale, & que Menelas fit le tour par la mer Atlantique, & que c'est par cette raison qu'il fut si long-temps. Strabon, qui a fait sur cela une longue dissertation, refute cette chimere, & il prouve que Menelas estant allé jusqu'à Thebes, il luy fut aisé de penetrer dans l'Ethiopie, qui s'estendoit jusqu'à Syene voysine de Thebes, & que pour ce voyage il fut aidé des Egyptiens & du Roy mesme chez qui il avoit esté receu.

Les Sidoniens] C'est sans nul fondement qu'on a imaginé icy des Sidoniens dans l'Ocean, d'où les Sidoniens de Phenicie estoient descendus; il ne faut pas chercher icy d'autres Sidoniens que les peuples de Sidon. Mais, dit-on, si c'est icy la Sidon de Phenicie, comment Homere en parle-t-il, après avoir parlé de la Phenicie mesme? la réponse n'est pas bien difficile. Car outre que c'est une figure familiere à Homere, il a voulu faire entendre que Menelas ne se contenta pas de parcourir les costes de la Phenicie, mais qu'il fit quelque sejour à Sidon qui en est la capitale, où il fut fort bien traité par le Roy, qui luy fit mesme des presents, comme il le dira dans le xv. Livre.

Les Erembes] Ce sont les Arabes Troglodytes, sur les bords de la mer rouge, voysins de l'Egypte. On avoit mesme corrigé le vers d'Homere, & au lieu de καὶ Ἐρεμβὺς, on avoit lû Ἀραβάς τε, mais il n'est nullement necessaire de corriger le texte, & de changer une leçon qui est fort ancienne & la seule veritable. Strabon l'a fort bien vû, mais il n'a pas sçu la veritable origine du nom que Bochart a tres bien expliqué dans son Livre admirable de la Geographie sacrée. Car il a fait voir que l'Arabie a esté ainsi nommée du mot Hebreu *arab, noir,* qu'au lieu d'*arab* on a dit *ereb,* & que du mot *ereb,* en adjoutant un *m,* on a fait *Erembi.* Les Erembes sont les mesmes que les Arabes qui sont basanez. Au reste quand Menelas dit qu'il avoit esté chez les Ethiopiens & chez les Arabes, ce n'est pas pour dire qu'il avoit tiré de là de grandes richesses, car avant la guerre de Troye, ces peuples estoient tres pauvres, c'est seulement pour se vanter qu'il avoit esté fort loin.

J'ay parcouru la Lybie où les agneaux ont des cornes en naissant] Herodote escrit que dans la Scythie les bœufs n'ont point de cornes, à cause de l'extreme rigueur du froid. Par la raison des contraires, en Lybye les agneaux peuvent avoir des cornes en

naiſſant, à cauſe de la chaleur exceſſive. A-
riſtote dit plus encore, car il dit que dans la
Libye les beſtes à corne naiſſent d'abord
avec des cornes, εὐθὺς γίνονται κέρατα ἔχοντα.

*Et où les brebis ont des petits trois fois
l'année*] On a voulu expliquer ce vers *&
où les brebis ont trois petits d'une portée.*
Mais le ſens que j'ay ſuivi eſt le plus naturel,
& le ſeul vray. Il veut dire que les brebis
n'ont pas ſeulement des agneaux au prin-
temps, comme dans les autres pays, mais
qu'elles en ont en trois ſaiſons, qu'elles ont
tous les ans trois portées.

*Page 283. Un traiſtre aſſaſſine mon frere
dans ſon Palais d'une maniere inoüie par la
trahiſon de ſon abominable femme*] Le malheureux ſort d'Agamemnon eſt expliqué en
quatre endroits de l'Odyſſée. Neſtor en parle dans le Livre précedent; Menelas en parle
icy en peu de mots; Protée l'explique plus
au long à la fin de ce meſme Livre; & enfin dans le XI. Liv. Agamemnon luy-meſme en inſtruit plus particulierement Ulyſſe
dans les Enfers. Tout cela eſt menagé avec
beaucoup d'art & d'intelligence. Menelas
n'en dit qu'un mot à cauſe de ſa douleur.

*Deſorte que je ne poſſede ces grandes ri-
cheſſes qu'avec douleur*] Homere combat
icy

icy visiblement la fausse opinion de ceux qui appellent heureux les riches. Voicy un grand Prince, qui comblé de biens, avoüe que toutes ces richesses ne le rendent pas heureux, &, comme dit le texte, *qu'il ne les possede pas avec joye*. Menandre a fort bien dit après Homere, *Je possede de grands biens, & tout le monde m'appelle riche, mais personne ne m'appelle heureux*. Tant il est vray que le peuple mesme malgré la prévention où il est pour les richesses, est pourtant forcé de convenir qu'elles ne sont pas suffisantes pour rendre heureux.

Et que j'ay ruiné une ville tres riche & tres florissante] Je ne sçay pas pourquoy on a voulu trouver icy de l'ambiguité, comme si l'on pouvoit entendre cecy de la ville mesme de Menelas, cela me paroist ridicule. Il parle manifestement de la ville de Troye, dont la prise avoit retenti dans tout l'univers.

Leur mort est un grand sujet de douleur pour moy. Tantost enfermé dans mon Palais, &c.] Que cet endroit me paroist beau, & qu'Homere sçait bien caracteriser un bon Prince, qui n'aime pas seulement ses sujets, mais qui aime tous les hommes! Voicy Menelas qui dix ans aprés la fin d'une guerre, & d'une guerre tres juste, pleure encore la mort, non seulement de ses officiers, mais encore de tous les autres braves capitaines qui ont esté tuez pour sa querelle. Où sont les Princes qui se souviennent si long-temps de ceux qui se sont sacrifiez pour eux ! La France en a vû qui ont payé aux petits fils les services & le sang de leurs grands peres.

Je trouve une satisfaction infinie à les regretter & à les pleurer] Car il y a une sorte de plaisir dans les larmes ; ceux qui pleurent une personne chere le sentent bien.

Page 284. *Car jamais homme n'a souffert tant de peines ni soutenu tant de travaux*] Qui pourroit exprimer la douleur & le plaisir que Telemaque sent en entendant ces paroles de Menelas ? Avec quel art & quel naturel cette reconnoissance de Telemaque est amenée ! Virgile en a bien connu la beauté.

Page 285. *Pendant qu'il déliberoit, Helene sortit de son appartement*] Il auroit manqué quelque chose à ce tableau, si Helene ne fust venue en augmenter & en achever la beauté. Quelle admirable varieté Homere sçait jetter dans sa Poësie ! Mais il se presente icy une difficulté. Si Menelas celebre le festin des nopces de son fils & de sa fille, pourquoy Helene n'est-elle pas à table ? & d'où vient-elle ? Helene avoit pû se retirer sur la fin, avant l'arrivée des estrangers; peut-eftre mefme qu'elle avoit une table dans fon appartement où elle eftoit avec les femmes. Comme nous voyons dans l'Efcriture fainte que pendant qu'Affuerus fait un feftin aux hommes dans fon appartement, la Reyne Vafti en fait un aux femmes dans le fien. Peut-eftre enfin qu'Helene avoit fini fa fefte avant que Menelas euft fini la fienne.

Adrefte luy donne un beau fiege] Helene a icy trois femmes qui font differentes de celles qui l'avoient fervie à Troye, & qui font nommées dans l'Iliade. Celles-cy pouvoient eftre mortes. Mais Euftathe nous avertit que les Anciens ont fort fagement remarqué ce changement. Il n'eftoit pas prudent à Menelas, difent-ils, de laiffer auprés de cette Princeffe, des femmes qui avoient eû part à fon infidelité & qui en avoient efté les confidentes. Il avoit fait maifon neuve, & avec raifon, on la feroit à moins.

Page 286. *Femme de Polybe*] Il faut remarquer un nom Grec *Polybe* à un Roy de Thebes d'Egypte, & un nom Grec pareillement à la Reyne fa femme, *Alcandre.*

Polybe avoit fait prefent à Menelas] Homere a foin de marquer d'où venoient ces grandes richeffes de Menelas. Elles venoient des grands presents que luy avoient fait les Princes chez qui il avoit passé. Il y en avoit sans doute aussi qui venoient de la piraterie. Mais Homere n'en dit rien.

Page 287. *Pour moy malheureuse, qui ne meritois que vos mépris*] Le caractere d'Helene est le mesme dans l'Odyssée que dans l'Iliade. Par-tout elle parle d'elle-mesme avec le dernier mépris, & elle se souvient toujours si fort de sa faute, que par ce souvenir elle meriteroit presque que les autres l'oubliassent, si c'estoit une faute qu'on pust oublier.

Page 289. *Afin que quittant le sejour d'Ithaque, il vinst avec toutes ses richesses, son fils & ses peuples*] Y a-t-il de l'apparence qu'Ulysse eust voulu quitter ses Estats, & aller se transplanter à Argos dans la ville que Menelas luy auroit donnée ? Cela n'est point hors de la vraysemblance. Une ville en toute souveraincté dans Argos valoit mieux qu'Ithaque, & Ulysse n'auroit pas laissé de conserver ses Estats, qu'il auroit fait regir par les Principaux de l'isle. Cela n'est pas sans exemple.

Page 291. *Je vous avoüe que je n'aime point les larmes à la fin d'un festin*] Ce que dit icy Pisistrate est tres sage. Car outre que les larmes, que l'on verse a la fin d'un festin, ne sont pas honorables à ceux qu'on pleure, parce qu'on peut les prendre pour le seul effet du vin, c'est en quelque façon offenser les Dieux & blesser la religion, que de pleurer à table où Dieu doit estre beni.

Page 292. *A qui Jupiter a départi ses plus précieuses faveurs dans le moment de leur naissance & dans celuy de leur mariage*] Ce passage est parfaitement beau & renferme deux veritez fort instructives. Mais on l'avoit fort défiguré, en prenant le mot γινομένῳ pour γεννῶντι, τεκνοποιοῦντι, *quand il a des enfans*. Ce n'est point-là du tout le sens d'Homere, qui rassemble icy les deux temps de la vie où l'homme a le plus besoin de la protection & du secours de Dieu. Le premier temps est celuy de la naissance, γινομένῳ, c'est alors que Dieu déploye sur nous ses premieres faveurs. Et le second temps, c'est celuy du mariage, qui est une sorte de seconde vie. La naissance a beau avoir esté heureuse, si le mariage ne l'est aussi, & si Dieu n'y répand sa benediction, cette heureuse naissance sera gastée & corrompuë; tout ce premier bonheur sera perdu. Sans aller plus loin, Agamemnon & Menelas en sont une belle preuve. Il n'y avoit pas de plus heureuse naissance que la leur. Dieu ne leur continua pas ses faveurs à leur mariage; l'un épousa Clytemnestre, &

l'autre Helene, & ils se rendirent tres malheureux. Voilà pourquoy cela est tres bien dans la bouche de Menelas, qu'un homme ne peut estre heureux si Dieu ne benit & sa naissance & son mariage, ce qu'il confirme par l'exemple de Nestor, Dieu l'ayant beni en ces deux points cardinaux de la vie, son bonheur l'accompagna jusqu'au tombeau. Ces deux vers sont bien dignes de l'attention des hommes.

Qu'on apporte de l'eau pour laver les mains] Menelas donne si bien dans le sens de Pisistrate, qu'il est persuadé que les larmes, qu'ils ont versées, les ont souillez, & qu'il ordonne qu'on apporte de l'eau pour laver les mains, afin de purger cette souillure avant que de se remettre à manger.

Page 293. *Elle mesla dans le vin, qu'on servoit, une poudre*] Cette drogue, ou cette poudre qu'Helene versa dans le vin pour tarir les larmes & bannir le deüil des convives, n'est autre chose que les contes agreables qu'elle leur fit, car il n'y a rien de plus capable de faire oublier aux plus affligez le sujet de leurs larmes qu'un conte fait à propos, bien inventé & accommodé au temps, au lieu & aux personnes. Cette fiction de la drogue appellée *nepenthes* avec laquelle Helene charmoit le vin, est tres ingenieufe, & elle ne laiffe pas d'avoir une verité pour fondement. Car Diodore efcrit qu'en Egypte, & fur-tout à Heliopolis, qui eft la mefme que Thebes, il y avoit des femmes qui fe vantoient de compofer des boiffons, qui non feulement faifoient oublier tous les chagrins, mais qui calmoient les plus vives douleurs & les plus grands emportements de colere. Et il adjoute qu'elles s'en fervoient encore de fon temps. Et aprés luy Eufebe dans le x. Liv. de fa préparation Evangelique, dit formellement: *Encore de noftre temps les femmes de Diofpolis fçavent calmer la triftesse & la colere par des potions qu'elles préparent.* Que cela foit vray ou faux, Homere profite admirablement de la reputation de ces femmes d'Egypte, & par la maniere dont il fait ce conte, il fait affez connoiftre que ce fecret d'Helene n'eft autre que celuy que j'ay dit, comme on va le voir dans la Remarque fuivante. Ceux qui croyent que c'eftoit veritablement quelque fimple comme la *buglofe*, qui produifoit un effet fi furprenant, me paroiffent bien éloignez de trouver le fecret d'Helene.

Que luy avoit donné Polydamna femme de Thonis Roy d'Egypte] Strabon rapporte qu'on difoit que non loin de Canope il y avoit une ville appellée Thonis où regnoit ce Roy, mary de Polydamna. Mais Herodote raconte que les prestres d'Egypte l'avoient assuré que ce Thonis estoit le gouverneur de Canope. Pour moy encore une fois je suis persuadée que c'est icy un conte qu'Homere a basti sur cette reputation des femmes de Diospolis, dont il avoit esté instruit sur les lieux, & que quand ce Poëte a feint que cette prétenduë drogue avoit esté donnée à Helene par Polydamna femme du Roy Thonis, il a voulu faire entendre que ce secret d'amuser les hommes & de leur faire oublier leurs maux, est l'effet de l'éloquence, de la science de bien conter, qu'il appelle *Polydamna*, c'est à dire, *qui dompte toutes choses.* Et que cette science est la femme du Roy *Thonis*, nom formé de l'Egyptien *Thoust* ou *Thoth*, qui signifie *Mercure*, le Dieu de l'éloquence.

Dont le fertile terroir produit] Tout cecy, qui est vray à la lettre, a persuadé à beaucoup de gens que le reste devoit estre vray aussi, mais ne sçait-on pas que c'est là le grand secret d'Homere de mesler des veritez avec ses fictions pour mieux déguiser ses mensonges.

Et où tous les hommes sont excellents medecins] Les Egyptiens ont toujours passé pour les plus sages des hommes, & pour les plus excellents esprits. Ils ont inventé une infinité de choses qui leur font honneur. On n'a qu'à lire Herodote. Quoy-qu'ils habitassent le pays du monde le plus sain, ils ne laisserent pas d'inventer la medecine qui ne consistoit d'abord qu'en vomitifs, en lavements & en regime. Chacun estoit son medecin. Ensuite les maladies s'estant augmentées, il y eut une infinité de medecins de profession, mais ils n'estoient chacun que pour une maladie particuliere, & mesme pour une seule partie du corps humain. L'art de la medecine s'enrichit ensuite de leurs observations & de leurs experiences, c'est pourquoy Homere adjoute que de-là est venuë la race de Peon.

Page 294. *Un jour aprés s'estre déchiré le corps à coups de verges, & s'estre couvert de vieux haillons*] C'est donc Ulysse qui est le premier auteur de ce stratageme que plusieurs grands hommes ont ensuite imité pour servir leur patrie, comme un Zopyre, un Megabise. Et d'autres pour l'assujettir, comme Pisistrate qui se blessa luy-mesme, & se mit tout le corps en sang pour émouvoir le peuple, & pour le porter à luy donner des gardes contre la violence de ses ennemis qui l'avoient mis en cet estat, mais Solon, qui connut ce stratageme, luy dit : *Fils d'Hippocrate, tu representes mal l'Ulysse d'Homere, car tu t'es déchiré le corps pour tromper tes citoyens, & il ne le fit que pour tromper ses ennemis.* Plutarque dans la vie de Solon.

Page 295. *Car il paroissoit un veritable mendiant*] C'est ce que signifie proprement δέκτης, un *mendiant*, un *gueux* qui demande l'aumosne, πλωχὸς, ἐπαίτης. Quelques-uns en ont fait un nom propre, comme s'il y avoit eû un gueux appellé *Dectes*, ce qui ne me paroist pas si naturel.

Je fus la seule qui ne fus point trompée] Elle reconnut Ulysse qu'elle avoit vû plusieurs fois.

Mais aprés que je l'eus baigné & parfumé d'essences] Car ce transfuge fut d'abord mené dans le Palais de Priam, & on laissa à Helene le soin de le bien traiter, dans l'esperance qu'il s'ouvriroit plustost à elle qu'à personne, & qu'elle tireroit de luy tous les secrets des Grecs.

Qu'aprés qu'il seroit retourné dans son camp] C'est à dire, que quand mesme elle le découvriroit, ce ne seroit qu'aprés qu'il seroit en seureté, elle veut l'asseurer qu'elle ne le découvriroit point du tout. Il y a beaucoup d'expressions semblables dans les Livres saints, qu'il faut prendre dans le mesme sens.

Page 296. *Auxquels il porta toutes les instructions qui leur estoient necessaires*] Il est ridicule d'expliquer icy le mot φρόνιν, *butin*, comme Hesychius l'a fort bien marqué, Ulysse n'estoit point entré à Troye en l'estat qu'il faut pour en remporter quelque butin, mais pour observer l'estat de la ville & pour tascher d'y descouvrir les desseins des ennemis. Ainsi φρόνιν signifie icy toutes les instructions necessaires, tout ce que les Grecs vouloient sçavoir pour faire réüssir le stratagesme qu'ils meditoient.

Et je pleurois amerement les malheurs où la Déesse Venus m'avoit plongée] Homere a parlé plus d'une fois dans l'Iliade des larmes qu'Helene avoit versées après son repentir. En voicy la confirmation. Si elle avoit perseveré dans sa faute, Homere n'auroit eû garde de la mettre dans son Poëme, qui n'est fait que pour l'instruction, ou s'il l'y avoit mise, il luy auroit donné une fin malheureuse pour faire détester le crime qu'elle avoit commis.

En me menant dans une terre estrangere] Il y a icy une bienséance dont je suis charmée, & qui n'a pas échappé au bon Archevesque de Thessalonique. Helene ne nomme ni Pâris ni Troye. Au lieu de dire que c'est Pâris qui l'a emmenée, elle dit que c'est Venus, & au lieu de dire qu'elle l'a menée à Troye, elle dit qu'elle l'a menée dans une terre estrangere. Elle ne peut se resoudre à proferer des noms qui luy sont devenus si odieux.

Et mon mary, qui en esprit, en beauté & en bonne mine] Cecy est encore fort adroit, Helene sçavoit bien que dans l'infidelité des femmes, ce qui pique le plus les hommes, c'est la preference qu'elles donnent à d'autres sur eux, car c'est une marque qu'elles les trouvent mieux faits & plus agreables. Voilà pourquoy elle luy fait icy une belle réparation, en avoüant que celuy, qu'elle avoit suivi, n'avoit aucun avantage sur luy, ni du costé de l'esprit, ni du costé de la beauté & de la bonne mine.

J'ay penetré leur cœur & leur esprit] Voilà ce que c'est que connoistre à fond, c'est penetrer le cœur & l'esprit de ceux que l'on frequente, sans cela il est inutile de converser avec les hommes.

Page 297. *Et il faut bien croire que c'estoit quelque Dieu qui se déclarant*] Ni les anciens Critiques, ni Eustathe mesme n'ont compris l'adresse & la finesse de cette réponse de Menelas. Les premiers l'ont condamnée sans raison, & le dernier ne l'a pas bien justifiée. Helene vient de dire que dans le temps qu'Ulysse entra dans Troye, ainsi déguisé, elle estoit desja changée, & que touchée de repentir, elle ne desiroit rien avec tant de passion que de retourner à Lacedemone. Que répond à cela Menelas ? Il n'est pas trop persuadé de la sincerité de cette conversion, mais il ne veut pas convaincre sa femme de mensonge, cela seroit trop grossier, sur-tout aprés l'avoir reprise; il se contente donc de luy dire simplement que quelque Dieu, ami des Troyens, l'avoit apparamment forcée de faire malgré elle ce qu'elle fit bien-tost aprés lorsque le cheval de bois fut construit, car elle fit bien des choses contraires à ces sentiments. Elle sortit de la ville avec Deïphobus; elle fit trois fois le tour de ce cheval; elle sonda ses embusches cachées; elle fit tout ce qu'elle pût pour surprendre les capitaines qu'elle y soupçonnoit enfermez; elle les appella par leur nom, en contrefaisant la voix de leurs femmes, comme si elle avoit esté là seule avec elles. En un mot, elle n'oublia rien de tout ce qui pouvoit sauver les Troyens & perdre les Grecs. Voilà une grande violence que luy faisoit ce Dieu de la forcer d'agir ainsi contre ses desirs. Il y a là une ironie fine, mais tres amere. Au reste Virgile a suivi une autre route dans ce recit qu'il a fait au 2. liv. de l'Eneïde, des circonstances de la fable du cheval de bois. La simplicité de l'Odyssée ne convenoit pas à la majesté de l'Eneïde, qui est sur un ton plus fort & plus soutenu que celuy de l'Odyssée, & sur le mesme ton que l'Iliade. Il n'est pas necessaire d'avertir que cette fable du cheval de bois est fondée sur ce qu'il y avoit une machine de guerre dont on se servoit pour abatre les murailles des villes, & qu'on appelloit un *cheval*, comme les Romains en avoient qu'ils appelloient des *beliers*.

Et en contrefaisant la voix de leurs femmes] Voicy une authorité bien ancienne pour les personnes qui sont habiles dans le dangereux art de contrefaire les autres; elles ont à leur teste la belle Helene qui contrefaisoit si admirablement & si parfaitement la voix de toutes les femmes pour peu qu'elle les eust entenduës, qu'elle fut appellée l'*Echo*. On dit que ce fut un present que Venus luy fit quand elle espousa Menelas, afin que si ce Prince venoit à estre amoureux, elle pust le convaincre & le prendre sur le fait, en imitant la voix de la personne aimée. Mais revenons au passage d'Homere où l'on ne laisse pas de trouver quelque difficulté. Comment Helene prétendoit-elle tromper ces officiers en contrefaisant la voix de leurs femmes ? Quelle apparence y avoit-il que ces officiers pussent croire que leurs femmes fussent arrivées depuis le peu de temps qu'ils estoient enfermez dans cette machine ! Ce n'est pas connoistre la nature que de faire ces objections. La voix d'une personne aimée, ou mesme simplement connuë, peut arracher sur le moment & par surprise un mot involontaire avant que la reflexion soit venuë, & il y a une infinité d'exemples qui confirment cette verité.

Page 298. *Ulysse luy portant les deux mains sur la bouche, sauva tous les Grecs, car il la luy serra si fort, &c.*] Politien, & aprés luy quelqu'autre encore, ont crû qu'Homere disoit icy qu'Ulysse serra si fort la bouche à Anticlus, qu'il l'estoufa; ils ont fondé ce sentiment sur le temoignage de l'Egyptien Tryphiodore qui vivoit sous l'Empereur Anastase, car dans un ouvrage qu'il a fait sur la prise de Troye, il dit formellement que cet Anticlus fut estoufé & que ses compagnons fort affligez l'enterrerent dans une des cuisses du cheval. N'est-ce pas là un temoignage bien respectable, & peut-on rien imaginer de plus ridicule? Il ne faut que le vers suivant pour destruire cette vaine imagination, puisqu'Homere adjoute qu'Ulysse ne tint les mains sur la bouche d'Anticlus que jusqu'à ce qu'Helene fust passée.

Le sage Telemaque répondit] Telemaque a senti l'ironie cachée dans la réponse de Menelas, c'est pourquoy pour empescher les suites de cette conversation, qui auroit pû devenir trop aigre, il prend la parole & va à son fait.

Page 299. *D'estendre à terre les plus*

belles peaux] Dans le dernier Livre de l'Iliade tom. 3. pag. 609. j'ay expliqué la façon de ces lits, & l'usage de ces peaux, de ces estoffes, de ces tapis & de ces couvertures.

Page 300. *Si vous ne pourriez point me dire quelque mot qui me donne quelque lumiere sur la destinée de mon pere*] Il faut bien conserver icy l'idée du mot du texte κληδόνα, que j'ay desja expliqué, & qui signifie un mot dit par hazard, & que l'on regardoit comme une sorte d'oracle. Cela est necessaire pour bien entendre la réponse de Menelas.

Ma maison perit ; tout mon bien se consume ; mon Palais est plein d'ennemis] Ces membres de periode coupez, *incisa*, sont convenables à la colere & à la douleur, qui ne permettent pas de faire des periodes arrondies.

Page 302. *O Dieux, se peut-il que des hommes si lasches*] Il avoit appris à ses dépens que cela se pouvoit, & c'est ce qui augmente son indignation.

Comme lorsqu'une biche timide prend ses jeunes faons encore sans force] Telemaque avoit demandé à Menelas quelque mot sur la destinée de son pere κληδόνα, un mot qui soit pour luy comme un oracle. Et Menelas, échauffé par l'indignation que luy donne l'insolence des Poursuivans, prophetise & rend une espece d'oracle. *Comme lors qu'une biche timide*, dit-il, *prend ses jeunes faons, &c.* L'indignation tient souvent lieu de fureur divine, & fait prononcer des choses qui ne paroissent d'abord que des souhaits, & que l'évenement justifie enfin comme de veritables oracles. Voilà quelle est la beauté cachée dans cette réponse de Menelas.

Page 303. *Deffié à la lutte par le vaillant Roy Philomelides*] C'estoit un Roy de Lesbos qui deffioit à la lutte tous les estrangers qui arrivoient dans son isle. Eustathe refute icy avec beaucoup de raison la ridicule tradition, qui disoit que ce Roy Philomelides estoit Patrocle mesme, parce qu'il estoit fils de Philomela. Outre que l'analogie ne le souffre point, car de Philomela on ne fera jamais *Philomelides*, & que d'ailleurs jamais Homere n'a tiré ses *patronymiques* du nom des meres, la raison y répugne encore davantage, car comment les Grecs se seroient-ils réjoüis de la défaite de Patrocle, qui estoit si honneste homme & l'intime amy d'Achile.

Je ne biaizeray point] C'est proprement ce que signifient ces mots, οὐκ ἔγωγε ἄλλα παρὲξ εἴποιμι παρεκλίδον, c'est pour éviter de dire ce qu'on sçait, prendre des destours, &.

dire des choses fardées au lieu de dire la verité.

Car les Dieux veulent que nous nous souvenions toujours de leurs commandements] Voilà un beau précepte, il semble qu'Homere avoit lû cet ordre de Dieu, *custodite mandata mea*, qui est si souvent repeté dans l'Escriture. Or le premier commandement de la loy naturelle c'est d'honorer Dieu & de luy offrir des sacrifices.

Page 304. *Il y a une certaine isle, qu'on appelle le* Phare, *elle est éloignée d'une des embouchures de ce fleuve d'autant de chemin qu'en peut faire en un jour un vaisseau*] Homere estoit trop sçavant en Geographie pour ne pas sçavoir que de son temps l'isle du Phare n'estoit éloignée de l'embouchure de Canope que de six vingts stades, mais comme il avoit oüi dire que le Nil, à force de traisner du sable & du limon, avoit par succession de temps beaucoup augmenté le continent par ses alluvions, il a voulu faire croire qu'anciennement & du temps de Menelas cette isle estoit plus éloignée de la terre & plus avant dans la mer; il a mesme tellement exageré cette distance qu'il a dit qu'elle estoit tout ce que pouvoit faire de chemin en un jour un vaisseau & par un bon vent, c'est à dire, qu'il la fait dix ou douze fois plus grande qu'elle n'est, car un vaisfeau peut faire en un jour & une nuit quatorze ou quinze cents stades quand il a le vent bon. Homere, pour rendre sa narration plus merveilleuse, a donc déguisé la verité, en s'accommodant à ce qu'il avoit oüi dire des embouchures du Nil & de ses alluvions. Jamais cette isle n'a esté plus éloignée du continent qu'elle l'est aujourd'huy, & en voicy une preuve bien certaine, c'est que si elle eust esté éloignée du continent de quatorze cents stades du temps de Menelas, & qu'en deux cents cinquante ou soixante ans qu'il y a du temps de Menelas au temps d'Homere, elle s'en fust rapprochée jusqu'à six vingts, les alluvions auroient augmenté le continent de douze cents quatre vingts stades dans cette espace de temps; & par cette raison, depuis Homere jusqu'à nous, le continent auroit esté si fort poussé, que cette isle du Phare se trouveroit aujourd'huy bien éloignée de la mer. Il n'est pas mesme possible, comme l'a fort bien remarqué Bochart, que le Nil ait jamais augmenté le continent par ses alluvions, car l'agitation de la mer auroit toujours dissipé plus de sable & plus de limon que le fleuve n'auroit pû en apporter. Et le mesme Bochart le prouve par un fait qui est sans replique. C'est que cette isle du Phare n'est éloignée que de sept stades, ou huit cents soixante & quinze pas d'Alexandrie, qui est vis à vis sur le rivage de la mer à une embouchure du Nil, & cette distance est aujourd'huy la mesme qu'elle estoit il y a deux mille ans ; le Nil n'a pas augmenté le continent d'un pouce. Ce n'est donc point par ignorance qu'Homere a péché, mais il s'est accommodé à un bruit commun, & il a beaucoup augmenté cette distance, τῶ μυθωδῶς χάριν, *pour la fable.* Comme dit Strabon dans son 1. liv.

Aprés y avoir fait de l'eau] Ce n'estoit pas de l'eau qu'on prenoit dans l'isle, mais de l'eau qu'on alloit chercher dans le continent voysin, de l'eau du Nil, & que l'on chargeoit facilement sur les vaisseaux à cause de la commodité du port.

Sans m'envoyer aucun des vents qui sont necessaires pour sortir du port] Il dit *aucun des vents*, parce que comme le port a deux entrées, & par consequent deux issuës, on en pouvoit sortir & par le vent du levant & par celuy du couchant.

Page 305. *Car la faim les portoit à se servir de tous les aliments*] Menelas excuse ses compagnons de ce qu'ils peschoient à la ligne, parce que du temps de la guerre de Troye les gens de guerre ne mangeoient point de poisson. Il n'y avoit que la faim qui pust les reduire à cette nourriture.

Est ce folie, negligence, ou deſſein fermé!] Voilà les trois ſources de l'oubly de nos devoirs. *Folie, ſotiſe,* nous n'avons pas l'eſprit d'en connoiſtre la neceſſité & l'importance; *negligence,* nous en connoiſſons la neceſſité, mais elle ne fait pas aſſez d'impreſſion ſur noſtre eſprit vain & leger, nous negligeons de les remplir, & nous remettons de jour à autre. Enfin *deſſein fermé,* nous connoiſſons la neceſſité de ces devoirs, nous ſçavons qu'il ſeroit mieux de les ſuivre & de nous tirer de cet eſtat, mais malgré tout cela, trompez par nos paſſions, nous voulons y demeurer. C'eſt volontairement & de propos déliberé que nous y demeurons, & nous y prenons plaiſir. Cela me paroiſt bien approfondi & digne d'un grand Philoſophe.

Je ne m'arreſte point icy volontairement] Menelas ne répond qu'à la derniere queſtion, & par cette ſeule réponſe il répond auſſi aux deux autres, car dés qu'il eſt retenu là malgré luy, on ne peut plus l'accuſer de folie ni de negligence, comme Euſtathe la fort bien remarqué.

Page 307. *Il ſort des antres profonds de la mer aux ſouffles du Zephyre, & tout couvert d'algue & d'écume*] Homere repreſente icy Protée ſortant des antres de la mer agitée par le Zephyre, & tout couvert de l'écume que l'agitation cauſe ſur la ſurface des flots, & c'eſt ce qu'il peint fort bien par ces mots, μελαίνη φυκὶ καλυφθείς, car φῦξ eſt proprement l'écume que le vent excite ſur la ſurface des ondes quand il commence à ſouffler. Φῦξ ὁ ἐπιπολάζων τῷ κύματι ἀφρὸς ὅταν ἄρχηται ἄνεμος πνεῖν, Heſych. Pour le faire mieux entendre j'ay mis *tout couvert d'algue & d'écume*, car ce mouvement que fait l'écume, aſſemble auſſi beaucoup d'algue qu'il pouſſe vers le bord.

Page 309. *Car pour vous échaper il ſe metamorphoſera en mille manieres, il prendra la forme de tous les animaux les plus feroces*] Il s'agit icy de trouver les raiſons de cette fiction, & ſur quoy Homere a imaginé un Dieu marin capable de tous ces changements, car il ne faut pas penſer que ce ſoit une fable toute pure, & que ce Poëte n'ait voulu que déſigner par là la matiere premiere qui ſubit toutes ſortes de changements, ou que donner un emblême de l'amitié qui ne doit paroître ſeure qu'aprés qu'on l'a éprouvée ſous toutes les formes. Ce ſont-là de vaines ſubtilitez & des ſonges creux ; car, comme Strabon nous en a avertis plus d'une fois, *ce n'eſt pas la coutume d'Homere de n'attacher à aucune verité ces fables prodigieuſes*. Il a adjouté, *la fable a des faits certains pour rendre par-là ſa narration plus agreable, comme un orfévre adjoute l'or à un ouvrage d'argent.* Pour bien démesler le mystere merveilleux de cette fiction, il faut d'abord trouver le vray qui en est le fondement, & ensuite nous verrons facilement le mensonge dont il l'a enveloppé selon sa coutume. Diodore escrit que les Grecs avoient imaginé toutes ces differentes metamorphoses de Protée, sur ce que les Roys d'Egypte portoient d'ordinaire sur la teste des muffles de lion, de taureau ou de dragon pour marques de la Royauté, quelquefois mesme des arbres, d'autres fois du feu, &c. tant pour s'orner que pour imprimer la terreur & une crainte religieuse dans l'esprit de ceux qui les voyoient. Mais rien n'est plus mal imaginé ni plus frivole. Aujourd'huy nous pouvons mieux connoistre que Diodore le fondement de cette fable par le secours de nos Livres saints. Démeslons donc la verité & le mensonge. Le vray est qu'il y avoit à Memphis un Roy appellé Protée qui avoit succedé à Pheron, voilà la premiere verité ; la seconde, qui n'est pas moins constante, c'est que l'Egypte estoit le pays des plus habiles enchanteurs qui operoient les plus grands prodiges. Nous voyons dans l'Escriture sainte que les enchanteurs de Pharaon imitoient une partie des miracles de Moyse, que par leurs enchantements ils changerent une verge en serpent comme avoit fait ce grand serviteur de Dieu; qu'ils convertirent comme luy l'eau en sang; qu'ils couvrirent comme luy de grenouilles toute la terre d'Egypte. Il y a donc de l'apparence que Menelas estant à Canope, alla consulter un de ces enchanteurs qui se mesloient de prédire l'avenir. Et voilà le fondement qu'Homere a trouvé & sur lequel il a basti sa fable, qu'il a attachée ensuite à un nom connu, à Protée, dont il fait un Dieu de la mer, & à qui il donne des monstres marins à conduire, & auquel il impute tous ces changements, par rapport à tous les prodiges qu'operoient les Enchanteurs. Voilà donc le vray & la fable qui luy sert d'enveloppe, sensiblement demeslez, & voilà la séparation des deux métaux, de l'or & de l'argent qu'Homere employe. Eustathe rapporte qu'il y a eû des Anciens qui ont esté dans ce sentiment, que Protée estoit un faiseur de prodiges. *Quelques-uns*, dit-il, *ont pris ce Protée pour un de ces faiseurs de prodiges*, τῶν θαυματοποιῶν. Et je m'estonne que cette vûë ne l'ait pas conduit à la source de la verité. On dira peut estre que les Enchanteurs, dont il est parlé dans l'Escriture, operoient ces prodiges hors d'eux, & que Protée les operoit sur luy-mesme, mais outre que la fable ne rend pas toujours les veritez telles qu'elle les a prises, peut-on douter que ces magiciens, qui faisoient

soient des choses si surprenantes hors d'eux, n'en fissent aussi sur eux-mesmes qui n'estoient pas moins prodigieuses, & qu'ils ne se fissent voir sous differentes formes tres capables d'effrayer, puisque parmi les Grecs, qui certainement dans cet art magique, n'auroient esté tout au plus que les apprentifs des Egyptiens, il s'en est trouvé qui ont operé sur eux-mesmes des prodiges de cette nature. Eustathe rapporte l'exemple de Callisthene Physicien, qui, quand il vouloit, paroissoit tout en feu, & se faisoit voir sous d'autres formes qui estonnoient les spectateurs. Il en nomme encore d'autres qui s'estoient rendu celebres, comme un certain Xenophon, un Scymnus de Tarente, un Philippide de Syracuse, un Heraclite de Mitylene, &c. Je ne croy pas qu'il puisse rester le moindre doute sur cette fable, d'autant plus mesme que les anciens Scholiastes ont escrit que ces φῶκαι, ces monstres marins de Protée estoient des animaux dont on se servoit pour les enchantements & pour les operations de la magie.

Mais dés que revenu à la premiere forme où il estoit] Cela est fondé sur ce que les enchanteurs ne rendoient leurs réponses qu'aprés avoir estonné par leurs prestiges l'imagination de ceux qui les consultoient.

Page 311. *Elle nous mit à chacun dans les narines une goute d'ambrosie*] Eustathe dit fort bien que cette ambrosie fut l'esperance qu'elle leur donna, que par ce moyen ils viendroient à bout de leurs desseins & retourneroient dans leur patrie. Qu'est-ce que l'esperance ne fait pas supporter! & y a-t-il une plus douce ambrosie!

Vous deviez avant toutes choses, me répondit le Dieu marin, offrir vos sacrifices à Jupiter, &c.] Voilà comme Homere recommande toujours la pieté, en faisant entendre qu'aucune action ne peut estre heureuse si avant que de la commencer on n'a fait ses prieres & ses sacrifices. C'est ce que Pythagore à enseigné aprés Homere, *ne commence jamais*, dit-il, *à mettre la main à l'œuvre qu'aprés avoir prié les Dieux d'achever ce que tu vas commencer.* Sur quoy on peut voir l'admirable Commentaire d'Hierocles, tom. 2. pag. 174.

Page 314. *Que vous ne soyez retourné encore dans le fleuve Egyptus qui descend de Jupiter.* Homere appelle non seulement les torrents, mais generalement tous les fleuves, διιπετίας, *descendus de Jupiter*, parce que les pluyes les grossissent. Mais, comme le remarque Strabon, ce qui est une épithete commune par quelque sorte de convenance, peut-eſtre une épithete particuliere affectée ſingulierement à un ſeul à qui elle convient preferablement à cauſe de ſon excellence. C'eſt ainſi qu'Homere appelle le Nil *deſcendu de Jupiter* d'une maniere qui luy eſt abſolument propre, car l'accroiſſement du Nil, qui fait la fertilité de l'Egypte, que pour cette raiſon on a fort bien appellée le *don du Nil*, vient des pluyes qui tombent en Ethiopie depuis le ſolſtice d'eſté juſqu'à l'équinoxe d'automne; le Nil croiſt pendant tout ce temps-là, & décroiſt enſuite. Homere eſt donc le premier qui a connu la veritable raiſon de cette inondation du Nil. Cependant je voy que le ſçavant Caſaubon en a douté: *Je ne ſçay pas*, dit-il, *ſi nous devons accorder que les pluyes ſoient la veritable cauſe de la cruë du Nil. Pourquoy le Nil ſeroit-il le ſeul à qui cela arriveroit! Voilà pourquoy les plus ſçavants hommes de noſtre ſiecle croyent que cette cruë vient de quelque cauſe ſouterraine, & ils donnent cette raiſon, qu'à Delos il y a une fontaine appellée* Inope, *qui croiſt comme le Nil, c'eſt pourquoy elle eſt meſme appellée un eſcoulement du Nil. Dira-t'-on que cette cruë de l'Inope vient auſſi des pluyes, qui ſont alors ou nulles ou tres peu conſiderables!* Ce doute pouſſé ſi loin fait certainement honneur à ce mot d'Horace,

Dans ſes Remarques ſur le 17. liv. de Strabon.

..... *Fontium qui celat origines Nilus.*

Le Nil qui cache ses sources. Mais je croy que ce doute ne subsiste plus. Et que l'opinion d'Homere, confirmée par le rapport des voyageurs de ces derniers temps, a esté enfin generalement suivie.

De rentrer dans le fleuve Egyptus dont le chemin est difficile & dangereux] Homere a si parfaitement connu les lieux dont il parle, que les Geographes, qui sont venus long-temps aprés luy, & qui les ont soigneusement observez pour les descrire, ne les ont pas marquez plus exactement. Strabon nous dépeint la mer qui est entre le Phare & Alexandrie comme une mer tres difficile, car outre que l'issuë du port est fort estroite, elle est pleine de roches, les unes cachées sous les eaux & les autres élevées sur la surface qui irritent les flots qui viennent de la haute mer. D'ailleurs le port estoit gardé par des bouviers accoutumez au brigandage, qui détroussoient les passants. Voilà pourquoy Menelas avoit raison de trouver ce chemin difficile & dangereux.

Page 315. *Plusieurs sont morts, plusieurs autres sont échappez. Vous avez perdu deux generaux*] En quel estat se trouve Telemaque qui entend tout cecy! & avec quel art Homere par ce recit remplit son cœur tantost de crainte, tantost d'esperance, & le tient ainsi en suspens sans l'esclaircir du sort de son pere!

Neptune poussa sur les roches Gyréenes] Les roches appellées *Gyræ* & *Choerades* estoient prés du promontoire de l'Eubée, lieu tres dangereux; & c'est ce qui avoit fait donner à ce promontoire le nom de *Capharée* du Phenicien *Capharus*, qui signifie un *écüille briseur, scopulus contritor*, selon la remarque de Bochart.

Neptune, qui entendit cette impieté] Il y a dans le texte, *Neptune l'entendit proferer ces grandes choses.* Les Anciens appelloient *grand* tout ce qui est fier, superbe & hautain. Ils avoient raison, car tout ce qui est hautain & superbe est trop grand pour les hommes qui sont si petits.

Voilà la mort malheureuse dont il perit] Il y a dans le Grec, *ainsi perit-il aprés avoir beu l'eau salée,*

Ὡς ὁ μὲν ἔνθ' ἀπόλωλεν ἐπεὶ πίεν ἁλμυρὸν ὕδωρ.

Et Eustathe nous avertit que les Anciens ont remarqué que ce vers ne se trouvoit dans aucune édition, parce qu'il est trop simple, & qu'ils s'estonnoient comment Aristarque avoit oublié de marquer qu'il devoit estre rejetté. *En effet*, adjouste-t-il, *ce vers est d'une trop grande simplicité, non par les termes, mais par le sens, & il ne convient point à un Dieu comme Protée de traiter une avanture si funeste avec cette sorte de plaisanterie.*

R iij

car c'est un trait qui n'a rien de serieux & qui n'est que plaisant, de dire après qu'il eut beu l'eau salée. *Ce qui est icy hors de propos.* Je ne sçay si ces Critiques ont tout-à-fait raison, & si Aristarque ne peut pas estre tres bien justifié d'avoir conservé ce vers, il sçavoit que πίειν ἁλμυρὸν ὕδωρ, *boire l'eau salée,* est une phrase poëtique pour dire *estre noyé, estre enseveli dans les ondes.*

Page 316. *Dans ce coin de terre qu'habitoit autrefois Thyeste*] On prétend que c'estoit au bas du golphe de la Laconie vis-à-vis de l'isle de Cythere. Les Poëtes tragiques n'ont pas suivi la mesme Tradition qu'Homere, qui fait entendre qu'Agamemnon fut assassiné dans le Palais d'Egisthe; ces Poëtes font passer cette sanglante catastrophe dans Mycenes, dans le Palais mesme d'Agamemnon.

Il le tué comme on tué un taureau à sa creche] Eustathe dit fort bien qu'Homere ne pouvoit se servir d'une comparaison plus noble pour un Roy plein de valeur qui est tué à un repas, puisque mesme dans l'Iliade, qui est sur un ton plus fort, ce Poëte compare ce mesme Roy au milieu des combattants à un taureau: *Tel qu'un fier taureau qui regne sur les troupeaux d'une prairie, tel parut alors Agamemnon.* On peut voir là ma Remarque, tom. 1. pag. 357.

Page 318. *Mais quoy-que surpris ils ne laisserent pas de vendre cherement leur vie*] Qu'auroient-ils donc fait si Egisthe leur avoit donné le temps de se précautionner & de se mettre sur leurs gardes ? Homere releve bien le veritable courage, au dessus du courage des traistres. Cela me fait souvenir d'un beau mot d'un Seigneur Espagnol qui estant attaqué une nuit par plusieurs assassins, leur cria sans s'estonner, *vous estes bien peu pour des traistres.*

Page 319. *Nous ne trouverons point la fin de vos malheurs*] Il dit *nous* au pluriel, pour faire connoistre combien il compatit à ses malheurs.

Page 320. *Mais je vous prie de me nommer le troisiéme qui est retenu mort ou vif dans la vaste mer*] Protée luy a dit, *un autre de vos generaux, encore plein de vie, est retenu dans la vaste mer.* Pourquoy donc Menelas dit-il icy, *nommez-moy celuy qui est retenu mort ou vif.* Eustathe répond que Menelas profere ces paroles troublé par sa douleur. Ou peut-estre que c'est l'expression mesme de Protée qui luy est suspecte & qui le tient dans le doute, car Protée dit, *est retenu dans la vaste mer.* Ces derniers mots le frappent & le font douter des premiers.

Mais les Immortels vous envoyeront dans les Champs Elysiens à l'extremité de la terre]

Nous avons vû dans le III. Liv. que Minerve dit à Telemaque, *Qu'il est ordonné à
tous les hommes de mourir, que les Dieux ne
sçauroient exempter de cette loy generale
l'homme mesme qui leur seroit le plus cher,
quand la Parque cruelle l'a conduit à sa derniere heure,* Et voicy Protée qui dit à Menelas qu'*il ne mourra point, & que les Immortels l'envoyeront dans les Champs Elysiens.*
Et la raison qu'il donne de ce grand privilege que les Dieux luy accorderont, c'est qu'il
est gendre de Jupiter. Les Payens ont donc
connu que Dieu pouvoit retirer de ce monde ceux qu'il vouloit, sans les faire passer
par la mort, ce qui justifie l'explication que
j'ay donnée aux paroles de Minerve dans
le III. Liv. pag. 251. Je ne doute pas qu'ils
n'eussent puisé ce sentiment dans la Tradition qui s'estoit répanduë de la pluspart des
faits miraculeux qui sont racontez dans le
vieux Testament. Ils avoient apparemment
entendu parler d'Henoc qui fut enlevé du
monde afin qu'il ne mourust pas, *Et non ap-
paruit, quia tulit eum Deus. Henoc placuit
Deo, & translatus est in Paradisum.* Et du
Prophete Elie qui fut enlevé au ciel dans
un tourbillon. *Et ascendit Elias per turbinem
in cœlum.* Voicy donc un de ces oracles fla-
teurs que l'on rendoit aux Princes. Protée
ne pouvoit pas mieux s'y prendre pour consoler Menelas de la mort de son frere, qu'en

Genes. 5. 24.
Ecclés. 44. 16.
S. Paul aux Heb. 11. 5.
Roys 4. 2. 11.

luy prédifant que pour luy il ne mourroit point. Voyons fur quoy cette fable eft fondée, & enfuite nous examinerons le fens que le Poëte a donné à ce prétendu privilege dont Protée flate Menelas.

Strabon a fort bien remarqué qu'Homere fçachant que beaucoup de ces heros, qui revenoient de la guerre de Troye, avoient efté jufqu'en Efpagne, & ayant appris d'ailleurs par les Pheniciens la bonté, l'heureufe temperature & les richeffes de ce climat, avoit placé là les Champs Elyfées, dont il fait cette defcription fi admirable & qui s'accorde fi parfaitement avec le rapport des Hiftoriens. On peut voir ce qu'il en dit dans fon premier & dans fon 3. livre. Une marque feure que c'eft des Pheniciens qu'Homere avoit appris ce qu'il dit de ces Champs heureux, c'eft le nom mefme qu'il leur donne, car felon la fçavante remarque de Bochart *Elyfius* vient de l'Hebreu *Alizuth*, qui fignifie *joye, exultation*. Du mot *Alizuth* les Grecs en changeant l'*a* en *e* ont fait *Elyzius, terre de joye & de volupté*. Comme Virgile les appelle, *læta arva*. Voilà pourquoy la Fable a feint que les Champs Elyfées eftoient dans les Enfers le lieu deftiné à recevoir les gens de bien aprés cette vie. Voyons prefentement la raifon que Protée donne de ce beau privilege accordé à Menelas d'aller habiter cette heureufe terre fans paffer par la mort.

Page 321. *Parce que vous avez épousé Helene, & que vous estes gendre de Jupiter*] Nous avons vû dans le XVI. Liv. de l'Iliade que Jupiter n'a pas arraché à la mort Sarpedon le plus cher de ses enfants qui est tué par Patrocle. Pourquoy accorde-t-il donc à Menelas, qui n'est que son gendre, un privilege qu'il a refusé à un fils si cher ! Ce privilege est-il une consolation & un dédommagement des chagrins & de l'affront qu'Helene luy avoit fait ? si cela est, on trouveroit bien des Princes qui se consoleroient à ce prix-là des mesmes affronts, & l'on pourroit peut-estre appliquer en cette occasion ce qu'Ovide dit dans un autre,

Atque aliquis de Dis non tristibus optet
Sic fieri turpis.

Au reste il faut bien remarquer icy la sagesse d'Homere; quoy-qu'il soit bien favorable à Helene, il ne dit pas pourtant qu'elle aura part à ce privilege & qu'elle sera aussi envoyée aux Champs Elysées; il ne le dit que de Menelas, & il n'a garde d'associer à un si grand bonheur celle qui avoit fait une si grande faute.

Page 322. *J'élevay un tombeau à Agamemnon*] Voicy encore un vain tombeau. Menelas ne se contente pas d'offrir les sacrifices, que Protée luy avoit ordonnez ; pour une plus grande marque encore de sa pieté, il éleve un tombeau à son frere.

Je vous donneray trois de mes meilleurs chevaux] C'estoit un attelage complet & le plus ordinaire. Deux chevaux pour le timon & un pour la volée. Ce qu'Eustathe remarque icy, que Menelas n'offre trois chevaux à Telemaque, que parce que les attelages de quatre chevaux n'estoient pas encore en usage, n'est pas vray. Nous avons vû des chars à quatre chevaux dans l'Iliade.

Page 323. *Je n'emmeneray point vos chevaux à Ithaque*] Cette réponse de Telemaque fait voir beaucoup de sagesse : à quoy bon se charger des choses inutiles & dont on ne peut se servir ! Il n'y a que les choses d'usage qui nous soient propres, & les choses d'usage par rapport à nostre âge, à nostre Estat, à nostre condition & aux lieux que nous habitons. Un milion de choses sont pour nous ce que des chevaux estoient pour Telemaque. Horace a bien senti la beauté de la morale que cet endroit presente, & il l'a mise dans un grand jour dans son épist. 7. du liv. 1. où l'on peut voir les Remarques de M. Dacier, qui a eû grande raison de s'estonner que celuy qui a traduit Homere il y a trente ans, ait eû le mauvais sens de passer tout cet endroit sous silence & de n'en pas conserver un seul mot.

Ou souffrez que je ne reçoive qu'un simple bijou] C'est le sens de ce vers, δῶρον δ' ὅ, ττι κε μοι δοίης, κειμήλιον ἔςω : *Que le present que vous voulez me faire soit un simple bijou que je puisse garder*. On appelloit κειμήλια les choses que les Princes gardoient dans leurs cabinets.

Elle n'est propre qu'à nourrir des chevres] Car en effet Ithaque estoit un pays fort rude & tout rempli de rochers, & c'est cela mesme qui luy avoit donné ce nom. Car Ithaque, comme Bochart l'a remarqué, est formé de l'hebreu *athac, dur, intraitable, qui ne peut estre cultivé*. Il faut bien s'empescher de joindre ἀιγίβοτος avec λείμων comme a fait ce sçavant homme ; ce sont deux mots très separez & tres contraires. *Elle n'a point de prairies, elle est seulement propre à nourrir des chevres*. C'est à dire, elle est montagneuse, car les chevres paissent sur les montagnes & sur les Rochers.

Page 324. *Et avec tout cela elle m'est plus agreable que les pays*] Telemaque met son Ithaque au dessous de toutes les isles, & cependant il déclare qu'elle luy plaist davantage que les pays les plus gras. On ne peut pas mieux relever l'amour de la patrie.

Et parmi les choses rares que je garde dans mon Palais] Telemaque luy a dit : *Si vous voulez me faire un present, que ce soit un*

sur l'Odyssée. *Livre IV.* 397
simple bijou. κειμήλιον ἔςω. Et c'est pour condescendre à ce desir que Menelas parmi ses curiositez les plus rares, κειμήλια, choisit une urne.

Un grand heros, le Roy des Sidoniens] Le mot φαίδιμος que j'ay pris pour une épithete, d'autres l'ont pris pour le nom propre du Roy, comme s'il se fust appellé *Phedime*. D'autres l'ont appellé *Sobatus*. Selon d'autres il s'appelloit *Sethlon*. Menelas nous a desja dit qu'il avoit esté chez les Sidoniens. Et dans mes Remarques sur l'Iliade j'ay assez parlé de la magnificence qui regnoit dans les villes de Tyr & de Sidon. Homere n'a pas connu Tyr, elle n'estoit pas encore bastie, mais pour Sidon c'estoit le throne du luxe, soit en maisons, soit en meubles, soit en habits. Et cette ville estoit pleine d'excellents ouvriers dans toutes sortes d'arts, qui contribüent à la magnificence & qui la nourrissent par leur industrie, toujours fatale aux Estats. *Voyez l'Iliade Liv. VI. tom. I. pag. 506. & Liv. XXIII. tom. III. pag. 586.*

Page 325. *Les officiers du Roy arrivent*] Eustathe a rapporté cecy à Ithaque. Et je croy qu'il n'a pas raison. Homere parle encore icy de ce qui se passoit dans le Palais de Menelas.

Page 327. *Quand un Prince comme celuy-là*] Quand un jeune Prince, fils de nostre

Roy, & accablé de chagrins, & qui a de grands desseins dans la teste, &c. demande un vaisseau à un de ses sujets, peut-il le refuser ? Cette justification de Noëmon est pleine de sagesse & de force, & tres capable d'allarmer les Poursuivants.

Quelle audacieuse entreprise pour Telemaque] Ce qui fait l'estonnement d'Antinous, c'est qu'un Prince aussi jeune que Telemaque, sans experience, ait osé former le dessein de ce voyage, & qu'il l'ait executé avec tant de secret & de conduite, qu'il les ait tous trompez. De quoy cela ne menace-t-il point ces Princes ?

Page 328. *Nous pensions que ses menaces seroient sans effet*] Ils s'en mocquoient mesme comme nous l'avons vû dans le II. Liv. & c'est à quoy Antinoüs fait icy allusion.

Page 329. *Et je luy dresseray une embuscade entre Ithaque & Samos*] Dans l'isle d'Asteris, qui est justement entre Samos ou l'isle de Cephalenie & Ithaque. Eustathe a fort bien remarqué que c'est tres à propos qu'Homere fait dresser cette embuscade par les Poursuivants, pour rendre sa Poësie plus vive & plus agissante.

Est-ce pour ordonner à mes femmes] Car ces Princes avoient séduit presque toutes les femmes de la maison d'Ulysse & en disposoient à leur gré. Ils vivoient avec elles dans une licence affreuse.

Page 330. *Ah! pourquoy ont-ils jamais pensé à moy*] J'ay tasché d'exprimer tout le sens & toute la force de ces deux vers, μὴ μνηστεύσαντες, qui sont assez difficiles. L'expression de Penelope se sent du trouble où elle est.

Lasches qui vous estes assemblez icy] Penelope a l'imagination si remplie de ces insolents, qu'elle leur adresse tout d'un coup la parole. Ces sortes de transitions imprévûës où l'on quitte tout d'un coup le discours pour apostropher les absents, sont fort bien dans la passion & sont un des grands secrets de l'éloquence. Longin en a fait un chapitre, où parmi les exemples qu'il rapporte, il n'a pas oublié celuy-cy. *Il en est de mesme, dit-il, de cet emportement de Penelope dans Homere, quand elle voit entrer chez elle le heraut qu'elle croit envoyé par ses amants.* Et il fait voir ensuite que Demosthene a imité ces apostrophes imprévûës plus heureusement & plus fortement que les autres.

Et comment il vivoit avec eux] Le beau portrait que Penelope fait icy d'Ulysse!

Et ce qui n'est p. defendu aux Roys mesme les plus justes, sans marquer aucune preference] Voicy un passage qui me paroist bien remarquable. Il n'est pas deffendu aux Roys les plus justes d'avoir leurs favoris & de choisir des hommes pour les honorer de leur affection préferablement à d'autres, cela est donc permis; cependant Homere loüe icy Ulysse de ne s'estre pas servi de ce droit. Et en effet c'est un grand sujet d'éloge. Il a desja dit qu'Ulysse estoit doux à ses sujets comme un pere à ses enfants. Un pere peut avoir plus d'inclination pour un de ses enfants que pour un autre, mais il ne la marque point, & il les traite tous également. Un Roy est tres loüable de faire de mesme & de suivre moins son inclination, que la justice dans les distinctions qu'il fait.

Page 331. *Quelle necessité de monter sur des vaisseaux & d'aller courir les mers*] Il y a mot à mot dans le Grec : *Il n'estoit pas necessaire qu'il montast sur des vaisseaux qui sont les chevaux dont les hommes se servent sur la mer.* La metaphore, comme Eustathe l'a remarqué, est tres bonne & tres juste, car les vaisseaux sont sur la mer ce que les chevaux sont sur la terre. Mais la question est de sçavoir si Penelope dans la douleur où elle est, a dû s'en servir. Il est certain que les figures si recherchées ne conviennent point dans l'affliction. Mais on peut dire que Penelope adjoute cela par une espece d'indignation. La douleur où elle est que les hommes ayent trouvé le moyen de voyager sur la mer comme ils font sur la terre, luy a fourni cette figure qui se presente fort naturellement, & les figures conviennent à la passion.

Page 334. *Vous vous purifierez*] Le Grec dit, ὑδρηναμένη, *aprés vous estre lavée*. C'est à dire, aprés vous estre purifiée par le bain, ou plustost en lavant simplement les mains.

Et là vous adresserez vos prieres à la fille du grand Jupiter] Ce conseil d'Euryclée est plein de sagesse. Penelope avoit ordonné qu'on allast chercher Laërte, & Euryclée conseille à sa maitresse d'avoir plustost recours à la Déesse Minerve, que de fatiguer ce vieillard. Il vaut mieux recourir à Dieu qu'aux hommes.

Page 335. *Je ne sçaurois croire que la race d'Arcesius*] Arcesius estoit fils de Jupiter & pere de Laërte, Euryclée a donc raison de conclure que cette famille n'est pas l'objet de la haine des Dieux. Les Dieux ne haïssent pas leurs enfants. Arcesius estoit fils de Jupiter, Laërte & Ulysse estoient de bons Roys & répondoient par leur sagesse & par leur vertu à cette haute naissance; leur race ne sera donc pas esteinte, il en restera quelque rejetton. Voilà la seule esperance qui puisse consoler & soutenir les peuples dans une situation semblable, & c'est celle qui soutient aujourd'huy les François.

Qui regnera dans ce Palais & qui joüira de ces campagnes fertiles, qui dépendent d'Ithaque] Ce passage estoit plus difficile qu'on n'avoit cru. Comment a-t-on pû s'imaginer que ces campagnes fertiles fussent les campagnes d'Ithaque qu'Homere nous dépeint toujours comme un pays sauvage & dur, & dont Plutarque nous a fait cette description: *La terre d'Ithaque montueuse & aspre, qui n'est bonne qu'à nourrir des chevres, & qui aprés plusieurs façons & plusieurs travaux, ne rend à ceux qui la cultivent que tres peu de fruits & encore tres maigres, & qui ne valent pas la peine que l'on a prise pour les faire venir.* Les interpretes n'ont pas pris garde à un mot qu'Homere a adjouté ἀπόπροθι, qui signifie *au loin, dans les pays qui sont vis à vis.* De sorte que par ce seul mot Homere fait entendre qu'il parle des pays voysins d'Ithaque & qui estoient sous la domination d'Ulysse, comme Cephalenie d'un costé, & de l'autre costé dans le continent l'Arcananie.

Page 336. *Asseurement la Reyne prépare aujourd'huy le festin de ses nopces*] Ils en jugent ainsi par le bruit qu'ils avoient entendu, & parce qu'ils avoient sans doute appris qu'elle s'estoit purifiée & parée plus magnifiquement qu'à l'ordinaire.

SUR L'ODYSSÉE. Livre IV. 403

Cessez ces propos temeraires, de peur que quelqu'un n'aille rapporter dans ce Palais] Antinoüs parle ainsi sur ce que cet imprudent avoit dit: *Elle ne sçait pas qu'une mort prochaine menace son fils.* Il a peur que Penelope, venant à apprendre leur dessein, ne prenne des mesures avec les sujets qui luy estoient demeuré fidelles, pour le faire échoüer.

Une lionne qui se voit environnée d'une multitude de chasseurs] Eustathe fait fort bien remarquer icy la sagesse d'Homere, qui voulant comparer Penelope à une lionne, ne la compare pas à une lionne qui agit & qui tente des efforts dignes de son courage, car cela ne conviendroit point à Penelope, mais il la compare à une lionne qui est émuë & agitée, car cette Princesse peut estre agitée des mesmes passions que la lionne.

Forma un phantosme qui ressembloit parfaitement à la Princesse Iphtimé] Le Grec dit *idole*. On prétend que tous les passages où Homere parle des idoles, ont donné lieu à Democrite de former son opinion, que non seulement les songes, mais tout ce qui frappe les yeux & l'esprit, sont des images qui se forment des corps, & que nous ne voyons que par εἰδώλων ἐμπτώσεις. Si cela est, on peut dire que d'une idée tres sage Democrite en a tiré une opinion tres insensée. Homere feint que l'imagination de ceux qui fongent forme elle mefme ces images qu'elle croit voir.

Quoy-que les portes fuſſent fermées] Le texte dit qu'*elle entra*, παρὰ κληῖδος ἱμάντα, par le trou par où paſſoit la courroye de la clef. Un corps formé d'air peut fort bien paſſer par le trou de la ſerrure.

Elle ſe place ſur ſa teſte] Comme le ſonge d'Agamemnon dans le II. Liv. de l'Iliade. La teſte eſtant le ſiege de l'ame & par conſequent de la faculté imaginative, le ſonge ne peut ſe placer que là, puiſque c'eſt-là qu'il ſe forme.

Il n'a pas encore offenſé les Dieux pour attirer leur vengeance] Homere connoiſſoit donc que l'innocence eſt toujours ſeûre de la protection des Dieux, & que leurs vengeances ne tombent que ſur ceux qui les ont offenſez par leurs crimes.

Profondément endormie dans le Palais des ſonges] Le veritable Palais des ſonges c'eſt le ſommeil.

Je ſuis encore plus affligée pour ce cher fils, que je ne le ſuis pour mon mary] Il ne faut pas faire à Penelope des reproches de ce ſentiment, car il eſt tres naturel & tres juſte. Cette Princeſſe avoit tout ſujet de croire qu'Ulyſſe eſtoit mort, ainſi toutes ſes eſperances, toute son amour, estoient réünies dans ce cher fils, dont par consequent la perte luy devoit estre plus sensible. Il ne luy restoit rien aprés luy, & les dernieres ressources sont toujours les plus cheres.

C'est une mauvaise chose de parler en vain] Si cette ombre avoit expliqué à Penelope la destinée d'Ulysse, il n'y avoit plus de Poëme ; Penelope ne doit pas estre informée de son sort, il faut qu'Ulysse arrive inconnu ; mais cette ombre ne le sçavoit pas elle-mesme, c'est pourquoy elle dit que c'est une chose mauvaise *de parler en vain*, ἀνεμώλια βάζειν. Ce que l'Escriture appelle *in ventum loqui*, comme Grotius l'a remarqué.

Mais elle a de bons ports ouverts des deux costez] C'est le sens de ce passage. Cette isle d'Asteris a deux ports, l'un du costé d'Ithaque & l'autre du costé de Samos ou Cephalenie, & ces deux ports elle les fait, comme dit Virgile en parlant du Phare d'Alexandrie, *objectu laterum*. C'est pourquoy ils sont ἀμφίδυμοι, *ouverts des deux costez*, car on y entre & on en sort du costé du Peloponese, & du costé opposé qui est celuy de Corcyre.

Argument du Livre V.

JUpiter, aprés avoir tenu un second Conseil avec tous les Dieux, envoye Mercure à la Nymphe Calypso, pour luy ordonner de renvoyer Ulysse. La Nymphe obéït, & Ulysse s'embarque, mais le dix-huitiéme jour Neptune brise son vaisseau. Ino, pour sauver ce Prince d'un si grand danger, luy donne son voile, & luy recommande de le jetter dans la mer dés qu'il aura pris terre. Ulysse aprés avoir beaucoup souffert dans ce naufrage, aborde enfin à l'isle des Pheaciens.

L'ODYSSÉE D'HOMERE.

LIVRE V.

L'AURORE quittant la couche du beau Tithon, annonçoit aux hommes l'arrivée du jour, desja les Dieux estoient assemblez pour le Conseil, & Jupiter qui esbranle la terre par ses tonnerres & dont la force est infinie, estoit à leur teste plein de majesté & de gloire. La Déesse Minerve leur racontoit toutes les peines que souffroit Ulysse dans le Palais de Calypso. Grand « Jupiter, & vous Dieux immortels, « leur dit-elle, qui est le Roy portant « sceptre qui voudra estre doux & «

» clement, & ne marcher que dans les
» voyes de la justice ? ou plustost qui
» est celuy qui ne s'abandonnera pas
» à toutes sortes d'injustices & de
» violences, en prenant sa volonté
» seule pour la regle de toutes ses
» actions, quand on voit que parmi
» les sujets du divin Ulysse, il n'y en
» a pas un qui se souvienne de luy,
» quoy-qu'il ait toujours eû pour
» eux les bontez d'un pere ? Il est
» resté dans une isle accablé d'ennuis
» & de peines, retenu malgré luy dans
» le Palais de Calypso sans aucun
» moyen de retourner dans sa patrie,
» car il n'a ni vaisseau ni rameurs qui
» puissent le conduire sur la vaste mer.
» Et son fils unique, qui est allé à Py-
» los & à Lacedemone pour appren-
» dre de ses nouvelles, va tomber
» dans les pieges des Poursuivants,
» qui l'attendent pour luy oster la vie.

» Ma fille, luy répond le maistre
» du tonnerre, quels discours venez-
» vous de nous tenir ! N'avez-vous
pas

pas pris les mesures necessaires pour « faire qu'Ulysse de retour dans ses « Estats, puisse se venger de ses en- « nemis ? & pour Telemaque, con- « duisez-le vous mesme comme vous « l'entendez. N'estes-vous pas toute « puissante ? faites qu'il arrive sans « nul accident dans sa patrie, & que « les Poursuivants soient obligez de « s'en retourner sans avoir executé « leur pernicieux complot. «

Ce Dieu parla ainsi, & appellant son fils Mercure, il luy dit : Mer- « cure, car c'est vous, qui outre vos « autres fonctions, estes toujours « chargé de mes ordres, allez donner « à Calypso un bon conseil ; persua- « dez-luy de laisser partir Ulysse, afin « qu'il retourne dans ses Estats, & « que sans estre conduit ni par les « Dieux ni par aucun homme, mais « abandonné seul sur un radeau, aprés « des peines infinies il arrive enfin le « vingtiéme jour dans la fertile Sche- « rie, terre des Pheaciens, dont le «

» bonheur approche de celuy des
» Immortels mesmes. Ces peuples
» fortunez l'honoreront comme un
» Dieu, le remeneront dans ses Es-
» tats, & luy donneront de l'airain,
» de l'or, des estoffes magnifiques, en
» un mot, ils luy feront tant de pre-
» sents, qu'il auroit esté moins riche
» si sans aucun accident il avoit ap-
» porté chez luy tout le butin qu'il
» avoit eu pour sa part à Troye &
» qu'il avoit embarqué sur ses vais-
» seaux. C'est ainsi que le Destin veut
» qu'il retourne dans sa chere patrie,
» & qu'il revoye ses amis & son
» Palais.

Il dit, & Mercure obéït à cet ordre : il ajuste d'abord sur ses pieds ses talonnieres immortelles & toutes d'or, avec lesquelles plus viste que les vents il traverse les mers & toute l'estenduë de la terre, il prend sa verge d'or avec laquelle il plonge les hommes dans le sommeil, &
les en retire quand il luy plaist, &

la tenant à la main il prend son vol, traverse la Pierie, & fondant du haut des airs, il vole sur les flots semblable à un oyseau marin qui chassant aux poissons, vole legerement sur la surface des ondes qu'il bat de ses aisles; tel Mercure vole sur la cime des flots. Quand il fut parvenu à cette isle, qui est fort éloignée, il quitte la mer, & prenant la terre il marche sur le rivage jusqu'à ce qu'il fust arrivé à la grotte où la belle Nymphe habitoit. Il la trouva dans cette grotte; à l'entrée il y avoit de grands brasiers magnifiques d'où s'exhaloit une odeur de cedre & d'autres bois odoriferants qui parfumoient toute l'isle. Devant elle estoit un beau mestier où elle travailloit à un ouvrage incomparable avec une navette d'or, & en travaillant elle chantoit des airs divins avec une voix merveilleuse. La grotte estoit ombragée d'une forest d'aunes, de peu-

S ij

pliers & de cyprés, où mille oyseaux de mer avoient leur retraite, & elle estoit environnée d'une vigne chargée de raisins. Quatre fontaines rouloient leurs flots d'argent de quatre differents costez, & formoient quatre grands canaux autour de prairies émaillées de toutes sortes de fleurs, les Immortels mesmes n'auroient pû voir un si beau lieu sans l'admirer & sans sentir dans leur cœur une secrette joye. Aussi Mercure en fust-il frappé. Quand il eut bien admiré tous les dehors il entra dans la grotte. Dés que la Déesse Calypso l'eut apperceu, elle le reconnut, car un Dieu n'est jamais inconnu à un autre Dieu, quoy-qu'ils habitent des regions tres éloignées. Ulysse n'estoit pas avec la Déesse, il estoit assis sur le rivage de la mer où il alloit ordinairement exhaler sa douleur & soupirer ses déplaisirs le visage baigné de larmes, devorant son cœur, accablé de tristesse, & la vûë toujours attachée sur la vaste mer qui s'opposoit à son retour.

Calypso se leve, va au devant de Mercure, le fait asseoir sur un siege admirable qui brilloit comme le soleil, & luy adresse ces paroles : « Divin interprete des Dieux, Mercure, qui m'estes si cher & si respectable, pourquoy venez-vous dans cette isle ? elle n'avoit jamais esté honorée de vostre presence ; dites tout ce que vous desirez, je suis preste à vous obéïr, si ce que vous demandez est possible & qu'il dépende de moy. Mais avant que de me dire le sujet de vostre voyage, venez que je vous presente les rafraischissements qu'exige l'hospitalité. »

En mesme temps elle met devant luy une table, elle la couvre d'ambrosie & remplit les coupes de Nectar. Mercure prend de cette nourriture immortelle, & le repas

» fini il dit à Calypso : Déesse, vous
» me demandez ce que je viens vous
» annoncer ; je vous le déclareray
» donc sans aucun déguisement, puis-
» que vous me l'ordonnez vous-mes-
» me. Jupiter m'a commandé de ve-
» nir icy, quelque répugnance que
» j'y eusse, car qui est-ce qui vien-
» droit de son bon gré traverser une
» si grande estenduë de mers, où l'on
» ne trouve pas sur sa route une seule
» ville qui fasse des sacrifices aux
» Dieux & qui leur offre des heca-
» tombes. Mais il n'est pas permis à
» aucun Dieu d'enfraindre ou de ne-
» gliger les ordres de Jupiter. Il dit
» que vous avez auprés de vous le
» plus malheureux de tous ceux qui
» ont combattu neuf années entieres
» sous les remparts de la ville de
» Priam, & qui aprés l'avoir sacca-
» gée la dixiéme année, se sont em-
» barquez pour retourner chez eux.
» Mais à leur départ ils ont offensé
» Minerve ; cette Déesse dans sa fu-

reur a excité contre eux une vio- «
lente tempefte & a fouflevé les «
flots. Ses vaiffeaux ont efté brifez, «
tous fes Compagnons engloutis «
dans les ondes, & luy, aprés avoir «
lutté long-temps contre la mort, «
a efté pouffé par les vents fur ce ri- «
vage. C'eft luy que Jupiter vous «
ordonne de renvoyer fans aucun «
delay, car le Deftin ne veut pas «
qu'il meure loin de fes Eftats, la «
Parque file fon retour & veut qu'il «
revoye fes amis, fon Palais & fa «
chere patrie. «

Ces paroles remplirent de douleur & de dépit l'ame de la Déeffe;
elle en fremit, & éclata en ces termes. Que vous eftes injuftes vous «
autres Dieux qui habitez l'Olym- «
pe! l'envie la plus maligne a placé «
fon throne dans voftre cœur. Vous «
ne pouvez fouffrir que les Déeffes «
choififfent des mortels pour maris. «
La belle Aurore n'eut pas pluftoft «
regardé favorablement le jeune «

» Orion, que l'envie s'alluma dans
» ces Dieux toujours heureux, &
» elle ne cessa qu'aprés que la chaste
» Diane avec ses fleches mortelles
» eut privé cette Déesse de son cher
» amant dans l'isle d'Ortygie. Dés
» que la blonde Cerés eut accordé
» ses bonnes graces au sage Jasion,
» voilà d'abord l'œil envieux de Ju-
» piter ouvert sur ce mystere, & ce
» malheureux Prince en butte à ses
» traits. Moy de mesme je ne puis,
» sans exciter vostre envie, m'atta-
» cher un homme que je sauvay du
» naufrage comme il flottoit sur une
» planche du débris de son vaisseau,
» aprés que d'un coup de foudre Ju-
» piter l'eut brisé au milieu de la
» vaste mer, & que tous ses Compa-
» gnons estant peris, les vents & les
» flots l'eurent poussé sur cette coste.
» Je le tiray de ce danger, je le re-
» cüeillis ; je l'ay tenu depuis ce
» temps-là chez moy, & je luy ay fait
» tous les bons traitements dont j'ay

pû m'aviser, je voulois mesme le «
rendre immortel & luy communi- «
quer une vie exempte de vieillesse. «
Mais il n'est permis à aucun autre «
Dieu d'enfraindre ou de negliger «
les loix supresmes de ce fils de Sa- «
turne. Que ce cher Prince perisse «
donc puisque ce Dieu le veut si «
fort, & qu'il ordonne qu'on l'ex- «
pose encore aux mesmes perils dont «
je l'ay tiré. Pour moy je ne le ren- «
voyeray point, car je n'ay ni vais- «
seau ni rameurs à luy donner pour «
le conduire. Tout ce que je puis «
faire, c'est, s'il veut me quitter, de «
luy donner les avis & les conseils «
dont il a besoin pour arriver heu- «
reusement dans sa patrie. «

Le Messager des Dieux l'entendant parler de la sorte, luy dit,
Déesse, renvoyez ce Prince, & pré- «
venez la colere de Jupiter, de peur «
qu'elle ne vous soit funeste. «

En achevant ces mots, il la quitte & prend son vol vers l'Olympe,

S v

En mesme temps la belle Nymphe, pour executer les ordres de Jupiter, prend le chemin de la mer & va chercher Ulysse. Elle le trouve assis sur le rivage où il passoit les jours à pleurer & à se consumer, les regards toujours attachez sur la mer, & soupirant toujours aprés son congé qu'il ne pouvoit obtenir de cette Déesse, & la nuit il alloit coucher dans la grotte, mais toujours malgré luy. La Déesse s'approchant, luy adressa ces paroles :

» Malheureux Prince, ne vous af-
» fligez plus sur ce rivage & ne vous
» consumez plus en regrets, je suis
» preste à vous renvoyer aujourd'huy
» mesme ; coupez tout à l'heure des
» arbres de cette forest, assemblez un
» radeau & couvrez-le de planches,
» afin qu'il vous porte sur les flots,
» je vous donneray les provisions qui
» vous sont necessaires, & de bons
» habits pour vous garentir des inju-
» res de l'air, & je vous envoyeray un

vent favorable qui vous conduira «
heureusement dans vostre patrie, si «
les Dieux qui habitent l'Olympe, «
& qui sont plus puissants que moy, «
soit pour bien penser, soit pour «
executer leurs pensées, veulent vous «
accorder un heureux retour.

Elle dit, & Ulysse fremissant à
cette proposition, luy répondit, «
tout consterné, Déesse, apparem- «
ment vous avez d'autres vûës que «
celles de me renvoyer, puisque «
vous m'ordonnez de traverser sur «
un radeau une mer si difficile, si «
dangereuse, & que les meilleurs & «
les plus forts navires accompagnez «
du vent le plus favorable, ne pas- «
sent qu'avec beaucoup de danger. «
Je vous déclare donc que je ne «
partiray point malgré vous, & à «
moins que vous ne me fassiez le «
plus grand des serments que vous «
ne formez aucun mauvais dessein «
contre ma vie. «

Il parla ainsi, & la Déesse se mit

» à rire, & le prenant par la main,
» elle luy dit : Il faut avoüer que
» vous estes un homme bien fin &
» d'un esprit tres profond & plein de
» solidité & de prudence. Le discours
» que vous venez de me tenir en est
» une grande preuve. Je vous jure
» donc, & je prends à temoin la ter-
» re, le ciel & les eaux du Styx, &
» c'est le plus grand & le plus terri-
» ble serment que les Dieux puissent
» faire. Je vous jure que je ne forme
» aucun mauvais dessein contre vos-
» tre vie, & que je vous donne les
» mesmes conseils & les mesmes avis
» que je prendrois moy-mesme si
» j'estois dans le mesme estat où vous
» vous trouvez. Car mon esprit suit
» les regles de la justice, & mon cœur
» n'est point un cœur de fer, mais un
» cœur sensible & plein de compas-
» sion.

En finissant ces mots, elle se mit à marcher & Ulysse la suivit. Ils arriverent ensemble dans la grotte.

Ulysse se plaça sur le siege que
Mercure venoit de quitter. La
Déesse servit devant luy une table
couverte de tous les mets dont les
hommes peuvent se nourrir, &
s'estant assise vis à vis de luy, ses
Nymphes mirent devant elle une
autre table & luy servirent l'ambrosie & le nectar, nourriture ordinaire des Immortels.

Quand le repas fut fini, Calypso
prenant la parole, dit à ce Prince:
Fils de Laërte, vous voilà donc «
prest à partir pour retourner dans «
vostre chere patrie; vous voulez «
me quitter; malgré vostre dureté «
je vous souhaite toute sorte de «
bonheurs; mais si vous sçaviez tous «
les maux que vous avez à souffrir «
dans ce retour, vous choisiriez asseurement de demeurer icy avec «
moy, & vous prefereriez l'immortalité à tant de travaux & de peines, «
quelque impatience que vous ayez «
de revoir vostre femme, dont l'ima- «

» ge vous occupe nuit & jour. J'ose
» me flatter que je ne luy suis infe-
» rieure ni en beauté ni en bonne
» mine, ni en esprit ; les mortelles
» pourroient-elles disputer quelque
» avantage aux Déesses!
» Le sage Ulysse luy répond : Ve-
» nerable Déesse, que ce que je vais
» prendre la liberté de vous dire,
» n'allume point contre moy vostre
» couroux. Je sçay parfaitement com-
» bien la sage Penelope vous est in-
» ferieure en beauté & en majesté,
» car elle n'est qu'une simple mor-
» telle, au lieu que ni la mort ni la
» vieillesse n'ont point d'empire sur
» vous. Cependant je ne demande
» qu'à me revoir dans ma patrie ;
» jour & nuit je ne soupire qu'après
» cet heureux retour. Que si quel-
» que Dieu veut me persecuter au
» milieu des flots, je prendray le
» parti de souffrir & d'armer mon
» cœur de patience. J'ay soutenu tant
» de travaux & essuyé tant de peines

& à la guerre & fur la mer, que j'y « fuis accoutumé ; ces derniers maux « ne feront qu'augmenter le nombre « de ceux que j'ay desja foufferts. «

Il parla ainfi. Le foleil fe coucha dans l'onde & les tenebres fe répandirent fur la terre. Calypfo & Ulyffe fe retirerent dans le fond de la grotte, & oublierent leurs chagrins & leurs inquietudes entre les bras du fommeil.

Le lendemain dés que l'aurore eut doré l'horizon, Ulyffe fe leva, prit fa tunique & fon manteau, & la Déeffe mit une robe d'une blancheur qui éblouiffoit les yeux & d'une fineffe & d'une beauté que rien n'égaloit, c'eftoit l'ouvrage des Graces ; elle en arrefta les plis avec une ceinture d'or, & couvrit fa tefte d'un voile admirable. Dés qu'elle fut habillée elle ne penfa plus qu'à fournir à Ulyffe ce qui eftoit neceffaire pour fon départ. Elle luy donna une belle hache à deux tranchants, dont le manche estoit de bois d'olivier, & une scie toute neuve, & se mettant à marcher devant luy, elle le mena à l'extremité de l'isle où les arbres estoient les plus grands ; il y avoit des aulnes, des peupliers & des sapins, qui sont le bois le plus sec & par consequent le plus leger & le plus propre pour la mer. Quand elle luy eut montré les plus grands & les meilleurs, elle le quitta & s'en retourna dans sa grotte. Ulysse se met à couper ces arbres & à les tailler, & il avançoit considerablement son ouvrage, parce qu'il estoit soutenu dans son travail par l'esperance d'un prompt départ qui le combloit de joye. Il abatit vingt arbres en tout, les tailla, les polit & les dressa. Cependant la Déesse luy apporta des terieres dont il se servit pour les percer & les assembler. Il les arresta avec des clouds & des liens, & fit un radeau aussi long & aussi large que le fond d'un vaisseau de charge qu'un habile charpentier a basti selon toutes les regles de son art. Il l'environna de planches, qu'il attacha à des solivaux qu'il mit debout d'espace en espace, & le finit en le couvrant d'ais fort épais & bien joints ; il y dressa un mast traversé d'une antenne ; & pour le bien conduire il y fit un bon gouvernail, qu'il munit des deux costez de bons cables de saule, afin qu'il resistast à l'impetuosité des flots. Enfin il mit au fond beaucoup de matiere comme une espece de lest. Calypso luy apporta des toiles pour faire des voiles qu'il tailla parfaitement ; il les attacha aux vergues, & mit les cordages qui servent à les plier & à les estendre, aprés quoy il tira son petit bastiment sur le rivage avec de bons leviers pour le lancer à l'eau. Tout cet ouvrage fut fait le quatriéme jour. Le lendemain, qui eſtoit le cinquiéme, la Déeſſe le renvoya de ſon iſle aprés l'avoir baigné & luy avoir donné des habits magnifiques & tres parfumez. Elle mit ſur le radeau un outre de vin & un autre d'eau qui eſtoit beaucoup plus grand, elle y mit auſſi dans des peaux le pain & toutes les autres proviſions dont il avoit beſoin & luy envoya un vent favorable. Ulyſſe plein de joye déploye ſes voiles, & prenant le gouvernail, ſe met à conduire ſa nacelle ſans jamais laiſſer fermer ſes paupieres au ſommeil, regardant toujours attentivement les Pleïades & le Bouvier qui ſe couche ſi tard, & la grande Ourſe, qu'on appelle auſſi le Chariot, qui tourne toujours ſur ſon pole, obſervant ſans ceſſe l'Orion, & qui eſt la ſeule conſtellation qui ne ſe baigne jamais dans les eaux de l'Ocean. La Déeſſe avoit obligé Ulyſſe de faire route en laiſſant à gauche cette conſtellation.

Il vogua ainſi dix-ſept jours entiers. Le dix-huitiéme jour il découvrit les ſombres montagnes de la terre des Pheaciens par où ſon chemin eſtoit le plus court. Cette iſle luy parut comme un bouclier au milieu de cette mer obſcurcie par les broüillards & les nüages.

Neptune, qui revenoit de chez les Ethiopiens, l'apperceut de loin de deſſus les montagnes des Solymes comme il voguoit heureuſement. En meſme temps il eſt enflammé de colere, & branſlant la teſte, il dit en ſon cœur, Qu'eſt-ce « que je vois! les Dieux ont donc « changé de réſolution en faveur « d'Ulyſſe pendant que j'ay eſté chez « les Ethiopiens! le voilà desja prés « de l'iſle des Pheaciens où le deſtin « veut qu'il trouve la fin de tous les « maux qui le menacent. Mais je « trouveray bien le moyen de l'en « éloigner & de l'expoſer à des mi- « ſeres encore plus grandes. «

En finissant ces mots, il assemble les nüages, bouleverse la mer avec son trident, excite toutes les tempestes, couvre la terre & la mer d'espaisses tenebres ; une nuit obscure tombe du ciel & cache le jour. Le vent de midy, le vent d'Orient, le violent Zephyre, & le Borée, ce tyran des mers, se déchaisnent & eslevent des montagnes de flots. Alors Ulysse sent ses forces & son courage l'abandonner, & dans son
» desespoir il s'escrie, Ah ! malheu-
» reux que je suis, quels malheurs
» m'attendent encore ! que je crains
» que la Déesse Calypso ne m'ait dit
» la verité, quand elle m'a averti que
» j'avois encore bien des maux à es-
» suyer avant que de pouvoir arriver
» dans ma chere patrie ; voilà sa pré-
» diction qui s'accomplit. De quels
» nuages noirs Jupiter a couvert le
» ciel ! quel mugissement affreux des
» flots ! tous les vents ont rompu
» leurs barrieres, on ne voit qu'ora-

ges affreux de tous costez, je ne «
dois plus attendre que la mort. «
Heureux & mille fois heureux les «
Grecs qui, pour la querelle des «
Atrides, sont morts sous les murs «
de la superbe ville de Priam ! Eh «
pourquoy les Dieux ne me laisse- «
rent-ils pas perir aussi le jour que «
les Troyens dans une sortie firent «
pleuvoir sur moy une si furieuse «
gresle de traits autour du corps «
d'Achille ! on m'auroit fait des fu- «
nerailles honorables, & ma gloire «
auroit esté celebrée par tous les «
Grecs, au lieu que presentement «
je peris d'une mort triste & mal- «
heureuse. «

Il achevoit à peine ces mots, qu'un flot espouvantable venant fondre sur la pointe de la nacelle, la fait tourner avec rapidité ; ce mouvement impetueux jette Ulysse bien loin, en luy faisant abandonner le gouvernail ; un furieux coup de vent brise le mast par le milieu, la voile & l'antenne sont emportées, & ce Prince est longtemps enseveli dans les ondes sans pouvoir vaincre l'effort de la vague qui le couvroit, car il estoit appesanti par les habits que luy avoit donnez la Déesse. Enfin aprés beaucoup de peines il surmonte le flot & reparoist ; en mesme temps il rend par la bouche une grande quantité d'eau, il en coule des ruisseaux de sa teste & de ses cheveux. Dans cet estat, quoy-qu'abbatu & sans forces, il ne perd pourtant pas le jugement & n'oublie pas son radeau, mais faisant effort & s'ellevant au dessus des vagues, il l'approche, s'en saisit, s'assied au milieu & évite ainsi la mort qui l'environne; la nacelle est le joüet des flots qui la poussent çà & là. Comme on voit en automne l'aquilon baloter des espines dans les campagnes quoy-qu'elles soient fort espaisses & entrelacées ; de mesme les vents balotoient la nacelle de tous costez. Tantost le vent de midy la laisse emporter à l'Aquilon, & tantost le vent d'Orient la cede au Zephyre.

La fille de Cadmus, la belle Ino, qui n'estoit autrefois qu'une mortelle, & qui alors estoit desja adorée comme Déesse de la mer sous le nom de Leucothée, voyant Ulysse accablé de maux, & porté de tous costez par la tempeste, fut touchée de compassion, & sortant tout d'un coup du sein de l'onde avec la rapidité d'un plongeon, elle vole sur la nacelle, & s'arrestant vis à vis d'Ulysse, elle luy dit : Malheureux Prince, pourquoy le « redoutable Neptune est-il entré « dans une si funeste colere contre « vous ! il vous poursuit avec tant « d'animosité & il vous expose à « tant de miseres ! mais quelqu'envie « qu'il ait de vous faire perir, il n'en « viendra pourtant pas à bout. Faites «

» donc ce que je vais vous dire ; vous
» me paroissez homme prudent &
» avisé : quittez vos habits, aban-
» donnez vostre nacelle aux vents, &
» vous jettant à la mer, gagnez à la
» nage l'isle des Pheaciens, où le Des-
» tin veut que vous trouviez vostre
» salut. Prenez seulement ce voile
» immortel que je vous donne, es-
» tendez-le devant vous & ne crai-
» gnez rien, non seulement vous ne
» perirez point, mais il ne vous arri-
» vera pas le moindre mal. Et dés
» que vous aurez gagné le rivage,
» ostez ce voile, jettez-le dans la mer
» le plus loin que vous pourrez, &
» en le jettant souvenez-vous de dé-
» tourner la teste.

En finissant ces mots, elle luy
presente ce voile, & se replonge
dans la mer. Ulysse repasse dans
son esprit ce qu'il vient d'entendre,
& penetré de douleur, il dit en
» luy-mesme, Ah, malheureux ! que
» je crains que ce Dieu, quel qu'il
soit,

D'HOMERE. *Livre V.* 433

soit, ne machine encore ma perte, « puisqu'il me presse d'abandonner « mon radeau. Mais je n'ay garde de « luy obéïr, car la terre, où il dit que « je dois me sauver, je la vois en- « core fort éloignée. Voicy ce que je « m'en vais faire, & c'est asseurément « le meilleur parti : pendant que « mon radeau sera entier, & que les « liens maintiendront l'assemblage « des planches & des solives qui le « composent, je ne l'abandonneray « point, & j'y attendray tout ce qui « pourra m'arriver. Mais sitost que la « violence des flots l'aura desuni & « mis en pieces, je me jetteray à la « nage ; je ne sçaurois rien imaginer « de meilleur. «

Pendant que le divin Ulysse s'entretenoit de ces pensées, Neptune excita une vague épouvantable aussi haute qu'une montagne & la poussa contre luy. Comme un tourbillon dissipe un monceau de pailles séches & les disperse çà & là,

Tome I. T

cette vague dissipe de mesme toutes les pieces du radeau. Ulysse se saisit d'une solive, monte dessus & la mene comme un cheval de selle. Alors il dépouille les habits que Calypso luy avoit donnez, attache devant luy le voile de Leucothée, se jette à la mer & se met à nager. Neptune le vit, & branslant la teste, il dit en son cœur : Aprés avoir » tant souffert va encore, erre en » cet estat sur les ondes, jusqu'à ce » que tu abordes chez ces heureux » mortels que Jupiter traite comme » ses enfants. Quand tu y seras arrivé, je ne croy pas que tu ayes sujet » de rire des maux que tu auras souf- » ferts.

En mesme temps il pousse ses fougueux coursiers & arrive à Aigues où il avoit un magnifique Palais.

Cependant la fille de Jupiter, la puissante Minerve, pensa bien differemment : elle ferma les chemins des airs à tous les vents & leur commanda de s'appaiser, elle ne laissa en liberté que le seul Borée avec lequel elle brisa les flots, jusqu'à ce qu'Ulysse fust arrivé chez les Pheaciens, & qu'il se fust dérobé aux attentats de la Parque. Deux jours & deux nuits ce Prince fut baloté sur les flots, toujours entre les bras de la mort, mais quand la belle Aurore eut amené le troisiéme jour, le vent s'appaisa, la tempeste fit place au calme, & Ulysse élevé sur la cime d'une vague, vit de ses yeux la terre assez prés de luy. Telle qu'est la joye que des enfants sentent de voir revenir tout d'un coup à la vie un pere qu'ils aiment tendrement, & qui consumé par une longue maladie, dont un Dieu ennemi l'avoit afligé, estoit prest à rendre le dernier soupir; telle fut la joye d'Ulysse quand il découvrit la terre & les forests; il nage avec une nouvelle ardeur pour gagner

T ij

le rivage ; mais quand il n'en fut plus éloigné que de la portée de la voix, il entendit un bruit affreux ; les flots, qui venoient se briser contre des rochers dont le rivage estoit bordé, mugissoient horriblement & les couvroient d'écume. Il n'y avoit là ni ports à recevoir les vaisseaux, ni abri commode, le rivage estoit avancé & tout herissé de rochers & semé d'écüeils. A cette vûë Ulysse sent son courage & ses forces l'abandonner, & dans cette extremité il dit en son cœur : Helas ! aprés que Jupiter a permis que je visse la terre que je n'esperois plus de voir, aprés que j'ay passé avec tant de travaux & de peines ce long trajet de mer, je ne trouve aucune issuë pour sortir de ces abysmes ; je ne vois de tous costez que des pointes d'écüeils que les flots heurtent impetueusement avec des meuglements épouventables. Plus prés du rivage je ne dé-

couvre qu'une chaîne de rochers «
escarpez, & une mer profonde où «
l'on ne trouve point de fond pour «
se tenir sur ses pieds & reprendre «
haleine. Si j'avance, je crains que «
le flot m'enveloppant ne me jette «
contre une de ces roches pointuës «
& que mes efforts ne me soient fu- «
nestes. Si je suis assez heureux pour «
me tirer de ces écüeils & pour ap- «
procher du rivage, j'ay à craindre «
qu'un coup de vent ne m'enleve & «
ne me rejette au milieu des flots, «
ou mesme que le puissant Dieu, qui «
me persecute, n'envoye contre moy «
quelqu'un des monstres marins qui «
sont en si grand nombre dans le «
sein d'Amphitrite, car je connois «
toute la colere dont Neptune est «
animé contre moy. «

Dans le moment que toutes ces pensées luy passent dans l'esprit, le flot le pousse avec impetuosité contre le rivage bordé de rochers. Il se seroit brisé infailliblement si

Minerve ne l'eust secouru, en luy inspirant d'avancer les deux mains, de se prendre au rocher & de s'y tenir ferme jusqu'à ce que le flot fust passé ; par ce moyen il se déroba à sa fureur, mais le mesme flot repoussé par le rivage, le heurta à son retour & l'emporta bien loin dans la mer. Comme lorsqu'un polype s'est colé à une roche, on ne peut l'en arracher qu'il n'emporte avec luy des parties de la roche mesme, ainsi Ulysse embrasse si fortement le rocher qu'il a saisi, que le choc violent de la vague ne peut l'en arracher sans qu'il y laisse une partie de la chair de ses mains ; cette vague en l'emportant le couvre tout entier. Ce malheureux Prince alloit perir, contre l'ordre mesme des Destinées, si Minerve ne luy eust donné en cette terrible occasion une presence d'esprit admirable ; dés qu'il fut revenu au dessus de l'eau au milieu des vagues qui le poussoient contre le rivage, il se mit à nager sans approcher trop de la terre & sans s'en éloigner trop non plus, mais la regardant toujours & cherchant quelque roche avancée qui pust luy servir d'abri. Aprés beaucoup d'efforts il arrive vis à vis de l'embouchure d'un fleuve. Ce lieu-là luy parut tres commode, car il n'y avoit point d'écüeils & il estoit à couvert des vents; il reconnut le courant, & dans son cœur adressant la parole au Dieu de ce fleuve, il dit: Grand Dieu, qui que vous soyez, « vous voyez un estranger qui a « grand besoin de vostre secours & « qui fuit la colere de Neptune. Tous « les hommes, qui dans le pitoyable « estat où je me trouve s'adressent « aux Dieux immortels, sont pour « eux, si je l'ose dire, un objet res- « pectable & digne de compassion. « C'est pourquoy aprés avoir souf- « fert des peines infinies, je viens «

T iiij

» avec confiance dans voſtre courant
» embraſſer vos genoux, ayez pitié
» de ma miſere, je me rends voſtre
» ſuppliant.

Il dit, & le Dieu auſſi-toſt arreſte ſon cours, retient ſes ondes, fait devant ce Prince une ſorte de ſerenité & de calme, & le ſauve en le recevant au milieu de ſon embouchure dans un lieu qui eſtoit à ſec. Ulyſſe n'y eſt pas pluſtoſt que les genoux & les bras luy manquent, car ſon cœur eſtoit preſque ſuffoqué par l'eau de la mer, il avoit tout le corps enflé, l'eau luy ſortoit par la bouche & par les narines, & il demeura ſans voix, ſans reſpiration & ſans poulx, tous les membres eſtant également accablez de fatigue & de laſſitude. Quand il fut revenu de cette défaillance, il détache le voile que Leucothée luy avoit donné & le jette dans l'embouchure du fleuve, les flots l'emporterent bien loin derriere luy, & Ino le retira promptement.

Ulysse sort ensuite du fleuve, & se couchant sur du jonc qui le bordoit, il baise la terre, & plein d'inquietude, il dit en luy-mesme, Que « vais-je devenir, & que doit-il en- « core m'arriver ? Si je couche icy « prés du fleuve, le froid de la nuit « & la rosée du matin acheveront de « m'oster la vie dans la foiblesse où je « suis, car il se leve le matin des rivieres « un vent tres froid. Que si je gagne « la coline, & qu'entrant dans le fort « du bois je me jette sur des brossail- « les, quand mesme je pourrois dissi- « per le froid & la lassitude & m'en- « dormir, je crains de servir de pasture « aux bestes carnacieres de la forest. «

Aprés avoir bien balancé dans son esprit, ce dernier parti luy parut le meilleur. Il prend donc le chemin du bois, qui estoit assez prés du fleuve dans un lieu un peu ellevé, il se mit entre deux arbres

T v

qui sembloient sortir de la mesme racine, dont l'un estoit un olivier sauvage & l'autre un olivier franc. Leurs rameaux estoient si entrelacez & si serrez, que ni les souffles des vents, ni les rayons du soleil, ni la pluye ne les avoient jamais penetrez, & qu'ils offroient une retraite tranquille. Ulysse s'y retira, & se fit un lit de feüilles, car la terre en estoit si couverte, qu'il y en auroit eu assez pour coucher deux ou trois hommes dans la saison de l'hyver quand le froid auroit esté le plus rude. Ulysse voyant cette richesse sentit une joye extresme, il se coucha au milieu, & ramassant les feüilles des environs, il s'en fit une bonne couverture pour se garentir des injures de l'air. Comme un homme qui habite dans une campagne escartée & qui n'a autour de luy aucun voysin, couvre la nuit un tison sous la cendre pour se conserver quelque semence de feu, de peur que s'il venoit à luy manquer, il ne pust en avoir d'ailleurs. Ainsi Ulysse se couvrit tout entier de feüilles, & Minerve fit couler sur ses paupieres un doux sommeil pour le délasser de toutes ses fatigues.

REMARQUES
SUR
L'ODYSSE'E D'HOMERE.

LIVRE V.

Page 407. *Desja les Dieux assemblez pour le Conseil*] Le premier Livre a commencé par un Conseil des Dieux qui se déterminent enfin à sauver Ulysse & à le tirer de l'isle d'Ogygie où il estoit retenu. Et voicy dans ce Livre un second Conseil des Dieux où ils déliberent sur les moyens.

Page 408. *N'avez-vous pas pris les mesures necessaires*] Car dans le premier Conseil il avoit esté arresté que l'on envoyeroit Mercure à Calypso.

Page 409. *Car c'est vous qui, outre vos autres fonctions, estes toujours chargé de mes ordres*] Il veut dire que Mercure a des fonctions qui luy sont particulierement assignées, & qu'il execute sans estre envoyé de Jupiter, comme par exemple celle de conduire les ames dans les Enfers. Au reste il est aisé de voir pourquoy c'est Mercure qui est envoyé à Calypso. C'est la raison qui est au dedans de nous qui nous inspire tout le bien que nous devons faire, & cette raison est une émanation de la raison souveraine. Cela a desja esté expliqué.

Et que sans estre conduit ni par les Dieux, ni par aucun homme] C'est à dire, sans estre conduit visiblement par aucun Dieu, car quoy - qu'Ulysse parust abandonné des Dieux, il estoit pourtant conduit par les Dieux. Ce que Jupiter dit icy en sept ou huit vers, est le sommaire des huit Livres suivants, dans lesquels s'execute tout ce qui est dit icy.

Sur un radeau] C'est ainsi que j'explique, ἐπὶ σχεδίης, *schedia*, est un petit basteau fait à la haste, un bastiment composé de plusieurs planches & de solivaux assemblez & liez ensemble. Σχεδία μικρὰ ναῦς ἢ ξύλα ἃ συνδέουσι καὶ οὕτω πλέουσι. Schedia *petite barque, ou plusieurs bois liez ensemble & sur lesquels on navige.* Hesychius.

Il arrive enfin le vingtiéme jour] Homere fonde toujours ce qu'il a desja dit de l'éloignement de l'isle de Calypso, qu'il place contre la verité dans la mer Atlantique pour rendre son recit plus merveilleux, comme nous le verrons dans la suite.

Dont la fertile Scherie, terre des Pheaciens, dont le bonheur approche de celuy des Immortels] C'est l'isle de Corcyre, aujourd'huy *Corfou*. Je découvriray dans la suite les fondements sur lesquels Homere a basti tout ce qu'il dit de cette isle anciennement si heureuse.

Page 410. *Qu'il auroit esté moins riche si sans aucun accident*] Avec quel art Homere mesle des instructions morales dans ses simples recits. Un homme qui fait naufrage & qui a perdu tout son bien, qu'il avoit chargé sur ses vaisseaux, ne laisse pas d'arriver chez luy plus riche qu'il n'estoit. Il y a un Dieu puissant qui peut reparer ses pertes, & luy donner plus de richesses qu'il n'en avoit auparavant.

C'est ainsi que le Destin veut] Le Destin n'est donc autre chose que la volonté de Jupiter & ce qu'il a une fois prononcé.

Il prend sa verge d'or avec laquelle il plonge les hommes dans le sommeil] De tres sçavants hommes ont fort bien vû que Mercure avec sa verge d'or a esté forgé par les Anciens Mythologistes sur Moïse. Les convenances qu'ils trouvent entre leurs fonctions le prouvent suffisamment. On peut voir les Remarques sur la dixiéme Ode du 1. livre d'Horace. Mais indépendamment de cette découverte, qui me paroist seure, je croy que

SUR L'ODYSSÉE. *Livre V.* 447
ce qu'Homere dit icy de Mercure qui plonge les hommes dans le sommeil & les en retire quand il luy plaist, peut n'avoir esté imaginé que pour exprimer la force de la parole, qui calme les plus emportez, & qui excite les plus lasches & les plus tranquilles, & qui, comme par une espece d'enchantement, nous fait recevoir des fables comme des veritez. La force de cette parole paroist bien dans ces vers, il semble qu'Homere nous ait touchez avec cette verge de Mercure, tant nous sentons de plaisir à lire cette belle Poësie où tout est si animé. Les Poëtes posterieurs ont fait de cette verge de Mercure un caducée, mais Homere n'a jamais connu ce mot.

Page 411. *Tel Mercure vole sur la cime des flots*] Eustathe nous avertit que ce vers

Τῷ ἴκελος πολέεσσιν ὀχήσατο κύμασιν Ἑρμῆς.

avoit esté marqué par les anciens Critiques comme un vers qui devoit estre rejetté & qu'on avoit fourré là mal à propos. Le fondement de cette critique estoit que le mot ὀχήσατο, *estoit porté*, ne répondoit pas à la vitesse du vol de Mercure ; mais cette censure est tres mal fondée, & Eustathe s'en est moqué avec raison. *Estre porté*, se peut dire du vol comme d'une simple marche.

Quand il fut parvenu à cette isle, qui est

fort éloignée] J'ay desja dit dans le premier Livre que c'est l'isle appellée *Gaulus*, qui est tres voysine de Melite, ou Malte, & qui est comme elle entre le rivage d'Affrique & le promontoire de Sicile appellé *Pachine*. Homere en fait l'isle Atlantique pour rendre sa narration plus merveilleuse. Il ne faut pas confondre cette isle de *Gaulus* avec l'isle de *Caude* ou *Gaude*, dont il est parlé dans les Actes des Apostres, celle-cy est prés de Crete.

A l'entrée il y avoit de grands braziers magnifiques] Il ne faut pas douter qu'Homere ne peigne par-tout les mœurs anciennes & mesme celles de son temps. C'estoit une partie de la magnificence d'avoir dans les appartements de grands braziers de quelque riche métail où l'on faisoit brusler incessamment le bois le plus précieux. Chez les grands le feu estoit en usage dans toutes les saisons, car on le croyoit bon pour la santé.

Page 412. *Autour des prairies émaillées de toutes sortes de fleurs*] J'ay mis les fleurs au lieu des *herbes*, qui sont dans l'original. Le Roy Ptolomée Evergete avoit fort bien vû que dans le vers Grec au lieu du mot ἴς qui signifie une *violette*, il falloit remettre le mot σίς, qui est une sorte d'herbe semblable à l'ache ou au persil. Le *Sion* vient icy fort bien avec le *Selinon*, mais non pas la *violette*.

Il est glorieux à Homere d'avoir un si grand Roy pour restaurateur de son texte, mais il ne l'est pas moins à ce Roy d'avoir si heureusement corrigé le texte d'un si grand Poëte.

Les immortels mesmes n'auroient pû voir un si beau lieu sans l'admirer] C'est à mon avis le veritable sens de ce passage. Homere parle en general. Au reste l'admiration que les Dieux mesmes auroient pour ce beau lieu, nous ne sçaurions nous empescher de l'avoir pour la belle description qu'Homere en a faite. Que n'ay-je pû en conserver les graces & les beautez dans ma Traduction!

Ulysse n'estoit pas avec la Déesse] Eustathe a crû qu'Homere avoit imaginé cette absence d'Ulysse, afin qu'il ne sçeust pas qu'elle avoit ordre de le laisser partir, & qu'il luy en eust toute l'obligation comme d'une grace qu'elle luy faisoit de son pur mouvement sans y estre forcée. Mais cette raison me paroist froide. Il y en a une plus forte qui est une raison de sagesse. La bienséance vouloit qu'Ulysse ne fust pas auprés de Calypso quand Mercure arriva. S'il avoit esté auprés d'elle, cela auroit pû donner des soupçons desagréables, & Ulysse auroit fait le personnage d'un homme amoureux, qui n'auroit pû quitter un seul moment sa maistresse, au lieu qu'Homere luy fait joüer le rolle d'un homme sage qui est uniquement occupé de ses malheurs, & qui bien-loin de s'oublier dans les délices, passe ses jours à aller entretenir ses tristes pensées sur le rivage de la mer. Il y a là beaucoup de sagesse & de décence.

Page 414. *Car qui est-ce qui voudroit de son bon gré traverser une si grande estenduë de mers où l'on ne trouve pas sur sa route*] C'est pour mieux fonder l'éloignement de cette isle, & pour faire entendre qu'elle est au milieu de l'Ocean. Tout ce qu'Homere dit de cette isle, fait comprendre que la tradition de l'isle Atlantique, telle que Platon l'avoit receuë, est fort ancienne, puisqu'elle estoit avant luy.

Mais il n'est permis à aucun Dieu] Cela est fort adroit, en parlant pour luy il parle aussi pour Calypso, car il luy donne par là un conseil plein de sagesse, qui est d'obéïr aux ordres de Jupiter. C'est une insinuation délicate, plus efficace qu'un conseil direct. Calypso le sent fort bien, car elle va bien-tost repeter les mesmes termes.

Page 415. *La belle Aurore n'eut pas plustost regardé favorablement le jeune Orion*] Avec quelle adresse Homere fonde la vray-semblance de sa fable de l'amour de Calypso pour Ulysse, en rapportant des fables semblables divulguées & receuës avant luy! Qui est-ce qui refusera de croire la passion de Calypso pour Ulysse, après celle de l'Aurore pour Orion, & celle de Cerés pour Jasion ? Voilà comme Homere sçait donner des couleurs à tout ce qu'il invente.

Page 416. *Que l'envie s'alluma dans ces Dieux toujours heureux*] C'est une ironie amere, c'est comme si elle disoit : Dans ces Dieux qui se vantent d'estre toujours heureux, & qui cependant sont rongez d'envie.

Et elle ne cessa qu'après que la chaste Diane avec ses fleches mortelles] Nous avons vû dans l'Iliade que les morts subites des hommes estoient attribuées à Apollon, & celles des femmes à Diane, cependant voicy Diane qui tuë un homme avec ses fleches. Cela a rendu ce vers suspect à quelques anciens Critiques, qui n'ont pas compris la raison de ce changement. La mort d'Orion est justement attribuée à Diane, parce qu'estant une Déesse chaste, c'est à elle plustost qu'à Apollon à punir un crime commis contre la chasteté. Au reste, le sens caché sous cette fable de l'amour de l'Aurore pour Orion est sensible. Orion estoit un chasseur, l'Aurore est favorable aux chasseurs & Diane leur est contraire, parce que comme ils couchent souvent à la belle estoile, la pluspart perissent par des maladies que leur causent l'humidité &

la fraischeur des nuits.

Dés que la blonde Cerés eut accordé ses bonnes graces au sage Jasion] Voicy le sens caché sous cette fable : Cerés est la mesme que la terre, Jasion estoit un laboureur. Comme le laboureur jette son grain dans le sein de la terre, on a feint que la terre estoit amoureuse de luy. Et comme les excessives chaleurs sont contraires aux semences, on a feint sur cela que Jupiter avec ses foudres avoit puni ces amours & ruiné ce commerce. Et une marque seure que c'est là le mystere caché sous cette enveloppe, c'est ce qu'Homere adjoute, νειῷ ἐνὶ τριπόλῳ, *dans un gueret labouré qui a eu trois façons.*

Je ne puis sans exciter vostre envie m'attacher un homme que je sauvay du naufrage] Cela est plaisant, Calypso regarde Ulysse comme un bien qui luy appartient par droit d'application.

Page 417. *Mais il n'est permis à aucun autre Dieu d'enfraindre ou de negliger les loix supresmes*] Calypso repete les mesmes termes dont Mercure s'est servi en parlant de luy-mesme.

Que ce cher Prince perisse donc, puisque ce Dieu le veut] Homere fait voir icy fort adroitement combien la passion aveugle ceux qu'elle possede. Calypso croit avoir raison contre Jupiter, & elle donne de si belles couleurs à sa cause, qu'on croiroit presque que la justice est de son costé. C'est elle qui a sauvé Ulysse, qui l'a receüilli, qui luy a fait toutes sortes de bons traitements, qui luy a offert l'immortalité mesme, n'est-il pas juste qu'elle le garde ! & c'est Jupiter qui veut le tirer d'un lieu où rien ne manque à son bonheur, & qui veut l'exposer encore aux mesmes perils pour le perdre. N'est-ce pas là une grande cruauté ! Mais elle ne dit pas qu'Ulysse se trouve tres malheureux auprés d'elle, qu'il a une femme qu'il veut aller retrouver, des peuples ausquels il se doit, qu'en un mot elle le retient avec une extreme injustice, & que c'est Jupiter, ennemi de la violence, qui veut le tirer de cette captivité.

Page 418. *Mais toujours malgré luy*] Homere remet toujours devant les yeux la sagesse d'Ulysse, & la violence qu'il se faisoit. Les bienséances sont bien observées. Mais dans le mesme temps qu'il marque la répugnance d'Ulysse, il peint par son expression l'empressement & l'amour de Calypso, παρ οὐκ ἐθέλων ἐθελούσῃ, *nolens juxtà volentem. Il se coucha malgré luy auprés de celle qui ne desiroit que luy.* Il ne faudroit que ce seul endroit pour faire juger de la bonne foy & de la rare prudence de l'Auteur du Parallele, qui dans l'envie de critiquer Homere, fait faire par son Abbé cette reflexion si judicieuse: *Ulysse va tous les jours soupirer pour sa chere Penelope en se tournant vers le Royaume d'Ithaque où elle estoit, & ensuite il alloit coucher avec la Nymphe Calypso.* A quoy le Chevalier répond trés sagement, *voilà un bel exemple de l'amour conjugal, car on dit qu'il fit cette vie-là pendant sept ans.* Ce pauvre Critique n'a pas daigné prendre garde à ces mots, *mais toujours malgré luy*, qui marquent & la sagesse d'Ulysse & l'amour qu'il conservoit pour Penelope, & les bienseances que ce Poëte observoit, sans jamais les perdre de veuë.

Page 419. *Et qui sont plus puissants que moy, soit pour bien penser, soit pour executer leurs pensées*] Homere marque par tout la difference & la subordination qu'il reconnoist entre les Dieux. Il en marque un seul tout puissant dont tous les autres sont les creatures; & ces derniers, il reconnoit qu'ils n'ont pas esté tous également partagez, & que les uns ont receu plus de lumiere & de puissance que les autres.

Accompagnez du vent le plus favorable] Le Grec dit *réjoüis*, comme donnant du sentiment à ces vaisseaux.

Que vous ne formez aucun mauvais dessein contre ma vie] Ulysse croyoit que Calypso pleine de ressentiment luy conseilloit de partir sur ce radeau, afin que l'effort des vagues venant à le délier, il perist malheureusement.

Page 420. *Il faut avoüer que vous estes un homme bien rusé*] Ἀλιτρός signifie un *scelerat*, & comme les scelerats font ordinairement plus rusez que les gens de bien, qui sont presque tous simples, ce mot a esté pris pour un *rusé*, un homme *deffiant*. οὐκ ἀπο-φώλια εἰδώς, *non vana sciens*.

Et je prends à temoin la terre, le ciel] C'estoit-là le formulaire des anciens sermens, on interessoit toute la nature, afin que si on venoit à les violer, toute la nature conspirast pour punir le parjure. C'est ainsi que dans le 12. liv. de l'Eneïde Enée jure,

Esto nunc sol testis, & hæc mihi terra precanti.

Et le Roy Latinus répond,

Hæc eadem, Ænea, terram, mare, sidera juro.

Et pour remonter plus haut & à des temoignages plus respectables, Moïse dans son Cantique dit, comme le sçavant Grotius l'a remarqué, *Audite cœli, quæ loquor, audiat terra verba oris mei*. *Cieux, escoutez ce que je déclare, & que la terre entende les paroles qui sortent de ma bouche*. Deuteron. 32. 1. Dans tous ces passages on regarde les cieux & la terre comme des estres animez.

Et mon cœur n'est point un cœur de fer, mais un cœur sensible] Ulysse auroit eu tort s'il avoit exigé d'elle qu'elle en eust juré.

Page 421. *Ulysse se plaça sur le siege que Mercure venoit de quitter*] L'homme sage est seul digne de remplir un siege où Mercure a esté assis.

La Déesse servit devant luy une table] La Déesse se fait servir par ses Nymphes, mais elle ne souffre pas qu'elles servent Ulysse, elle veut avoir le plaisir de le servir elle-mesme. Sa passion se marque par tout.

Vous choisiriez asseurement de demeurer icy avec moy, & vous prefereriez, &c.] Qu'Homere peint bien dans cette image la force ou plustost la tyrannie de l'amour. Calypso vient de recevoir un ordre de Jupiter de renvoyer Ulysse; Mercure luy a déclaré que si elle n'obéit, la colere de ce Dieu luy sera funeste. Malgré tout cela elle fait tous ses efforts pour le retenir. Les preceptes directs pourroient-ils estre aussi instructifs que cette image?

Page 422. *Je sçay parfaitement combien la sage Penelope vous est inferieure*] Je suis charmée de l'adresse & de la finesse de cette réponse, & je ne sçaurois la mieux faire sentir

tir qu'en rapportant la remarque d'Eustathe, qui en a parfaitement connu la beauté. Remarquez, dit-il, *la force de cette réponse, il en a adouci d'abord la dureté, en demandant pardon par avance de ce qu'il va dire. Il amadoüe la Déesse par une épithete de respect, en l'appellant venerable,* πότνια Θεὰ, *& enfin il ravale extremement Penelope, en la mettant infiniment au dessous d'elle, mais autant qu'il la rabaisse d'un costé, autant la releve-t-il de l'autre par cette seule épithete qu'il glisse finement, la sage Penelope. Faisant entendre que cette sagesse estoit ce qui excitoit le plus en luy ce desir & cette impatience de la revoir, & comme luy disant elle vous est inferieure en beauté, en majesté, en adresse, mais elle est bien au dessus de vous par sa sagesse & par sa chasteté.* Que servent aux femmes la beauté, la majesté, l'adresse, les agréments de l'esprit sans la sagesse? L'immortalité mesme seroit pour elles en cet estat un present funeste. Homere fait donc entendre icy que par la sagesse seule une femme s'esleve au dessus d'une Déesse mesme qui manque de cette qualité quoy-qu'elle ait toutes les autres. En effet quelle comparaison de Calypso à Penelope! Celle-cy est environnée d'une foule d'amants, tous Princes, tous ses égaux, & elle resiste constamment à toutes leurs Poursuites. Et Calypso n'a pas plustost receu chez elle un estranger, un mortel, qui ne peut l'aimer, qu'elle tombe dans les plus indignes foiblesses.

Cependant je ne demande qu'à me revoir dans ma patrie] Il y a icy une politesse qu'il est bon de remarquer. Il semble que la suite du discours d'Ulysse demandoit qu'il dist, *cependant j'aime mieux la voir que de demeurer prés de vous*, mais comme ces termes sont trop durs pour estre dits en face, il change son expression, & dit qu'il *ne demande qu'à se revoir dans sa patrie*. Ce qui est beaucoup plus doux.

Page 424. *Ulysse se met à couper ces arbres & à les tailler*] On demande, est-il vraysemblable qu'un homme seul fasse tout ce que fait icy Ulysse? Oüi, tres vraysemblable, & l'histoire fournit des exemples de choses encore plus difficiles que la necessité a fait executer à des hommes seuls & dénuez de tout secours.

Il abbatit vingt arbres en tout] Je suis tres faschée de ne pouvoir estre icy du sentiment de l'Auteur du Traité du Poëme Epique, qui a crû qu'Ulysse avoit employé vingt jours à faire son navire. Il s'est trompé manifestement à ce passage. Il y a dans le Grec, εἴκοσι δ' ἔκβαλε πάντα, il l'a expliqué, *il les abbatit en vingt jours*, & c'est ce qu'Homere n'a nullement dit, il est mesme sans exemple qu'on ait jamais dit en Grec ἔικοσι *en vingt*, pour ἔικοσι ἡμέραις, *en vingt jours.* Le mot ἔικοσι ne marque pas icy le nombre des jours, mais le nombre des arbres; c'est un accusatif qui se joint avec πάντα δ'ἐυδρεα, *il abbatit vingt arbres.* Et c'est ce qu'Eustathe avoit bien senti, car il a escrit que ce nombre de vingt arbres marque bien que ce radeau estoit fort large, & qu'il avoit fallu beaucoup de liens pour l'assembler. D'ailleurs Homere a fait entendre assez clairement sa pensée en disant que l'ouvrage fut fait tres promptement. Or il auroit esté fait fort lentement si Ulysse avoit employé vingt jours à abbatre vingt arbres. Il ne fut à les abbatre, à les assembler & à faire son navire que quatre jours, comme Homere le dit dans la suite pour expliquer & confirmer ce qu'il a dit de la diligence avec laquelle tout cet ouvrage fut fait. Ce sçavant homme, qui a fait un ouvrage admirable, que les gens sensez loüeront toujours, a esté trompé par les traductions Latines.

Il les arreste avec des clouds & des liens] Je voudrois que Platon eust fait attention aux passages où Homere fait une imitation des arts les plus méchaniques; je suis persuadée qu'il auroit rendu plus de justice à son imitation, & qu'il auroit esté forcé d'avoüer qu'un charpentier n'auroit pas mieux basti ce radeau qu'Homere l'a descrit.

Page 425. Calypso luy apporta des toiles] Les Anciens ont bien senti la beauté de cet endroit & demeslé la finesse de Calypso; elle auroit pû luy donner tout à la fois tout ce qui luy estoit necessaire pour achever & perfectionner son ouvrage, la hache, la scie, les terrieres, les toiles. Mais elle ne les donne que les unes aprés les autres, afin de se menager des prétextes de le revoir plus souvent, & de faire plus d'efforts pour le détourner de la résolution qu'il avoit prise.

Et mit les cordages qui servent à les plier & à les estendre] C'est ce que signifie proprement πόδες. Les cordages des voiles. Les Latins les nomment de mesme *pedes*. C'est à dire des cordages attachez aux coins des voiles, & qui servent à les tourner du costé qu'on veut pour leur faire recevoir le vent: ce que Virgile appelle *fecere pedem*.

*Unà omnes fecere pedem, pariterque
    sinistros
Nunc dextros solvere sinus.*

Tout cet ouvrage fut fait le quatriéme jour] C'est à dire, il fut fait à la fin du quatriéme jour depuis qu'il fut commencé, & ce quatriéme estoit le cinquiéme depuis l'arrivée de Mercure. Ulysse ne fut donc que quatre jours à faire son navire, c'est pourquoy Homere a dit plus haut que son ouvrage fut fait promptement.

SUR L'ODYSSE'E. Livre V. 461

Page 426. *Ulyſſe plein de joye déploya ſes voiles*] Le Poëte ne s'amuſe point à rapporter les adieux de Calypſo & d'Ulyſſe, car outre qu'il va toujours à ſon but, *ſemper ad eventum feſtinat*, que faire dire à deux perſonnages dont l'un part avec tant de joye & l'autre le voit partir avec tant de douleur!

Sans jamais laiſſer fermer ſes paupieres au ſommeil] Un pilote peut-il dormir? Lycophron a fort bien défini l'art du pilote, l'art où l'on ne dort point. ἄυπνον τέχνην.

Et le Bouvier qui ſe couche ſi tard] Car on prétend que le Bouvier, *Arctophylax*, ne ſe couche qu'aprés tous les autres aſtres qui ſe ſont levez avec luy.

Et qui eſt la ſeule conſtellation qui ne ſe baigne jamais dans les eaux de l'Ocean] On peut voir ce qui a eſté remarqué ſur le XVIII. Livre de l'Iliade.

La Déeſſe avoit obligé Ulyſſe de faire route en laiſſant à gauche cette conſtellation] Il falloit effectivement qu'Ulyſſe euſt toujours le pole à ſa gauche, ſoit que l'on conſidere la veritable ſituation de l'iſle de *Gaule* d'où il partoit, ſoit que l'on conſidere la ſituation fabuleuſe qu'Homere luy donne dans l'Ocean. Car pour aller à Ithaque de l'Ocean,

V iij

il faut toujours avoir le pole à sa gauche, puisqu'on va du couchant au levant.

Page 427. *Il vogua ainsi dix-sept jours*] Voilà un grand trajet fait par un homme seul, cela est-il vraysemblable, & Homere ne passe-t-il point icy les bornes des mensonges qu'il luy est permis de forger? Homere ne blesse point icy la vraysemblance, & l'Histoire nous a conservé des faits aussi prodigieux. Eustathe nous en rapporte un entierement semblable. Il dit qu'un homme de la Pamphylie ayant esté fait prisonnier & emmené esclave à Taniathis d'Egypte, qui est la mesme que Damiette, il fut là plusieurs années; qu'enfin l'amour de la patrie se reveilla dans son cœur & luy inspira un violent desir d'y retourner, pour y parvenir il fit semblant d'estre homme de mer. Son maistre luy confia une barque pour la pesche; il servit si bien qu'on luy laissa une entiere liberté de s'adonner à cette profession. Il profita de cette confiance, & aprés avoir fait secretement provision d'une voile & de tout ce qui estoit necessaire pour un long voyage, un beau jour il prit l'occasion d'un vent favorable, & se hazarda à voguer seul. Mettant donc à la voile, & gouvernant luy-mesme son bateau, il traversa cette vaste estendue de mers & arriva heureusement chez luy. Spectacle nouveau & qu'on n'auroit jamais esperé. Cet évenement parut si prodigieux, qu'il fit changer son nom, on l'appella *Monon utes, celuy qui vogue seule.* Et pour ne pas laisser perdre la memoire d'un si grand bonheur, sa famille conserva toûjours depuis le mesme nom, & s'appella la famille de *celuy qui vogue seul.* Eustathe temoigne qu'elle subsistoit encore de son temps.

Le dix-huitiéme jour il découvrit les sombres montagnes de la terre des Pheaciens] Si l'on prend la peine de compter les lieuës qu'un navire peut faire en dix-huit jours par un vent favorable, on imaginera à peu prés la position qu'Homere donne à l'isle de Calypso dans l'Ocean. Ulysse arrive le dix-huitiéme jour à la vûë de Corfou.

Cette isle luy parut comme un bouclier] Par sa petitesse & par sa figure qui est plus longue que large. D'autres expliquent autrement le mot ῥινόν, car ils disent que les Illyriens appellent ἀχλὺν, ῥινόν. Je ne sçaurois estre du sentiment de ceux qui, au lieu de ῥινόν, ont lû ἐρινόν, *un figuier sauvage.* Cette idée est fausse.

De dessus les montagnes des Solymes] Les Solymes sont dans la Pisidie en Asie. Comment Neptune, qui revient de chez les Ethiopiens, c'est à dire, de la plage meridionale de l'Ocean, peut-il donc appercevoir Ulysse de dessus les montagnes des Solymes, qui sont si éloignées de son chemin ? Strabon, pour répondre à cette difficulté, suppose qu'Homere a donné à quelques montagnes de l'Ethiopie meridoniale le nom de *Solymes*, parce qu'elles ont par leur situation quelque rapport & quelque ressemblance avec les montagnes de la Pisidie. Que sçait-on mesme si de son temps ce nom de *Solymes* ne s'estendoit point à toutes les montagnes les plus élevées ? Selon Bochart le nom de *Solymes* vient de l'Hebreu *Selem*, qui signifie *ombre, tenebres.* De-là ces pays montagneux &couverts de bois, ont esté appellez *Solymi,* noirs, tenebreux.

Les Dieux ont donc changé de resolution en faveur d'Ulysse] Neptune animé contre Ulysse se flattoit que les Dieux vouloient absolument le faire perir, mais il se trompoit, & il estoit mal instruit de l'ordre des Destinées.

Page 428. *En finissant ces mots il assemble les nuages*] Cette description d'une affreuse tempeste ne porte aucune marque de la vieillesse d'Homere; il y a au contraire une force de Poësie dont rien ne peut approcher. Si Homere estoit vieux quand il composa ce Livre, il faut dire que sa vieillesse est plus jeune que la jeunesse des autres Poëtes.

Page 429. *Le jour que les Troyens dans une sortie firent pleuvoir sur moy une si furieuse gresle de traits autour du corps d'Achille*] Quand Achille eut esté tué en trahison par Pâris, les Troyens firent une sortie pour enlever son corps. Il se fit là un grand combat. Ulysse pour dégager le corps de ce heros le chargea sur ses épaules, & Ajax le couvrit de son bouclier. Comme la guerre de Troye n'est pas le sujet de l'Iliade, Homere n'a pû y parler de cette mort, mais, & Longin l'a remarqué, il rapporte dans l'Odyssée beaucoup de particularitez, qui sont les suites de ce qui s'est passé dans l'Iliade.

Page 430. *Comme on voit en automne l'Aquilon baloter des épines dans les campagnes*] Homere compare fort bien le radeau d'Ulysse à des épines, parce que les épines estant épaisses & entrelassées, elles ressemblent parfaitement à ce radeau composé de differentes pieces engagées les unes dans les autres.

Page 431. *La fille de Cadmus, la belle Ino*] Il n'estoit ni possible ni vraysemblable qu'Ulysse échapast d'un si grand danger par ses seules forces. C'est pourquoy le Poëte fait venir à son secours la Déesse Ino ou Leucothoé. Et cet épisode est fort bien choisi. Ino a esté une mortelle, elle s'interesse pour les mortels; elle a esté maltraitée par son mary Athamas, & elle s'interesse pour Ulysse qui est si bon mary.

Page 432. *Prenez seulement ce voile immortel que je vous donne, estendez-le devant vous & ne craignez rien*] On conjecture par cet endroit que du temps d'Homere & plus avant encore, on connoissoit ces préservatifs, τὰ πελάσμα, que l'on portoit sur soy, & ausquels on attribuoit la vertu de délivrer des dangers contre lesquels on les avoit pris, souvent mesme on leur donnoit le nom des Dieux ausquels ils estoient comme dédiez, & qui les rendoient si salutaires. On peut donc croire qu'Ulysse, homme pieux, avoit sur luy une écharpe, une ceinture de Leucothoé, que l'on croyoit bonne contre les perils de la mer. Et que c'est ce qui a fourni l'idée de cet épisode, dont la fable n'est que l'enveloppe de la verité. Cela me paroist fort naturel & fort vraysemblable, car les hommes ont toujours esté ce qu'ils sont.

Ostez ce voile, jettez-le dans la mer le plus loin que vous pourrez] Comme Ino le luy avoit ordonné. C'estoit un hommage qu'il devoit rendre à la divinité à laquelle il devoit son salut.

Page 433. *Mais je n'ay garde de luy obeïr*] Homere fait bien éclater icy le caractere de sagesse qu'il a donné à Ulysse, en luy faisant imaginer un parti plus sage & plus prudent que celuy que la Déesse luy avoit conseillé de prendre. Et toute cette belle

Poësie n'est que pour dire qu'une seconde reflexion est souvent meilleure que la premiere.

Page 434. *Et arrive à Aigues*] Ville sur la coste Orientale de l'Eubée, où Neptune avoit un magnifique Temple. On peut voir ce qui a esté remarqué sur le XIII. Livre de l'Iliade tome 2. pag. 547.

Elle ferma les chemins des airs à tous les vents, & leur commanda de s'appaiser] Homere reconnoist icy que Minerve commande aux vents, c'est à dire, qu'il donne à cette Déesse le mesme pouvoir & la mesme autorité qu'à Jupiter mesme. Et c'est sur cela que Callimaque a fort bien dit dans son hymne sur les bains de Pallas, *Que Minerve est la seule fille de Jupiter à qui ce Dieu ait donné ce grand privilege d'avoir le mesme pouvoir que luy*.

..... Ἐπεὶ μόνα Ζεὺς τόγε θυγατέρων
Δῶκεν Ἀθηναίᾳ πατρώϊα πάντα φέρεσθαι.

Comme je l'ay desja remarqué ailleurs.

Page 435. *Elle ne laissa en liberté que le seul Borée avec lequel elle brisa les flots*] Car c'est le vent le plus propre pour ramener le calme & pour applanir la mer irritée. C'est pourquoy il l'a appellé plus haut *αἰθρηγενέτης*, *qui ramene la serenité*, quoy-qu'il parle d'une violente tempeſte. Mais il ne produit ce bon effet que quand il regne ſeul, car avec les autres il eſt furieux & augmente l'orage.

Deux jours & deux nuits ce Prince fut balloté] Le dix-huit & le dix-neuf.

Mais quand la belle Aurore euſt amené le troiſiéme jour] Qui eſtoit le vingt. La Déeſſe Calypſo luy avoit prédit qu'il n'arriveroit que le vingtiéme jour.

Telle qu'eſt la joye que des enfants ſentent de voir revenir tout d'un coup à la vie] Homere ne compare pas Ulyſſe à ces enfants, la comparaiſon ne ſeroit pas juſte, car Ulyſſe ſouffre, & les enfants ne ſouffrent point, mais il compare la joye d'Ulyſſe de ſe voir échapé de tant de dangers à celle de ces enfants, qui voyent revenir leur pere à la vie, aprés qu'il a eſté ſi long-temps entre les bras de la mort. Et cette comparaiſon fait honneur & à Homere & à ces temps heroïques. Rien n'égaloit la joye que les enfants avoient de voir leur pere ſe tirer d'un ſi grand danger. Car alors les peres eſtoient regardez comme un précieux treſor dans la maiſon, & comme l'image meſme de la Divinité. Preſentement pour rendre la joye d'Ulyſſe plus ſenſible, il faudroit peut-eſtre changer la comparaiſon & dire, *telle qu'eſt la joye d'un pere qui voit revenir de la mort son fils unique, &c.* Car aujourd'huy l'amour des enfants pour les peres est bien refroidie, au lieu que celle des peres pour les enfants se maintient toujours. Je connois pourtant encore des enfants capables de sentir la force & la beauté de la comparaison d'Homere, & qui ne permettroient pas de la changer.

Dont un Dieu l'avoit affligé] Car ils estoient persuadez que c'estoit toujours quelque Dieu irrité qui envoyoit les maladies. Et Hippocrate luy-mesme a reconnu qu'il se trouve des maladies où il y a quelque chose de divin, Θεῖόν τι. La saine Theologie n'est pas contraire à ce sentiment.

Page 438. *Comme lorsqu'un polype s'est colé à une roche*] Voicy encore une comparaison qui n'est juste que par un endroit. Homere ne compare nullement Ulysse à un polype, la comparaison seroit vicieuse & contraire, puisque c'est le polype qui arrache des parties du rocher, & que c'est le rocher qui emporte des morceaux des mains d'Ulysse. Mais la comparaison n'est faite, comme les anciens Critiques en ont averti, que pour marquer la force avec laquelle Ulysse empoigne ce rocher. Comme le polype s'attache si fortement à une roche, qu'il ne peut en estre arraché sans emporter avec luy des parties de cette roche, ainsi Ulysse empoigne si fortement son rocher, qu'il ne peut en estre arraché qu'il n'y laisse une partie de ses mains. La cause de l'un & de l'autre c'est la force avec laquelle ils se tiennent tous deux à leur rocher. Ainsi la comparaison est tres juste & tres sensible.

Page 439. *Sont pour eux, si je l'ose dire, un objet respectable*] L'expression est hardie, mais pourtant vraye. Dieu respecte en quelque façon la misere & l'affliction des gens de bien, car il ne les perd pas de vûë, & il les en délivre enfin. Quelqu'un a fort bien dit, *res est sacra miser. Un malheureux est une chose sacrée.*

Page 440. *Fait devant ce Prince une sorte de serenité & de calme*] Homere parle ainsi avec des termes mesurez, *il fit la serenité devant luy,* πρόςθε δέ οἱ ποίησε γαλήνην, parce qu'il ne dépendoit pas du Dieu d'un fleuve de faire une bonnace entiere, il n'avoit ce pouvoir que dans son courant, qui estoit son district.

Ulysse n'y est pas plustost, que les genoux & les bras luy manquent] Je ne sçaurois estre icy du sentiment d'Eustathe, qui donne au texte une explication, qui me paroist trop forcée. Il veut que dans ce vers, ὁ δ' ἄρ ἄμφω γούνατ' ἔκαμψε, χεῖράς τε σιβαρὰς· *Ille autem ambo genua flexit, & manus ro-*

buſtas, Homere ait dit qu'Ulyſſe aprés les violents efforts qu'il avoit faits en nageant ſi long-temps, ſe voyant à terre, ſe mit à remüer les jambes & les mains par une raiſon phyſique, de peur que s'il les laiſſoit en repos, la longue tenſion où ils avoient eſté ne leur fiſt perdre leur ſoupleſſe ordinaire & ne les rendiſt inutiles; il falloit par le mouvement y faire couler les eſprits. Mais comment cela peut-il s'accorder avec l'eſtat où eſtoit Ulyſſe, enflé par tout le corps, & qui demeure ſans voix, ſans reſpiration & ſans poulx? Aſſeurément qu'icy ἔκαμψε γούνατα καὶ χεῖρας, *il plia les genoux & les mains*, ſignifie qu'il laiſſa tomber ſes bras & ſes genoux, & qu'ils luy manquerent de laſſitude. Euſtathe ne ſe ſouvenoit pas que κάμπτειν γόνυ, ſignifie ſouvent dans Homere *ſe repoſer apres un long travail*.

Car la terre en eſtoit ſi couverte] La tempeſte qui venoit de ceſſer, les avoit abbatuës.

Page 442. *Comme un homme qui habite dans une campagne écartée, &c. couvre la nuit un tiſon*] Cette comparaiſon eſt tres agreable & tres juſte. Ulyſſe, à qui il ne reſtoit qu'un ſouffle de vie, & qui s'en va preſque eſteint, eſt tres bien comparé à un tiſon qui ne conſerve que dans un bout un reſte de feu. Comme ce tiſon caché la nuit fous la cendre fe ranime le lendemain & s'embrafe, de mefme Ulyffe rechauffé pendant la nuit fous cette couverture de feüilles, fe ranimera le lendemain. Nous voyons de mefme dans l'Efcriture un homme comparé à une eftincelle. Une mere qui n'a plus qu'un fils qu'on veut luy arracher pour le faire mourir, dit à David, *& quærunt extinguere fcintillam meam quæ relicta eft.* 11. Roys 14. 7.

Pour fe conferver quelque femence de feu] J'ay hazardé en noftre langue la figure de l'original, σπέρμα πυρός, *la femence du feu.* Elle me paroift heureufe. Ce tifon, qui ne conferve qu'une eftincelle de feu, ne conferve pas, à parler proprement, du feu, mais une femence de feu, parce qu'on allume du feu à la faveur de cette eftincelle, qui eft par là comme une femence, *à fcintilla una augetur ignis.* Ecclefiaftic. 11. 34.

Argument du Livre VI.

*M*Inerve va dans l'isle des Pheaciens, apparoist en songe à Nausicaa fille du Roy Alcinoüs, & luy ordonne d'aller laver ses robes dans le fleuve, parce que le jour de ses nopces approche. Nausicaa obéit. Aprés qu'elle eut lavé ses robes, elle se divertit avec ses femmes. A ce bruit Ulysse se reveille, & adresse ses prieres à la Princesse, qui luy donne de la nourriture & des habits, & le mene dans le Palais de son pere.

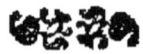

L'ODYSSÉE D'HOMERE.

LIVRE VI.

PEndant que le divin Ulysse, accablé de sommeil & de lassitude aprés tant de travaux, repose tranquillement, la Déesse Minerve va à l'isle des Pheaciens, qui habitoient auparavant dans les plaines d'Hyperie, prés des Cyclopes, hommes violents qui les maltraitoient & les pilloient, en abusant injustement de leur force. Le divin Nausithoüs, lassé de ces violences, les retira de ces lieux, où ils estoient exposez à tant de maux, & les mena dans l'isle de Scherie, loin des demeures des gens d'esprit, où il baftit une ville qu'il environna de murailles, éleva des temples aux Dieux, baftit des maifons & fit un partage des terres.

Aprés que Naufithoüs, vaincu par la Parque, fut paffé dans le féjour tenebreux, Alcinoüs fon fils, inftruit dans la juftice par les Dieux mefmes, regna en fa place, & ce fut dans le Palais de ce Roy que Minerve fe rendit pour menager le retour d'Ulyffe. Elle entre dans un magnifique appartement où eftoit couchée la fille d'Alcinoüs, la belle Naufícaa, parfaitement femblable aux Déeffes & par les qualitez de l'efprit & par celles du corps. Dans la mefme chambre aux deux coftez de la porte couchoient deux de fes femmes, faites comme les Graces; la porte eftoit bien fermée fur elles.

La Déeffe fe gliffe comme un vent leger fur le lit de Naufícaa,

se place sur sa teste, & prenant la figure de la fille de Dymes une des compagnes de la Princesse, qui estoit de mesme âge & qu'elle aimoit tendrement, elle luy adressa
» ces paroles : Nausicaa, pourquoy
» estes-vous si paresseuse & si negli-
» gente ? Vous laissez-là vos belles
» robes sans en prendre aucun soin,
» cependant le jour de vostre ma-
» riage approche où il faudra que
» vous preniez la plus belle, & que
» vous donniez les autres aux amis
» de vostre époux, qui vous accom-
» pagneront le jour de vos nopces.
» Voilà ce qui donne aux Princesses
» comme vous une grande réputa-
» tion dans le monde, & ce qui fait
» la joye de leurs parents. Allons
» donc laver ces belles robes dés que
» l'Aurore aura amené le jour. Je
» vous accompagneray & je vous
» ayderay à préparer tout ce qui est
» necessaire pour cette grande feste,
» car asseurément vous ne serez pas

long-temps sans estre mariée. Vous «
estes recherchée par les principaux «
des Pheaciens qui sont de mesme «
nation que vous. Allez donc prom- «
ptement trouver le Roy vostre pe- «
re, priez-le de vous donner des mu- «
lets & un char où vous mettrez les «
couvertures, les manteaux, les ro- «
bes, & où vous monterez vous- «
mesme, il est plus honneste que «
vous y alliez ainsi, que d'y aller à «
pied, car les lavoirs sont trop loin «
de la ville. «

Aprés avoir ainsi parlé, la Déesse
se retire dans le haut Olympe, où
est le sejour immortel des Dieux,
sejour toujours tranquille, que les
vents n'agitent jamais, qui ne sent
jamais ni pluyes ni frimats ni neiges, où une serenité sans nuages
regne toujours, qu'une brillante
clarté environne, & où les Dieux
ont sans aucune interruption des
plaisirs aussi immortels qu'eux-mesmes. C'est dans cet heureux sejour

que la sage Minerve se retira.

Dans le moment la riante Aurore vint éveiller la belle Nausicaa. Cette Princesse admire en secret le songe qu'elle a eu ; & elle sort de sa chambre pour aller en faire part à son pere & à sa mere. Elle traverse le Palais & trouve le Roy & la Reyne dans leur appartement. La Reyne estoit assise prés de son feu au milieu de ses femmes, filant des laines de la plus belle pourpre, & le Roy sortoit pour aller trouver les Princes de sa Cour, & se rendre avec eux à un Conseil que les Pheaciens devoient tenir & où ils l'avoient appellé. Nausicaa s'approche du Roy, & luy dit : Ne voulez-vous pas bien, mon pere, qu'on me prépare un de vos meilleurs chars, afin que je porte au fleuve les robes & les habits qui ont besoin d'estre lavez. Il est de la dignité d'un Prince comme vous & de la bienséance, de paroistre tous les jours aux assemblées & « aux Conseils avec des habits pro- « pres. Vous avez cinq fils, deux qui « sont desja mariez, & trois qui sont « encore dans la fleur de la premiere « jeunesse. Ils aiment tous à avoir « tous les jours des habits luisans de « propreté pour paroistre aux danses « & aux divertissements, & vous sça- « vez que ce soin-là me regarde. «

Elle parla ainsi. La pudeur ne luy permit pas de dire un seul mot de ses nopces. Le Prince, qui penetroit les sentiments de son cœur, luy répondit, Je ne vous refuseray, « ma chere fille, ni ce char ni autre « chose que vous puissiez me deman- « der, allez, mes gens vous prépare- « ront un char bien couvert. «

En mesme temps il donna l'ordre, qui fut aussi-tost executé. On tire le char de la remise & on y attelle les mulets. Nausicaa fait apporter de son appartement une grande quantité de robes & d'habits précieux, & on les met dans le char. La Reyne sa mere a soin d'y faire mettre dans une belle corbeille tout ce qui est necessaire pour le dîner avec un outre d'excellent vin, & elle donne une phiole d'or remplie d'essence, afin que la Princesse & ses femmes eussent de quoy se parfumer aprés le bain. Tout estant prest, Nausicaa monte sur le char avec ses femmes, prend les resnes & pousse les mulets, qui remplissent l'air de leurs hennissements.

Dés qu'elle fut arrivée au fleuve, où estoient les lavoirs, toujours pleins d'une eau plus claire que le crystal, les Nymphes détellerent les mulets & les lascherent dans les beaux herbages dont les bords du fleuve estoient revestus, & tirant les habits du char, elles les porterent à brassées dans l'eau, & se mirent à les laver & à les netoyer avec une sorte d'émulation, & se deffiant

deffiant les unes les autres. Quand ils furent bien lavez, ces Nymphes les estendirent sur le rivage de la mer, que les ondes avoient rempli de petits cailloux. Elles se baignerent & se parfumerent, & en attendant que le soleil eust séché leurs habits, elles se mirent à table pour dîner. Le repas fini elles quittent toutes leur voile, & commencent à joüer toutes ensemble à la paume, Nausicaa se met ensuite à chanter. Telle qu'on voit Diane parcourir les sommets des montagnes du vaste Taigette ou du sombre Erymanthe, & se divertir à chasser le sanglier ou le cerf suivie de ses Nymphes filles de Jupiter, qui habitent toujours les campagnes ; la joye remplit le cœur de Latone, car quoy-que sa fille soit au milieu de tant de Nymphes toutes d'une beauté parfaite & d'une taille divine, elle les surpasse toutes en beauté, en majesté & en belle taille, &

on la reconnoiſt aiſément pour leur Reyne, telle Nauſicaa paroiſt au deſſus de toutes ſes femmes.

Quand elle fut en eſtat de s'en retourner au Palais de ſon pere, & qu'elle ſe préparoit à faire atteler les mulets, aprés avoir plié les robes, alors Minerve ſongea à faire qu'Ulyſſe ſe reveillaſt & qu'il viſt la Princeſſe, afin qu'elle le menaſt à la ville des Pheaciens. Nauſicaa prenant donc une balle, voulut la pouſſer à une de ſes femmes, mais elle la manqua & la balle alla tomber dans le fleuve; en meſme temps elles jettent toutes de grands cris; Ulyſſe s'éveilla à ce bruit, & ſe mettant en ſon ſceant, il dit en luy
» meſme, En quel païs ſuis-je venu
» ceux qui l'habitent ſont-ce des
» hommes ſauvages, cruels & injuſ-
» tes, ou des hommes touchez des
» Dieux, & qui reſpectent l'hoſpita-
» lité! Des voix de jeunes filles vien-
» nent de frapper mes oreilles; ſont-

ce des Nymphes des montagnes, « des fleuves ou des estangs ! ou se- « roient-ce des hommes que j'aurois « entendus ! Il faut que je le voye & « que je m'éclaircisse. «

En mesme temps il se glisse dans le plus épais du buisson, & rompant des branches pour couvrir sa nudité sous les feüilles, il sort de son fort comme un lion, qui se consiant en sa force, aprés avoir souffert les vents & la pluye court les montagnes ; le feu sort de ses yeux, & il cherche à se jetter sur un troupeau de bœufs ou de moutons, ou à déchirer quelque cerf ; la faim qui le presse est si forte, qu'il ne balance point à s'enfermer mesme dans la bergerie pour se rassasier. Tel Ulysse sort pour aborder ces jeunes Nymphes quoyque nud, car il est forcé par la necessité.

Dés qu'il se montre défiguré comme il est par l'écume de la mer, il leur paroift fi épouvantable, qu'elles prennent toutes la fuite pour aller fe cacher l'une d'un cofté, l'autre d'un autre derriere des rochers dont le rivage eft bordé. La feule fille d'Alcinoüs attend fans s'eftonner, car la Déeffe Minerve bannit de fon ame la frayeur, & luy infpira la fermeté & le courage. Elle demeure donc fans s'ébranler, & Ulyffe délibera en fon cœur s'il iroit embraffer les genoux de cette belle Nymphe, ou s'il fe contenteroit de luy adreffer la parole de loin, & de la prier dans les termes les plus touchants de luy donner des habits & de luy enfeigner la ville la plus prochaine.

Aprés avoir combattu quelque temps il crut qu'il eftoit mieux de luy adreffer fes prieres fans l'approcher, de peur que s'il alloit embraffer fes genoux, la Nymphe, prenant cela pour un manque de refpect, n'en fuft offenfée. Choififsant donc les paroles les plus insinuantes & les plus capables de la fléchir, il dit : Grande Princesse, « vous voyez à vos genoux un suppliant ; vous estes une Déesse, ou « une mortelle. Si vous estes une des « Déesses qui habitent l'Olympe, je « ne doute pas que vous ne soyez « Diane fille du grand Jupiter, vous « avez sa beauté, sa majesté, ses charmes ; & si vous estes une des mortelles qui habitent sur la terre, heureux vostre pere & vostre mere, « heureux vos freres ! quelle source « continuelle de plaisirs pour eux de « voir tous les jours une jeune personne si admirable faire l'ornement « des festes ! Mais mille fois plus « heureux encore celuy qui aprés « vous avoir comblée de presents, « preferé à tous ses rivaux, aura l'avantage de vous mener dans son « Palais. Car je n'ay jamais vû un « objet si surprenant ; j'en suis frappé « d'estonnement & d'admiration. Je «

» croy voir encore cette belle tige
» de palmier que je vis à Delos prés
» de l'autel d'Apollon, & qui s'estoit
» élevée tout d'un coup du fond de
» la terre. Car dans un malheureux
» voyage, qui a esté pour moy une
» source de douleurs, je passay autre-
» fois dans cette isle suivi d'une nom-
» breuse armée que je commandois.
» En voyant cette belle tige, je fus
» d'abord interdit & estonné, car ja-
» mais la terre n'enfanta un arbre si
» admirable. L'estonnement & l'ad-
» miration que me cause vostre vûë
» ne sont pas moins grands. La crain-
» te seule m'a empesché de vous ap-
» procher pour embrasser vos ge-
» noux ; vous voyez un homme ac-
» cablé de douleur & de tristesse ; hier
» j'échappay des dangers de la mer,
» aprés avoir esté vingt jours entiers
» le joüet des flots & des tempestes
» en revenant de l'isle d'Ogygie ; un
» Dieu m'a jetté sur ce rivage, peut-
» estre pour me livrer à de nouveaux

malheurs, car je n'ose pas me flater « que les Dieux soient las de me per- « secuter; ils me donneront encore « des marques de leur haine. Mais, « grande Princesse, ayez pitié de « moy. Aprés tant de travaux vous « estes la premiere dont j'implore « l'assistance; je n'ay rencontré per- « sonne avant vous dans ces lieux. « Enseignez-moy le chemin de la vil- « le, & donnez-moy quelque mé- « chant haillon pour me couvrir, s'il « vous reste quelque enveloppe de « vos paquets. Ainsi les Dieux vous « accordent tout ce que vous pouvez « desirer, qu'ils vous donnent un « mary digne de vous & une maison « florissante, & qu'ils y répandent « une union que rien ne puisse jamais « troubler. Car le plus grand present « que les Dieux puissent faire à un « mary & à une femme, c'est l'union. « C'est elle qui fait le desespoir de « de leurs ennemis, la joye de ceux « qui les aiment, & qui est pour eux «

X iiij

» un tresor de gloire & de réputa-
» tion.

La belle Nauficaa luy répondit :
» Eftranger, toutes vos manieres &
» la fageffe que vous faites paroiftre
» dans vos difcours, font affez voir
» que vous n'eftes pas d'une naiffan-
» ce obfcure. Jupiter diftribuë les
» biens aux bons & aux méchants,
» comme il plaift à fa providence. Il
» vous a donné les maux en partage,
» c'eft à vous de les fupporter. Pre-
» fentement donc que vous eftes ve-
» nu dans noftre ifle, vous ne man-
» querez ni d'habits ni d'aucun fe-
» cours qu'un eftranger, qui vient
» de fi loin, doit attendre de ceux
» chez qui il aborde. Je vous en-
» feigneray noftre ville & le nom des
» peuples qui l'habitent. Vous eftes
» dans l'ifle des Pheaciens, & je fuis
» la fille du grand Alcinoüs qui re-
» gne fur ces peuples.

Elle dit, & adreffant la parole à
» fes femmes, elle leur crie, Arref-

tez, où fuyez-vous pour avoir vû un seul homme ! pensez-vous que ce soit quelque ennemi ! Ne sçavez-vous pas que tout homme qui oseroit aborder à l'isle des Pheaciens pour y porter la guerre, ne seroit pas long-temps en vie, car nous sommes aimez des Dieux, & nous habitons au bout de la mer separez de tout commerce. Celuy que vous voyez est un homme persecuté par une cruelle destinée, & que la tempeste a jetté sur ces bords. Il faut en avoir soin, car tous les estrangers & tous les pauvres viennent de Jupiter ; le peu qu'on leur donne leur fait beaucoup de bien & ils en ont de la reconnoissance ; donnez-luy donc à manger, & baignez-le dans le fleuve à l'abri des vents. »

A ces mots ses femmes s'arrestent & obéïssent ; elles menent Ulysse dans un lieu couvert, comme la Princesse l'avoit ordonné, mettent prés de luy le linge, la tunique & les autres habits dont il avoit besoin, luy donnent la phiole d'or où il restoit encore assez d'essence, & le pressent de se baigner dans le fleuve.

Alors Ulysse prenant la parole,
» leur dit, Belles Nymphes, éloi-
» gnez-vous un peu, je vous prie,
» afin que je nettoye moy-mesme
» toute l'écume & l'ordure de la ma-
» rine dont je suis couvert, & que
» je me parfume avec cette essence;
» il y a long-temps qu'un pareil ra-
» fraischissement n'a approché de
» mon corps. Mais je n'oserois me
» baigner en vostre presence, la pu-
» deur & le respect me deffendent de
» paroistre devant vous dans un estat
» si indécent. En mesme temps les Nymphes s'éloignent, & vont rendre compte à Nausicaa de ce qui les obligeoit de se retirer.

Cependant Ulysse se jette dans le fleuve, nettoye l'écume qui estoit restée sur son corps, essuye sa teste & ses cheveux, & se parfume; il met ensuite les habits magnifiques que la Princesse luy avoit fait donner. Alors la fille du grand Jupiter, la sage Minerve, le fait paroître d'une taille plus grande & plus majestueuse, donne de nouvelles graces à ses beaux cheveux, qui semblables à la fleur d'hyacinthe & tombant par gros anneaux ombrageoient ses épaules. Comme un habile ouvrier, à qui Vulcain & Minerve ont montré tous les secrets de son art, mesle l'or à un ouvrage d'argent, pour faire un chefd'œuvre; ainsi Minerve répand sur toute la personne d'Ulysse la beauté, la noblesse & la majesté. Ce heros se retirant un peu, va s'asseoir un moment sur le rivage de la mer; il estoit tout brillant de beauté & de graces. La Princesse ne peut se lasser de l'admirer, & s'adressant à ses femmes, elle leur dit: Asseurément ce n'est point

» contre l'ordre de tous les Dieux
» que cet estranger est abordé dans
» cette isle, dont le bonheur égale la
» felicité qui regne dans le ciel. D'a-
» bord il m'avoit paru un homme
» vil & méprisable, & presentement
» je voy qu'il ressemble aux Immor-
» tels qui habitent le haut Olympe.
» Plust à Jupiter que le mary qu'il
» me destine fust fait comme luy,
» qu'il voulust s'establir dans cette
» isle & qu'il s'y trouvast heureux!
» mais donnez-luy viste à manger,
» afin qu'il restablisse ses forces.

Elles obéïssent aussi-tost, & elles servent une table à Ulysse, qui n'avoit pas mangé depuis long-temps, & qui avoit grand besoin de prendre de la nourriture.

Cependant la belle Nausicaa pense à ce qu'elle doit faire pour son retour : elle attelle son char, met dedans les paquets & y monte. Ensuite s'adressant à Ulysse, elle luy parle en ces termes pour l'obli-

ger de partir : Levez-vous, estran- «
ger, luy dit-elle, partons, afin que «
je vous mene dans le Palais de mon «
pere, où je m'asseure que les prin- «
cipaux des Pheaciens vous vien- «
dront rendre leurs respects. Voicy «
la conduite que vous devez tenir, «
car vous estes un homme sage. Pen- «
dant que nous serons encore loin «
de la ville, & que nous traverserons «
les campagnes, vous n'avez qu'à «
suivre doucement mon char avec «
mes femmes, je vous montreray le «
chemin. La ville n'est pas fort «
esloignée ; elle est ceinte d'une «
haute muraille, & à chacun de «
ses deux bouts elle a un bon port, «
dont l'entrée est estroite & diffici- «
le, ce qui en fait la seureté. L'un «
& l'autre sont si commodes, que «
tous les vaisseaux y sont à l'abry «
de tous les vents ; entre les deux «
ports il y a un beau temple de Ne- «
ptune, & autour du temple une «
grande place qui leur est commune, «

» toute baſtie de belles pierres, & où
» l'on prépare l'armement des vaiſ-
» ſeaux, les cordages, les maſts, les
» voiles, les rames. Car les Pheaciens
» ne manient ni le carquois ni la fle-
» che, ils ne connoiſſent que les cor-
» dages, les maſts, les vaiſſeaux qui
» font tout leur plaiſir, & ſur leſquels
» ils courent les mers les plus éloi-
» gnées. Quand nous approcherons
» des murailles, alors il faut nous
» ſéparer, car je crains la langue des
» Pheaciens, il y en a beaucoup d'in-
» ſolents & de medifants parmi ce
» peuple ; je craindrois qu'on ne glo-
» ſaſt ſur ma conduite, ſi l'on me
» voyoit avec vous. Car quelqu'un
» qui me rencontreroit, ne manque-
» roit pas de dire : *Qui eſt cet eſ-*
» *tranger ſi beau & ſi bien fait qui*
» *ſuit Nauſicaa ? où l'a-t-elle trouvé ?*
» *Eſt-ce un mary qu'elle amene ? eſt-*
» *ce quelque voyageur, qui venant*
» *d'un pays éloigné, car nous n'avons*
» *point de voyſins, & eſtant abordé*

dans noſtre iſle ſe ſoit égaré & «
qu'elle ait receüilli ! ou pluſtoſt «
eſt-ce quelqu'un des Dieux qui à «
ſa prière ſoit deſcendu du ciel & «
qu'elle prétende retenir toujours ? «
elle a tres bien fait d'aller d'elle- «
meſme donner la main à un eſtran- «
ger. Car il eſt aiſé de voir qu'elle «
mépriſe ſa nation, & qu'elle rebute «
les Pheaciens dont les principaux «
la recherchent en mariage. Voilà «
ce que l'on ne manqueroit pas de «
dire, & ce feroit une tache à ma «
réputation ; car moy-meſme je ne «
pardonnerois pas à une autre fille «
qui en uſeroit ainſi, & qui ſans la «
permiſſion de ſon pere & de ſa mere «
paroiſtroit avec un homme avant «
que d'eſtre mariée à la face des au- «
tels. C'eſt pourquoy, genereux eſ- «
tranger, penſez-bien à ce que je «
vais vous dire, afin que vous puiſ- «
ſiez obtenir promptement de mon «
pere tout ce qui eſt neceſſaire pour «
voſtre départ. Nous allons trouver «

» sur nostre chemin un bois de peu-
» pliers, qui est consacré à Minerve;
» il est arrosé d'une fontaine & envi-
» ronné d'une belle prairie. C'est-là
» que mon pere a un grand parc &
» de beaux jardins qui ne sont éloi-
» gnez de la ville que de la portée
» de la voix. Vous vous arresterez
» là, & vous y attendrez autant de
» temps qu'il nous en faut pour arri-
» ver au Palais. Quand vous jugerez
» que nous pourrons y estre arrivées,
» vous nous suivrez, & en entrant
» dans la ville vous demanderez le
» Palais d'Alcinoüs. Il est assez con-
» nu, & il n'y a pas un enfant qui ne
» vous l'enseigne, car dans toute la
» ville il n'y a point de Palais com-
» me celuy du heros Alcinoüs. Quand
» vous aurez passé la cour & que vous
» aurez gagné l'escalier, traversez les
» appartements sans vous arrester jus-
» qu'à ce que vous soyez arrivé au-
» prés de la Reyne ma mere. Vous
» la trouverez auprés de son foyer,

qui à la clarté de ses brasiers & ap- «
puyée contre une colomne, filera «
des laines de pourpre d'une beauté «
merveilleuse; ses femmes seront au- «
prés d'elle attentives à leur ouvra- «
ge. Mon pere est dans la mesme «
chambre, & vous le trouverez assis «
à table comme un Dieu. Ne vous «
arrestez point à luy, mais allez em- «
brasser les genoux de ma mere, «
afin que vous obteniez prompte- «
ment les secours necessaires pour «
vous en retourner. Car si elle vous «
reçoit favorablement, vous pour- «
rez esperer de revoir vos amis & «
vostre patrie. «

En finissant ces mots elle pousse ses mulets, qui s'éloignent des bords du fleuve. Mais elle menage sa marche de maniere que ses femmes & Ulysse, qui estoient à pied, pussent suivre sans se fatiguer. Comme le soleil alloit se coucher ils arrivent au bois de peupliers qui estoit consacré à Minerve.

Ulysse s'y arresta, & adressa cette priere à la fille du grand Jupiter: » Invincible fille du Dieu qui porte » l'égide, vous avez refusé de m'es- » couter lorsque je vous ay invoquée » dans les dangers auxquels le cou- » roux de Neptune m'a exposé. Mais » escoutez-moy aujourd'huy, faites » que je sois bien receu des Phea- » ciens, & qu'ils ayent pitié de l'estat » où je suis réduit.

Minerve exauça sa priere, mais elle ne luy apparut point, car elle craignoit son oncle Neptune, qui estoit toujours irrité contre le divin Ulysse avant son retour à Ithaque.

REMARQUES
SUR
L'ODYSSE'E D'HOMERE.

LIVRE VI.

Page 474. *A l'isle des Pheaciens, qui habitoient auparavant dans les plaines d'Hyperie*] Homere nous apprend icy que les peuples qui habitoient l'isle des Pheaciens, appellée aussi *Scherie*, qui est la mesme que Corcyre, Corfou, y estoient allez de la Sicile où ils habitoient les plaines de Camarine qu'arrose le fleuve Hipparis, d'où cette ville de Camarine avoit esté appellée *Hyperie*. Car il y a bien de l'affinité entre *Hyperie* & *Hipparis*, ou *Hyparis*. Or cette migration estoit recente, puisqu'elle ne fut faite que par Nausithoüs pere d'Alcinoüs, qui regnoit quand Ulysse arriva dans cette isle.

Et les mena dans l'isle de Scherie] L'Histoire nous apprend une infinité d'exemples de peuples, qui quittoient leurs pays pour aller chercher d'autres terres. Scherie estoit l'ancien nom de Corcyre ou Corfou, isle qui est vis à vis du continent d'Epire. Et les Pheniciens luy avoient donné ce nom du mot *schara*, qui signifie *lieu de commerce* ou *de negoce*. Car, comme Homere nous l'a desja dit, les Corcyriens ne s'appliquoient qu'à la marine, & à l'exemple des Pheniciens ils alloient au loin pour le commerce. *Boch. Chanaan, liv. 1. chap. 23.*

Page 475. *Loin des demeures des gens d'esprit*] C'est ce que signifie icy ἑκὰς ἀνδρῶν ἀλφηστάων, *loin des hommes ingenieux, inventifs, qui trouvent dans leur esprit de grandes ressources*. Et Homere n'adjoute pas cela en vain, il prepare desja son Lecteur à la simplicité & à la credulité des Pheaciens, & par là il fonde à leur égard, la vraysemblance des contes incroyables qu'Ulysse leur va faire dans les Livres suivants, comme je l'expliqueray sur le IX. Liv. Je sçay bon gré à Homere d'avoir marqué cette particularité, pour faire voir à tout Lecteur sage, d'un costé, que la vie molle & effeminée, que menoient les Pheaciens, oste l'esprit, & de l'autre, que c'est une marque de petitesse & de foiblesse d'esprit, de n'escouter & de n'aimer que ces contes fabuleux & incroyables.

Et fit un partage des terres] Comme cela se pratiquoit dans tous ces nouveaux establissements. L'Histoire sainte & l'Histoire prophane en fournissent assez d'exemples.

Dans la mesme chambre, aux deux costez de la porte, couchoient deux de ses femmes] Elles estoient comme ses gardes, & cette coutume est remarquable, car il paroist que les Princesses & les filles de personnes considerables faisoient coucher dans leur chambre prés de la porte, des femmes pour les garder.

Page 476. *Qui estoit de mesme âge & qu'elle aimoit tendrement*] Voilà pourquoy l'idée de cette chere compagne devoit plustost revenir dans l'esprit de Nausicaa que celle d'une autre.

Et que vous donniez les autres aux amis de vostre époux, qui vous accompagneront le jour de vos nopces] Voicy une coutume remarquable, les Pheniciens pouvoient l'avoir portée à Corcyre, car nous voyons quelque chose de fort approchant qui se pratiquoit parmi les Israëlites, & nous en voyons des vestiges dans l'Histoire mesme de ces temps-là ; Samson, contemporain d'Ulysse, ayant épousé une fille des Philistins, donna à trente de ses amis, pour cette feste, trente manteaux & trente tuniques, aprés les leur avoir fait gagner par l'explication d'une Enigme. De cette coutume viennent encore les livrées que la mariée donne à ses amis & aux amis du marié.

Jug. 16.

Allons donc laver ces belles robes]. Dans mes Remarques & dans ma Préface sur l'Iliade j'ay assez parlé des mœurs de ces temps heroïques où les plus grands Princes & les plus grandes Princesses faisoient eux-mesmes ce que les personnes les plus mediocres font faire aujourd'huy par des valets & des servantes. C'est selon cette coutume, reste précieux de l'âge d'or, & que nous voyons si bien pratiquée dans l'Escriture sainte, que Nausicaa va elle mesme laver ses robes avec ses amies & ses femmes. J'ay oui dire qu'encore aujourd'huy dans quelque Province du Royaume les filles de condition assistent elles mesmes à ces fonctions du menage, & qu'elles se font une espece de feste de ces jours là. Nous serions bienheureux de conserver encore dans leur entier des mœurs si simples & si sages, & avec lesquelles on ne ruineroit point sa maison.

Page 477. *Où vous mettrez les couvertures, les manteaux, les robes*] Minerve fait porter au lavoir toute la garderobe de la Princesse & celle du Roy & des Princes ses enfants, afin qu'il s'y trouve de quoy couvrir la nudité d'Ulysse quand on l'aura découvert. Eustathe fait remarquer encore icy une simplicité, une modestie & une propreté de ces temps là, toutes ces robes sont sans or & peuvent toutes estre lavées.

Page 478. La Reyne estoit assise prés de son feu au milieu de ses femmes, filant des laines de la plus bele pourpre] Voicy une Reyne qui dés le point du jour est à filer auprés de son feu au milieu de ses femmes, *De nocte surrexit, & digiti ejus apprehenderant fusum.* Cela est bien aussi eloigné de nos mœurs que d'aller laver des robes. Cependant cette Reyne si laborieuse vivoit au milieu d'un peuple mou & efféminé, qui n'aimoit que les plaisirs. Ces mauvais exemples ne l'avoient pas entraisnée.

Ne voulez-vous pas bien mon pere qu'on me prépare un de vos meilleurs chars] Le Grec dit, ἀπήνην ὑψηλὴν εὔκυκλον. Le Critique, dont j'ay desja si souvent parlé, & qui veut à toute force trouver du ridicule dans Homere, qu'il n'a jamais entendu, pour se mocquer de tout cet endroit, escrit avec cette finesse d'esprit qui luy estoit naturelle: *Le sixiéme Livre de l'Odyssée où la Princesse Nausicaa, fille du Roy Alcinoüs, va laver la lessive, est delicieux d'un bout à l'autre, &c. Elle prie son pere de luy prester ses mules & son chariot* haut & rond *pour s'en aller à la riviere.* Il n'a pas vû que le ridicule qu'il donne ne vient que de luy, c'est à dire, de cette traduction plate, *son chariot haut & rond,* au lieu des termes nobles & harmonieux dont le Poete s'est servi. Nausicaa dit une chose tres sensée ; elle demande un char fort exhaussé, ὑψηλὼ, parce qu'elle a beaucoup de hardes à porter. C'estoit un char à deux estages, comme il l'explique dans la suite. Et ἐΰκυκλον ne signifie pas *rond*, mais *garni de bonnes roües*, εὔτροχον, comme Didyme l'a expliqué. Voilà comme ces grands Critiques montrent par-tout leur grande science & leur bon sens.

Page 479. *Pour paroistre aux danses*] Car les jeux, les danses & tous les plaisirs, estoient l'unique occupation des Pheaciens, comme nous le verrons dans la suite.

Et vous sçavez que ce soin-là me regarde] C'estoit à la fille aisnée de la maison d'avoir soin de toute cette sorte de menage.

Le Prince qui penetroit les sentiments de son cœur] Le Grec dit, *le Prince qui sçavoit tout*. Peut-estre que Minerve l'avoit averti de ce qu'elle venoit de faire. Ou peut estre que le seul empressement de Nausicaa luy fit soubçonner ce qu'elle avoit dans l'esprit.

Page 480. *Nausicaa monte sur le char avec ses femmes*] Plusieurs anciens Peintres avoient peint ce sujet. Pausanias dans son 5. liv. qui est le premier des Eliaques, parle d'un tableau où l'on voyoit παρθένες ἐπὶ ἡμιόνων,

SUR L'ODYSSÉE. *Livre VI.* 505
ἡμιόνων, τὴν μὲν ἔχουσαν ἡνίας, τὴν δὲ ἐπικει-
μένην κάλυμμα ἐπὶ τῇ κεφαλῇ, Ναυσικᾶ τε
ἰσμίζουσιν εἶναι τὴν Ἀλκίνου καὶ τὴν θερά-
παιναν, ἐλαυνούσας ἐπὶ τοῖς πλυτοῖς. *Des Nymphes sur un char traisné par des mulets, dont l'une tient les resnes, & l'autre a la teste couverte d'un voile. On croit que c'est Nausicaa fille d'Alcinoüs, & une de ses femmes, qui vont au lavoir.* ἐπὶ ἡμιόνων ne signifie pas *sur des mulets,* mais *sur un char traisné par des mulets,* comme l'Interprete Latin l'a fort bien vû. Voicy un passage de Pline qui sert à expliquer celuy de Pausanias. Il dit, liv. 35. chap. 10. que Protogene avoit peint dans le temple de Minerve à Athenes *Hemionida, quam quidam Nausicaam vocant.* Ce que Pausanias dit, παρθένες ἐπὶ ἡμιόνων, on voit manifestement que Pline l'explique par *Hemionida,* avec cette difference que Pline en fait un singulier. Ce qui estoit apparemment le terme de l'art. Mais l'un & l'autre doivent estre expliquez par cet endroit d'Homere.

Les porterent à brassées dans l'eau] C'est ainsi à mon avis qu'il faut expliquer ce vers, καὶ ἐσφόρεον μέλαν ὕδωρ, car c'est pour φόρεον ἐς μέλαν ὕδωρ, & non pas *& infundebant nigram aquam, & elles portoient l'eau dans les lavoirs,* ce qui me paroist ridicule; ces lavoirs estoient toujours remplis d'eau, comme Homere vient de nous le dire, ἐπηετανὸ;

Tome I. Y

qu'Hesychius a fort bien expliqué, ἀέλαπλοι, *qui ne tarissent jamais.* Au reste Plutarque dans son premier livre des *propos de table,* fait proposer cette question, pourquoy Nausicaa lave ses robes plustost dans la riviere que dans la mer, qui estoit si proche, & dont l'eau estant plus chaude & plus claire que celle de la riviere, paroissoit plus propre à bien laver & bien netoyer. Le Grammairien Theon répond par une solution d'Aristote, qui dit dans ses problesmes que c'est parce que l'eau de la riviere estant plus déliée, plus legere & plus pure que celle de la mer, qui est grossiere, terrestre & salée, penetre plus facilement, & par consequent netoye mieux & emporte mieux la saleté & les taches. Themistocle, philosophe Stoïcien, combat cette raison, en faisant voir au contraire que l'eau de la mer estant plus grossiere & plus terrestre, que l'eau de la riviere, est plus propre à laver, ce qu'il confirme par la pratique ordinaire ; car pour communiquer à l'eau de riviere cette vertu détersive, on met des poudres ou des cendres dans la lessive. Il faut donc chercher quelqu'autre raison, & la veritable raison, qu'il donne, est que l'eau de la mer est onctueuse & grasse, & que ce qui est gras tache plustost qu'il ne netoye. Au lieu que l'eau de riviere estant subtile & penetrante, elle s'insinuë dans les moindres petits pores, les ouvre, les débouche, & en fait sortir toute la saleté.

Et se mirent à les laver] Le Grec dit, *& les foulerent.* C'est à dire qu'en ces temps-là on lavoit les hardes en foulant, & non pas en battant comme on fait aujourd'huy.

Page 481. *Elles quittent toutes leur voile, & commencent à joüer toutes ensemble à la paume*] Eustathe croit que c'est le jeu appellé ἐφετίνδα & φενὶς, où l'on ne cherchoit qu'à se surprendre, car on faisoit semblant de jetter la bale à un des joüeurs, & on la jettoit à un autre, qui ne s'y attendoit pas. Sophocle avoit fait une tragedie sur ce sujet d'Homere, qu'il appelloit Πλωτείας, & où il representoit Nausicaa joüant à ce jeu. Cette piece réüssit fort. Je voudrois bien que le temps nous l'eust conservée, afin que nous vissions ce que l'art pouvoit tirer d'un tel sujet. Au reste ce jeu de la paume, tel qu'Homere le decrit icy, estoit fort ordinaire mesme aux femmes. Suidas escrit qu'une femme nommée Larisse tomba dans le Penée en joüant à ce jeu là.

En majesté & en belle taille] Le Grec dit qu'elle avoit au dessus d'elles, κάρη ἠδὲ μέτωπα, c'est à dire les épaules en haut, comme l'Escriture dit de Saül, *ab humero & sursum eminebat super omnem populum.* 1. Roys 9. 2. Car c'est cette grande taille qui fait la ma-

Y ij

jesté, & c'est pourquoy les peuples d'Orient la recherchoient sur-tout pour leurs Roys.

Page 482. *En quel pays suis-je venu? ceux qui l'habitent sont-ce des hommes sauvages, cruels & injustes*] C'est la mesme reflexion que fit Abraham quand il arriva à Gerare, *cogitavi mecum dicens forsitan non est timor Domini in loco isto.* Genes. 20. 11. Car dans les lieux où la crainte de Dieu n'est point, là regnent tous les vices, & il ne faut attendre rien de bon de ses habitants, comme Grotius l'a remarqué.

Page 483. *Pour couvrir sa nudité sous les feüilles*] C'est ainsi que nos premiers parens aprés que leurs yeux furent ouverts, se couvrirent de feüilles pour cacher leur nudité. *& aperti sunt oculi amborum, cumque cognovissent se esse nudos, consuerunt folia ficus, & fecerunt sibi perizomata.* Genes. 3. 7. C'est une remarque de Grotius, qui adjoute que cette honte fut le premier effet du péché, & qu'Aristote mesme a reconnu que ce n'est pas la passion de l'homme de bien, de l'innocent, mais de celuy qui se sent coupable. Οὐδὲ γὰρ ἐπιεικοῦς ἐστιν ἡ αἰσχύνη, εἴπερ γίνεται ἐπὶ τοῖς φαύλοις. *La honte*, dit-il, *n'est pas de l'homme de bien, puisqu'elle survient aprés de mauvaises actions.* Liv. 4. des Morales à Nicom. chap. 9.

Il sort de son fort comme un lion qui se confiant en sa force] On veut qu'Homere tire cette comparaison, non de la disposition où estoit Ulysse, ou de l'action qu'il faisoit en se montrant, mais de l'impression qu'il fit sur ces jeunes personnes, qui en le voyant, furent épouvantées comme si elles avoient vû un lion. Mais je ne suis pas tout à fait de cet avis, & je croy qu'Homere peut aussi avoir égard à la disposition où Ulysse se trouvoit ; il entend de loin le bruit de plusieurs personnes, il ne sçait s'il n'y a pas des hommes avec ces femmes dont la voix l'a frappé, & si ce sont des gens feroces ou des gens pieux ; il est nud & sans armes ; en cet estat il a besoin de s'armer de résolution. Ainsi de ce costé-là il peut fort bien estre comparé à un lion que la necessité presse de s'exposer à tout pour se rassasier, & la comparaison est fort naturelle & fort juste. Cependant pour la rendre ridicule, voicy comme l'Auteur du Parallele a jugé à propos de la rendre : *Ulysse s'en vint tout nud à elles, comme un lion de montagne, qui se fiant sur ses forces, s'approche des bœufs & des cerfs sauvages.* Avec un si heureux talent de rendre plattement & grossierement les choses, qu'est-ce qu'on ne pourra pas flestrir ?

Tel Ulysse sort pour aborder ces jeunes Nymphes] Le Peintre Polygnotus avoit peint ce sujet dans une des chambres de la citadele d'Athenes. Pausanias dans ses Attiques, ἔγραψε δὲ καὶ πρὸς τῷ ποταμῷ ταῖς ὁμοῦ Ναυσικάᾳ πλυνούσαις ἐφιςάμενον ὀδυσέα, &c. Ce que l'Interprete Latin a fort mal traduit. *Addidit Ulyssem Nausicaæ & lavantibus cum ea vestem puellis assistentem.* Le mot ἐφιςάμενον ne signifie pas icy *assistant*, mais *s'approchant, abordant.*

Page 484. *La seule fille d'Alcinoüs attend sans s'estonner, car la Déesse Minerve bannit de son ame la frayeur*] Comme une certaine timidité sied bien aux femmes, qui ne doivent pas estre trop hardies, & qu'il pourroit y avoir quelque chose contre la bienséance dans cette audace de Nausicaa, qui ne s'enfuit pas avec ses femmes en voyant approcher un homme nud, Homere a soin d'avertir que la Déesse Minerve bannit de son cœur la crainte. C'est pour dire que ce fut par une reflexion pleine de sagesse qu'elle demeura.

Page 485. *Choisissant donc les paroles les plus insinuantes & les plus capables de la fléchir, il dit*] Je ne croy pas qu'il y ait nulle part un discours de suppliant plus rempli d'insinuation, de douceur & de force que ce discours d'Ulysse.

Vous avez sa beauté, sa majesté, ses charmes] Il parle ainsi, soit qu'il eust vû Diane elle-mesme chassant dans les forests, comme

SUR L'ODYSSÉE. Livre VI. 511
la Fable le suppose, soit qu'il n'en eust vû
que des portraits & des statuës.

Quelle source continuelle de plaisirs pour eux de voir tous les jours] Dans le texte il y a un desordre d'expression qui marque bien le trouble que la vûë d'une si belle Princesse a jetté dans l'ame d'Ulysse. Aprés avoir dit σφίσι θυμος ἰαίνεται, il dit λευσσόντων, au lieu de λεύσσωσι que demandoit la construction. Mais, comme dit fort bien Eustathe, un homme dans la passion n'est pas toujours maistre de construire ses phrases. Et ce qui marque son trouble marque aussi son respect.

De voir tous les jours une jeune personne si admirable] L'expression Grecque est remarquable. Il y a mot à mot, *de voir une telle plante d'olivier*. Cette idée estoit familiere aux Orientaux. C'est ainsi que David a dit: *Filii tui sicut novellæ olivarum*. Psal. 127. 3. Il n'y a rien de plus poli ni de plus flateur que tout ce qu'Ulysse dit icy à cette Princesse. Mais l'Auteur du Parallele a jugé encore à propos de le gaster, en le rendant de cette maniere: *Ulysse luy dit en l'abordant qu'il croit qu'estant si belle & si grande, son pere, sa venerable mere & ses bienheureux freres sont bien aises quand ils la voyent danser*. Il n'y a rien de plus divertissant que de voir comment ces beaux Critiques modernes dé-

Y iiij

figurent ce qu'il y a de plus beau & de plus senſé.

Qui aprés vous avoir comblée de preſents, préferé à tous ſes rivaux] Le Grec dit cela en deux mots, τέδνοισι βείσας. Et Euſtathe l'a fort bien expliqué : *Ce mot* βείσας, dit-il, *ſignifie* aprés avoir vaincu par ſes preſents tous ſes rivaux, *ce qui marque combien cette Nymphe eſtoit recherchée, & c'eſt une metaphore empruntée des balances dont on fait pancher un des baſſins par un plus grand poids qui l'emporte ſur un moindre.* M. Dacier m'a avertie que ce paſſage ſervoit à en corriger un d'Heſychius qui n'eſt pas intelligible. Βείσας, dit-il, βαρύναι, ὁρμῆσαι, καὶ νύμφαι, Ce dernier mot νύμφαι eſt manifeſtement corrompu, il faut lire βείσας, βαρύνας, ὁρμῆσας καὶ νικήσας. Ce mot βείσας veut dire *ayant appeſanti, s'eſtant jetté impetueuſement & ayant vaincu.* Ce νικήσας prouve qu'Heſychius a fait alluſion au paſſage d'Homere.

Page 489. *Je croy voir encore cette belle tige de palmier que je vis à Delos prés de l'autel d'Apollon*] Ulyſſe a desja comparé la Princeſſe à une plante, τοίονδε θάλος. Cette expreſſion luy rappelle l'idée de ce beau palmier qui eſtoit à Delos. Car la Fable dit qu'à Delos, dans le lieu où Latone devoit accoucher d'Apollon, la terre produiſit tout à coup un grand Palmier contre lequel Latone s'ap-

SUR L'ODYSSÉE. *Livre VI.* 513
puya. Callimaque dans l'hymne à Delos,

Λῦσατο δὲ ζώνην, ἀπὸ δ' ἐκλίθη ἔμπαλιν ὤμοις,

Φοίνικος ποτὶ πρέμνον.

Latone délia sa ceinture & s'appuya des espaules contre le pied d'un palmier. Aprés ses couches on éleva à ce Dieu auprés de ce palmier un autel, qui par consequent estoit à découvert, comme nous en voyons beaucoup d'autres dans l'Histoire sainte & dans l'Histoire prophane. Ce palmier estoit tres celebre, comme estant né pour servir à la naissance d'Apollon. C'est pourquoy la Religion l'avoit consacré, & les peuples, toujours superstitieux, le regardoient comme immortel encore du temps de Ciceron, qui dit dans son 1. liv. des Loix: *Aut quod Homericus Ulysses Deli se proceram & teneram palmam vidisse dixit, hodie monstrant eandem.* Et du temps de Pline, qui escrit, liv. 14. chap. 44. *Nec non palma Deli ab ejusdem Dei ætate conspicitur.*

Page 487. *Car le plus grand present que les Dieux puissent faire à un mary & à une femme, c'est l'union*] C'est une verité qui n'est pas difficile à croire quelque rare que soit cette union. Parmi les trois choses qui sont agreables à l'Esprit saint, l'Auteur de l'Ecclesiastique met, *Vir & mulier bene sibi consentientes.* Eccl. 25. 2. Et, *amicus & sodalis in*

Y v

tempore convenientes, & super utrosque mulier eum viro. 40. 23. C'est dans cette vûë que Salomon a dit: *tecta jugiter perstillantia litigiosa mulier.* Proverb. 19. 13. Et, *melius est habitare in terra deserta, quam cum muliere rixosa & iracunda.* 21. 19. Il y a encore plusieurs passages semblables, & ce qui me fasche, c'est que les femmes sont toujours mises comme la source de la mauvaise humeur, & par consequent de la desunion & du malheur des familles. Les hommes n'y pourroient-ils pas avoir aussi leur part?

Page 488. *Jupiter distribue les biens aux bons & aux méchants*] Ce passage d'Homere a paru difficile à quelques anciens Critiques. Il me paroist pourtant fort aisé. On peut voir Eustathe pag. 1560. sur ce qu'Ulysse vient de dire qu'il est un homme accablé de douleur & de tristesse, & l'objet de la haine des Dieux, Nausicaa luy fait cette réponse, qui renferme une grande verité, & qui est d'une grande politesse pour Ulysse. Elle luy dit que les Dieux distribuent les biens comme il leur plaist aux bons & aux méchants; pour luy faire entendre qu'il ne faut pas juger d'un homme par la fortune que les Dieux luy envoyent, puisqu'on voit souvent les méchants heureux & les bons persecutez; & qu'ainsi on se tromperoit tres souvent, si l'on pensoit qu'un homme malheureux fuſt un méchant homme, car au contraire le malheur eſt le plus ſouvent la marque d'un homme de bien, ſurtout quand il ſupporte ſon malheur conſtamment, avec douceur & patience.

Qu'un eſtranger qui vient de ſi loin] Le mot τηλαπειρος ſignifie proprement un homme qui vient d'une terre éloignée τηλόθεν ἐξ Ἀπίης γαίης ἀφιγμένος, comme Ulyſſe le dira bientoſt luy-meſme. De-là ce mot a eſté pris dans les ſuites pour un homme malheureux, qui a éprouvé bien des miſeres.

Qui regne ſur ces peuples] Le Grec dit, *de qui dépend toute la puiſſance & toute la force des Pheaciens.* L'expreſſion eſt remarquable. Il paroiſt par la ſuite que le gouvernement des Pheaciens eſtoit meſlé de Royauté, d'Ariſtocratie & de Democratie.

Page 489. *Que tout homme qui ſeroit aſſez hardi pour aborder à l'iſle de Pheaciens & pour y porter la guerre, ne ſeroit pas long-temps en vie*] Elle ne veut pas loüer par-là le courage, la force & la valeur de ces peuples, car on a desja vû qu'ils n'eſtoient point belliqueux, & qu'ils ne connoiſſoient pas les armes. Mais elle veut faire valoir la protection des Dieux pour eux, protection plus ſeure que toutes les forces. Et c'eſt cela mesme qui avoit fait donner le nom à cette isle; car, comme le sçavant Bochart l'a remarqué, les Pheniciens luy donnerent le nom de *Corcyra* du mot Arabe *Carcura*, qui signifie une terre où on vit tranquillement & en asseurance. Dans l'Escriture sainte il est dit, *Zebee & Salmana erant in carcor*. Ce que saint Jerosme a traduit, *Zebee & Salmana requiescebant*. Jud. 8. 10. Cela fonde admirablement ce que Nausicaa dit icy, & fait voir la profonde connoissance qu'Homere avoit de toutes les Antiquitez qui regardoient les lieux dont il parle.

Et nous habitons au bout de la mer, separez de tout commerce] Cela est faux, puisqu'ils sont tres voisins de l'Epire, mais Nausicaa dépaïse icy son isle, pour la rendre plus considerable, & pour mieux fonder ce qu'elle dit de son bonheur.

Car tous les estrangers & tous les pauvres viennent de Jupiter] Les Payens dans tous les temps ont senti cette verité, que les estrangers & les pauvres viennent de Dieu, qui les adresse aux hommes pour exercer leur charité. Il semble qu'ils eussent vû dans les Livres de Moïse le soin que Dieu en prend, & les ordres qu'il donne en leur faveur en les joignant, *pauperibus & peregrinis carpenda dimittes*. Levit. 14. 10.

nec remanentes spicas colligetis, sed pauperibus & peregrinis dimittetis. cap. 23. 22.

Le peu qu'on leur donne, leur fait beaucoup de bien, & ils en ont de la reconnoissance] C'est le sens de ces mots, δόσις δ' ὀλίγη τε φίλη τε, mots pleins de sens. Pour exciter à exercer cette sorte de charité, Nausicaa dit qu'il faut peu de chose aux pauvres & aux estrangers pour les tirer de leur misere; qu'on leur donne beaucoup en leur donnant peu, & que la reconnoissance qu'ils en ont vaut mieux que le bien qu'on leur fait.

Page 490. *Cependant Ulysse se jette dans le fleuve, netoye l'écume qui estoit restée sur son corps*] Je ne sçaurois mieux faire icy que de rapporter la remarque de Plutarque, qui à la fin de la dix-neufiéme Question de son 1. liv. des *propos de table*, fait dire à Themistocle, Philosophe Stoïcien, qu'Homere a parfaitement connu & proprement exprimé ce qui se fait quand ceux qui sortent de la mer se tiennent au soleil, la chaleur dissipe d'abord la partie la plus subtile & la plus legere de l'humidité, & ce qu'il y a de plus terrestre demeure & s'attache à la peau comme une croute, jusqu'à ce qu'on l'ait lavée dans de l'eau douce & propre à boire.

Page 491. *Alors la fille du grand Jupi-*

ter, la sage Minerve, le fait paroistre d'une taille plus grande & plus majestueuse, &c.] Homere a desja dit souvent que les Dieux relevent, quand il leur plaist, la bonne mine des hommes, qu'ils augmentent leur beauté & les font paroistre tres differents de ce qu'ils estoient; cela est conforme à ce que nous voyons dans l'Escriture sainte. Nous lisons dans l'histoire de Judith, qu'aprés qu'elle se fut baignée & parfumée d'essences, &c. Dieu luy donna encore un esclat de beauté qui la fit paroistre beaucoup plus belle qu'elle n'estoit auparavant: *Cui etiam Dominus contulit splendorem, quoniam omnis compositio non ex libidine, sed ex virtute pendebat, & ideò Dominus hanc in illam pulcritudinem ampliavit, ut incomparabili decore omnium oculis appareret.* Judith. 10. 4. Ce sentiment d'Homere a donc son fondement dans la verité, mais cela n'empesche pas qu'on n'explique simplement ce miracle, en disant qu'il ennoblit par les fictions de la Poësie une chose tres ordinaire: la misere d'Ulysse & tout ce qu'il avoit souffert avoient effacé sa bonne mine & changé ses traits; il se baigne, il se netoye, il se parfume & met de beaux habits, le voila tout changé, il revient à son naturel & il paroist un autre homme; il n'y a rien là que de tres ordinaire, car la belle plume fait le bel oyseau. Mais ce qui est ordinaire, la Poësie le releve par une belle fiction, en attribuant ce changement à un miracle qui devient tres vrayſemblable par la connoiſſance qu'on a du pouvoir de la Divinité.

Qui ſemblables à la fleur d'hyacinthe] C'eſt à dire d'un noir ardent, comme l'hyacinthe des Grecs, qui eſt le *vaccinium* des Latins, & noſtre glayeul, dont la couleur eſt d'un pourpre enfumé, c'eſt pourquoy Theocrite l'appelle *noir*:

Καὶ τὸ ἴον μελαν ἐςι καὶ ἁ γραπλὰ ὑακινθος·

que Virgile a traduit,

Et nigræ violæ ſunt & vaccinia nigra.

Cette couleur de cheveux eſtoit la plus eſtimée. Anacreon après avoir dit au Peintre qui peignoit ſa maiſtreſſe, *fais-luy les cheveux déliez & noirs*, fait entendre enſuite de quel noir il les veut, en les appellant *ſubpurpureos*. ὑποπορφύρῳσι χαίταις. Od. 28.

A qui Vulcain & Minerve ont montré tous les ſecrets de ſon art] Pourquoy Vulcain & Minerve? l'un des deux ne ſuffit-il pas? Vulcain c'eſt pour la main & Minerve pour l'eſprit, c'eſt à dire, pour l'imagination & le deſſein.

Aſſeurément ce n'eſt point contre l'ordre de tous les Dieux] Ulyſſe a fait entendre à Nauſicaa qu'il eſtoit l'objet de la haine des Dieux qui ne ceſſent de le perſecuter. Nauficaa conjecture au contraire que tous les Dieux ne le persecutent point & qu'il y en a qui luy sont favorables, puisqu'il est abordé à l'isle des Pheaciens, dont le bonheur égale celuy des Dieux mesmes, & que les Dieux ont produit sur luy un si grand changement; s'ils avoient voulu le perdre ils l'auroient éloigné d'une isle où il n'y a point de malheureux, & ils n'auroient pas operé sur luy un si grand miracle. Voilà la premiere idée qui vient dans l'esprit de la Princesse, qui desja prévenuë favorablement pour Ulysse se fait un plaisir de penser qu'il a aussi des Dieux pour luy. Mais il y a icy une bienséance qu'il faut remarquer sur-tout, c'est que Nausicaa dit tout cecy à ses femmes sans estre entenduë d'Ulysse, qu'Homere a fait retirer exprés pour donner le temps à cette Princesse d'expliquer ses sentiments, qu'elle n'auroit pû faire paroistre en sa presence.

Page 492. *Plust à Jupiter que le mary qu'il me destine fust comme luy*] Ce discours de Nausicaa n'est pas un discours dicté par une passion violente qu'elle ait conceuë tout d'un coup pour cet estranger, dont la beauté l'a séduite, ce seroit une foiblesse dont une Princesse aussi vertueuse n'estoit pas capable. Mais elle parle comme une personne qui rappellant le songe qu'elle a eu le matin, & charmée d'ailleurs des sages discours qu'elle a entendus, voudroit que cet estranger fust celuy que le songe luy auroit désigné pour mary. Et il n'y a rien là que de loüable, surtout avec les ménagements qui y sont observez.

Page 493. *Et qui à chacun de ses deux bouts a un port dont l'entrée est estroite & difficile, ce qui en fait la seureté*] Toute cette description estoit fort difficile, & personne n'avoit taschée de l'expliquer; heureusement un Scholiaste de Dionysius Periegetes m'a servi à l'esclaircir. Δύο λιμένας ἐχῃ ἡ Φαιακις, τὸν μὲν Ἀλκινόϋ, τὸν δὲ Ὑλλοῦ. διὸ φησὶ Καλλίμαχος, Ἀμφίδυμος φαίαξ. *L'isle des Pheaciens a deux ports, l'un appellé le port d'Alcinoüs, & l'autre le port de Hyllus, c'est pourquoy Callimaque l'a appellée la Pheacie au double port*. Et Apollonius l'appelle par la mesme raison ἀμφιλαφης, où l'on aborde de deux costez.

Page 494. *Qui sont tout leur plaisir*] J'ay tasché de rendre la force du mot ἧσιν ἀγαλλόμενοι. Homere fait de ces vaisseaux les ἀγάλματα, comme les poupées des Pheaciens.

Il y a beaucoup d'insolens & de medisants parmi ce peuple] Comme cela est ordinaire dans toutes les villes où regnent les jeux & les plaisirs; car si l'on y prend garde, ce sont ces vains amusements qui produisent la medisance & qui la nourrissent. Il est aisé d'en voir la raison.

Qui est cet estranger si beau, si bien fait, qui suit Nausicaa] L'adresse d'Homere est admirable ; toutes les douceurs & toutes les politesses que la Princesse n'auroit osé dire à Ulysse en parlant de son chef, car la passion y auroit esté trop marquée, il trouve moyen de les luy faire dire, en faisant parler les Pheaciens : Καὶ οὕτως, dit fort bien Eustathe, ὅν ἔρωτα εἶχεν εἰς νοῦν, διεκάλυψε κατὰ θαυμασίαν μέθοδον, ὡς ἄλλου τινὸς διδασκάλων ἐρούσης, ἄλλως γὰρ ἀνέκφορος ἦν. Et ainsi la passion qui s'estoit desja emparée de son cœur, elle la découvre par cette methode admirable, en rapportant simplement ce que les autres diroient, car autrement elle n'auroit pû la découvrir.

Où l'a-t-elle trouvé ?] Elle luy marque par cette expression que les Pheaciens le regarderoient comme un précieux tresor qu'elle auroit trouvé par la faveur des Dieux. Cela est assez flateur. Mais ce qui suit l'est encore davantage.

Page 495. *Est-ce quelqu'un des Dieux*] Ulysse a comparé la Princesse à Diane, & elle luy rend icy cette loüange avec usure, en le faisant prendre pour un des Dieux, non par un seul homme, mais par plusieurs. Toutes les beautez de ce discours de la Princesse n'ont pas touché le Critique moderne dont j'ay desja tant parlé. Voicy comme il rend tout cet endroit : *Nausicaa dit à Ulysse, en l'entretenant dans le chemin, que ceux qui la verront accompagnée d'un homme si bien fait, croiront qu'elle l'a choisi pour son espoux, mais qu'un tel jugement l'offenseroit, parce qu'elle n'approuve point qu'une fille couche avec un homme avant que de l'avoir espousé.* La seconde Remarque aprés celle-cy fera mieux sentir la grossiereté de cette traduction.

Qui à sa priere soit descendu du ciel] Nausicaa fait entendre icy que les Pheaciens la regardoient comme une personne superbe qui les dédaignoit & à qui il ne falloit pas moins qu'un Dieu pour mary. Et si elle se sert admirablement de ces discours publics pour loüer Ulysse, elle ne s'en sert pas moins bien pour se loüer elle-mesme, car il y a icy un éloge bien adroit.

Et qui sans la permission de son pere & de sa mere paroistroit avec un homme avant que d'estre mariée] En Grece les filles estoient fort retirées, & elles n'avoient la permission de voir des hommes que tres rarement & dans des occasions extraordinaires, & toujours en presence du pere & de la mere, à moins qu'ils ne les confiassent à des personnes dont on connoissoit la vertu. Mais quand elles estoient mariées, elles avoient plus de liberté, & elles voyoient des hommes comme Helene & Andromaque dans l'Iliade, & comme nous avons desja vû Penelope se montrer aux Poursuivants. Voilà le sens de ces paroles de Nauficaa. Paroles pleines de pudeur & de modeſtie. Cependant c'eſt de ces paroles que l'Auteur du Parallele a tiré un ſens tres effronté. Il a eſté aſſez imprudent pour traiter Homere de groſſier, & pour l'accuſer d'avoir fait dire par Nauſica à Ulyſſe, *Qu'elle n'approuvoit pas qu'une fille ſans la permiſſion de ſes parents couchaſt avec un homme avant que de l'avoir eſpouſé.* Voilà la plus inſigne bevuë qui ait jamais eſté faite, & qui marque la plus parfaite ignorance. M. Deſpreaux l'a fort bien relevée dans les Reflexions ſur Longin, Reflex. 3. & fait voir les impertinences & les abſurditez qu'elle entraiſne. En cet endroit, αἴδρασι μισγέδαι, *eſtre meſlée avec les hommes,* ſignifie *paroiſtre avec eux, les voir, les frequenter.* Et jamais il n'eſt dans l'autre ſens que lorſqu'il y eſt déterminé par la ſuite naturelle du diſcours, ou par quelqu'autre mot qui y eſt joint. Μίσγεται, ὅ ἐστ σύνεστ, *eſt meſlée, c'eſt à dire, eſt avec luy,* dit Euſtathe: Et il adjoute, *ſans la permiſſion des parents. Car avec cette permiſſion les filles pourront en leur preſence ſe meſler avec les hommes, c'eſt a dire, paroiſtre avec eux, eſtre en leur compagnie.* Καὶ ἄλλως δὲ μιχθήσονται, ὅ ἐστι παρέσονται καὶ παρεῖναι ἀνδράσιν ἐναντίον γονέων. Mais quand perſonne ne l'auroit expliqué, la ſageſſe d'Homere, & la vertu & l'honneſteté que Nauſicaa a fait paroistre dans tout ce qu'elle a dit & fait, devoient empescher un Critique, quelque ignorant qu'il fust, de tomber dans une si estrange bevuë.

Afin que vous puissiez obtenir promptement de mon pere tout ce qui est necessaire pour vostre départ] La passion que Nausicaa a commencé à sentir pour Ulysse, & les souhaits qu'elle a formez, que ce soit luy que les Dieux luy ont destiné pour mary, n'empeschent pas qu'elle ne luy donne tous les avis necessaires pour obtenir ce qu'il faut pour son départ. Voilà tout ce que peut la sagesse.

Page 496. *Car dans toute la ville il n'y a point de Palais comme celuy du heros Alcinoüs*] Elle insinuë par-là qu'il y avoit dans la ville plusieurs autres Palais. Il y avoit en effet plusieurs Princes, qui devoient estre bien logez.

Vous la trouverez auprés de son foyer, qui à la clarté de ses brasiers] Voilà encore la Reyne à son travail avec ses femmes comme elle y a esté dés le matin. Et elle travaille à la *lueur du feu,* car c'est ce que porte la lettre du texte. Mais on se tromperoit si on prenoit cecy pour une marque d'économie; quand Homere dit que la Reyne travailloit à la lueur du feu, il veut dire que c'estoit à la clarté du bois qui brusloit sur les brasiers & qui tenoit lieu de flambeaux.

Page 497. *Mon pere est dans la mesme chambre, & vous le trouverez assis à table comme un Dieu*] Le Grec dit: *Le throne de mon pere est dans cette mesme chambre, esclairée par le feu de ces braziers.* Car au lieu d'αὐτῇ, il y a dans quelques exemplaires αὐγῇ, à la clarté, à la lueur. Ce qui suit, *& il est assis à table où il fait grand chere comme un Dieu,* Homere le fait dire par Nausicaa, pour faire entendre que les Pheaciens faisoient consister la felicité dans le plaisir de la table, & qu'ils jugeoient les Dieux heureux parce qu'ils les imaginoient passant les jours dans des festins continuels. Le Critique moderne a si peu compris le sens & la raison de ces paroles, qu'il les rend tres ridiculement. *Auprés d'elle,* dit-il, *est la chaise de mon pere où il s'assied comme un Dieu quand il se met à boire.* Cela n'est-il pas d'un grand goust !

Mais allez embrasser les genoux de ma mere] Nausicaa veut marquer à Ulysse l'estime & la consideration qu'Alcinoüs avoit pour la Reyne sa femme, & luy faire entendre par-là que l'union, qu'il a tant vantée, regnoit entre eux.

Page 498. *Et adressa cette priere à la fille du grand Jupiter*] A chaque nouvelle action une nouvelle priere. Voilà le précepte qu'Homere veut nous donner par cet exemple de la pieté d'Ulysse.

Car elle craignoit son oncle Neptune, qui estoit toujours irrité] Neptune venoit de marquer encore ce courroux implacable par la tempeste qu'il venoit d'exciter, c'est ce qui oblige Minerve à garder ces mesures.

Argument du Livre VII.

Nausicaa arrive dans la ville sur le soir. Ulysse la suit de prés, entre dans le Palais sans estre apperceu, & va se jetter aux pieds d'Areté femme du Roy Alcinoüs. Aprés le souper, la Reyne demande à Ulysse d'où il avoit les habits qu'il portoit, car elle les reconnut. Sur cela Ulysse luy raconte tout ce qui luy est arrivé dans son voyage, depuis son départ de l'isle d'Ogygie jusqu'à son arrivée chez les Pheaciens.

L'ODYSSE'E

L'ODYSSÉE D'HOMERE.

LIVRE VII.

TELLE fut la priere qu'Ulysse, exercé par tant de travaux, adreſſa à Minerve. Cependant Nauſicaa arrive au Palais de ſon pere. Elle n'eſt pas pluſtoſt entrée dans la cour, que ſes freres, ſemblables aux Dieux, viennent au devant d'elle, détellent ſes mulets & portent dans le Palais les paquets qui eſtoient dans le char. La Princeſſe va dans ſon appartement ; Eurymeduſe, qui l'avoit élevée & qui avoit alors ſoin de ſa chambre, luy alluma du feu. C'estoit une femme que les Pheaciens amenerent d'Epire sur leurs vaisseaux, & qu'ils choisirent pour en faire present à Alcinoüs, parce qu'il estoit leur Roy, & qu'ils l'escoutoient comme un Dieu. Eurymeduse luy alluma donc du feu & prépara son souper.

Alors Ulysse jugea qu'il estoit temps de partir pour arriver à la ville. La Déesse Minerve, qui l'accompagnoit de sa protection, l'environna d'un nuage & le rendit invisible, de peur que quelqu'un des superbes Pheaciens le rencontrant ne luy dist quelque parole de raillerie, & ne luy demandast qui il estoit & ce qu'il venoit faire. Comme il estoit donc prest d'entrer, la Deesse alla à sa rencontre sous la figure d'une jeune fille qui portoit une cruche. Ulysse la
» voyant, luy dit : Ma fille, voudriez-
» vous bien me mener au Palais d'Al-
» cinoüs Roy de cette isle, je suis un

estranger qui viens d'une contrée «
fort éloignée, & je ne connois au- «
cun des habitants de ce pays. «

La Déesse luy répondit, Estran- «
ger, je vous montreray avec plai- «
sir le Palais que vous demandez, «
car il est prés de celuy de mon pere. «
Vous n'avez qu'à marcher dans «
un profond silence, je vous con- «
duiray moy-mesme ; souvenez- «
vous seulement de ne regarder & «
de n'interroger aucun de ceux «
que vous rencontrerez ; ces habi- «
tants ne reçoivent pas volontiers «
les estrangers, ils ne les voyent pas «
de bon œil, & ne leur rendent «
pas tous les soins qu'ils meritent ; «
ce sont des hommes nez pour la «
marine, & qui se confiant en la «
bonté de leurs vaisseaux, font des «
voyages de long cours, car Nep- «
tune les a fait comme maistres de «
la mer. Leurs vaisseaux volent plus «
viste qu'un oyseau, ou que la pen- «
sée mesme. «

En finissant ces mots elle marche la premiere, & Ulysse la suit; aucun des Pheaciens ne l'apperceut comme il traversoit la ville au milieu d'eux, car la Déesse Minerve l'avoit environné d'un espais nuage, qui les empeschoit de le voir. Ulysse en marchant ne pouvoit se lasser d'admirer les ports, la beauté des navires dont ils estoient remplis, la magnificence des places publiques, la hauteur des murailles, & les remparts palissadez, autant de merveilles dont il estoit surpris.

Quand ils furent arrivez tous deux devant le Palais du Roy, la
» Déesse dit à Ulysse, Estranger,
» voilà le Palais que vous demandez.
» Vous allez trouver le Roy à table
» avec les Princes. Entrez hardiment
» & ne temoignez aucune crainte,
» car un homme hardi, quoy-qu'es-
» tranger, réüssit mieux qu'un autre
» dans tout ce qu'il entreprend. Les

affaires demandent du courage. «
Vous adresserez d'abord vos prie- «
res à la Reyne, elle se nomme «
Areté, & elle est de la mesme mai- «
son que le Roy son mary. Car il «
faut que vous sçachiez que le Dieu «
Neptune eut de Peribée un fils «
nommé Nausithoüs ; Peribée estoit «
la plus belle des femmes de son «
temps, & fille du brave Euryme- «
don qui regnoit sur les superbes «
Geants. Cet Eurymedon fit perir «
tous ses sujets dans les guerres qu'il «
entreprit, & perit aussi avec eux. «
Aprés sa mort, Neptune devenu «
amoureux de sa fille, eut d'elle ce «
Nausithoüs, qui estoit un homme «
d'un courage heroïque, & qui re- «
gna sur les Pheaciens. Nausithoüs «
eut deux fils, Rhexenor & Alci- «
noüs. Rhexenor peu de temps aprés «
son mariage fut tué par les fleches «
d'Apollon, & ne laissa qu'une fille, «
qui est cette Areté. Alcinoüs l'a «
espousée, & jamais femme n'a esté «

» plus estimée ni plus honorée de
» son mary qu'Areté l'est d'Alcinoüs.
» Ses fils ont aussi pour elle tout le
» respect & toute la soumission qu'ils
» luy doivent, & elle est adorée de
» ses peuples, qui la regardent com-
» me leur Déesse tutelaire, & qui ne
» la voyent jamais passer dans les ruës
» sans la combler de benedictions.
» Aussi est-ce une femme d'une pru-
» dence consommée & d'une rare
» vertu. Tous les differents qui s'éle-
» vent entre ses sujets, elle les termine
» par sa sagesse. Si vous pouvez at-
» tirer sa bienveillance & gagner son
» estime, comptez que bientost vous
» aurez tous les secours necessaires
» pour vous en retourner dans vostre
» patrie, & revoir vos amis & vostre
» Palais.

Aprés avoir ainsi parlé, la Déesse disparut, quitta l'aimable Scherie, & prenant son vol vers les plaines de Marathon, elle se rendit à Athenes & entra dans la celebre cité d'Erecthée. Dans le mesme temps Ulysse entre dans le Palais d'Alcinoüs. En entrant il s'arreste, l'esprit agité de differentes pensées; car tout le Palais brilloit d'une lumiere aussi esclatante que celle de la lune, ou mesme que celle du soleil. Toutes les murailles estoient d'airain massif. Une corniche d'un bleu celeste regnoit tout autour. Les portes estoient d'or, les chambransles d'argent sur un parquet d'airain, le dessus des portes de mesme & les anneaux, d'or. Aux deux costez des portes on voyoit des chiens d'une grandeur extraordinaire, les uns d'or, les autres d'argent; Vulcain les avoit faits par les secrets merveilleux de son art, afin qu'ils gardassent l'entrée du Palais d'Alcinoüs. Ils estoient immortels & toujours jeunes, la vieillesse n'ayant point de pouvoir sur eux. Des deux costez de la sale les murs estoient bordez de beaux sieges tout d'une seule piece, & couverts de beaux tapis d'une finesse merveilleuse, ouvrage des femmes du pays. Les principaux des Pheaciens assis sur ces sieges celebroient un grand festin, car ce n'estoit tous les jours que nouvelles festes. Sur des piedestaux magnifiques estoient de jeunes garçons tout d'or, tenant des torches allumées pour esclairer la sale du festin. Il y avoit dans ce Palais cinquante belles esclaves, dont les unes servoient à moudre les dons de la blonde Cerés, les autres filoient ou travailloient sur le mestier & faisoient des estoffes précieuses. Elles estoient toutes assises de suite, & on voyoit en mesme temps remuer toutes leurs mains comme les branches des plus hauts peupliers quand elles sont agitées par les vents. Les estoffes qu'elles travailloient estoient d'une finesse & d'un esclat qu'on ne pouvoit se lasser d'admirer, l'huile mesme auroit coulé dessus sans y laisser de tasche. Car autant que les Pheaciens sont au dessus des autres hommes pour gouverner les vaisseaux au milieu de la vaste mer, autant leurs femmes surpassent toutes les autres en adresse pour faire les plus beaux ouvrages, la Déesse Minerve leur ayant donné le bon esprit pour imaginer les plus beaux desseins, & toute l'habileté necessaire pour les bien executer.

De la cour on entre dans un grand jardin de quatre arpents enfermé d'une haye vive. Dans ce jardin il y a un verger planté d'arbres fruitiers en plein vent, toujours chargez de fruits ; on y voit des poiriers, des grenadiers, des orangers, dont le fruit est le charme des yeux, des figuiers d'une rare espece, & des oliviers toujours verds. Jamais ces arbres ne sont sans fruit ni l'hyver ni l'esté. Un doux zephyre entretient toujours leur vigueur & leur feve, & pendant que les premiers fruits meuriffent, il en produit toujours de nouveaux. La poire prefte à cüeillir en fait voir une qui naift ; la grenade & l'orange desja meures en monftrent de nouvelles qui vont meurir ; l'olive eft pouffée par une autre olive, & la figue ridée fait place à une autre qui la fuit.

D'un autre cofté il y a une vigne qui porte des raifins en toute faifon. Pendant que les uns fechent au foleil dans un lieu découvert, on coupe les autres & on foule dans le prefloir ceux que le foleil a desja préparez ; car les feps chargez de grappes toutes noires qui font preftes à couper, en laiffent voir d'autres toutes vertes, qui font preftes à tourner & à meurir. Au bas du jardin il y a un potager tres bien tenu, qui fournit toutes fortes d'herbages, & qui par fes differents carrez, toujours verts &

toujours fertiles, réjoüit toute l'année celuy qui l'entretient. Il y a deux fontaines, dont l'une se partageant en differents canaux, arrose tout le jardin, & l'autre coulant le long des murs de la cour, va former devant le Palais un grand bassin qui sert à la commodité des citoyens. Tels sont les magnifiques presents dont les Dieux ont embelli le Palais d'Alcinoüs. Ulysse s'arreste pour les considerer & ne peut se lasser de les admirer.

Aprés les avoir admirez il entre dans la sale, où il trouve les Princes & les chefs des Pheaciens, qui aprés le repas faisoient des libations à Mercure; ce Dieu estoit le dernier à l'honneur duquel ils versoient le vin de leurs coupes quand ils estoient sur le point de s'aller coucher. Ulysse s'avance couvert du nuage dont la Déesse l'avoit environné pour l'empescher d'estre vû; il s'approche d'Areté & d'Al-

cinoüs & embraſſe les genoux de la Reyne. Le nuage ſe diſſipe dans ce moment, & les Pheaciens appercevant tout d'un coup cet eſtranger, demeurent dans le ſilence, remplis d'eſtonnement & d'admiration. Ulyſſe tenant toujours les
» genoux de la Reyne, dit : Areté,
» fille de Rhexenor, qui eſtoit égal
» aux Dieux, aprés avoir ſouffert
» des maux infinis, je viens me jetter
» à vos pieds & embraſſer vos ge-
» noux, ceux du Roy & ceux de
» tous ces Princes qui ſont aſſis à voſ-
» tre table ; veüillent les Dieux faire
» couler leurs jours dans une longue
» proſperité, & leur faire la grace de
» laiſſer à leurs enfants aprés eux tou-
» tes leurs richeſſes & les honneurs
» dont le peuple les a reveſtus. Mais
» donnez-moy les ſecours neceſſaires
» pour m'en retourner promptement
» dans ma patrie, car il y a long-
» temps qu'eſloigné de ma famille &
» de mes amis, je ſuis en butte à tous

les traits de la fortune.

En finissant ces mots il s'assied sur la cendre du foyer. Le Roy & les Princes demeurent encore plus interdits. Enfin, le heros Echeneus, qui estoit le plus âgé des Pheaciens, qui sçavoit le mieux parler, & de qui la prudence estoit augmentée par les exemples des anciens temps dont il estoit instruit, rompit le premier le silence, & dit: Alcinoüs, il « n'est ni séant ni honneste que vous « laissiez cet estranger assis à terre sur « la cendre de vostre foyer. Tous ces « Princes & chefs des Pheaciens n'at- « tendent que vos ordres; relevez-le « donc & faites l'asseoir sur un de « ces sieges; ordonnez en mesme « temps aux herauts de verser de nou- « veau du vin dans les urnes, afin « que nous fassions nos libations au « Dieu qui lance la foudre; car « c'est luy qui tient sous sa protec- « tion les suppliants, & qui les rend « respectables à tous les hommes. Et «

» que la maistresse de l'office luy serve
» une table de ce qu'elle a de plus
» exquis.

Alcinoüs n'eut pas plustost entendu ces paroles, que prenant Ulysse par la main, il le releve & le fait asseoir sur un siege magnifique qu'il luy fait ceder par son fils Laodamas qui estoit assis prés de luy, & qu'il aimoit plus que tous ses autres enfants. Une esclave bien faite apporte de l'eau dans une aiguiere d'or sur un bassin d'argent & donne à laver à Ulysse. Elle dresse ensuite une table, & la maistresse de l'office la couvre de tout ce qu'elle a de meilleur.

Ulysse mange & boit. Et le Roy adressant la parole à un de ses he-
» rauts, Pontonoüs, luy dit-il, mes-
» lez du vin dans une urne, & servez
» en à tous les convives, afin que nou
» fassions nos libations au Dieu qui
» lance le tonnerre & qui accompa-
» gne de sa protection les suppliants.

Il dit. Pontonoüs mesle du vin dans une urne & en presente à tous les conviez ; aprés qu'on eut bû & que les libations furent faites, Alcinoüs eslevant sa voix, dit : « Princes & chefs des Pheaciens, puisque « le repas est fini vous pouvez vous « retirer dans vos maisons, il est « temps d'aller gouster le repos du « doux sommeil ; demain nous as- « semblerons nos vieillards en plus « grand nombre, nous régalerons « nostre hoste, nous ferons des sacri- « fices à Jupiter, & nous penserons « aux moyens de le renvoyer, afin « que sans peine & sans inquietude, « par nostre secours il retourne promp- « tement dans sa patrie, quelque es- « loignée qu'elle soit, & qu'il ne luy « arrive rien de fascheux dans son « voyage. Quand il sera chez luy, & « dans la suite des temps, il souffrira « tout ce que la Destinée & les Par- « ques inexorables luy ont préparé « par leurs fuseaux dés le moment de «

» sa naissance. Que si c'est quelqu'un
» des Immortels qui soit descendu
» de l'Olympe pour nous visiter, c'est
» donc pour quelque chose d'extra-
» ordinaire, car jusqu'icy les Dieux
» ne se sont montrez à nous que lors-
» que nous leur avons immolé des
» hecatombes. Alors ils nous ont fait
» l'honneur d'assister à nos sacrifices
» & de se mettre à table avec nous.
» Et quand quelqu'un de nous est
» parti pour quelque voyage, ils
» n'ont pas dédaigné de se rendre
» visibles & de nous accompagner.
» Car je puis dire que nous leur res-
» semblons autant par nostre pieté &
» par nostre justice, que les Cyclopes
» & les Geants se ressemblent par leur
» injustice & par leur impieté.

Ulysse, entendant le Roy parler
» de la sorte, luy répondit: Alcinoüs,
» changez de sentiment, je vous prie;
» je ne ressemble en rien aux Im-
» mortels qui habitent le brillant
» Olympe; je n'ay ni leur corps, ni

aucunes de leurs proprietez, mais «
je ressemble aux mortels, & à un «
des plus miserables mortels que «
vous puissiez connoistre, car je le «
dispute aux plus infortunez. Si je «
vous racontois tous les maux que «
j'ay eu à souffrir par la volonté des «
Dieux, vous verriez que j'ay plus «
souffert que tous les malheureux «
ensemble. Mais permettez que j'a- «
cheve mon repas ; malgré l'affli- «
ction qui me consume ; il n'y a point «
de necessité plus imperieuse que la «
faim, elle force le plus affligé à la «
satisfaire, elle me fait oublier tous «
mes malheurs & toutes mes pertes «
pour luy obéïr. Demain dés la «
pointe du jour ayez la bonté de me «
fournir les moyens de retourner «
dans ma chere patrie, tout malheu- «
reux que je suis. Aprés tout ce que «
j'ay souffert je consents de tout «
mon cœur à mourir, pourvû que «
j'aye le plaisir de revoir mon Palais «
& ma famille. «

Il dit, & tous les Princes loüerent son discours & se préparerent à luy fournir tout ce dont il auroit besoin, car sa demande leur parut juste. Les libations estant donc faites, ils se retirerent tous dans leur maison pour se coucher. Ulysse demeura dans la sale, Areté & Alcinoüs demeurerent prés de luy, & pendant qu'on desservoit & qu'on ostoit les tables, la Reyne reconnoissant le manteau & les habits dont il estoit couvert & qu'elle avoit faits elle-mesme avec ses femmes, prit la parole, & dit : Estran-
» ger, permettez-moy de vous de-
» mander premierement qui vous es-
» tes, d'où vous estes, & qui vous a
» donné ces habits ! Ne nous avez-
» vous pas dit qu'errant sur la vaste
» mer, vous avez esté jetté sur nos
» costes par la tempeste !

» Grande Reyne, répond le pru-
» dent Ulysse, il me seroit difficile
» de vous raconter en détail tous les

malheurs dont les Dieux m'ont «
accablé, ils sont en trop grand nom- «
bre ; je satisferay seulement à ce «
que vous me faites l'honneur de «
me demander. Fort loin d'icy au «
milieu de la mer est une isle ap- «
pellée Ogygie où habite la fille «
d'Atlas, la belle Calypso, Déesse «
tres dangereuse par ses attraits & «
par ses caresses, qui sont autant de «
pieges dont il est difficile de se ga- «
rantir. Aucun ni des Dieux ni des «
hommes ne frequente dans cette «
isle ; un Dieu ennemi m'y fit abor- «
der moy seul, aprés que Jupiter «
lançant sa foudre eut brisé mon «
vaisseau & fait perir mes Compa- «
gnons. Dans ce peril j'embrassay «
une planche du débris de mon nau- «
frage, & je fus neuf jours le joüet «
des flots. Enfin la dixiéme nuit les «
Dieux me pousserent sur la coste «
d'Ogygie où Calypso me receut «
avec toutes les marques d'affection «
& d'estime, & me fit tous les meil- «

» leurs traitements qu'on peut defi-
» rer. Elle m'offroit mefme de me
» rendre immortel, & de m'exempter
» pour toujours de la vieilleffe ; mais
» elle n'eut pas la force de me perfua-
» der. Je demeuray avec elle fept an-
» nées entieres, baignant tous les
» jours de mes larmes les habits im-
» mortels qu'elle me donnoit. Enfin
» la huitiéme année eftant venuë, elle
» me preffa elle-mefme de partir, car
» elle avoit receu par le meffager des
» Dieux un ordre exprés de Jupiter,
» qui avoit entierement changé fon
» efprit. Elle me renvoya donc fur
» une efpece de radeau, elle me four-
» nit de tout ce qui m'eftoit neceffai-
» re, de pain, de vin, d'habits, &
» m'envoya un vent tres favorable.
» Je voguay heureufement dix-fept
» jours. Le dix-huitiéme je décou-
» vris les noirs fommets des monta-
» gnes de voftre ifle, & je fentis une
» tres grande joye. Malheureux ! tou-
» te ma mauvaife fortune n'eftoit pas

encore épuisée; Neptune me pré- «
paroit de nouvelles persecutions. «
Pour me fermer les chemins de ma «
patrie, il déchaina contre moy les «
vents & sousleva la mer pendant «
deux jours & deux nuits. Les flots «
qui heurtoient impetueusement ma «
petite nacelle, me montroient la «
mort à tout moment ; enfin la tem- «
peste devint si furieuse, qu'elle «
brisa & dissipa ce fresle vaisseau. Je «
me mis à nager ; le vent & le flot «
me pousserent hier contre le rivage. «
Et comme je pensois m'y sauver, «
la violence du flot me repoussa «
contre de grands rochers dans un «
lieu fort dangereux ; je m'en essoi- «
gnay en nageant encore, & je fis «
tant que j'arrivay à l'embouchure «
du fleuve. Là je découvris un en- «
droit commode, parce qu'il estoit «
à couvert des vents & qu'il n'y «
avoit aucun rocher ; je le gagnay «
en rassemblant le peu qui me restoit «
de forces, & j'y arrivay presque sans «

» vie. La nuit couvrit la terre & la
» mer de ses ombres, & moy, aprés
» avoir un peu repris mes esprits, je
» m'esloignay du fleuve, je me fis un
» lit de branches & je me couvris de
» feüilles ; un Dieu favorable m'en-
» voya un doux sommeil qui suspen-
» dit toutes mes douleurs. J'ay dor-
» mi tranquillement toute la nuit &
» la plus grande partie du jour. Com-
» me le soleil baissoit je me suis éveil-
» lé, & j'ay vû les femmes de la Prin-
» cesse vostre fille qui joüoient en-
» semble. Elle paroissoit au milieu
» d'elles comme une Déesse. J'ay
» imploré son secours ; elle n'a pas
» manqué de donner en cette occasion
» des marques de son bon esprit &
» de ses inclinations nobles & gene-
» reuses, vous n'oseriez attendre de
» si beaux sentiments de toute autre
» personne de son âge, soit homme
» soit femme, car la prudence & la
» sagesse ne sont pas le partage des
» jeunes gens. Elle m'a fait donner

à manger, elle a ordonné qu'on me «
baignast dans le fleuve, & elle m'a «
donné ces habits. Voilà la pure «
verité & tout ce que mon affliction «
me permet de vous apprendre. «

Le Roy prenant la parole, dit à
Ulysse, Estranger, il y a une seule «
chose où ma fille a manqué, c'est «
qu'estant la premiere à qui vous «
vous estes adressé, elle ne vous a «
pas conduit elle-mesme dans mon «
Palais avec ses femmes. «

Grand Prince, repartit Ulysse, «
ne blamez point la Princesse vostre «
fille, elle n'a aucun tort ; elle m'a «
ordonné de la suivre avec ses fem- «
mes, c'est moy qui n'ay pas voulu, «
de peur qu'en me voyant avec elle, «
vostre esprit ne fust obscurçi par «
quelque soubçon comme par un «
nuage, car nous autres mortels nous «
sommes fort jaloux & fort soub- «
çonneux. «

Estranger, répond Alcinoüs, je «
ne suis point sujet à cette passion, «

» & je ne me mets pas legerement en
» colere. J'approuve toujours tout
» ce qui est honneste & juste. Plust à
» Jupiter, à Minerve & à Apollon
» que tel que vous estes & ayant les
» mesmes pensées que moy, vous
» pussiez espouser ma fille & devenir
» mon gendre, je vous donnerois un
» beau Palais & de grandes richesses
» si vous preniez le parti de demeu-
» rer avec nous. Il n'y a personne
» icy qui veüille vous retenir par
» force, à Dieu ne plaise. Je vous
» promets que demain tout sera prest
» pour vostre voyage, dormez seu-
» lement en toute seureté. Les gens
» que je vous donneray observeront
» le moment que la mer sera bonne,
» afin que vous puissiez arriver heu-
» reusement dans vostre patrie, &
» par tout où vous voudrez aller ;
» dussiez-vous aller au de-là de l'Eu-
» bée qui est fort loin d'icy, comme
» nous le sçavons par le rapport de
» nos pilotes, qui y menerent autrefois

fois le beau Rhadamanthe lorsqu'il « alla voir Tityus le fils de la terre. « Quelqu'esloignée qu'elle soit, ils « le menerent & le ramenerent dans « le mesme jour sans beaucoup de « peine. Et vous-mesme vous con- « noistrez par experience la bonté & « la legreté de mes vaisseaux, & l'a- « dresse & la force de mes rameurs. «

Il dit, & Ulysse penetré d'une joye qu'il n'avoit pas encore sentie, leva les yeux au ciel, & fit cette priere. Grand Jupiter, faites qu'Al- « cinoüs accomplisse ce qu'il me pro- « met; que la gloire de ce Prince, « sans jamais s'affoiblir, remplisse la « terre entiere, & que je retourne « heureusement dans mes Estats! «

Comme cette conversation alloit finir, Areté commanda à ses femmes de dresser un lit à Ulysse sous le portique, de le garnir de belles estoffes de pourpre, d'esten-dre sur ces estoffes de beaux tapis, & de mettre par dessus des couvertures tres fines. Ces femmes traversent aussi-tost les appartements, tenant dans leurs mains des flambeaux allumez. Quand elles eurent préparé le lit, elles revinrent avertir Ulysse que tout estoit prest. Aussitost il prend congé du Roy & de la Reyne, & il est conduit par ces femmes dans le superbe portique qui luy estoit destiné. Alcinoüs alla aussi se coucher dans l'appartement le plus reculé de son Palais, & la Reyne se coucha dans un autre lit auprés de celuy du Roy.

REMARQUES
SUR
L'ODYSSEE D'HOMERE.

LIVRE VII.

Page 529. *E'Urymeduse, qui l'avoit élevée, & qui avoit alors soin de sa chambre*] Le mot θαλαμηπόλος signifie une personne qui a soin de la chambre, à qui on a commis la garde de la chambre. Cette Eurymeduse, qui avoit élevé la Princesse, estoit parvenuë à cet employ, & c'estoit la fortune ordinaire dans les maisons des Princes; ils recompensoient de cette charge ceux qui les avoient élevez.

Page 530. *C'estoit une femme que les Pheaciens amenerent d'Epire*] Comme ces peuples-là faisoient un grand commerce, ils achetoient des esclaves qu'ils revendoient. Ils avoient fait present au Roy de celle-cy, & Homere fait entendre par-là que c'estoit une personne considerable.

Et qu'ils l'escoutoient comme un Dieu] Et c'est comme les bons Roys doivent estre

A a ij

efcoutez, leurs paroles font refpectables comme des oracles.

Page 531. *Car il eſt prés de celuy de mon pere*] Voicy une fille qui va chercher de l'eau avec une cruche, & dont le pere a un Palais. J'ay fait voir ailleurs que les Princeſſes alloient elles-meſmes à la fontaine. Cette jeune fille répond donc comme une fille de qualité, mais cette réponſe luy convient encore entant qu'elle eſt la Déeſſe Minerve. Car les Palais des bons Princes font toujours prés du Palais de Jupiter, c'eſt a dire, que Jupiter habite prés d'eux.

Ces habitants ne reçoivent pas volontiers chez eux les eſtrangers, & ils ne les voyent pas de bon œil] Cependant nous verrons qu'Ulyſſe ſera fort bien receu dans la Cour d'Alcinoüs. Comment accorder donc avec cette bonne reception ce que cette fille dit icy? Parleroit-elle ainſi pour rendre Ulyſſe plus précautionné? Je ſuis perſuadée qu'elle dit la verité. Ce qu'elle dit icy des Pheaciens eſt vray de preſque tous les inſulaires; il n'y a que les honneſtes gens & les gens de condition qui traitent bien les eſtrangers, le peuple ne leur eſt point du tout favorable, nous en avons des exemples bien voyſins. Les Pheaciens jouiſſoient d'un ſi grand bon-heur, qu'ils pouvoient craindre que cela ne donnaſt envie aux eſtrangers de venir s'eſtablir dans leur isle, ou mesme de les en chasser.

Ce sont des hommes nez pour la marine] Et par consequent plus grossiers & plus intraitables que les peuples qui cultivent les autres arts.

Car Neptune les a faits comme maistres de la mer] Voilà pourquoy, comme je l'ay desja dit, cette isle avoit esté anciennement appellée *Scherie*, c'est à dire, *l'isle du commerce*. Mais si cette isle estoit si puissante, si son commerce estoit si estendu, d'où vient qu'Ulysse n'en connoist pas mesme le nom ? Est-il possible qu'avant la guerre de Troye cette isle n'eust pas souvent envoyé des vaisseaux à Ithaque, qui n'en estoit qu'à une journée ! C'est à mon avis une des raisons qui ont obligé Homere à faire de cette isle une isle fort esloignée, afin de donner plus de vraysemblance à son recit. Cela aura pû aussi obliger Homere à grossir l'aversion que ces peuples avoient pour les estrangers.

Leurs vaisseaux volent plus viste qu'un oyseau, ou que la pensée mesme] Cette isle n'est veritablement qu'à une journée d'Ithaque ; aussi verra-t-on qu'Ulysse y arrivera en une nuit. Mais comme le Poëte la fait tres esloignée, il a recours icy à cette hyperbole pour sauver cette prompte arrivée, qui ne devient vraysemblable que par l'extrefme legereté de ces vaisseaux, ils *volent plus viste qu'un oyseau, ou que la pensée mesme.* Cette hyperbole, dont se sert icy cette jeune fille, fait connoistre à Ulysse que ces peuples sont forts sur la figure, c'est pourquoy il les payera bientost de la mesme monoye, & ne gardera pas beaucoup de mesure dans les contes qu'il leur fera.

Page 532. *Ulysse en marchant ne pouvoit se lasser d'admirer les ports*] Homere parle de ce que vit Ulysse avant que d'entrer dans la ville.

La hauteur des murailles & les remparts palissadez] Le Grec dit, *les murailles hautes & fortifiées de palissades.* Il me paroist ridicule de placer ces palissades sur les murailles, leur hauteur suffisoit. Homere veut dire, à mon avis, que devant ces murailles il y avoit des fossez ou des remparts qui estoient palissadez. Sur cette sorte de fortification, on peut voir ce que j'ay remarqué dans l'Iliade, tom. 2. pag. 408.

Entrez hardiment, & ne temoignez aucune crainte] Minerve se déclare icy pour ce qu'elle est ; une jeune fille ne pouvoit pas donner ces sages conseils à Ulysse. Aussi cet épisode de Minerve auroit esté chetif si elle n'estoit venuë que pour luy enseigner le chemin, au lieu qu'il est grand & noble quand c'est pour luy donner des avis qui luy font neceſſaires. Et c'eſt ce qu'Euſtathe a fort bien ſenti.

Car un homme hardi, quoy qu'eſtranger, réüſſit mieux qu'un autre dans tout ce qu'il entreprend] Il eſt certain que la timidité a gaſté beaucoup de grandes affaires. Il faut de la hardieſſe ; mais il faut que cette hardieſſe ſoit conduite par la prudence.

Page 533. *Cet Eurymedon fit perir tous ſes ſujets dans les guerres injuſtes qu'il entreprit*] Ce paſſage eſt conſiderable, en ce qu'il nous fait entendre le temps où le reſte des anciens Geants avoit peri. Eurymedon leur Roy eſtoit grand pere de Nauſithoüs pere d'Alcinoüs. Ainſi les Geants furent exterminez quarante ou cinquante ans avant la guerre de Troye ; ce qui s'accorde avec l'ancienne Tradition, qui nous apprend qu'Hercule & Theſée acheverent d'en purger la terre. On peut voir ce que Plutarque a dit dans la vie de Theſée, & le beau portrait qu'il fait de ces Geants.

Fut tué par les fleches d'Apollon] C'eſt à dire, qu'il mouruſt de mort ſubite.

Et jamais femme] Le Grec dit, *& de toutes les femmes qui gouvernent leur maiſon ſous les ordres de leurs marys.* Homere enſeigne par-là que le mary eſt le maiſtre de la maison. L'éloge qu'il fait icy de cette Reyne est d'une grande beauté!

Page 535. *Car tout le Palais brilloit d'une lumiere aussi esclatante que celle de la lune, ou mesme que celle du soleil*] Homere ne fait cette description si pompeuse du Palais d'Alcinoüs, que pour vanter les avantages du commerce, qui est la source inépuisable des richesses d'un Estat. Dans les lieux où le commerce fleurit, tout devient or ou métal précieux. L'Auteur du Parallele a si peu senti la beauté de cette Poësie, qu'il la deshonnore à son ordinaire, & par la maniere dont il la rend, & par les reflexions dont il l'accompagne. *La Princesse Nausicaa*, dit-il, *estant arrivée chez le Roy son pere, ses freres semblables à des Dieux, détellerent les mules, & porterent les robes dans le Palais, dont les murs estoient d'airain, la porte d'or, ayant à ses costez des chiens d'argent, immortels & non sujets à vieillir, que le sage Vulcain avoit faits pour garder la maison du magnanime Alcinoüs.* Où est la Poësie qui se soutiendroit dans un style si malheureux! Aprés le texte si indignement rendu, viennent les réflexions du Chevalier & de l'Abbé, deux assez fades personnages. *Vous vous mocquez, Monsieur,* dit le premier, *voila une chose bien remarquable, que des chiens d'argent soient immortels & ne vieil-*

lissent point. *Aimez-vous bien que ces chiens d'argent soient mis là pour garder le Palais d'Alcinoüs? mais comment peut-on concevoir qu'un Roy, dont le Palais est d'airain, qui a des portes d'or & d'argent, n'ait pas des palefreniers pour dételer les mules de son chariot, & qu'il faille que ses enfants les détèlent eux-mesmes! Cela est estonnant,* répond l'Abbé, *mais ne faut-il pas qu'il y ait du merveilleux dans un Poëme.* Voilà comme ce grand Critique se mocque toujours de la raison, & de la plus belle Poësie, évitant surtout avec grand soin de dire quelque chose de sensé.

Et les anneaux d'or] Les anneaux que l'on mettoit au milieu des portes pour les tirer ou les pousser, ou mesme pour frapper. C'estoit comme les marteaux.

Vulcain les avoit faits par les secrets merveilleux de son art, afin qu'ils gardassent l'entrée du Palais] Nous ne serons pas estonnez de voir des chiens d'or & d'argent garder le Palais comme s'ils estoient vivants, aprés les merveilles que nous avons vû executer à Vulcain dans l'Iliade, ces trepieds qui alloient aux assemblées & qui en revenoient, ces femmes d'or qui aydoient ce divin forgeron à son travail, &c. C'est ainsi que la Poësie d'Homere anime toutes choses.

De beaux sieges tout d'une seule piece] Homere ne dit point de quelle matiere estoient ces sieges, il y a de l'apparence qu'il a voulu faire entendre qu'ils estoient aussi de métal, puisqu'il se sert de la mesme expression, ἐς μυχὸν ἐξ οὐδοῦ, pour dire qu'ils estoient massifs, & qu'ils n'estoient point en dedans d'une vile matiere couverte de feuilles de métal.

Page 536. *Sur des piedestaux magnifiques estoient de jeunes garçons tout d'or*] On a fort bien remarqué avant moy que c'est ce passage d'Homere que Lucrece a imité dans son second livre :

Si non aurea sunt juvenum simulacra per
 ædes
Lampadas igniferas manibus retinentia
 dextris,
Lumina nocturnis epulis ut suppeditentur,
Nec domus argento fulget auroque renidet.

Tenant des torches allumées] Car alors on ne brusloit au lieu de flambeaux que des torches, c'est à dire, des branches de bois qui brusloient par le bout, comme dit Virgile,

Urit odoratam nocturna in lumina cedrum.

On n'avoit encore inventé ni les flambeaux ni les lampes ni les chandeles. A propos de chandeles, je voy dans Eustathe que ce mot est purement Grec, car il cite un ancien

Auteur qui a dit, ἀσσαρίε κανδήλας πρίω. Achette des chandeles pour une petite piece d'argent.

Et on voyoit toutes leurs mains se remüer en mesme temps comme les branches des plus hauts peupliers] Homere est un grand peintre, & il peint toujours; ainsi, pour bien entrer dans sa pensée, le veritable secret est de se remettre devant les yeux les sujets dont il parle, & avec le secours de ses expressions on s'en forme la mesme image qu'il s'est formée. Par exemple dans ce passage, si l'on ne suivoit cette maxime, on seroit embarassé à exprimer la pensée du Poëte; mais si l'on se represente toutes ces femmes qui travaillent en mesme temps, & dont les mains se remüent tout à la fois, les unes deçà, les autres de là, on conçoit une image de branches de peupliers agitées par les vents, & l'on connoit par-là que c'est ce qu'Homere a voulu dire par ces seuls mots, οἷά τε φύλλα μακεδνῆς αἰγείροιο.

Page 537. *L'huile mesme auroit coulé dessus sans y laisser de tache*] C'est à mon avis le seul veritable sens du vers Grec. Homere pour louer la manufacture de ces estoffes, dit qu'elles estoient si fines & si serrées, que l'huile mesme auroit coulé dessus sans pouvoir s'y attacher, & sans y laisser par consequent la moindre tache, car les taches ne viennent que de l'impreſſion que fait l'huile en s'inſinuant.

Autant leurs femmes ſurpaſſent toutes les autres en adreſſe] Par ce qu'Homere dit icy, car c'eſt luy qui parle, on ne peut pas douter que les femmes de Corcyre n'euſſent de ſon temps cette réputation d'habileté. Apparamment leurs marys par leur commerce leur avoient amené des eſclaves Sidoniennes qui les avoient inſtruites.

Page 538. *La poire preſſe à cüeillir en fait voir une qui naiſt*] La plus grande idée que Dieu luy-meſme donne de la plus heureuſe terre du monde, d'une terre découlante de laict & de miel, c'eſt que *les arbres y ſeront chargez de fruit, que les vendanges attraperont la moiſſon, & que la moiſſon ſuivra immediatement les vendanges. Pomis arbores replebuntur; apprehendet meſſium titura vindemiam, & vindemia occupabit ſementem.* La Poëſie encherit ſur cette heureuſe fécondité, en diſant que les arbres portent des fruits ſans diſcontinuation ; que pendant qu'il y en a de meurs, on en découvre de verts qui vont meurir & d'autres qui pouſſent. Ainſi c'eſt une recolte, une cüeillette continuelle & égale dans toutes les ſaiſons. On prétend que cela eſt fondé ſur une verité naturelle, car il y a veritablement, dit-on, des arbres qui ont toujours fruit & fleurs, comme le citronier, dont Pline dit aprés Theophraste, *Arbos ipsa omnibus horis pomifera, aliis cadentibus, aliis maturescentibus, aliis verò subnascentibus.* Le mesme Pline estend cela à d'autres arbres, *Novusque fructus in his cum annotino pendet:* Et il asseure que le Pin *habet fructum maturescentem, habet proximo anno ad maturitatem venturum, ac deinde tertio, &c.* Homere grossit bien le miracle, en l'estendant à tous les arbres de cet heureux terroir. Mais on sçait ce qu'il faut rabattre des hyperboles poëtiques.

Pendant que les uns sechent au soleil dans un lieu découvert] Pour bien entendre cet endroit il faut sçavoir la maniere dont les Grecs faisoient leurs vendanges, car ils ne les faisoient pas comme nous. J'en ay fait autrefois une Remarque sur la cinquantiéme Ode d'Anacreon. On portoit à la maison tous les raisins que l'on avoit coupez, on les exposoit au soleil dix jours, on les laissoit aussi pendant ce temps-là exposez à la fraischeur de la nuit. Aprés cela on les laissoit à l'ombre cinq jours, & au sixiéme on les fouloit & on mettoit le vin dans les vaisseaux. Voicy le précepte qu'en donne Hesiode luy-mesme dans son Traité des œuvres & des jours vers 607. *Lorsque l'Orion & la Canicule seront au milieu du ciel & que l'aurore regardera l'Arcture, alors, mon cher Persa, porte tous les raisins à la maison, expose-les dix jours* au soleil & autant de nuits à l'air, tiens-les à l'ombre cinq jours & au sixiéme fais couler dans les vaisseaux les presents de l'enjoüé *Bacchus.* Homere marque ces trois estats differents ; le premier, des raisins qui ont desja esté au soleil & qu'on foule ; le second, de ceux qu'on expose au soleil pendant qu'on foule ceux-là, & le troisiéme, de ceux qui, pendant que les seconds sont au soleil, sont prests à couper pour estre mis à leur place. Et il en donne la raison dans la suite, c'est que pendant que les ceps sont chargez de grappes noires & meures, il y en a de vertes qui sont prestes à tourner. Voila, si je ne me trompe, la veritable explication de ce passage d'Homere, qui sans doute a fondé ce miracle poëtique sur ce qu'il y avoit des vignes qui portoient des raisins trois fois l'année, comme Pline l'a remarqué : *Vites quædam & triferæ sunt quas ob id* insanas *vocant, quoniam in iis aliæ maturescunt, aliæ turgescunt, aliæ florent.* Lib. 16. cap. 27. *Il y a des vignes qui portent trois fois, & qu'on appelle folles par cette raison : parce que pendant qu'il y a des grappes qui meurissent, il y en a d'autres qui commencent à grossir & d'autres qui sont en fleur.*

Page 539 *Tels sont les magnifiques presents dont les Dieux ont embelli le Palais d'Alcinoüs*] Il n'y a rien en effet de plus admirable que ces jardins d'Alcinoüs tels qu'Homere les descrit, & j'ay toujours admiré le mauvais sens d'un Escrivain moderne, qui pour mettre nostre siecle au dessus du siecle d'Homere, a osé preferer nos magnifiques, mais steriles jardins, à ces jardins où la Nature toujours feconde prodiguoit en toute saison toutes ses richesses. Et voicy comme il s'explique :

> *Le jardin de ce Roy, si l'on en croit Homere,*
> *Qui se plust à former une belle chimere,*
> *Utilement rempli de bons arbres fruitiers,*
> *Renfermoit dans ses murs quatre arpents tous entiers.*
> *Là se cüeilloit la poire & la figue & l'orange ;*
> *Icy dans un recoin se fouloit la vendange.*

Mais outre que dans cette miserable Poësie le Poëte ruine & destruit tous les miracles de la Poësie d'Homere & ceux de la Nature, car il n'y a rien de bien extraordinaire qu'on cüeille dans un jardin des poires, des figues, des raisins, des oranges, & il n'y a point là de *belle chimere*, puisqu'on le voit tres souvent dans des jardins fort communs, où est le bon sens de preferer ces jardins steriles que le luxe a imaginez & où la nature gemit de se voir captive, de les preferer, dis-je, à un jardin où la Nature renouvelle toujours ses dons! C'est-là le langage d'un homme, qui a cru & enseigné que le luxe estoit un des beaux presents que Dieu ait faits aux hommes. Ce n'estoit pas là le sentiment des sages payens, & pour ne pas sortir de nostre sujet, voyons ce qu'Horace dit des vastes & somptueux jardins des Romains:

d. 15. lib. 2.

...... Plantanusque cœlebs
Evincet Ulmos. Tum violaria &
Myrtus & omnis copia narium
Spargent olivetis odorem
Fertilibus domino priori.

Le sterile Plane va faire negliger l'Ormeau. Les violiers, les myrtes & toutes sortes de fleurs parfumeront bientost les lieux que l'on avoit auparavant plantez d'oliviers, & qui estoient d'un si grand revenu pour leurs premiers maistres. Et il adjoute, *Bientost on verra les lauriers, qui par l'épaisseur de leur ombre deffendront des rayons du soleil, quoy que cela soit expressement deffendu par les ordonnances de Romulus, par les loix du severe Caton, & par toutes les regles des premiers Legislateurs.* Mais sans regarder ni à l'utile ni au moral, qui est-ce qui ne preferera pas à toutes les plus grandes merveilles de l'art les merveilles de la Nature? D'ailleurs la Poésie qu'Homere estale dans cette description est si charmante, que je ne puis assez m'estonner qu'un homme qui se pi-

SUR L'ODYSSÉE. *Livre VII.* 569
quoit d'estre Poëte n'en ait pas esté touché.

Ce Dieu estoit le dernier à l'honneur duquel ils versoient le vin de leurs coupes] Mercure estoit le dernier a qui on faisoit des libations quand on estoit sur le point de s'aller coucher, car il présidoit au sommeil,

Dat somnos adimitque.   Horace.

Page 540. *Et les honneurs dont le peuple les a revestus*] Il paroist par ce passage que le gouvernement des Corcyriens estoit, comme les gouvernements de ces temps-là, un composé de Royauté & de Democratie, puisque nous voyons que le peuple donnoit les dignitez. On peut voir une Remarque sur un passage du Livre suivant.

Page 541. *En finissant ces mots il s'assied sur la cendre du foyer*] Le foyer estoit un lieu sacré à cause de Vesta. Et c'estoit la maniere de supplier la plus touchante & la plus seure. Themistocle l'imita long-temps après, lorsqu'il se refugia chez Admete Roy des Molosses: *Il s'assit,* dit Plutarque, *au milieu de son foyer entre ses Dieux domestiques.* Que peut-on répondre à l'Auteur du Parallele, qui pour rendre ridicule cet endroit, qu'il n'a point entendu, nous le presente ainsi: *Ulysse estant parvenu dans la chambre de la Reyne, alla s'asseoir à terre parmi la poussiere auprés du feu.* Voilà un Critique bien instruit de l'Antiquité.

Et de qui la prudence estoit augmentée par les exemples des anciens temps dont il estoit instruit] Le Grec dit: *Et qui sçavoit les choses anciennes & plusieurs autres.* Il n'y a rien de plus capable d'instruire les hommes, que l'Histoire; c'est pourtant une connoissance assez negligée. L'Auteur du Livre de la Sagesse en connoissoit bien le prix; car en parlant du sage, il dit comme Homere, *scit præterita & de futuris æstimat.* Sap. 8. 8. Voilà le portrait qu'Homere fait d'Echenée.

Page 542. *Et qui accompagne de sa protection les supp'iants*] Homere enseigne partout que Dieu protege les pauvres & les estrangers, & qu'il a une attention particuliere sur les suppliants, car les Prieres sont ses filles, comme nous l'avons vû dans l'Iliade; aussi Dieu dit luy-mesme qu'il aime les estrangers & qu'il leur donne tout ce qui leur est necessaire: *Amat peregrinum & dat ei victum & vestitum. Et vos ergo amate peregrinos.* Deuteron. 10. 18. 19.

Page 543. *Tout ce que la Destinée & les Parques inexorables luy ont préparé par leurs fuseaux dés le premier moment de sa naissance*] Ce passage est remarquable. Homere sépare la Destinée & les Parques, c'est à dire, que les Parques ne font qu'executer les ordres de la Destinée, qui n'est autre que la Providence, & qui a reglé & déterminé la fortune de tous les hommes dés le moment qu'elle leur fait voir le jour.

Page 544. Que si c'est quelqu'un des Immortels qui soit descendu de l'Olympe] Quand Nausicaa a comparé Ulysse à un Dieu, on auroit pû croire que c'estoit l'effet de sa passion qui l'avoit aveuglée. Mais Homere la justifie bien icy, en faisant qu'Alcinoüs soubçonne de mesme que c'est un des Immortels.

Car jusqu'icy les Dieux ne se sont montrez à nous] Alcinous n'est point surpris que les Dieux daignent se montrer aux Pheaciens qui sont hommes justes, mais il est surpris que ce soit à l'heure qu'il estoit, & de-là il juge que si c'est un Dieu, c'est pour quelque chose d'extraordinaire qu'il leur apparoist.

Que lorsque nous leur avons immolé des hecatombes] C'est ainsi qu'Homere recommande la pieté envers les Dieux, en faisant voir qu'ils honorent de leur presence les sacrifices qu'on leur fait.

Et quand quelqu'un de nous est parti pour quelque voyage, ils n'ont pas dédaigné de se rendre visibles] Les hommes ont toujours besoin de la protection de Dieu, mais cette protection leur est encore plus necessaire dans les voyages. Homere sçavoit que les Dieux, c'est à dire les Anges, se sont souvent rendu visibles pour conduire eux mesmes des gens pieux ; c'est sur cela qu'il a imaginé ces conduites miraculeuses dont il est parlé dans l'Iliade & dans l'Odyssée. Alcinous releve bien icy les Pheaciens par cette distinction si marquée des Dieux en leur faveur.

Car je puis dire que nous leur ressemblons autant par nostre pieté & par nostre justice] C'est cette pieté & cette justice qui leur avoient attiré tout le bonheur dont ils joüissoient. Et c'est cela mesme qui leur avoit fait donner le nom de *Pheaciens* ; car selon la sçavante remarque de Bochart, ils furent ainsi nommez de l'Arabe *phaik* qui signifie *éminent, sublime, qui est au dessus des autres par sa dignité & par sa vertu.* Or il n'y a point d'hommes plus éminents & plus distinguez que ceux qui s'ellevent au dessus des autres par leur pieté, & qui ressemblent aux Dieux par leur justice. Mais il est bien difficile de conserver ces vertus dans une longue prosperité. Ces Pheaciens, qui se disent icy si pieux & si vertueux sont plongez dans le vice, comme Homere le fera voir, en nous les representant uniquement occu-

sur l'Odyssée. Livre VII. 573
pez des plaisirs de l'amour & de la bonne
chere. C'est donc en vain qu'ils se donnent
un éloge qui n'appartient qu'à leurs ayeux,
de la vertu desquels ils avoient fort dégeneré. Aprés estre devenus tres vicieux, ils devinrent si superbes, qu'ils s'attirerent de
grandes guerres & qu'ils perirent enfin par
leur orgueil. Tout ce discours d'Alcinoüs
est tres sensé. Cependant voicy comme l'a
traité l'Auteur du Parallele. *Le Roy pendant
le souper fait un long discours à Ulysse, où je
croy qu'il y a du sens, mais où je n'en voy
point du tout: Ulysse prie qu'on le laisse manger parce qu'il en a besoin & qu'il n'est pas un
Dieu.* La lecture seule de cet endroit de l'original fait voir le sens de ce Critique.

Changez de sentiment] Ulysse ne peut
souffrir qu'Alcinoüs le prenne pour un Dieu,
& il reconnoist qu'il ne ressemble à aucun
des Dieux, ni par le corps, ni par les proprietez qui eslevent si fort la Divinité au dessus
de l'homme.

Page 545. *Pourvû que j'aye le plaisir de
revoir mon Palais*] Il ne nomme pas sa femme, de peur de refroidir par là le Roy, que
l'esperance de faire de luy un gendre prevenoit en sa faveur.

Page 547. *Aucun ni des Dieux ni des
hommes ne frequente dans cette isle*] Homere
a le secret admirable de renfermer de gran-

des leçons dans les narrations les plus simples. Il nous fait voir l'indigne passion dont la Déesse Calypso a esté prévenuë pour Ulysse, & les avances honteuses qu'elle luy a faites; objet dangereux pour les mœurs. Que fait-il donc pour prevenir le poison que cet objet presente ? Il ne s'est pas contenté d'opposer la sagesse de Penelope à la folie de Calypso, & de faire sentir le grand avantage que la mortelle avoit sur la Déesse, il nous découvre icy la cause de cette folle passion, en nous disant qu'aucun des Dieux & des hommes ne frequentoit dans cette isle. D'un costé l'esloignement des Dieux, & de l'autre la rareté des objets, font qu'elle succombe à la vûë du premier qui se presente. Tout objet est dangereux pour une personne qui est dans la solitude & qui n'a aucun commerce avec les Dieux, comme parle Homere.

Page 548. *Mais elle n'eust pas la force de me persuader*] Car il sçavoit que l'immortalité ne dépend point de ces Divinitez inferieures. Et il n'ignoroit pas qu'une personne qui aime promet toujours plus qu'elle ne peut & qu'elle ne veut mesme tenir.

Page 551. *Elle ne vous a pas conduit elle-mesme dans mon Palais auec ses femmes*] Alcinoüs croit que sa fille a fait une faute, non seulement contre la politesse, mais encore contre l'hospitalité, de n'avoir pas conduit elle-mesme cet estranger; elle n'avoit rien à craindre puisqu'elle estoit avec ses femmes.

C'est moy qui n'ay pas voulu] Ulysse en homme fin & rusé croit que le discours d'Alcinoüs est un discours que le soupçon luy fait tenir, & que le Prince ne luy parle ainsi que pour découvrir comment tout s'est passé entre luy & la Princesse, c'est pourquoy il déguise un peu la verité.

Page 552. *Vous puissiez espouser ma fille*] Alcinous a beau asseurer Ulysse qu'il est incapable de concevoir aucun soubçon, Ulysse l'en croit fort capable; & l'offre si prompte que luy fait le Roy, le fortifie dans cette opinion; il est persuadé, comme l'insinuë Eustathe, que ce Prince ne cherche qu'à découvrir si sa fille n'a point conceu quelque passion pour luy, & s'il n'y a pas répondu. Au reste cette proposition que luy fait Alcinoüs, à cela prés qu'elle est un peu prématurée, n'a rien d'extraordinaire pour ces temps-là, tout estoit plein d'exemples de ces sortes de mariages faits par occasion; un Roy prenoit pour gendre un estranger qui estoit arrivé chez luy, quand il connoissoit à ses manieres qu'il estoit digne de cet honneur. C'estoit ainsi que Bellerophon, Tydée, Polynice avoient esté mariez. On ne s'informoit pas alors si un homme estoit riche, il suffisoit qu'il eust de la naissance & de la vertu.

Dussiez-vous aller au de-là de l'Eubée qui est fort loin d'icy, comme n.us le sçavons par le rapport de nos pilotes] L'Eubée est en effet assez esloignée de *Corcyre* ou *Corfou*, puisque pour y aller il faut passer de la mer d'Ionie dans la mer Icarienne, & doubler tout le Peloponese. Mais Alcinoüs fait cet esloignement encore beaucoup plus grand, en dépaysant son isle, & en la faisant une des isles fortunées, car c'est de cette idée & de cette fausse supposition qu'il tire la particularité de Rhadamanthe qu'il va raconter.

Page 553. Qui y menerent autrefois le beau Rhadamanthe, lorsqu'il alla voir Titius le fils de la Terre] Nous avons vû dans le IV. Livre que Rhadamanthe habitoit les Champs Elysées en Espagne sur les bords de l'Ocean. Alcinoüs veut donc faire croire icy que son isle est prés de cet heureux sejour, & pour le persuader il dit que Rhadamanthe voulant aller voir le Titan Tityus fils de la terre, se servit des vaisseaux des Pheaciens, parce qu'ils estoient plus legers que les autres. Ce voyage de Rhadamante est imaginé sur ce que c'estoit un Prince tres juste, & que Tityus estoit un Titan tres injuste & tres insolent; Rhadamante l'alloit voir pour le ramener à la raison par ses remontrances.

Quelques

Quelque éloignée qu'elle soit ils le menerent & le ramenerent dans le mesme jour sans beaucoup de peine] Quand Homere n'auroit pas déplacé Corcyre, & qu'il l'auroit laissée où elle est vis-à-vis du continent de l'Epire, cette hyperbole d'aller de Corcyre en Eubée & d'en revenir dans le mesme jour seroit excessivement outrée, & c'est bien pis encore en la placeant prés des isles fortunées dans l'océan. Mais rien n'est impossible à des vaisseaux qui vont aussi viste qu'un oyseau, ou que la pensée mesme. Cela abrege bien le chemin & rapproche les distances les plus éloignées. Homere fait voir icy que les Pheaciens estoient si fiers de leur bonheur & de la protection des Dieux, qu'ils croyoient que rien ne leur estoit impossible. C'est sur cela que sont fondées toutes ces hyperboles si extresmes. Plus les hommes sont heureux, plus leur langage est outré, & plus ils sont portez à se forger des chimeres avantageuses.

Grand Jupiter, faites qu'Alcinoüs accomplisse] Ulysse ne répond pas directement à l'obligeante proposition que le Roy luy a faite de luy donner sa fille, un refus auroit esté trop dur. D'ailleurs comme il a connu ses soupçons, il répond à tout indirectement par cette priere, qui fait voir l'impatience qu'il a de retourner dans ses Estats,

& la reconnoiſſance dont il eſt penetré pour la promeſſe qu'il luy a faite de luy en fournir les moyens.

Page 554. *Que tout eſtoit preſt*] Le Grec dit, *voſtre lit eſt fait*, qui eſt noſtre façon de parler ordinaire. La phraſe Grecque eſt ſouvent la meſme que la Françoiſe.

Il eſt conduit par ces femmes dans le ſuperbe portique qui luy eſtoit deſtiné] Le Grec dit, ὑπ' αἰθούσῃ ἐριδούπῳ, & cette épithete ἐριδούπῳ, qui ſignifie *valdè ſonante, fort ſonore, fort réſonnante* eſt tres magnifique, pour dire un portique *ſuperbe, fort élevé*, & qui par conſequent rend un grand bruit, car ces ſortes de lieux retentiſſent à proportion de leur exhauſſement. Comment donc l'Auteur du Parallele, qui ſe piquoit de ſe connoiſtre en baſtiments & en architecture, a-t-il cherché à rendre cet endroit ridicule, en le traduiſant de cete maniere : *Enſuite*, dit-il, *on le mena coucher dans une galerie fort réſonnante*. Ce n'eſt pas l'Original qui eſt ridicule, c'eſt la Traduction. Quel gouſt faut-il avoir pour faire d'une épithete noble, harmonieuſe & pleine de ſens, une choſe tres abſurde & tres plate. Mais c'eſt-là le talent de certains Critiques modernes ; ils flétriſſent tout par leurs expreſſions, & enſuite ils accuſent Homere d'un ridicule qui ne vient pas de luy. On dira de mesme que ce Poëte est un sot d'avoir dit que *Minerve seringa une telle pensée dans l'esprit de Nausicaa*, parce que c'est ainsi qu'a traduit l'ancien Traducteur de l'Odyssée.

Et la Reyne se coucha dans un autre lit auprés de celuy du Roy] Nous avons vû à la fin du premier Liv. de l'Iliade, que Junon se couche prés de Jupiter, & icy nous voyons que la Reyne Areté se couche dans un lit dressé prés du lit d'Alcinoüs. Jupiter & Junon n'ont qu'un lit, & Alcinoüs & la Reyne sa femme en ont deux. Homere a peut estre voulu par-là marquer le luxe & la délicatesse de ces peuples heureux, qui vivant dans l'abondance & dans la mollesse, fuyoient tout ce qui pouvoit les incommoder & les gesner.

Fin du Tome Premier.

Fautes à corriger.

Page 25. quelques rafraifchements. *Lifez*, quelques rafraifchiffements.

Page 90. Terence en a fait plus de cas. *Lif.* le Poëte qu'a fuivi Terence, en a fait plus de cas.

Page 95. dans l'Epyre. *Lif.* dans l'Epire.

Page 235. eſtoit confumée. *Lif.* eſtoit confumé.

Page 463. celuy qui vogue feule. *Lifez*, celuy qui vogue feul.

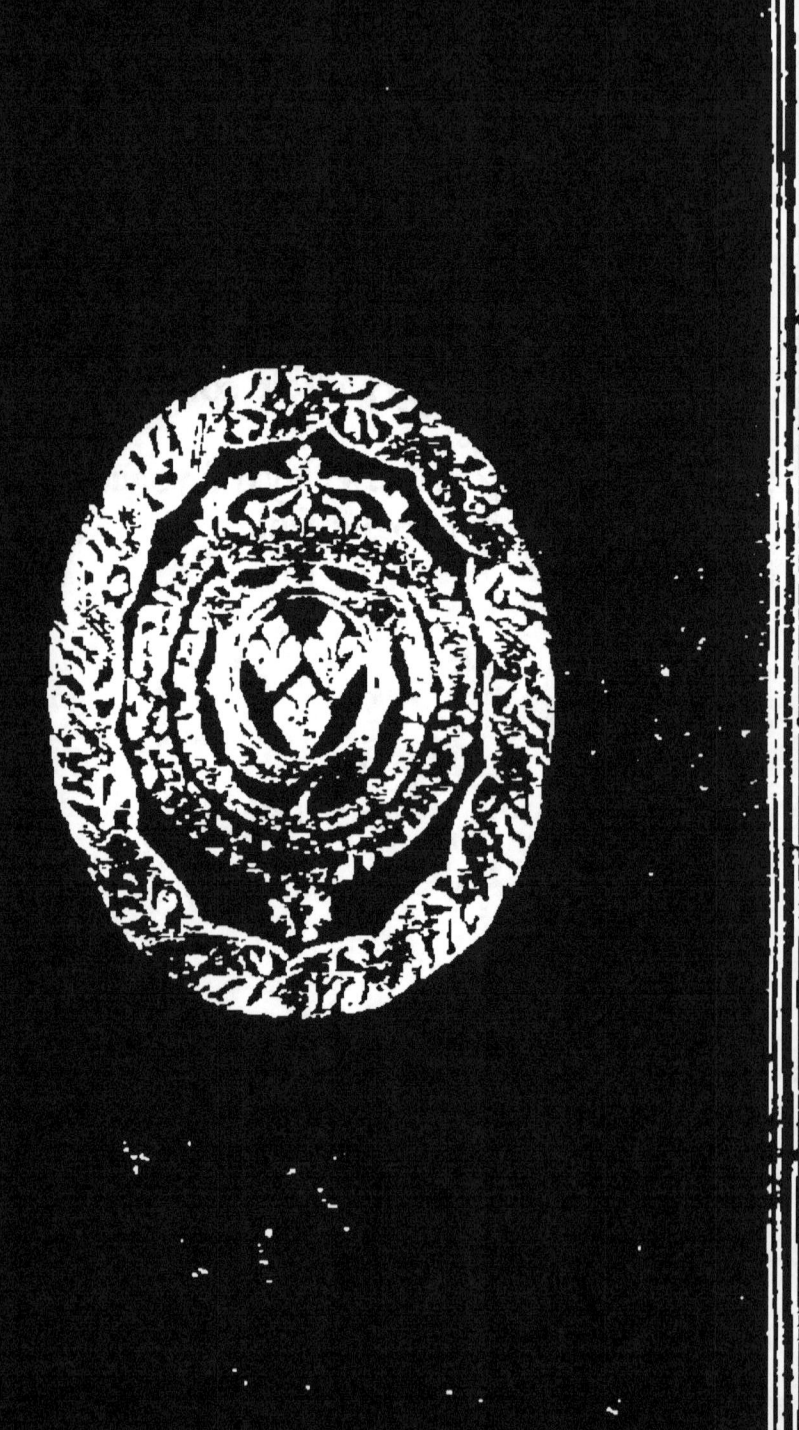

Contraste insuffisant

NF Z 43-120-14

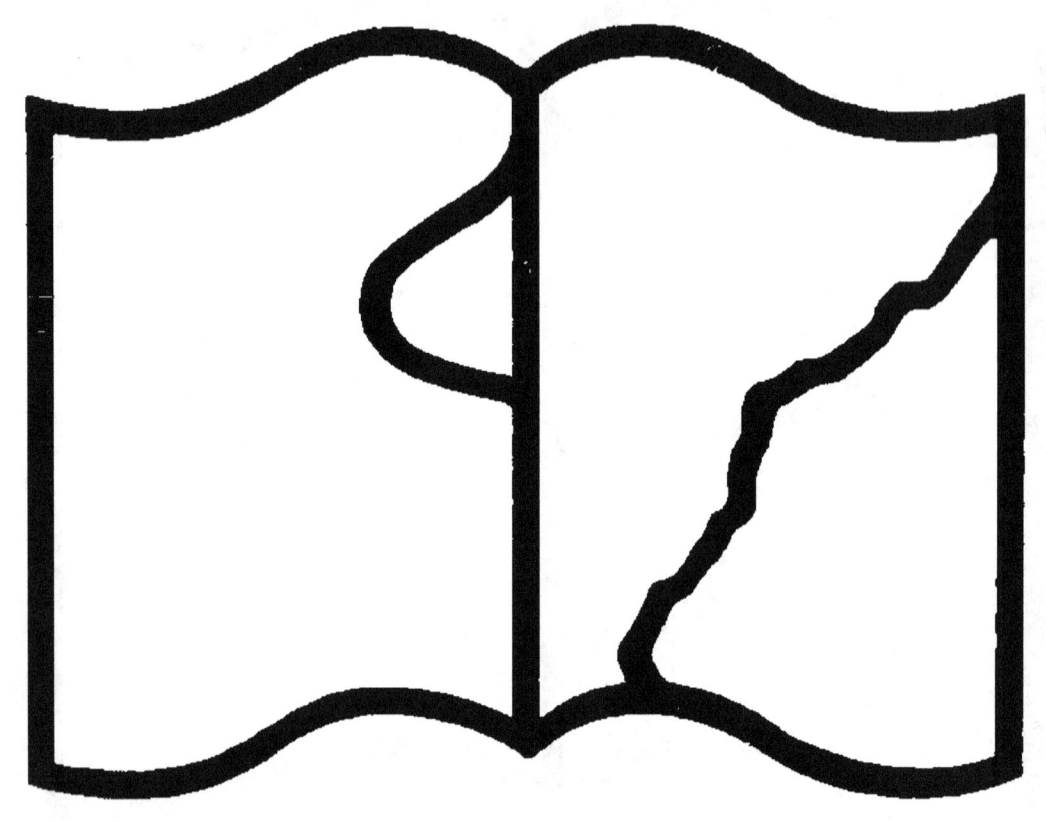

Texte détérioré — reliure défectueuse

NF Z 43-120-11

www.ingramcontent.com/pod-product-compliance
Lightning Source LLC
Chambersburg PA
CBHW050059230426
43664CB00010B/1369